出土戰國文獻字詞集釋

曾憲通 陳偉武 主編

陳送文 編撰

卷十（上）

中華書局

卷十部首目録

卷 十

馬 馬

貨系 1699　貨系 1709　先秦編 299　三晉 121　官印 0027　璽彙 0064

侯馬 185:9　侯馬 85:14　集成 9734 斜盤壺　包山 38　郭店·窮達 8

睡虎地·效律 60

璽彙 4089 "馬帀" 合文

璽彙 1144　集成 12032 十七年蓋弓帽　集成 2577 十七年平陰鼎蓋 "馬重" 合文

璽彙 4080 "馬帝" 合文

○**强運開**（1935）　（編按:石鼓文）張德容云:"此籀文,小篆因之,非小篆始有也。《說文》馬下重文作,注云古文（二字斷句）。籀文馬與同,有髦蓋謂籀文。作與古文作同。有髦也,故曰象馬頭髦尾四足之形。後人於籀文上重添一篆,於是乎不可通矣。《玉篇》不得其說,乃別作,以爲籀文。段氏遂據以改許書,而謂各本爲古籀無別,其實非也。"運開按:張氏此說甚爲精確。考馬字見於金文者,毛公鼎作,盂鼎作,師奎父鼎作,录伯戎敦作,叉卣作,均與相近。然皆从目,無从日者。《說文》所列古文蓋傳寫有訛誤處。又史頌敦作,散氏盤作,格伯敦作,均與鼓文相似。他如齊侯鐘虢季子白盤均作,與石鼓同。足證張氏非小篆始有之說可信。

《石鼓釋文》甲鼓,頁 3—4

○**許學仁**（1983）　《說文》（十上）:",怒也,武也。象馬頭髦尾四足之形。"契文作（菁三·一）、（菁九·五）、（甲一·二·三·二十）,前者爲工筆,後者乃簡寫,然二者並側視之形,象二足及尾毛分張之態。金文作（录伯簋）、（克鐘）、（師兑簋）、（大司馬簋）,形雖屢變,而體勢略近,契文多象馬首全形，間亦有以目代之者，金文承其遺緒，更美化其目形。而《説文》馬字古文作〔字形〕，籀文作〔字形〕，殆又〔字形〕形之訛變；〔字形〕，叔重云"有髦"是也，則其形構，可得而説焉。

　　至於仰天湖第六號楚簡中之"〔字形〕"字，殆亦馬字。考古鉢文字中馬字省變尤劇。或省去馬目及部分髦毛，作〔字形〕〔字形〕〔字形〕〔字形〕；或簡省下半尾毛四足，而以省文符號"－""＝"代之，作〔字形〕〔字形〕者，凡此二系，列國文字皆有徵驗，如齊國文字作〔字形〕（古匋文香録）、〔字形〕（尊古齋古鉢集林・一集"右聞司馬"印）、〔字形〕（簠齋古印集"聞司馬鉢"）、〔字形〕（齊魯古印攈"司馬陀"）；燕國文字作〔字形〕（郾侯載簠）、〔字形〕（遼寧北票新郾王出職戈）；三晉文字作〔字形〕（"馬雍布"）、〔字形〕（集古印譜"縈陽氏馬"印）。戰國屬羌鐘屬字〔字形〕、〔字形〕，其馬字的避煩複已作〔字形〕，而仰天湖楚簡"〔字形〕"正馬字之省變，惜上字泐蝕，不能辨析，然□馬，細案文例，殆亦官名職稱也。

《中國文字》新 7，頁 138

○**商承祚**（1983）　《説文》："馬，怒也，武也，象馬頭髦尾四足之形。〔字形〕，古文。"按甲骨文作〔字形〕〔字形〕，其變體不下三十餘。然一望而知其爲馬也。後日趨整齊，漸失初形。如金文貿鼎作〔字形〕，录伯敦作〔字形〕，師奎父鼎作〔字形〕，趞敦作〔字形〕，將髦移於目，有足而無腹。後再整齊之而爲〔字形〕〔字形〕（師兌敦、虢季子白盤），乃與小篆無別。此與趞敦文同，而將髦誤寫析者也。

《説文中之古文考》頁 90

○**劉釗**（1990）　（編按：璽彙3318）《文編》附録七十第 7 欄有字作"〔字形〕"，按字應釋作"馬"。金文馬字作"〔字形〕、〔字形〕、〔字形〕"，與璽文"〔字形〕"形極近。馬字見於《古璽彙編》3318 號璽，璽文爲"馬府"。此璽應爲管理馬匹的機構的官印。《十鐘山房印舉》2・56 有"馬府"印，可以參證。

《考古與文物》1990-2，頁 47

○**裘錫圭**（1992）　戰國古印上數見"司馬聞"或"聞司馬"之文：

左司〔字形〕聞〔字形〕信鉨　（封泥考略 1・1）	司〔字形〕聞敀　（善齋璽印録 1・15）
聞司〔字形〕鉨　（續衡 1・12）	聞司〔字形〕鉨　（簠集 17）
聞司〔字形〕鉨　（同上 15）	右聞司〔字形〕　（尊集一 1・27）
右聞司〔字形〕　（舉 1・2）	右聞司〔字形〕鉨　（尊集二 1・14）

前人已知"〔字形〕"當釋"馬"，但是似乎還沒有人加以論證。上舉第一條印文裏，"司"與"聞"之閒的那個字顯然是"馬"字，可證其它諸印的"〔字形〕"字確是"馬"的簡體。臨淄出土的戰國陶片上常見"關里馬杗"之文。"馬"字有作"〔字形〕"的

（鐵陶 44 頁），也有作“𩡦”的（鐵陶 55、70 頁）。後者顯然是前者和“𩢿”之閒的過渡的形體。臨淄陶文屬於齊國，上引第一條印文見於臨淄出土的封泥上，無疑也屬於齊國。此外各印都是白文，文末多帶“鈢”字，也都是合乎齊印的格式的。由此可知把“馬”字寫作“𩢿”是齊國文字的獨特作風。

《古文字論集》頁 484

○何琳儀（1993）　（編按：信陽 2·4）“良馬”，見《詩·鄭風·干旄》：“良馬四之。”

《文物研究》8，頁 172

○朱德熙、裘錫圭、李家浩（1995）　（編按：望山 2·9）“馬”上一字疑是“兩”字，看考釋〔三二〕，《廣雅·釋宮》：“𤞔𪏇、𧆡、𪏑、粗、幕、易、㢆，庵也。”王念孫《疏證》謂“𪏑亦幕也，方俗語有輕重耳”。疑簡文“馬”也是指幕一類東西。

《望山楚簡》頁 119

○何琳儀（1998）　馬，甲骨文作𩡱（京津一六八六），象馬之形。西周金文作𩡥（盂鼎），春秋金文作𩡥（薛仲赤匜）。戰國文字承襲春秋金文。齊系文字或作𩡥、𥃗、𥄉，省馬首則演變爲𥄉、𥄉、𥄉、𥄉、𥄉。燕系文字作𥄉、𥄉，僅餘馬首，馬身以𥄉代替。晉系文字馬身或省或不省，或作𥄉，馬鬃亦省。楚系文字馬身或省或不省，或作𥄉省馬目，馬首或多一筆作𥄉、𥄉。秦系文字馬身均不省。《說文》：“𩡤，怒也，武也。象馬頭髦尾四足之形（莫下切）。𩡣，古文。𩡣，籀文馬與影同有髦。”（十上一）。

齊器馬，姓氏。嬴姓，伯益之後。見《元和姓纂》。（中略）

燕陶馬，姓氏。

《戰國古文字典》頁 607—608

【馬市】璽彙 4089

○丁佛言（1924）　𥄉，古鈢馬休，古文馬下从午。

《說文古籀補補》頁 45，1988

○吳振武（1989）　六　馬師

此璽重新著録於《古璽彙編》（四〇八九）。璽中𥄉字《古璽文編》拆成𥄉、𥄉二字。上部𥄉釋爲“馬”（246 頁），下部𥄉既誤釋爲“虫”（315 頁），又列於附録（386 頁第六欄）。

今按，𥄉應釋爲“馬市”二字合文，右下方“＝”是合文符號。在古文字合文中，往往有這樣的情況，即合文上字的最末一筆兼充合文下字的第一筆。如甲骨文“王亥”合文作🦶(《甲骨文編》593 頁），西周金文“五朋”合文作🦶(《金文編》350 頁），戰國兵器“工币（師）”合文作🦶(《文物》1972 年第 10 期），侯馬盟書“至于”合文作🦶，長沙楚帛書“上下”合文作卡(巴納《楚帛書·譯注》），古璽“馬帝（適）”合文作🦶(《古璽文編》362 頁）。“馬币”合文作🦶顯然與此同例（參拙作《古漢(編按:“漢”當是“文”字之誤)字中的借筆字》）。因此，🦶字是不能分割的。此璽中的“馬币”是複姓。以戰國銘刻中的“師”字多作“币”例之，“馬币”應讀作“馬師”。《通志·氏族略》“以官爲氏”條下謂:“馬師氏，鄭穆公之孫公孫鉏爲馬師，因以爲氏。子羽之孫羽頡爲馬師，亦氏焉。《列仙傳》有馬師皇。”漢印中有“馬師種、馬師戇印”(《漢印文字徵補遺》七·三、《漢印文字徵》六·十三），可爲其證。

《古文字研究》17，頁 273

○**吴振武**（2000）　（41）馬币（師），🦶古璽四〇八九。

《古文字研究》20，頁 318

【馬尹】曾侯乙 52

○**裘錫圭、李家浩**（1989）　153 號簡有“𨚵馬尹”。“馬尹”當是管馬的官。楚國有“監馬尹”，見《左傳》昭公三十年。

《曾侯乙墓》頁 517

○**何琳儀**（1998）　隨縣簡“馬尹”，見《左·昭三十年》“監馬尹”。掌馬之官。

《戰國古文字典》頁 608

【馬府】璽彙 3318

○**劉釗**（1990）　馬字見於《古璽彙編》3318 號璽，璽文爲“馬府”。此璽應爲管理馬匹的機構的官印。《十鐘山房印舉》2·56 有“馬府”印，可以參證。

《考古與文物》1990-2，頁 47

△**按**　《古璽彙編》3318 羅福頤等闕釋，並將其歸入姓名私璽。此當從劉釗釋爲“馬府”，歸入官璽。馬府，管理馬匹機構的官印。

【馬重】（合文）

○**羅福頤等**（1981）　(編按:璽彙 1144、璽彙 2247)吕馬童見諸《史記·項羽紀》，今璽文中有高馬重、叚馬重，考古童、重通用，故僮可作偅，踵可作踵，董可作蕫，於是證馬重即馬童。

《古璽彙編·序》頁 4—5

○**黄盛璋**（1982）　(編按:集成 12032 十七年蓋弓帽)最後一字爲重馬二字合書，見於另一三晉兵器二年群子戈中,似爲三晉職官之名,所以此矢栝國別可定屬三晉,比陽爲造此器之地,必當有冶,惟屬韓屬魏尚難確定。

《考古與文物》1982-2,頁 58

○**吳振武**(1984)　今按:二二四七號璽文䝞和一一四四號璽文䳬原璽全文分別作"邔䝞"(璽文豎列)、"高䳬"(璽文橫列),《古璽彙編》二二三一號璽作"□䳬"(璽文橫列)、二九四三號璽作"弤䳬"(璽文橫列),很顯然,䝞、䳬、䳬皆爲"馬重"二字合文。二二四七號璽爲豎列式,但"馬重"二字橫列作䝞,和上面邔字相較,䝞只占一字地位,可知其爲合文無疑。一一四四號璽中的䳬下有合文符號=,可以肯定是"馬重"二字合文。編者將它們割裂是不妥當的。二二三一、二九四三號璽中的䳬、䳬雖無合文符號,但和一一四四號璽文中的䳬相比較,亦可確定爲合文。古璽中合文不加合文符號也是很常見的,看本書合文部分。

　　上舉諸璽中的"馬重"均爲人名,羅福頤先生在《古璽彙編・序》中根據重、童古通,指出"馬重"應讀作"馬童",並舉《史記・項羽本紀》中的呂馬童爲例,其說甚是。在戰國器銘中,"馬重(童)"常作爲一種人的身份名稱出現,如二年戈:"二年冢子攻正、明義,左工帀(師)鄔許,䳬(馬重[童]合文)丹所造。"(《三代》二十・二十八・一)十七年矢栝:"十七年易(陽)曲笞爻(教)䳬(馬重[童]合文。)"(《三代》二十・五十七・四,參本文[○○一]條)宜安戈:"王何立(涖)事,得工冶□攵教生(馬)重(重[童])爲。"(陶正剛《山西臨縣窯頭古城出土"宜安"、"關與"二戈銘文解釋》,中國古文字研究會 1981 年年會論文,陶文釋讀多誤。)這些器物銘文中的"馬重(童)",裘錫圭先生認爲是一種奴隸名稱,他指出:"《太平御覽》六四二引《古文瑣語》提到'馬僮',《尉繚子・武議》有'牛童馬圉',馬童不一定是養馬的,就跟圉人不一定是養馬的一樣。"(1981 年 11 月 8 日致筆者信。)由此可知,古璽和典籍所見人名"馬重(童)"原是一種身份名稱。古璽中常見人名"余(餘)子、冢子"等原來也是一種身份名稱,與此同例(參本文[六五七][六六四][七一五][六五九][六六一]條)。

《〈古璽文編〉校訂》頁 116—117,2011

○**曹錦炎**(1985)　(編按:集成 2577 十七年平陰鼎蓋)王馬重,瑕邑工師之名。"馬重"兩字爲合文,這種形式的合文,每每省去兩字的一部分,如"馬是"作䲊,"相如"作罜,"五鹿"作麐,均是其例,不備舉。以"馬重"爲人名者,也見於十七年曲陽矢括及二年群子戈,亦爲合文。有同志將這兩件兵器銘刻中的"馬重"讀爲"重馬",並以爲是三晉職官之名,不確。戰國姓名私璽中以"馬重"爲人名者,也有之。如"邔馬重、高馬重",皆可爲證。

《考古》1985-7,頁 633—634

○**湯餘惠**(1993) （編按:集成 2577 十七年平陰鼎蓋）馬重,二字合書,均省下半,重字的寫法又見於春成侯鍾(《三代》18·19·3);戰國器物銘文屢見,以"馬重"爲人名之例,古璽有"**𢓊**馬重、高馬重、邔馬重"（見《古璽彙編》2943、1144、2247),七年矢括有"**𥷭**馬重",二年宗子戈又有"□馬重",羅福頤等認爲古璽"馬重"即典籍人名之"馬童"。

《戰國銘文選》頁 7

○**李學勤**(1996) （編按:集成 11329 王何戈）另一類是戈銘,如:

十八年,冢子韓繪,邦庫嗇夫□陽,冶□散（造）戈。

三年,冢子攻正明義,左工師鄔許,馬重丹所造。

前一器,李文已指出屬韓國。後一器,"馬重"似爲與冶相近的一種身份。1976 年,山西臨縣窰頭村出土戈銘:

王何立事,貢工冶叢所教馬重爲。

知"馬重"尚低於冶。窰頭村戈乃趙器,同有"馬重"的這件戈也當屬趙國。

《簡帛研究》2,頁 158—159

○**何琳儀**(1998) 晉器"馬重",讀"馬童",習見人名。

《戰國古文字典》頁 608

○**董珊**(2004)（編按:集成 11364 二年戈、集成 11329 王何戈）綜合來看,"馬重"既可以用作人名讀爲"馬童",又正如李學勤先生所言,在王何戈和主父戈銘文中是指一種身份。筆者認爲戈銘中的"馬重"亦應讀爲"馬童",作爲身份是指尚未傳籍的成童。

《文物》2004-8,頁 63

○**蘇輝**(2011) "馬童"之"童"正是此義,指髡髮的刑徒奴隸。裘錫圭先生曾引"牧童、馬僮、牛童馬圉、牛豎馬洗"來説明戰國時代畜牧業中普遍使用奴隸,"馬童"一詞當源於此,久而成爲固定用語。故馬童的身份很低,處於普通冶工之下,器銘上的排列就是如此。

《中國史研究》2011-2,頁 205

【馬帝】璽彙 4081—4088（合文）

○**羅福頤等**（1981）　（編按：璽彙 4081）馬適□。

《古璽彙編》頁 375

○**吳振武**（1999）　（42）馬帝（適）古璽四〇七九（中略）

（42）馬帝，複姓。漢印作“馬適”（《漢印文字徵》十·一）。

《古文字研究》20，頁 318—319

【馬祺】睡虎地·日甲 156 背

○**饒宗頤**（1983）　日書（簡七四〇反）題“馬”字，下云“祺祝曰”，似其下即馬祭之祝辭。《説文》：“祺，祭也。”馬有祺祝，知祺不限於祈子之祭。《禮記·月令》：“仲春之月，祠於高禖。”鄭注：“變禖言祺，神之也。”文字學家一向以禖釋祺，而桂馥《説文義證》則謂：“（祺）祭也者，義未詳。”今從此簡“馬祺合神”句，可明“祺”與“禂”同爲馬祭。

《雲夢秦簡日書研究》頁 42

○**賀潤坤**（1989）　上文中之“祺”，古指求子之祭，亦指求子所祭之神，在此文中即指秦人對馬神的祭祀，此文即祭馬神之祝詞。

《文博》1989-6，頁 65

○**睡簡整理小組**（1990）　“馬祺”係標題。《禮記·月令》：“仲春之月，玄鳥至。至之日，以大牢祠於高禖。”《續漢書·禮儀志》注引蔡邕《月令章句》云：“高，尊也。禖，媒也。吉事先見之象也。蓋爲人所以祈子孫之祀。玄鳥感陽而至，其來主爲字乳蕃滋，故重其至日，因以用事。”據此高禖爲祈子孫之祀，則馬祺爲祈禱馬匹繁殖的祭祀。《周禮·校人》：“春祭馬祖，執駒。”疏：“春時通淫，求馬蕃息，故祭馬祖。”馬祺或即祭祀馬祖。

《睡虎地秦墓竹簡》頁 228

○**劉信芳**（1991）　馬祺：篇名“馬”字當與下文“祺”字連讀，《日書》多此類例，如 731 簡“濡”字當與該簡下欄“結日”二字連讀爲“濡結日”，732 簡“嬴”字當與該簡下欄“陽日”二字連讀爲“嬴陽日”，“濡結日”即《日書》909 簡“窓結之日”，“濡”“窓”二字古通。（中略）

祺：《説文》：“祺，祭也。”《周禮·夏官·校人》：“春祭馬祖，執駒。”“馬祺”即馬祭。

《文博》1991-4，頁 66

○**劉樂賢**（1994）　（一）本篇的標題。整理小組顯然是以“馬祺”作爲本篇標題;劉信芳與賀潤坤則稱本篇爲"馬篇",大概是以"馬"爲標題;饒宗頤先生稱本篇爲"馬禖祝辭",並説它"爲出土古代祝辭極重要之資料"。我們認爲饒先生的説法最爲準確。本篇的標題其實應當是"馬禖祝"。《漢書·賈鄒枚路傳》:"武帝春秋二十九得皇子,群臣喜。故皋與東方朔作《皇太子生賦》及《立皇子禖祝》。"師古注:"《禮·月令》'祀於高禖。'高禖,求子之神也。武帝晚得太子,喜而立此禖祠,而令皋作祭祀之文也。"可惜史書未將東方朔與枚皋作的《立皇子禖祝》記載下來,我們無法拿來與本篇比較。但是從這裏可以知道,祭祀高禖,祈求多子時寫的文章叫"禖祝"。那麼,像本篇這樣爲祈禱馬匹繁殖的祭祀"。而作的文章,當然是叫"馬禖祝"。

　　(二)"馬禖祝"與古代的相馬經。賀潤坤在文章中以"《馬》篇——中國最早的《相馬經》"爲題討論過這一問題。他提出了一些很好的見解,但也有一些可商之處。劉信芳談到這個問題時説:"據《馬》篇推測秦時已有《相馬經》則可,若徑稱之爲《相馬經》則似乎失之勉强。"的確,我們確實可以以本篇爲依據斷定秦時已有比較完善的相馬方法,可能有了内容比較豐富的相馬著作。但是,絶對不能説本篇是一部《相馬經》。本篇的性質無疑應定爲古代祭祀馬神時的一段祝辭。

《睡虎地秦簡日書研究》頁 312—313

○**劉釗**(1996)　　"日書甲種"簡 156 背至 160 背是内容有關"馬"的"馬禖"篇。《秦簡》一書認爲禖"或即祭祀馬祖","則馬禖爲祈禱馬匹繁殖的祭祀"。按《周禮·甸祝》謂:"師甸,致禽於虞中,乃屬禽。及郊,酺獸,舍奠於祖禰,乃斂禽。禂牲、禂馬,皆掌其祝號。"杜子春曰:"禂,禱也。爲馬禱無疾,爲田禱多獲禽獸。"鄭玄注:"禂讀如伏誅之誅,今侏大字也。爲牲祭,求肥充;爲馬祭,求肥健。"《説文·示部》:"禂,禱牲馬祭也。"簡文頭兩個字爲"祝曰",以下爲"祝"之内容。此"祝"也就是《周禮·甸祝》的"祝號"。所以從簡文内容看,"馬禖"篇應是馬祭的祝禱辭。簡文説"驅其殃,去其不祥,令其□嗜□,□嗜飲,律律弗御自行,弗驅自出,令其鼻能嗅香,令耳聰目明,令頭爲身衡,脊爲身剛,腳爲身□,尾善驅□,腹爲百草囊,四足善行"。這與《周禮·甸祝》杜注謂"爲馬禱無疾"和鄭注"爲馬祭,求肥健"正相合。

《簡帛研究》2,頁 112

○**吳小强**(2000)　　馬禖,馬祭。《説文》:"禖,祭也。""禂,禱牲馬祭也。"《周禮·春官·甸祝》:"禂牲、禂馬,皆掌其祝號。"杜注:"禂,禱也。爲馬禱無疾,爲田禱多獲禽獸。"鄭注:"禂……爲牲祭,求肥充;爲馬祭,求肥健。"馬禖與禂一樣，同爲馬祭。

《秦簡日書集釋》頁 175

○王子今（2003）　整理小組釋文“馬禖”另行書寫，作標題處理。整理小組注釋：“‘馬禖’係標題。《禮記・月令》：‘仲春之月，玄鳥至。至之日，以大牢祠於高禖。’《續漢書・禮儀志》注引蔡邕《月令章句》云：‘高，尊也。禖，媒也。吉事先見之象也。蓋爲人所以祈子孫之祀。玄鳥感陽而至，其來主爲字乳蕃滋，故重其至日，因以用事。’據此高禖爲祈子孫之祀，則馬禖爲祈禱馬匹繁殖的祭祀。《周禮・校人》：‘春祭馬祖，執駒。’疏：‘春時通淫，求馬蕃息，故祭馬祖。’馬禖或即祭祀馬祖。”也有學者定名此篇爲《馬》篇。饒宗頤稱此篇爲“馬禖祝辭”。認爲“日簡所記祝辭爲有韻之文，爲出土古代祝辭極重要之資料”。然而其釋文作：“馬：禖祝曰：……”，“馬”與“禖祝”分斷。劉樂賢指出，“本篇的標題其實應當是‘馬禖祝’”，並有充分的論證。今按：指出這篇文字的內容是“馬禖祝辭”或稱“馬禖祝”，都是正確的。但是我們首先應當注意《日書》書寫者的原意。從書寫形式看，簡一五六背簡端爲“馬”字，簡一五七背簡端爲符號“■”。此篇標題應爲“馬■”。“■”，可能有某種特殊涵義。睡虎地秦簡《日書》兩字標題有兩種書寫形式。一種形式，是兩字寫於篇首同一支簡的簡端，如“秦除”（一四正）、“稷辰”（二六正）、“玄戈”（四七正）、“室忌”（一〇二正）、“土忌”（一〇四正）、“作事”（一一〇正）、“毀棄”（一一一正）、“直室”（一一四正）、“歸行”（一三一正）、“到室”（一三四正）、“生子”（一四〇正）、“取妻”（一五五正）、“反枳”（一五三背）。另一種形式，則是兩字分寫於前兩支簡的簡端，如“盜者”（六九背、七〇背）、“土忌”（一二九背、一三〇背）。“直室門”（一一四正壹、一一五正壹）則第一支簡簡端寫“直室”，第二支簡簡端寫“門”。“馬■”，似應看作第二種形式。同樣情形，睡虎地秦簡《日書》乙種簡四七簡端爲“■”，簡四八簡端爲“秦”，整理小組確定篇題爲“■秦”，是大體正確的，只是應當寫作“■秦”。

《睡虎地秦簡〈日書〉甲種疏證》頁 515—517

○陳斯鵬（2007）　整理者認爲，“馬禖”之“禖”同於“高禖”之“禖”，通“媒”，“高禖爲祈子孫之祀，則馬禖爲祈禱馬匹繁殖的祭祀”。這個說法是有道理的，但從祝辭本身，卻看不出有明確的祈禱馬匹繁殖的意思，而主要是祈求馬匹的健壯靈敏、善於奔馳。這當然可能跟祭馬禖習俗的衍變有關，但從簡文看，雖然以“馬禖”標題，但言“先牧日丙，馬禖合神”，則顯然是以先牧與馬禖合祠，而且以先牧居前，而“大夫先牧兒席”以下的長篇祝語更明示禱求的對象是先牧，可見馬禖反而成了配角，這就無怪乎祝辭之不及繁殖之事了。所以此文似稱作"先牧祝辭"更爲恰當。

《簡帛文獻與文學考論》頁 119

【馬雟(雍)】

○曾庸(1980)　六(馬雍)(圖一,8)

　　雍字和銅兵器、璽印中雍的寫法一樣,而過去一些古錢學著作往往把馬雍二字誤認爲"馬眼吕"。

　　馬雍這地名,也見於銅兵器銘文。《陶齋吉金録》中著録一戈,銘爲"王三年,馬雍命(令)史吳、武庫工師奭□,治□造"。

　　馬雍布過去發現的數量較多,從而知道是一座手工業較發達的城邑,不僅鑄造兵器,而且發行很多的銅幣,但它的名字在《漢書·地理志》和其他古籍中都無法找到,因而它在何地是難以確知的,不過,從其命名爲馬雍也能看出這個城邑的地理位置的某些特點。《爾雅》説"江有沱,河有灉,汝有墳",就是説凡黄河之旁的肥美平原皆可稱之爲雍,故《左傳》中的衡雍,戰國時的河雍、垣雍都在黄河沿岸,則馬雍亦當是韓或魏靠近於黄河的一座城邑了。

《考古》1980-1,頁 86

○石永士(1995)　【馬雍·平襠方足平首布】戰國晚期青銅鑄幣。鑄造國別不詳,流通於三晉及燕等地。屬小型布。面文"馬雍",形體多變。背多無文,或鑄有數字。馬雍,古地名,地望待考。1957 年以來北京,山西祁縣、陽高、襄汾、屯留、浮山、左雲,河北易縣燕下都、靈壽,河南新鄭、鄭州等地屢有出土。一般通長 4.4—4.7、身長 3.1—3.3、肩寬 2.4—2.6、足寬 2.6—3 釐米,重 6—6.7 克。

《中國錢幣大辭典·先秦編》頁 299

○張光裕、吳振武(1997)　27.馬雛令戈(存 10 字)

　　釋文:……馬雛命(令)事□庫……□冶庠□。

　　地名"馬雞(編按:"雞"當是"雛"字之誤)"亦見於戰國布幣,地望待考。《陶齋吉金録》5.38 著録王三年馬雛令史吳戈,十七字,可以參看。

《雪齋學術論文二集》頁 88,2004;原載《中國文化研究所學報》1997-6

○何琳儀(1998)　晉器"馬雛",地名。

《戰國古文字典》頁 608

騇 騇

騇 集粹

○湯餘惠等（2001）　騇。

《戰國文字編》頁 652

○黃德寬等（2007）　陶文騇，从步省，讀郅。

《古文字譜系疏證》頁 114

駒 駒

駒 璽彙 3866　　駒 曾侯乙 179　　駒 侯馬 88：7　　駒 睡虎地・日乙 42 壹

駒 新收 1323 鄗駒壺

○山西省文物工作委員會（1976）　駒　宗盟類參盟人名。

《侯馬盟書》頁 345

○羅福頤等（1981）　駒。

《古璽文編》頁 246

○陳秉新（1994）　（編按：新收 1323 鄗駒壺）（三）銅壺Ⅲ。編號 M2：3。造型與上兩壺同式，素面，肩較寬平，肩及腹部有凹弦紋三道。頸部豎排倒刻銘文 3 行 10 字，摹録如下：

駒（右行）　　里駒駒（中行）　　駒 坐駒駒（左行）

右行第一字略有殘泐。左行一、三、四字模糊不清，但與前兩行對照，約略可以辨認。全銘釋讀爲：

　　□州嵒里鄗駒（右、中行）

　　嵒夌（陵）鄗駒（左行）

　（中略）鄗駒，冶工名。

《楚文化研究論集》3，頁 413—414

○何琳儀（1998）　隨縣簡駒，幼馬。

《戰國古文字典》頁 343

○崔恆昇（1998）　（編按：新收 1323 鄗駒壺）裘錫圭據我提供的摹本釋爲"嵒夌

（陵）郜唔”。他説上一條第三字从“艸”，下所从似“旨”字，又似“弁”之古文，當以“旨”爲是。陳秉新釋苩，疑是葡之古文。最後一字陳秉新釋駒。裴説左旁或是馬，今得原器照片複核該字，从馬無疑，但右旁不从唇或辰，而从句，即“駒”字。“郜”爲反文。苩陵爲地名，地望不詳。郜駒爲冶工人名。

《安徽出土金文訂補》頁 332

○**李立芳**（2000）　（编按：新收 1323 郜駒壺）中行第三字“”，侯馬盟書 345 中“駒”字寫作：，隨縣簡 179 中“駒”亦作：，字形與本銘“”字相同。《説文》：“駒，馬二歲曰駒，三歲曰駣。”此銘“郜駒”連用，疑爲人名，當即本壺的冶工之姓名。

《古文字研究》22，頁 109

○**黄德寬等**（2007）　隨縣簡、秦簡駒，用其本義。

《古文字譜系疏證》頁 431

騏 騏

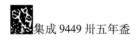曾侯乙 142　　曾侯乙 154

○**何琳儀**（1998）　隨縣簡騏，見《説文》。

《戰國古文字典》頁 27

騙 騙

集成 9449 卅五年盉

○**李學勤**（1990）　（编按：集成 9449 卅五年盉）盉附記“騙駛”，疑爲涓人名駛者所掌管的器物。

《新出青銅器研究》頁 303，1990；
原載《四川大學學報叢刊 10·古文字研究論文集》

騩 騩 騩

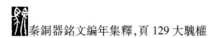秦銅器銘文編年集釋，頁 129 大騩權

曾侯乙 147

○**裘錫圭、李家浩**(1989)　(**編按**:曾侯乙 147)“騯”字亦見於 150 號、169 號等簡,所从“見”旁原文作,與簡文“所”字下部加“”同例。“見、閒”古音相近,疑簡文“騯”讀爲“𩦺”。《説文・馬部》:“馬一目白曰𩦺。”

《曾侯乙墓》頁 525

○**何琳儀**(1998)　隨縣簡騯,讀𩦺。《禮記・祭義》“見以蕭光”,注:“見當爲覸。”是其佐證。《説文》:“𩦺,馬一目白曰𩦺,从馬,閒聲。”

《戰國古文字典》頁 996

○**李守奎**(2003)　騦　舊釋騯,讀𩦺。疑此字从畏聲。騦可讀作䮹,字見《説文》:“䮹,馬淺黑色。”

《楚文字編》頁 573

△**按**　曾侯乙簡 147 從李守奎隸定,郭永秉(《上博竹書〈孔子見季桓子〉考釋二題》,《文史》2011 年 4 輯 217 頁)指出:“‘騦’字當即《説文》‘䮹’字的異體。”可信。

騮 

曾侯乙 169 曾侯乙 171

○**裘錫圭、李家浩**(1989)　(**編按**:曾侯乙 142)“駎”字所从“”亦見於望山二號墓竹簡和九店磚瓦廠五十六號墓竹簡,皆用爲數詞,即(四)的變體。簡文已有从“”的“駟”字,則此字似不能釋作“駟”。或説“駎”是“駵”的訛體。《説文》篆文从“丣”之字,在古文字中皆从“卯”。如“柳”《説文》篆文从“丣”,散氏盤、石鼓文等皆寫作从“卯”。“留”《説文》篆文从“丣”,戰國貨幣文字寫作从“卯”。古文字“卯”寫作,與簡文旁形近易訛。“駵”即“騮”字的或體。

《曾侯乙墓》頁 524

騅 　騅

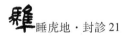

睡虎地・封診 21

○**睡簡整理小組**(1990)　(**編按**:睡虎地・封診 12)騅,蒼白雜毛的馬,見《爾雅・

釋畜》。

《睡虎地秦墓竹簡》頁 151

駱

珍秦 129　　駱集粹　　馬十鐘

○**湯餘惠等**（2001）　駱。

《戰國文字編》頁 653

○**黃德寬等**（2007）　秦印駱,姓氏,見《元和姓纂》。

《古文字譜系疏證》頁 1366

駰 駰

駰秦駰玉版

○**李零**（1999）　作器者可能是秦莊襄王或秦始皇的同輩,“駰”,是其私名,典籍無考。

《國學研究》6,頁 531

○**李學勤**（2000）　這位秦君名“駰”,我認爲就是秦惠文王。惠文王之名,《呂氏春秋·首時》、《去宥》高誘注、《後漢書·西羌傳》和《史記·秦本紀》索隱等都説爲“駰”。“駰、駰”字形相似,“四”字古文更近於“因”,文獻之“駰”當係“駰”字形誤。

《故宮博物院院刊》2000-2,頁 42

○**曾憲通、楊澤生、蕭毅**（2001）　“駰”是人名,李文説“典籍無考”,我們懷疑是秦莊王的私名,詳後。（中略）

　　我們認爲秦駰可能是秦莊王（此從睡虎地秦簡《編年紀》[編按:“紀”當爲“記”之誤],《史記》作莊襄王）。莊王的名字爲子楚。大家知道衣冠楚楚的“楚”的本字是“𧆓”,《説文》説是“合五彩鮮色”的意思。而駰的意思是淺黑帶白色的雜毛馬,《詩·小雅·皇皇者華》:“我馬維駰,六轡既均。”毛傳:“陰白雜毛曰駰。”《爾雅·釋畜》:“陰白雜毛,駰。”邢昺疏:“陰,淺黑也。毛淺黑而白兼雜毛者曰駰。”“𧆓”和“駰”都有多種顏色、雜色的意思,古人名與字意義相關,“子楚”和“駰”或是一名一字的關係。不過,玉版文字駰是自稱,因此

"駰"是名而"子楚"是字。據《史記》司馬貞索隱,秦莊王三十二歲立,"立四年卒",即三十五歲而卒;如據睡虎地秦簡《編年紀》(編按:"紀"當爲"記"之訛)"莊王三年,莊王死",則秦莊王三十四歲便死掉了。秦莊王的早死歷來是個謎,從玉版文字來看,其"英年早逝"或與"遭病"有關。公元前249年滅掉東周,使周代完全滅亡,正是他即位的第一年,這應該是他即位後發生的一件大事,所以在玉版裏不忘寫上"周世既没"這麼一筆。從"小子"這個稱謂的使用來看,把"駰"定爲秦莊王也非常合理。秦公及王姬編鐘、鎛鐘和秦公簋、秦公鎛鐘,王輝先生認爲分別是秦武公和秦景公"初即位時器"。他在秦公簋的考釋裏說:"秦公在簋銘中自稱小子。《禮記・曲禮下》:'天子未除喪曰予小子',這裏說的是天子的情況,諸侯應當也是這樣,故作器應在秦景公即位之初。"秦武公和秦景公可以自稱"小子",地位相當的秦莊王當然也可以這麼稱呼,而且秦莊王也是在他的父親孝王去世後登上秦國的王位的。還值得注意的是,從已發現的秦國有關資料來看,除了作爲"最高領導人"的"公"和"王"能够自稱"小子",還没有別的例外。從一般要天子才用的"介圭、牛犠"和"路車"等級別非常高的祭品來看,進行祭祀的人似乎也非王莫屬。再說,如果是一般王族成員,似乎也不能說"王室相如"這樣的話。所以駰是秦莊王的可能性是很大的。

《考古與文物》2001-1,頁50—53

○**李家浩**(2001) 駰是秦國的哪一位國君呢?回答是秦惠文王。

　　秦惠文王是秦孝公之子,十九歲即位(公元前337年),即位十三年稱王,十四年改元(公元前324年),後元十四年卒(公元前311年),享國二十七年。惠文王又稱惠文君、惠王和文王。《後漢書・西羌傳》,《呂氏春秋》的《去私》、《首時》、《去宥》高誘注和《史記・秦本紀》司馬貞《索隱》,都說秦惠文王名駰。衆所周知,古書在傳抄、翻刻過程中,文字往往發生訛誤。例如《史記》的《秦本紀》所記"寧公",據秦公及王姬鐘和鎛的銘文,是"憲公"之誤;《秦始皇本紀》二十八年所記琅琊臺刻石"丞相隗林"之"林",據秦始皇二十六年詔版,是"狀"之誤。"駰、駟"二字字形十分相似,據玉版銘文,秦惠文王的名字"駟",當是"駰"傳寫之誤。

《北京大學中國古文獻研究中心集刊》2,頁114—115

○**連劭名**(2001) "又秦曾孫小子駰",即秦惠文王。《詩經・維天之命》云:"駿惠我文王,曾孫篤之。"鄭箋:"曾,猶重也。自孫之子而下,事先祖皆稱曾孫。""小子"是謙稱,周天子亦自稱"小子",西周晚期《毛公鼎》銘文云:"敃天疾畏,司余小子弗及,邦將害吉。"秦惠文王名駰,與文獻記載不同,《史記・秦本紀》云："孝公卒,子惠文君立。"《索隱》云："名駟。"今按:"駰"當是"駟"字的訛誤,二字古體相似。

《中國歷史博物館館刊》2001-1,頁 50

○**王輝**(2001) 駰名文獻未載。駰自稱"有秦曾孫",當爲某代秦公或秦王之後,但曾孫可泛稱,故不知其所出。簡末有"王室相如"的話,推測駰應爲王室成員,是秦之公子,也可以指秦王。

《考古學報》2001-2,頁 145

○**周鳳五**(2001) 五、玉版作者爲秦惠文王

玉版作者的身份雖已確認,但遍察先秦兩漢文獻,未見秦國先公、先王有名"駰"者,似此説仍有可疑。難道果如《李文》所説,其人"典籍無考",抑別有他故?

按,先秦史料雖不見秦國國君名"駰"者,但據《史記·秦本紀》司馬貞《索隱》,秦惠文王名"駟",與玉版"駰"字非常接近。兩相對照,可以推知,秦惠文王名"駰",玉版"有秦曾孫小子駰",正是秦惠文王禱祠於華山時自稱之詞,其後文獻輾轉傳抄,"駰"遂訛爲"駟"。再參證出土文物,目前所見秦惠文王器爲數有限,比較長篇的只有秦惠文王前元四年(公元前 334 年)的"秦封宗邑瓦書",另外,後元四年(公元前 321 年)的《四年相邦戈》,字數雖少,也可以參照。經細心核對,發現三者字形結構與書寫筆勢基本相同,尤其《秦封宗邑瓦書》,因材質屬磚瓦,文字風格與玉版更爲接近,其中如"周、冬、月、使、爲"等字以及"馬、阜、虫"等偏旁尤爲神似。這也爲本文的推論,提供了古器物學與古文字學方面有力的旁證。

《史語所集刊》72 本 1 分,頁 225

○**郭永秉**(2005) 我們認爲,器主當從李學勤、李家浩等先生之説,以秦惠文王爲是。首先,從銘文自稱"曾孫、小子、毓子"以及所述祭祀對象、祭品等級來分析,駰的身份爲秦國國君無疑,絶不可能是一般的貴族公子。其次,依照先秦名字制度,禱告者或做器者一般自稱其名不稱字,"駰"既爲祭禱華山神時的自稱,把它視爲國君之名更加合理。《尚書·金縢》:"若爾三王是有丕子之責於天,以旦代某之身。"在爲武王禳疾而祭先王時,周公自稱"旦"。周屬王在自作的胡鐘、胡簋裏亦均自稱其名。這都説明,"駰"只可能是名,不可能如王輝先生推測的是字。而文獻中戰國中後期秦國國君名"駰"者,最可能是字形與它相近的"駟",即秦惠文王。李學勤先生、李家浩先生均認爲文獻中的"駟"爲"駰"之訛字,這個推測應該是很有説服力的。曾憲通先生的觀點認爲,"駰"和"子楚"是一名一字的關係,他就是文獻中那位初名異人,後改名楚

（或作子楚）的秦莊襄王。這裏即便曾先生能説明"駰"和"楚"有語義上的關聯（事實上其相關解釋還比較勉强），也只能證明"駰"可能是他的字。但就如上文指出的，"駰"在這裏只能是國君之名，所以曾先生也只好推測，"'駰'是名而'子楚'是字"，並没有舉出任何文獻上的根據。正如李家浩先生指出的，此説"證據不足"。

《古文字與古文獻論集》頁 39，2011；原載《古代中國：傳統與變革》1

○**侯乃峰**（2005）　（一）"駰"究竟是秦國的哪一個秦王？

"駰"，李文以爲"典籍無考"；《初探》疑"駰"是秦莊王；王文認爲可能是秦公子，也可能是某王之子。《研究》《索隱》及周文以爲是秦惠文王。據《史記・秦本紀》索隱，秦惠文王名"駟"，應該是在傳抄過程中"駟"訛誤爲"駰"。除從字形上"駰"與"駟"形近易誤作出論斷外，《研究》《索隱》還由"王室相如"中"王室"一詞，推測秦惠文君當時已經稱王。據《史記・秦本紀》記載，秦惠文君十三年（公元前 325 年）稱王，次年更爲元年，又十四年（公元前 311 年）卒。兩文都推測玉版製作當在秦惠文王稱王期間，時間基本一致。《研究》還引《吕氏春秋・去宥》中有關秦惠文王的史料和《詛楚文》的製作者爲秦惠文王的結論，證明其人很迷信鬼神，與銘文中的"駰"因病隆重祭祀華山很符合。由以上論據推斷，玉版中的"駰"當是秦惠文王。玉版銘文與《詛楚文》若都是秦惠文王時所作，二者當有更大的可比性。筆者曾把銘文與《詛楚文》中同時出現的 52 字作了一番比較，其中 36 個字寫法完全一致；16 個字稍有出入，但筆勢走向大體一致，説明二者刻寫年代不會相差很遠。

《文博》2005-6，頁 72

△**按**　秦駰玉版中的器主"駰"當從李學勤、李家浩等的説法，"駰"指秦惠文王。傳世文獻中秦惠文王名"駟"，"駰"是"駟"字之訛。

驕　骉

曾侯乙 185

○**裘錫圭、李家浩**（1989）　（編按：曾侯乙 183）"驛"字亦見於 185 號簡，从"馬"从"曑"。古文字多以"曑"爲"單"。《古文四聲韻》獮韻"單"字下引《籀韻》作"曑"。郘瓜君壺："柬柬曑曑，康樂我家。""柬柬"當讀爲"閑閑"。《廣雅・釋訓》："閑閑，盛也。""曑"用爲"單"。"單單"當讀爲"嘽嘽"。《詩・大雅・武常》“王旅嘽嘽”,毛傳:“嘽嘽然盛也”(李零同志亦有類似的説法)。“戰”字所從“單”旁,戰國楚器作“嘼”(《金文編》825 頁),《古文四聲韻》線韻引《籀韻》亦同。所以此字應釋爲“驒”。《詩·魯頌·駉》“有驒有駱”,毛傳:“青驪驎曰驒。”

《曾侯乙墓》頁 529

○**裘錫圭、李家浩**(1989)　(編按:曾侯乙 199)此字右旁似是“嘼”(單)。

《曾侯乙墓》頁 529

○**何琳儀**(1998)　驒,從馬,嘼聲。驒之繁文。《説文》:“驒,驒騱,野馬也。從馬,單聲。一曰,青驪白鱗文如鼉魚。”

　　隨縣簡驒,讀驒。

《戰國古文字典》頁 218

○**湯餘惠等**(2001)　(編按:曾侯乙 183)驒。

《戰國文字編》頁 660

○**李守奎**(2003)　(編按:曾侯乙 185)驒。

《楚文字編》頁 571

△**按**　蕭聖中(《曾侯乙墓竹簡釋文補正暨車馬制度研究》122 頁,科學出版社 2011 年)據紅外影像釋爲“驍”,此暫從蕭聖中釋爲“驍”。

驕 驕

驕十鐘

○**湯餘惠等**(2001)　驕。

《戰國文字編》頁 653

○**黄德寬等**(2007)　秦印驕,人名。

《古文字譜系疏證》頁 2255

駒 駒

駒郭店·窮達 10

○**荆門市博物館**(1998)　(編按:郭店·窮達 10)駒。

《郭店楚墓竹簡》頁 145

○**李零**（1999） （編按：郭店・窮達 10）"厄"原從馬從勺，疑同"約"，讀爲"厄"（"厄"是影母錫部字，"約"是影母藥部字，讀音相近），《説苑・雜言》"驥厄罷鹽車"，正作"厄"；"張山"疑是地名。

《道家文化研究》17，頁 496

○**周鳳五**（1999） 八、驥駒（《窮達以時》簡一○）：驥，簡文從馬，幾聲，《郭簡》讀作"驥"，可從。駒，《郭簡》依形隸定而無説。按，字從勺聲，古音襌母藥部，當讀作疑母宵部的"驁"，二字可以通假。《吕氏春秋・察今》："良劍期乎斷，不期乎鏌鋣；良馬期乎千里，不期乎驥驁。"高《注》："驁，千里馬名也，王者乘之遊驁，因名曰驥驁也。"又，《士容》："夫驥驁之氣，鴻鵠之志，有諭乎人心者，誠也。"簡文此句文意不明，參照下文"窮四海，至千里，遇造父也"，知其借千里馬立説，則讀作"驥驁"當無大誤。

《張以仁先生七秩壽慶論文集》頁 355—356

○**徐在國**（2001） 《郭店楚墓竹簡・窮達以時》10 有字作𩢷，原書隸作"驥"，可從。簡文爲"驥（驥）駒張山，驥空於𠕂坴，非亡膿（體）壯也。宎（窮）四海，至千里，塻（遇）告（造）古（父）也"。裘錫圭先生説："《韓詩外傳》卷七和《説苑・雜言》緊接在上注所引文字之後，都有一段與此段簡文内容相近的文字，可資參考。前者説：'夫驥罷鹽車，此非無形容也，莫知之也。使驥不得伯樂，安得千里之足，造父亦無千里之手矣。'後者説：'夫驥厄罷鹽車，非無驥狀也，夫世莫能知也。使驥得王良、造父，驥無千里之足乎？'簡文'體壯'之'壯'，似當讀爲'狀'，'至千里'似當讀爲'致千里'。'告'當讀爲'造'，其下蓋脱'父'字。"儘管簡文内容和傳世典籍所載内容相近，但"驥駒張山，驥空（編按：脱"於"字）𠕂坴"仍頗爲費解。

原書認爲"驥"即驥字，甚是。"駒"字見於《説文・馬部》："馬白額也。從馬，的省聲。一曰駿也。《易》曰：'爲的顙。'"此"駒"字在簡文中似當讀爲"約"。《説文・糸部》："約，纏束也。從糸，勺聲。"段注："束者，縛也。"由纏束義引申爲窮困義。《論語・里仁》："不仁者不可以久處約。"何晏注："久困則爲非。"《楚辭・九辯》："離芳藹之方壯兮，余萎約而悲愁。"洪興祖補注："約，窮也。""張"當讀爲"長"，長有大義，《吕氏春秋・本味》："大夏之鹽，宰揭之露，其色如玉，長澤如卵。"高誘注："長澤，大澤。"《荀子・勸學》："神莫大於化道，福莫長於無禍。""大""長"爲對文，長有大義。如此"張山"即長山，義爲大山。"驥駒張山"即驥約於長山，意思是驥困於大山。《戰國策・楚策四》："君亦聞驥乎？夫驥之齒至矣，服鹽車而上太行。蹄申膝折，尾湛胕潰,瀧汁灑地,白汗交流,中阪遷延,負轅(棘)不能上。”“驥服鹽車而上太行”,太行指太行山,可與“驥約長山”互證。

《簡帛研究二○○一》頁 177—178

○白於藍(2001)　　(編按:郭店·窮達 10)《説文》:“馰,馬白額也。从馬,的省聲。一曰駿也。《易》曰:‘爲的顙。’”桂馥《義證》:“馰,馬白額也者,《相馬經》:‘馬白額名曰的盧。’”又《玉篇·馬部》:“馰,馰顙,白額。或作的。”簡文中之“驊(驥)”字已與下句之“驥”相對,可知“馰”字於此絕非“馬白馰”之“的顙(或的盧)”。筆者以爲馰字於此當讀爲約,馰、約俱从勺聲,自可相通。約字有約束、節制之義。《論語·子罕》:“博我以文,約我以禮。”何晏《注》:“以禮節節約我。”“驊(驥)馰(約)於張山”,此係賓語前置句,猶云“馰(約)驊(驥)於張山”。《淮南子·俶真》:“是猶絆騏驥而求其致千里也。”《文選·三國·吳季重(質)〈答東阿王書〉》》:“猶絆良驥之足,而責以千里之往。”簡文此“馰(約)”字猶如上引典籍中之“絆”字。

《簡帛研究二○○一》頁 196

駁 駮

───────────────

○劉彬徽、彭浩、胡雅麗、劉祖信(1991)　　(編按:包山 93)騕。

《包山楚簡》頁 23

○何琳儀(1993)　　(編按:包山 93)△原篆作 ,應釋爲“駁”,與 234 偏旁位置互易。

《江漢考古》1993-4,頁 58

○湯餘惠(1993)　　(編按:包山 93) 93　騕·駁　右从 即爻,《説文》:“駁,馬色不純。从馬,爻聲。”

《考古與文物》1993-2,頁 71

○李天虹(1993)　　 93 釋文作騕

　　按,此乃駁字。簡 234、247 駁字作 ,隨縣簡駁字作 ,均从爻,與此字右旁相同。

《江漢考古》1993-3,頁 86

○**何琳儀**(1998)　隨縣簡駁,雜色之馬。

《戰國古文字典》頁 286

○**劉信芳**(2003)　(編按:包山 234)駁霝:"駁"本指雜色馬,"駁霝"謂文龜,《爾雅・釋魚》:"五曰文龜。"郭璞《注》:"甲有文采者。"

《包山楚簡解詁》頁 245

○**劉釗**(2004)　(編按:包山 93)簡 93 有字作"",字表隸作"騋"(簡號誤爲 267)。按字從"馬"從"爻",應釋爲"駁"。字在簡文中用爲人名。

《出土簡帛文字叢考》頁 15)

【駁霝】包山 234

○**何琳儀**(1998)　包山簡"駁霝",斑駁之霝,占卜之物。

《戰國古文字典》頁 286

○**劉信芳**(2003)　"駁霝"謂文龜。《爾雅・釋魚》:"五曰文龜。"郭璞《注》:"甲有文采者。"

《包山楚簡解詁》頁 245

鷔 獤 騃 驁

集粹　秦代印風 54　石鼓文・鑾車

曾侯乙 166

○**強運開**(1935)　(編按:石鼓文)此篆各本均已磨滅,今據安氏十鼓齋第一本橅拓如上,並當有重文。按:《説文》:"騃,駿馬。以壬申日死,乘馬忌之。從馬,敖聲。"此云"六轡騃_",蓋亦猶樂名鷔夏,取翱翔之意也。

《石鼓釋文》丁鼓,頁 3—4

○**裘錫圭、李家浩**(1989)　(編按:曾侯乙 166)"驁"從"囂"聲。"囂、敖"古通。疑此字當讀爲"鷔"。字或作"騃"。《説文・馬部》:"騃,駿馬。"

《曾侯乙墓》頁 527

○**何琳儀**(1998)　石鼓騃,駿馬。

《戰國古文字典》頁 299

○**何琳儀**（1998）　　驫,讀驌。参騳字 d。《説文》:"驌,駿馬。"

　　　　　　　　　　　　　　　　　　　《戰國古文字典》頁 1482

○**李守奎**（2003）　　驫　或即驌字異體。

　　　　　　　　　　　　　　　　　　　《楚文字編》頁 574

○**黄德寬等**（2007）　　秦印驌,人名。石鼓驌,駿馬。

　　　　　　　　　　　　　　　　　　　《古文字譜系疏證》頁 813

○**徐寶貴**（2008）　（編按:石鼓文）"鷔",通"沃"。"鷔"爲疑紐宵部字,"沃"爲影紐藥部字。二字爲喉牙鄰紐,陰入對轉關係。如:"刌",朱駿聲《説文通訓定聲》説:"刌,字又作剜。""刌"爲疑紐字,"剜"爲影紐字,這是影、疑相通之證。至於宵、藥（沃）對轉之例,舉不勝舉,在此不煩舉例。此句入韻,韻腳上的字已殘泐。根據殘泐的字跟前邊的"碩"、後邊的"庶、搏"押鐸部韻的情況來推斷,所殘的字當是鐸部"若"或"若"聲的"箬"（《作原》篇"亞箬其華"即作"箬"可證）字。"六轡鷔箬（或若）"當即《詩・小雅・皇皇者華》的"六轡沃若"。朱熹《詩經集傳》:"沃若,猶如濡也。""如濡,鮮澤也。"

　　　　　　　　　　　　　　　　　《石鼓文整理研究》頁 837—838

驕 𩢲

方氏　　睡虎地・爲吏 25 肆

○**黄德寬等**（2007）　　秦簡驕,用表驕之引申義,含傲慢、驕矜之意。

　　　　　　　　　　　　　　　　　　　《古文字譜系疏證》頁 795

驩 𩣡

十鐘　　秦印

○**湯餘惠等**（2001）　　驩。

　　　　　　　　　　　　　　　　　　　《戰國文字編》頁 654

○**黄德寬等**（2007）　　秦印驩,人名。

　　　　　　　　　　　　　　　　　　　《古文字譜系疏證》頁 2588

馺 馸

郭店・緇衣 42

○**荊門市博物館**（1998） （編按：郭店・緇衣 42）馺，讀作“匹”。今本作“正”，鄭注：“正當爲匹，字之誤也，匹謂知識朋友。”

《郭店楚墓竹簡》頁 136

○**陳高志**（2000） 第四十二簡：唯君子能好其馺（匹），小人豈能好其馺。今本：唯君子能好其正，小人毒其正。

　　鄭玄《注》：“正當爲匹字之誤。”鄭玄不愧爲一代經學大師，今由於《郭店楚墓竹簡》的出土，使鄭玄的目力眼光得以證實。“正”小篆作﹏，古文作﹏，“匹”小篆作﹏，或許因字形相似而訛。在甲金文中，匹字作獨體式，如﹏、﹏、﹏……《睡虎地秦簡》作﹏、﹏。滕壬生《楚系簡帛文字編》收有﹏、﹏、﹏、﹏諸形，後兩形的出現，尤應加以注意。它是由獨體變成從馬匹聲的後起形聲字，依龍師宇純先生的六（編按：疑此脱“書”字）理論來説，此係轉注字。此舉即説明﹏字容易産生誤認，必須加形符以確定字義。在漢字發展的過程中，“象形加聲”，或“加形示意”的例子所在多有。《郭店簡》的匹字作從馬必聲，從理論上來説，它的出現時代，更在﹏、﹏之後。

　　必與匹的聲母相同，上古韻部同在脂部，“必”是“匹”字形聲化以後的絶佳聲符字。匹，配也。《緇衣篇》鄭玄《注》：“匹謂知識朋友。”將今本的“正”字改讀成“匹”，則文從字順，全句之意：“君子唯知識朋友是敬，小人則憎惡忌妒之。”

《中國哲學》21，頁 244

騺 騺

﹏睡虎地・雜抄 9

【騺馬】睡虎地・雜抄 9

○**睡簡整理小組**（1990） “騺馬”合文，下同。騺馬，供乘騎的軍馬。《説文》：“騺，上馬也。”意即騎馬。《廣韻》：“騺，騎騺。”《文選・吳都賦》“騺六駁",意即騎上六駁。

《睡虎地秦墓竹簡》頁 81—82

騎 騎 駉

　　璽彙 2512　　　　璽彙 0307　　　　集成 12091 騎傳馬節

　　陶彙 6·70　　　陶録 5·11·1　　　璽彙 0048　　　包山 119

○丁佛言（1924）　騎　駉　古鉢左田□騎。騎　古鉢貇騎。

《説文古籀補補》頁 45,1988

○吳振武（1983）　0307 左田痌駉·左田㿃騎。

《古文字學論集》（初編）頁 491

○高明、葛英會（1991）　（編按:陶彙 6·70、6·71）駉。

《古陶文字徵》頁 266

○劉釗（1991）　古陶文有字作:

《陶彙》6·70、6·71

　　字從"生"從"可",《陶彙》不釋。按"生"即馬字之省,乃戰國文字習見之寫法。字從馬從可,可隸作"駉"。駉字不見於字書,我們認爲應是騎字的省寫而應釋爲"騎"。按《説文》認爲奇字是從大從可的會意字,其實應該是從大可聲的形聲字。古音奇在群紐歌部,可在溪紐歌部,聲皆爲見系,韻部相同,故奇可從"可"爲聲。古文字省形規律一般是省形符而保留聲符,奇省爲可就是如此。字書觭又作敁,是"奇"可省作"可"的最好證明。戰國文字一些寫成上下結構的字,因寫得過長而常常省去一部分形體,騎字寫作駉不能不説有這方面的原因。古璽有字作:觭（1496）

　　從角從可,陳漢平先生隸作觬,釋作觭。觭又作觬與騎又作駉道理相同。

《古文字構形學》頁 285—286,2006

○裘錫圭（1992）　二、釋"騎右將"印

　　《古璽彙編》（以下簡稱"彙"）著録如下一鈕六國官印:
釋爲"右酒（將）司馬"。此印最先著録於陳紫蓬《燕匋館藏印》,原物後歸周叔弢,又由周氏捐獻給天津市藝術博物館。該館所編
圖八《彙》48　《周叔弢先生捐獻璽印選》（天津人民美術出版社 1984 年版）,録

此印於 2 頁下,也釋爲"右將司馬"。此印"馬"下之"可"顯然不應該釋爲
"司"而應該釋爲"可"。⊞式的字序在先秦官印中也從未見過。可見《彙》和
《璽印選》的釋文是有問題的。

　　我們認爲上舉印文的右半並不是兩個字,而是一個偏旁上下相疊的字。
這個字從"馬""可"聲,應是"騎"字異體。"騎"從"奇"聲,"奇"從"可"聲。
從"奇"聲之字與從"可"聲之字古可通用。所以"騎"字既可從"奇"聲也可從
"可"聲。六國古印中屢見上從"角"下從"可"的一個字,陳漢平釋爲"觩",與
此可以互證。六國古印的"騎"字也有從"奇"聲的。六國古印的"均"字有從
"勻"、從"旬"(璽文原作從"日""勻"聲)二體,金文"始"字有從"目"、從
"台"二體,這些現象跟"騎"字有從"可"、從"奇"二體的現象是同類的。這類
現象頗爲常見,限於篇幅不多舉例了。

《文博研究論集》頁 83

○**劉彬徽、彭浩、胡雅麗、劉祖信**(1991)　(編按:包山 119)駒。

《包山楚簡》頁 25

○**劉釗**(1994)　《古璽彙編》0048 號著録的是一方官璽(見附圖 1)。璽面爲
小正方形,朱文,筆畫纖細,具有典形(編按:"形"當爲"型"字之誤)的三晉官璽風格。

　　《古璽彙編》對這方璽璽文所作的釋文是"右牠(將)司馬"。我們認爲這
一釋文是有問題的。下面試加以論證。

　　首先是戰國文字中"司"字從不省去中閒的一橫筆,與璽文中的所謂"司"
字不同。其次是古文字中的"司"字右側的偏旁從來都是由一筆寫成,而璽文
中的所謂"司"字右側則明顯是由兩筆構成。再次是在戰國官璽中,從未發現
有這種由左上到左下再由右下到右上的環形讀法。

　　由以上幾點可以斷定,將璽文讀成"右將司馬"是錯誤的。

　　如果不受"司馬"這一常見官名的迷惑,稍加辨識,就會發現所謂的"司"
字實際上是"可"字。再進一步深入考察,又會發現所謂的"司馬"二字其實是
一個字。這個字從馬從可,應該是一個從馬可聲的形聲字。我們認爲這個字
就是"騎"字的異體。只是因爲璽面布局的關係,將左右結構寫成了上下
結構。

　　釋這個字爲"騎"字異體有以下一些證據:

　　1.《説文解字》:"奇,異也。一曰不耦,從大從可。"許慎認爲"奇"字從大
從可的會意字,從古文字的實際看是錯誤的。奇字應該是"從大可聲"的形聲
字。古音奇在群紐歌部,可在溪紐歌部,韻爲疊韻,聲爲鄰紐,古音很近。所

以“奇”字應該是从“可”爲聲的。古文字中有許多形聲字有聲符繁與簡的不同異體。“騎”字从“奇”得聲，而“奇”字又从“可”聲，如此則从“奇”得聲的“騎”自然也就可以从“可”爲聲。字書“旖”字又作“㫁”就是最好的例證。

2.典籍中从可得聲的字與从奇得聲的字可以相通。《書·太甲上》“阿衡”漢高彪碑作“猗衡”。《史記·魯仲連鄒陽列傳》：“擊阿偏之辭哉。”《漢書·鄒陽傳》“阿”作“奇”。所以从“奇”聲的“騎”或从“可”聲作，並不奇怪。

3.後世从“奇”得聲的一些字，在古文字中就是从“可”爲聲。如古璽騎字从可作“附圖2”，包山楚簡㫁字从可作“附圖3”。古陶文有字作“附圖4”，舊不識，我們曾將其釋爲“騎”，其結構與璽文“騎”字相同，二者爲一字無疑。

附圖

1　　2　　3　　4

《史學集刊》1994-3，頁 74

○陳偉武（1995）　19.駖　《文字徵》第 266 頁“駒”字下：“𩠐 6.70　君駒。𩠐 6.71，同上。”今按，此字當从《陶彙》釋爲駖，从馬，可聲。《説文》所無。

《中山大學學報》1995-1，頁 124

○何琳儀（1998）　齊璽“牣騎”，讀“將騎”。

騎傳馬節“騎連”，讀“騎傳”，驛馬。

《戰國古文字典》頁 851

駖，从馬，可聲。疑騎之省文。見騎字。

晉璽“牣駖”，讀“將騎”。參齊璽“左田牣騎”。

《戰國古文字典》頁 853

○湯餘惠等（2001）　（編按：包山 119）駖　或釋騎。

《戰國文字編》頁 658

○李守奎（2003）　騎　駖。

《楚文字編》頁 570

○劉釗（2004）　（編按：包山 119）簡 119 有字作“𩢍”，字表隸作“駖”。按字从“馬”从“可”，應釋爲“騎”。“奇”从“可”聲，故从“奇”聲字的“騎”可从“可”聲作“駖”。古陶文“騎”字从“可”作“𩠐”（《古陶文彙編》6·71），古璽“騎右將”（《彙編》0048）之“騎”从“可”作“𩠐”，又古璽“旖”字从“可”作“𩠐”（《彙

編》98 頁,此字陳漢平釋),凡此皆可證明從"奇"聲的字可從"可"字作。故字
應釋"騎",此字在簡文中用爲人名。

《出土簡帛文字叢考》頁 18

○王恩田(2007)　(編按:陶録 5·11·1)駒。

《陶文字典》頁 260

△按　《古陶文彙編》6·70、6·71 中的和《陶文圖録》5·11·1 中的當隸
定爲"駒","騎"字異體。

駕

　　十鐘　　　秦文字集證 218·242　　　睡虎地·雜抄 3
　　石鼓文·吾水　　包山 38　　侯馬 200:6

○强運開(1935)　(編按:石鼓文)　薛尚功作駼,非。楊升庵釋作駕,是也。
《説文》:"駕,馬在軛中也。從馬,加聲。,籀文駕。"段注云:"駕之言以車加
於馬也。"運開按:此爲會意字。

《石鼓釋文》壬鼓,頁 7

○山西省文物工作委員會(1976)　(編按:侯馬 77:1、200:6)駕　宗盟類參盟人名

《侯馬盟書》頁 345

○睡簡整理小組(1990)　(編按:睡虎地·答問 1)駕(加)。

　　(編按:睡虎地·日甲 95 正壹)駕,可讀爲嘉,《爾雅·釋詁》:"善也。"《日書》乙
種作賀。

《睡虎地秦墓竹簡》頁 93、193

○何琳儀(1998)　石鼓駕,車駕。

《戰國古文字典》頁 841

○王輝、程學華(1999)　18.95XGM48293:4 罐底"咸完里駕"。本書圖版 218.
242(中略)

　　18 條末字岳起釋"逞",似誤。此字左上爲"力",右上爲"口",
應即"加"字。下部"馬"字不太清楚,但仍可看出馬足的殘畫。

242

《秦文字集證》頁 326—328

○**黄德寬等**（2007）　包山簡駕，人名。石鼓文駕，駕車。

《古文字譜系疏證》頁 2241

△**按**　清華貳《繫年》簡 58、65"駕"字从車作形，"軍"當是"駕"字異體。

【駕傳馬】睡虎地·秦律 47

○**睡簡整理小組**（1990）　傳馬，驛傳駕車用的馬。駕傳馬，意思是使這種馬駕車在規定路線上奔走一趟。

《睡虎地秦墓竹簡》頁 32

【駕驪】睡虎地·雜抄 3

○**睡簡整理小組**（1990）　駕驪（音鄒），即廄御，爲官長駕車的人。

《睡虎地秦墓竹簡》頁 79

駢　駢

珍秦 52

○**湯餘惠等**（2001）　駢。

《戰國文字編》頁 655

○**黄德寬等**（2007）　秦印駢，人名。

《古文字譜系疏證》頁 2216

驂　驂　驪

石鼓文·吾水　　石鼓文·田車

曾侯乙 143　　曾侯乙 169

○**强運開**（1935）　（編按：石鼓文）《説文》："駕三馬也。"張德容云："按《左傳·莊公十八年》傳曰：'虢公晉侯朝王，皆賜馬三匹。'可知周時有駕三馬之制，足證鼓爲周物無疑也。"

《石鼓釋文》丙鼓，頁 3

○**裘錫圭**（1979）　簡文裏關於駕馬制度的資料也值得注意。所記有駕兩、駕三、駕四、駕六四種情況。駕兩稱爲麗，駕三稱爲驂。駕兩時所用的馬稱左服（原作"驪"，下同）、右服。駕三時稱左驂、左服、右服。駕四時稱左驂、左服、

右服、右驂。駕六時稱左飛（騑）、左驂、左服、右服、右驂、右飛（騑）。古書注解一般認爲"驂、騑"異名同實。簡文記駕六馬，兩服外邊的兩匹馬稱驂，最外邊的兩匹必稱騑，可見這兩個字應是散文則通，對文則別。《説文》對"騑"字的注解是"驂旁馬"，前人讀《説文》多在"驂"字下加逗，其實許慎的意思很可能是説騑是驂外邊的馬，正與簡文"騑"字用法相合。《文選・卷五十七・陽給事誄》注認爲"在服之左曰驂，右曰騑"，與簡文不合，大概是没有根據的臆説。

《古文字論集》頁 409，1992；原載《文物》1979-7

○**裴錫圭、李家浩**（1989）　（編按：曾侯乙 122）簡文"參"和"驂"所從之"參"皆寫作"晶"。"參"本從"晶"，戰國文字多以"晶"爲"參"。字或作𢇅。《玉篇・厽部》"厽"字下注云："《尚書》以爲'參'字。"用爲"參"的"厽"即𢇅的訛變。

《曾侯乙墓》頁 522

○**何琳儀**（1998）　駔，從馬，厽聲。驂之省文。

隨縣簡駔，讀驂。見驂字 d。

《戰國古文字典》頁 1420

石鼓驂，見《詩・鄭風・大叔于田》"兩驂如舞"，箋："在旁曰驂。"

《戰國古文字典》頁 1421

駟　

○**吳大澂**（1884）　駟　𩢷　古鉢文，𩢷通，人姓名。

《説文古籀補》頁 40，1988

○**裴錫圭、李家浩**（1989）　（編按：曾侯乙 143）《詩・秦風・駟驖》："駟驖孔阜。"《大雅・大明》："駟騵彭彭。""駟"字用法皆與簡文同。

《曾侯乙墓》頁 524

○**睡簡整理小組**（1990）　（編按：睡虎地・秦律 179）駟（四）。

《睡虎地秦墓竹簡》頁 60

○**何琳儀**（1998）　　隨縣簡駟，見《玉篇》：“駟，四馬一乘也。”

《戰國古文字典》頁 1285

○**劉釗**（1998）　　三.釋

《古璽彙編》1504 號璽作：

　　其中“”字左側拓印不够清楚，《古璽文編》失收。按字從馬從“”，“”乃戰國時期燕國“四”字的獨特寫法。如燕國陶文四字作“”（《古陶文彙編》4·19），燕錯銀銘銅壺四字作“”（《文物》1984 年 6 期），燕刀背銘文四字作“”“”“”（《古幣文編》45 頁），可證。所以“”字應該釋爲“駟”字。駟字見於《説文》，在璽文中用爲人名。此璽爲觿形，從形制和璽文及字體看，也是典型的燕璽。

《考古與文物》1998-3，頁 76

○**黄德寬等**（2007）　　隨縣簡例一駟，《玉篇·馬部》：“駟，四馬一乘也。”例二“新官駟”，簡文有官名新官令，疑“新官駟”讀爲“新館駟”，即新館令購送之車馬。秦印駟，姓氏。《通志·氏族略》三“駟氏，姬姓。鄭穆公子子駟之後也。公子騑字子駟，其孫駟帶、駟乞，以王父字爲氏”。秦簡駟，讀爲四，數詞。

《古文字譜系疏證》頁 3386

【駟馬】曾侯乙 142
○**裘錫圭、李家浩**（1989）　　駟₌（駟馬）。

《曾侯乙墓》頁 497

篤　篤

篤　睡虎地·雜抄 29

○**睡簡整理小組**（1990）　　（編按：睡虎地·雜抄 29）篤，《説文》：“馬行頓遲。”

《睡虎地秦墓竹簡》頁 86

○**陳振裕、劉信芳**（1993）　　按：“篤”，馬行遲緩。

《睡虎地秦簡文字編》頁 133

○**黄德寬等**（2007）　　秦簡篤，馬行遲緩。

《古文字譜系疏證》頁 529

馭

璽彙 3705

○何琳儀（1998）　齊璽馭，不詳。

《戰國古文字典》頁 1374

○湯餘惠等（2001）　馭。

《戰國文字編》頁 655

馮 煬

集粹　集粹　十鐘

○丁佛言（1924）　馮　　古鉢郁馮鉢　　古鉢馮士。

《説文古籀補補》頁 45，1988

○何琳儀（1998）　秦璽馮，姓氏。畢公高之後，食采於馮城，因而命氏。見《廣韻》。

《戰國古文字典》頁 156

○湯餘惠等（2001）　馮。

《戰國文字編》頁 655

驅 騙 毆

上博三·周易 10

石鼓文·吾車　睡虎地·日甲 157 背　侯馬 1：40

陶彙 3·743　璽彙 3226

○吳大澂（1884）　驅　毆　石鼓。

《説文古籀補》頁 40，1988

○強運開（1935）　《説文》古文驅從攴。《周禮》：“以靈鼓毆之，以炮土之鼓毆之。”《孟子》：“爲淵毆魚，爲叢毆爵，爲湯武毆民。”皆用古文，可爲此毆字

之證。又按：後男敦“毆孚士女牛羊”作 ，與鼓文微異。

《石鼓釋文》甲鼓，頁 12

○山西省文物工作委員會（1976）　（編按：侯馬 1：40）毆　宗盟類參盟人名史毆巀。

《侯馬盟書》頁 349

○吳振武（1983）　3226 赤𣪠·赤毆（驅）。

《古文字學論集》（初編）頁 513

【毆巀】侯馬 1：40

△按　毆巀，人名。詳見上“驅”字條。

騁 騁

故宫 449

○湯餘惠等（2001）　騁。

《戰國文字編》頁 656

○黃德寬等（2007）　秦印騁，人名。

《古文字譜系疏證》頁 2210

驚 驚

秦代印風 76　　睡虎地木牘

○湯餘惠等（2001）　驚。

《戰國文字編》頁 656

○黃德寬等（2007）　秦文字驚，人名。

《古文字譜系疏證》頁 2120

駐 駐

曾侯乙 163

○裘錫圭、李家浩（1989）　（編按：曾侯乙 163）“駐”字所從右旁原文作“丁”，與古文"宝"字所從"主"作"𡧘"相同,故將此字釋爲"駐"。簡文"駐"是馬名,與《説文》訓爲"馬立"之"駐"當非一字,其確義待考。

《曾侯乙墓》頁 527

○**何琳儀**(1993) 《説文》:"駐,馬立也。從馬,主聲。"隨縣簡"驑𩤃(駐)"163,馬名。

《第二届國際中國古文字學研討會論文集》頁 254

○**吴振武**(1993) (二)曾侯乙墓竹簡 163 號云:

旐(陽)城君之騮爲左騙(服),鄖君之騮𩤃爲右騙(服),麗鄁君之阶車("阶車"原作合文)。《曾侯乙墓》(湖北省博物館編,文物出版社 1989 年,北京)圖版二二○

簡文中的𩤃,裘錫圭先生和李家浩先生隸作"駐",並謂:"簡文'駐'是馬名,與《説文》訓爲'馬立'之'駐'當非一字,其確義待考。"今按:此字極可能是從"豖"省聲,疑即"驄"字異體。《説文·馬部》:"驄,馬青白雜毛也。"段注:"白毛與青毛相閒則爲淺青,俗所謂葱白色。《詩》曰:'有瑲葱衡。'《釋器》曰:'青謂之葱。'""騮"字裘、李兩位先生認爲或是"騢"(騮)的訛體。此説若可信,則"驑驄"大概是指一種黑鬣黑尾,並雜有淺青毛色的紅馬。

《第二届國際中國古文字學研討會論文集》頁 286—287

○**何琳儀**(1998) 隨縣簡駐,馬名。

《戰國古文字典》頁 359

騷 騷

騷 珍秦 43　騷 十鐘　騷 睡虎地·答問 179

○**强運開**(1935) 騷 騷 古鈢苒騷。

《説文古籀三補》頁 50,1986

○**何琳儀**(1998) 秦璽騷,姓氏。

《戰國古文字典》頁 226

○**湯餘惠等**(2001) 騷。

《戰國文字編》頁 656

羃 羃

 侯馬 92：7　　 侯馬 1：75　　 侯馬 185：9

○**山西省文物工作委員會**（1976）　　羃　宗質盟類參盟人名。

《侯馬盟書》頁 331

○**李裕民**（1981）　　二十二、羃《侯馬盟書》其它類一八五：九

　　盟書有羃（九二：七羃）、羃（一：七五羃），象馬絆一足、絆二足之形。此則象馬絆三足之形，當即羃字，也就是後世通行的縶字。《説文》："羃，絆馬足也（足字，段玉裁據《韻會》補）。从馬○其足。《春秋傳》曰：'韓厥執羃前。'讀若輒。羃，羃或从糸，執聲。"中華書局本《説文》○寫作口，誤。段玉裁云："○象絆之形。"小篆羃正象以繩索絆住馬四足之形（小篆馬以三足代表四足，故絆三足即絆四足），是會意字；縶則是形聲字。漢字在形聲化過程中，有一些象形字、會意字逐漸被形聲字所取代。如羃（黽，《邾伯鬲》黿字偏旁）本象蜘蛛之形，後來加了聲符朱，成爲黿，變爲形聲字，但尚不難從形符看出它的原貌。以後又以虫代黽，變爲蛛，其原貌就無法從字面上看出來了。羃字被縶所取代，則是會意字變爲形聲字的一例。

《古文字研究》5，頁 300

○**湯餘惠等**（2001）　　馬。

《戰國文字編》頁 652

駘 駘

駘 陶文編，頁 68　　駘 璽彙 5535　　駘 故宮 405

○**金祥恆**（1964）　　駘　馬銜脱也。从馬，台聲。徒亥切。

《匋文編》頁 68

○**羅福頤等**（1981）　　（編按：璽彙 5535）駘。

《古璽文編》頁 247

○**高明、葛英會**（1991）　　（編按：陶文編，頁 68）駘。

《古陶文字徵》頁 266

○何琳儀（1998）　秦璽駍，人名。

《戰國古文字典》頁 58

○湯餘惠等（2001）　駍。

《戰國文字編》頁 656

駔　駔

陶彙 5・40　　陶錄 6・10・2　　十鐘　　珍秦 66

○高明、葛英會（1991）　駔。

《古陶文字徵》頁 266

○何琳儀（1998）　秦陶駔，人名。

《戰國古文字典》頁 570

○王恩田（2007）　駔。

《陶文字典》頁 260

騶　騶

陶彙 5・482　　陶錄 6・417・3　　睡虎地・爲吏 6 肆

○金祥恆（1964）　騶，廏御也。从馬，芻聲。側鳩切。

《匋文編》頁 69

○睡簡整理小組（1990）　（編按：睡虎地・爲吏 6 肆）騶，即騶騎，在車前導行的騎者。

《睡虎地秦墓竹簡》頁 172

○高明、葛英會（1991）　騶。

《古陶文字徵》頁 266

○何琳儀（1998）　秦陶騶，人名。

《戰國古文字典》頁 388

○王恩田（2007）　騶。

《陶文字典》頁 260

驛 驛

秦陶 489

○袁仲一（1987）　第（13）件瓦文中的最末一字（見拓片 489 號），筆畫較亂，左从馬，右旁似从睪。《漢印文字徵》第三·九"王澤雲"印文的澤字的右旁與此字的右旁形近。故將此字釋爲"驛"，人名。

489

《秦代陶文》頁 29

○高明、葛英會（1991）　驛。

《古陶文字徵》頁 267

○袁仲一、劉鈺（2009）　其中一具尸骨上蓋一板瓦殘片，瓦上刻"平陽驛"三字。"平陽"二字居左側，"驛"字居右。"驛"字字迹草率，爲死者之名。"平陽"爲"驛"的遣發地。

《秦陶文新編》頁 94

駐 駐 駐

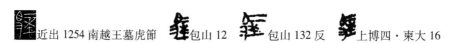近出 1254 南越王墓虎節　　　包山 12　　　包山 132 反　　　上博四·柬大 16

○劉彬徽、彭浩、胡雅麗、劉祖信（1991）　（編按：包山 12）駐，所从之杢爲社字古文。

《包山楚簡》頁 41

○廣州市文物管理委員會、中國社會科學院考古研究所、廣東省博物館（1991）　（編按：近出 1254 南越王墓虎節）一九、"王命₌車駐"銅虎節

銅節（C204）作平板伏虎形，長 19、高 11.6、厚 1.2 釐米。正反兩面皆錯金，飾以斑紋金箔，正面虎身斑紋閒刻銘文一行：

王命₌車駐

末一字，左旁及右上二橫道，與散氏盤"駿"作，左旁寫法全同，應是金文"馬"字字形之變體，右旁下半"杢"應是"杜"字。金文中常見木部字置於聲母上，例如柳作、杞作、（《金文編》6.1、6.2）。杜與土通。中山王𰯼蚉"于彼

新土”之“土”作㞢(《考古學報》1979 年 2 期 162 頁),是其證。《詩·豳風·鴟鴞》“徹彼桑土”,釋文:“土,韓詩作杜。”《荀子·解蔽》“杜作乘馬”,注:“《世本》云‘相土作乘馬’,杜與土通。”整個字形隸定作“駐”。《説文》徒作赴,從辵土聲。辵之聲旁正是土,故假借爲徒。

　　另據饒宗頤教授的考釋,此字右旁乃從古文土爲聲符,左之形旁則爲且之繁形。《説文·示部》社,從示、土,古文作袿,“各樹其土所宜木”,土旁可寫作圶。社稷之社,中山王䚗鼎亦作袿。節文增＝作垚,爲繁衍之形,故可定爲“土”字。左旁𣍘,乃以且加乂形,楚簡及帛書屢見組字作緅或縷。《爾雅》六月爲且,帛書作虘。此曼字當釋且。故合兩偏旁可隸定爲從且土聲之肚。從上下文理看,“命車肚”,可讀爲“命車徒”。肚假借爲徒,語義更順。《説文》徒作赴,從辵土聲,此繁形之赿,聲旁正是土,故與赴通。《易》賁卦:“舍車而徒。”《詩經》習見徒御聯言。《左傳·隱公八年》“彼徒我車”,《上林賦》“徒車之所蹂躪”,皆可證肚假借爲徒,音義均無不合。

　　不論釋駐釋肚,皆通“徒”。準此,全文可釋讀爲:

　　　　王命＝車徒

《西漢南越王墓》頁 314—315

○**何琳儀**(1991)　(編按:近出 1254 南越王墓虎節)虎節銘文四字:

　　　　王命＝車▨

最後一字形體奇譎,無疑是通讀銘文的癥結所在。此字右下從“圶”,或引《説文》“社”古文作“袿”,釋“土”,確切無疑。但又以其上方所從“＝”爲“繁衍之形”,則似有可商。

　　按,此字右上方“＝”應與左偏旁相連組成一個偏旁。換言之,此字由“▨”和“圶”兩部分所組成。前者應釋“馬”。因節銘馬首與馬鬃、馬身脱節,遂使“馬”旁頗難辨識。馬首與馬鬃脱節者參見:

　　　　▨仰天湖竹簡　　　　▨望山竹簡

馬首與馬身脱節者參見:

　　　　▨中山王圜(編按:“圜”當爲“圓”字之誤)壺　　　▨古幣文編 127

馬身、馬足似“又”形者,乃“▨”形之省簡,例如:

　　　　▨中山王圜(編按:“圜”當爲“圓”字之誤)壺　　　▨先秦貨幣文編 36

戰國文字“馬”的馬鬃一般爲三筆,但也可省作兩筆,例如:

　　　　▨燕侯載簋　　　　　　▨乘馬戈　　　　　　▨古璽彙編 0268

　　　　▨古璽彙編 0042　　　▨古陶文彙編 5·57　　　▨先秦貨幣文編 144

最近安徽舒城秦家橋出土一件銅壺,銘文"駒"作如下之形:𩦥,馬鬃爲兩筆,馬身、馬足似"又"形,恰可與虎節"馬"旁互證。

　　綜上分析,此字可隸定爲"駐"。"駐"又見中山王圓(編按:"圓"當爲"圓"字之誤)壺銘"四駐滂滂",諸家已指出即《詩・小雅・北山》"四牡彭彭"。"駐"爲"牡"之異體。《古文四聲韻》3.27"牡"作"駐",可資佐證。"馬"與"牛"作爲形符往往互作,古文字"牢"或作"寫","犅"或作"駉";字書"驊"或作"牸","騂"或作"牭",均屬其例。

　　《説文》:"牡,畜父也。从牛,土聲。"節銘"車牡"顯然指"車馬",典籍習見。

《汕頭大學學報》1991-3,頁 26—27

○黃錫全(1992)　　(編按:包山 12)𨐖,又見於南越王墓所出楚虎節,作𨐖。《説文》社字古文作𥛱,則駐即駐,亦即牡。虎節假駐爲馬(詳何琳儀《南越王墓虎節考》,1990 年中國歷史文獻學會第十一屆年會論文)。簡文"大駐(駐)尹"爲官名,當讀爲"大馬尹",可能是主管馬匹之官。"馬尹"或稱"大馬尹",如同"司馬"或稱"大司馬"、"將軍"或稱"大將軍"。"大馬尹"當在"馬尹"之上。楚有"監馬尹"。

《古文字與古貨幣文集》頁 401,2009;原載《湖北出土商周文字輯證》

○李天虹(1993)　　(編按:包山 12、126)《説文》社字古文作𥛱,从示从圶,中山鼎字亦如是作,由此,疑此字當讀作駐,即牡馬之牡。

《江漢考古》1993-3,頁 84

○何琳儀(1993)　　大駐尹帀(師)12、126

　　△與近年廣州所出楚虎節"牡"作𨐖(何琳儀《南越王墓虎節考》,《汕頭大學學報》1991 年 3 期)吻合。包山簡△除官名外,均爲人名 73、132 反、156。

《江漢考古》1993-4,頁 55

○王人聰(1996)　　(編按:近出 1254 南越王墓虎節)諦審此字原篆,構形繁複,可知應係一繁化字。在漢字的發展史上,戰國時期是一個劇變的階段,這一時期,文字形體變化紛繁,除了地域差別、訛變、簡化之外,形體繁化,也是一個重要的現象。這一時期的繁化字出現較多,例如:

骨字寫作𩨂古璽文編4.5　　　丙作丙楚帛書

瀘作瀘中山王壺　　　　　長作長古璽文編9.7

丘作丘古璽文編8.4　　　　巫作巫侯馬盟書

迚作迚屬羌鐘　　　　　　地作地侯馬盟書

新作新新造戈　　　　　　賢作賢古璽文編6.9

　　等等,其例不勝枚舉。這些繁化字的構成,總括來說,不外兩種情況,一是增加偏旁,如上舉的骨、丙、長等字;一是添加裝飾性的飾筆,如上舉的賢字。而我們所討論的節銘此字,則是兼兩者而有之,既增加偏旁,又添加飾筆。此字左旁的"🐾"爲且字增加"又"旁的繁體,這種且字的繁體,除饒文所舉的例證之外,也見於中山王器,如祖作🐾(中山王鼎)。再早一些還可追溯到春秋以至西周晚期,如陳逆簠祖作🐾,虢季子組壺組字作🐾,郮公簠祖作🐾,師虎簠祖作🐾;以上各字所從的"且",均添加"又"旁,亦是其證。此字右旁的"🌱"亦爲土字之繁寫,除饒文引《説文》"社"及中山響鼎"社"字爲證之外,也見於《汗簡》,如《汗簡》卷上之一,社字作🌱,其所從的土旁與節銘同。節銘此字右旁上方的"="則是屬於添加的飾筆,其作用是使字形結構勻稱美觀。戰國文字,這種裝飾性的飾筆"=",在字中所處的位置不一,有:

　　　　在字之下部的如共作🐾古璽文編3.8

　　　　在字之(編按:疑脱"左"字)下角的如吠作🐾古璽文編10.4

　　　　在字之右下角的如和作🐾古璽文編2.5

　　　　在字之右上角的如賢作🐾古璽文編6.9

　　節銘此字與上舉的"賢"字一樣,是屬於飾筆的"="在字之右上角的例子。

　　由以上的分析,可知節銘此字的結構爲從且從土,隸定爲(編按:原文於此脱字,疑脱"𡉚")釋爲𡉚字,可無疑義。可是,這個𡉚字究竟是什麼字呢?此字典籍未見,也不見於字書,其義不詳。但從其結構來看,可以肯定是一個形聲字。根據形聲字的構字原則,此字或係從且,土聲;或係從土,且聲。如是屬於前者,那麼,從節銘上下文義推勘,此𡉚字應係假爲徒。徒,《説文》云:"從辵,土聲。"徒與𡉚同諧土聲,二字音同相通。如果是屬於後者,那麼,此字應釋爲坥。古文字偏旁位置不定,可左右易置,如福字作🐾(召壺),亦作🐾(不嬰簋);江字作🐾(鄂君啟節),亦作🐾(江小仲鼎)等,不煩舉例。坥字見於《説文》及其他字書,《説文》云:"坥,益州部謂蟆場曰坥,從土,且聲。"《方言》卷六:"蟆場謂之坥。"《玉篇》卷二:"坥,且余、且絮二切。《説文》云:'益(編按:"益"後脱"州"字)部謂蟆場曰坥,蟆,曲蟺也。'"以上字書均訓坥爲蟆場,可是蟆場之義,於節銘無取。因此,若釋此字爲坥,則亦當破字爲訓,求其本字。坥字爲清母魚部,古音清母或與定母通轉,如燂,《考工記·弓人》釋文:"無燂,音晉,或大含切。"秩,《爾雅·釋宮》:"秩,郭千結反,呂伯雍大一反。"又如邨,《説文》云:"從邑,屯聲。"邨,此尊切,清母;屯,徒渾切,定母。據此，是知坥亦可假爲徒，徒，定母魚部，坥與徒，音近相通。根據以上所述，那麽，不論釋此字爲肚或坥，均可讀爲徒，節銘“車肚”即是車徒。車徒一詞，典籍恆見，如《周禮・夏官・大司馬》“群吏撰車徒”；《公羊・昭公八年傳》：“簡車徒也。”又，《詩・小雅・車攻・序》云“因田獵而選車徒焉”，均是其證。

綜上所述，我們認爲此虎節銘文“王命₌車𩡧”，應釋爲“王命命車肚”，讀爲“王命：命車徒”，這樣解釋，文從字順，意義明白易解，而無扞挌難通之病。

《盡心集》頁 165—167

○**周寶宏**（1996）　（**編按**：近出 1254 南越王墓虎節）《西漢南越王墓》（1991 年，文物出版社）彩版二〇爲錯金銅虎節，上有四字刻文作“王命₌車𩡧”。該書編者考釋爲“末一字，左旁及右上二横道與散氏駷作，左旁寫法全同，應是金文馬字字形的變體，右旁下半‘’應是杜字”。又，“另據饒宗頤教授的考釋，此字右旁乃从古文土爲聲符，左之形旁則爲且之繁形……左旁乃以且加又形，楚簡及帛書屢見組字作緀或纑。《爾雅》六月爲且，帛書作虘。此字當釋且。故合兩偏旁可隸定爲从且土聲之肚”。以上兩種釋法皆認爲通作“徒”。按：從字形結構上看，字以釋駐爲宜。楚簡中組字从𠭯作的並不多，多作或等形，組字作纑形必須有虍字旁，只有西周金文且字或作𠭯形。金文中馬字作（大司馬匿）、（鄂君啟舟節）、（中山王壺）。包山楚簡駝字作（《包山楚簡》187），曾侯乙墓竹簡駁字作（《曾侯乙墓》164）、駗字作、馸字作（197）。包山竹簡馭字作（33）、駐字作（126）、（132 反）、（156）。以上所列馬字或馬字旁與南越王墓字之旁相同或相近，尤其是包山楚簡之與南越王墓之字基本相同。又，據《西漢南（**編按**：脱“越”字）王墓》介紹：“這枚虎節的造型與上引楚虎節相同，應是南越王仿楚器鑄製，但又不排除原屬楚器因故流入嶺南者。”這枚虎節銘文與楚簡文字風格相同，也可（**編按**：疑脱“證”字）該書的論斷是正確的。據上列諸原因，銅虎節之字釋爲駐字是可信的。

《于省吾教授百年誕辰紀念文集》頁 284

○**劉釗**（1998）　［102］簡 126 有官名“大駐尹”。按“駐”字从馬从坴，社字古文作“”（中山器），中山器“于彼新土”之土作“”，可見“坴”同土。中山器牡字从馬作“”，則“駐”可隸作“馸”，釋爲“牡”。“大牡尹”疑讀爲“大社尹”。社指私社，即“二十五家爲一社”之“社”。《史記・孔子世家》“楚昭王將以書社地封孔子”注：“二十五家爲里，里各立社，書社者，書其社之人名於籍。"簡文大牡尹參與整理户籍之事,應爲管理社之官吏。

《東方文化》1998-1、2,頁 60—61

○**李家浩**(1998)　(編按:近出 1254 南越王墓虎節)"駐"字原文作如下之形:🖼

此字還見於包山楚簡,凡四見,這裏舉其中一個字形作爲代表:

舞《包山楚簡》圖版陸·12

從"馬"從"杢"。目前對節銘"駐"字的釋讀有分歧。一種意見認爲"駐"字應隸定作"駐",謂右半"杢"是《説文》"社"字古文"袿"的右旁,即"牡"字的異體,"車牡"指"車馬"。另一種意見也認爲"駐"字應隸定作"駐",謂右半"杢"是"杜"字的重疊寫法,"駐"假借爲"徒"。從下面對古文字中的合體字的"杢"和獨體字的"杢"的考察情況看,這兩種釋讀都是有問題的。

　　合體字的"杢"除了見於"社"字古文的偏旁外,還見於下列古文字的偏旁:

　　a 🖼盄方彝《金文編》178 頁

　　b 🖼克鼎　同上

　　c 🖼犾馭篹　同上

　　d 🖼魏正始石經　《石刻篆文編》9.5

　　e 🖼壐印　《古壐彙編》194.1923

a 是"埶"字,像兩人持木植於土上之形,即種藝之"藝"的象形初文,彝銘"埶"用的就是這一本義。b 應該隸定作"㸚",日本學者高田忠周認爲從"埶"省聲,在鼎銘中讀爲"邇"。c 應該隸定爲"犾",此字還見於甲骨文,裘錫圭先生也認爲從"埶"省聲,在甲骨文讀爲"邇"。d 應該隸定作"邦"。此字見於魏正始石經,原文小篆殘去,據《汗簡》卷中之二卩部引《義雲章》"節"字的寫法與此相近,知是"節"字的古文。上古音"節"屬質部,"埶"屬月部,古代質月二部的字音有關。例如下面將要提到的"熱"字的異體作"炅","熱"從"埶"聲,屬月部,"炅"從"日"聲,屬質部。可見此字也應該從"埶"省聲。e 應該隸定作"邦"。從"邑"之字多是形聲字,此字和其他三字一樣,也應該從"埶"省聲。

　　以上對 b、c、d、e 的字形結構分析,都是把"杢"旁作爲"埶"字的省寫來處理的。不過"杢"本身就像木植於土上之形,具有種藝之義,再結合下面將要談到的獨體"杢"來考慮,"杢"實際上是"埶"字的簡體。《説文》土部"封"字的古文作"坣",即"封"字省去"寸"旁的寫法。"埶"或作"杢",與"封"或作"坣",屬於同類情況。(中略)

　　根據以上對古文字中合體字的"杢"和獨體字的"杢"的考察,"杢"應該釋寫作"坴",即"埶"字的簡體。節銘"駤"所從的"坴"不應該例外,顯然也是"埶"字的簡體"坴",與《説文》古文"社"字偏旁無關,與"杜"字也無關。

"駤"字與上揭金文 b、c 結構相同,唯"坴"旁的位置不同而已。b、c 都從"坴(埶)"聲,那麽"駤"也應該從"坴(埶)"聲。"埶、日"音近古通。馬王堆漢墓帛書《老子》甲本"靚(静)勝炅",傳本"炅"作"熱"。又乙本"或熱或砭",甲本"熱"作"炅"。帛書整理小組注:"炅,從火,日聲,當即熱之異體字,不讀古迥切或古惠切(見《廣韻》)。"馬王堆漢墓帛書《老子》乙本卷前古佚書《十六經・姓爭》"夫天地之道,寒涅燥溼,不能并之",裘錫圭先生説"借'涅'爲'熱'。'涅'從'呈'聲,'呈'也從'日'聲"。明人楊慎《答李仁夫論轉注書》説:"今楚南方言猶呼日頭爲熱頭。"是明代故楚地的方言裏還保存着"熱"讀爲"日"的音。疑節銘"駤"是"馹"字的異體,駤與馹的關係跟"熱"與"炅"的關係相同。《左傳》文公十六年"楚子乘馹會師於臨品"杜預注、《吕氏春秋・士節》"齊君……乘馹而自追晏子"高誘注,皆云:"馹,傳車也。"因"馹"指傳車,所以節銘"車馹"連言。漢代的驛傳中有一種"軺傳",與此"車馹"文例、文義相近,可以參考。(中略)

　　從以上所説的情況可以看出,將"駤"字釋爲"駤",讀爲"馹",不僅在字形上能得到合理的解釋,而且有關的文字資料也能全部讀通。如果把"駤"釋爲"駐",不論是讀爲"徒"還是讀爲"牡",都無法讀通有關的文字資料。因此,我們有理由説我們的釋讀是正確的。

《容庚先生百年誕辰紀念文集》頁 662—667

○**何琳儀**(1998)　　南越王墓虎節、隨縣簡駤,讀牡,公馬。包山簡一二、一二六、一五七駤,官名。包山簡駤,姓氏。

《戰國古文字典》頁 256

○**白於藍**(1999)　　［一五四］154 頁"駤"字條,"𩧅"(12)等五例,從馬從坴。坴乃坴字,即《説文》埶字省寫。駤應從埶省聲,古代埶、日音近可通,駤應即《説文》馹字異體。

《中國文字》新 25,頁 193—194

○**湯餘惠等**(2001)　　駤。

《戰國文字編》頁 659

○**李守奎**(2003)　　馹　駤　從埶省聲。

《楚文字編》頁 571

○**劉信芳**(2003)　　(編按:包山 12)大駤尹:職官名。"駤"字又見簡 73、132 反、

157。或釋爲"社",未妥。曾簡 52 有"馬尹",153 有"埘馬尹"(埘地馬尹)。《左傳》昭公三十年有"監馬尹",是楚官。包簡職官名至多,未見"馬尹",因疑"駥尹"即"馬尹"。簡 73"不量駥奉",其字作"駥",字从"立"聲,讀與"駰"近。《説文》:"駰,傳也。"俗字用"駰"爲"驛"(參段《注》)。知"駥尹"乃管理驛站馬匹的官員,或徑稱爲"馬尹",乃一官之異名也。

(編按:包山 132 反)駥:讀爲"駰",參簡 12 注。此謂"驛使",《後漢書・東平王蒼傳》:"自是朝廷每有疑政,輒驛使諮問。"

《包山楚簡解詁》頁 22、129

○濮茅左(2004)　(編按:上博四・東大 16)"駥"同"駥"。《集韻》:"駥,良馬。"《玉篇》:"駥,健馬也。"

《上海博物館藏戰國楚竹書》(四)頁 209

○李家浩(2005)　"駥"在(編按:"在"字當爲衍文)字从"馬""坴(執)"聲,見於南越王墓虎節和包山楚墓竹簡,意思與驛傳有關。我在前面提到的那篇文章中,據馬王堆漢墓帛書《老子》等將从"執"聲的"熱"寫作从"日"聲的"炅",認爲"駥"即从"日"聲的"駰"字異體。最近公布的上海博物館藏戰國楚竹書《東大王泊旱》16 號也有這個字:"發駥(駰)迌(蹠)四彊(疆)。"將此處的"駥"讀爲"駰",於文義十分順適,可證我們對"駥"字的釋讀是可信的。

《漢字研究》1,頁 490

○李守奎、曲冰、孫偉龍(2007)　(編按:上博四・東大 16)駰　駥　按:从執省聲。

《上海博物館藏戰國楚竹書(一─五)文字編》頁 459

○陳偉等(2009)　今按:上博《簡大王泊旱》16 號簡"發駰跖四疆",是李氏(編按:指李家浩先生)釋讀的一個新證據。

《楚地出土戰國簡册》(十四種)頁 10

△按　"駥"字當從李家浩之説,爲"駰"字異體。

騰　䖢

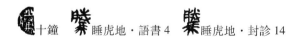
十鐘　　睡虎地・語書 4　　睡虎地・封診 14

○睡簡整理小組(1990)　(編按:睡虎地・語書 4)騰,人名。

《睡虎地秦墓竹簡》頁 14

○**睡簡整理小組**(1990)　（編按:睡虎地·封診 7）騰,讀爲謄,《説文》:"迻書也。"《繫傳》:"謂移寫之也。"

　　　　　　　　　　　　　　　　　　　　　　　　《睡虎地秦墓竹簡》頁 149

○**何琳儀**(1998)　秦璽騰,人名。

　　　　　　　　　　　　　　　　　　　　　　　　《戰國古文字典》頁 151

騹 騹

珍秦 56

○**湯餘惠等**(2001)　騹。

　　　　　　　　　　　　　　　　　　　　　　　　《戰國文字編》頁 657

○**黃德寬等**(2007)　秦印騹,人名。

　　　　　　　　　　　　　　　　　　　　　　　　《古文字譜系疏證》頁 781

駃 駃

睡虎地·雜抄 27

【駃騠】睡虎地·雜抄 27

○**睡簡整理小組**(1990)　（編按:睡虎地·雜抄 27）駃（音決）騠（音蹄）,《淮南子·齊俗》注:"北翟之良馬也。"《史記·李斯列傳》有"而駿良駃騠不實外廄",證明秦朝廷當時已使用這種好馬。此處課駃騠,應指對馴教駃騠的考核。

　　　　　　　　　　　　　　　　　　　　　　　　《睡虎地秦墓竹簡》頁 86

騠 騠

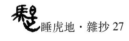睡虎地·雜抄 27

駅 駅 騂

騂文物 1964-7,頁 60

○**高明、葛英會**(1991)　騂,《説文》新附,經傳亦作騂。

　　　　　　　　　　　　　　　　　　　　　　　　《古陶文字徵》頁 266

○**何琳儀**(1998)　騂,从馬,辛聲。《廣韻》:“騂,馬赤色也。”亦作騂。《説文新附》:“騂,馬赤色也。从馬,觲省聲。”

古陶騂,不詳。

《戰國古文字典》頁1159

⿰馬匕

曾侯乙160

△按　⿰馬匕,“牝”字異體,詳見卷二牛部“牝”字條。

⿰馬土

集成9734 好蚉壺　曾侯乙197

△按　⿰馬土,“牡”字異體,詳見卷二牛部“牡”字條。

⿰馬匹

集成9710 曾姬無卹壺　曾侯乙129

○**郭沫若**(1934)　(**編按**:集成9710 曾姬無卹壺)此銘以卹、⿰馬匹、室爲韻,同屬至部。⿰馬匹當即馬匹之匹之專字,猶并馬爲駢,參馬爲驂,四馬之作駟,而古只作參四也。“無匹”殆言鰥寡孤獨而無告者。

《古代銘刻彙考續編》頁39

○**劉節**(1935)　(**編按**:集成9710 曾姬無卹壺)無⿰馬匹,人名,⿰馬匹即今匹字。

《古史考存》頁113,1958;原載《楚器圖釋》

○**楊樹達**(1952)　(**編按**:集成9710 曾姬無卹壺)⿰馬匹疑假爲匹。《左傳·僖公二十三年》云“秦晉,匹也”,杜注云:“匹,敵也。”銘文蓋言按行漾水之旁,見地産竹箭,其美無比,故特鑄器以紀其事也。

《積微居金文説》(增訂本)頁195,1997

○**裘錫圭、李家浩**(1989)　(**編按**:曾侯乙129)“⿰馬匹”字亦見於曾姬無卹壺,从“馬”“匹”聲,即馬匹之“匹”的專字。

《曾侯乙墓》頁523

○**李家浩**(1990)　(**編按**:集成9710 曾姬無卹壺)“無匹”之“匹”原文从“馬”从“匹”。

此字亦見於曾侯乙墓竹簡,即馬匹之“匹”的專字,在此用爲匹配之“匹”。郭沫若説“無匹”“言鰥寡孤獨而無告者”。《文選》卷一九曹植《洛神賦》“歎匏瓜之無匹兮,詠牽牛之獨處”,此以“無匹”與“獨處”對言。吕銑注:“匏瓜,星名,獨在河鼓東,故云‘無匹’。”壺銘的“無匹”與此用法相似,可以參考。

《文史》33,頁 13—14

○馬承源(1990)　(編按:集成 9710 曾姬無卹壺)無鴄讀爲無拂。鴄,從馬匹聲,匹、拂古音同。無鴄即無拂,就是無違戾。《詩·大雅·皇矣》“四方以無拂”,鄭玄《箋》:“拂,猶佹,言無復佹戾文王者。”《漢書·東方朔傳》“拂於耳”,顏師古《注》:“拂,違戾也。”

《商周青銅器銘文選》4,頁 454

○湯餘惠(1993)　(編按:集成 9710 曾姬無卹壺)漾陵、蒿閒、無駆解地名,其中漾陵又見於他簡,無駆大約是蒿閒下屬之邑里,而蒿閒則似當從屬於漾陵,確切地理位置有待進一步考證。

《考古與文物》1993-2,頁 72

○連劭名(1996)　(編按:集成 9710 曾姬無卹壺)“無匹”,也是楚人常語。《楚辭·懷沙》云:“獨無匹也。”王注:“匹,雙也。”《莊子·盜蹠》云:“生而長大,美好無比。”銘文贊頌曾姬的陵寢在陰閒蒿里無可比擬,曾姬長眠其中當永世安享。

《南方文物》1996-1,頁 113

○張光裕、滕壬生、黄錫全(1997)　(編按:曾侯乙 129)鴄。

《曾侯乙墓竹簡文字編》頁 176

○何琳儀(1998)　曾姬無卹壺駆,讀匹。《詩·大雅·文王有聲》“作豐伊匹”,傳:“匹,配也。”隨縣簡駆,讀匹。或作匹。見匹字。

《戰國古文字典》頁 1105

○崔恆昇(1998)　(編按:集成 9710 曾姬無卹壺)劉節釋“鴄”爲匹,甚是。而釋“無匹”爲人名,有誤。郭沫若釋“鴄”爲馬匹之匹之專字,猶并馬之作駢、參馬之作驂、四馬之作駟,甚是。然釋“無匹”殆言鰥寡孤獨而無告者,與文義不合。楊樹達假爲匹,敵也。其解釋銘文爲行至漾水之旁,見地產竹箭,其美無比,故特鑄器以紀其事。我們認爲僅爲漾地產竹箭之事,根本没有鑄器之必要,何況漾地產竹箭與一個女人也没有什麼必然的聯繫。若將“漾陲”和“蒿閒”釋爲兩個地區名,則全文通順流暢。銘文該句除“望”(?)字待考外,其大意爲:在此漢水之邊、蒿邑之閒,無與敵匹。

《安徽出土金文訂補》頁 73

○陳直(2000)　(編按:集成9710曾姬無卹壺)余近日研究本壺銘文,見安徽宿縣出
土《許者俞鉦鋞》(見《文物》1964年7月)敘爲"蒿君"所贈,"蒿閒之無鳽",
亦可解作在蒿國境内葬地之無匹者。許今在安徽宿縣境内,蒿國當亦距離不
遠,同爲楚之屬國。

《讀金日札》頁92

○黄德寬(2002)　(編按:集成9710曾姬無卹壺)"無鳽",讀"無匹",楊樹達疑鳽假
爲匹,訓匹爲敵。郭沫若認爲"無匹""言鰥寡孤獨而無告者"。李家浩、李零
從之。崔恆升解"無匹"爲"無與敵匹",可從。《左傳・僖公二十三年》:"秦
晉,匹也。"杜注:"匹,敵也。"

《古文字研究》23,頁104

○陳偉武(2003)　駆:字見隨縣簡129、131,滕壬生先生云:"從馬,匹聲,即馬匹
之匹的專字。"字亦見於曾姬無卹壺,用爲匹配之匹。"駆"字爲楚系文字所特有。

《華學》6,頁100

馭

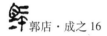

△按　馭,"御"字或體,詳見卷二彳部"御"字條。

駃

○裘錫圭、李家浩(1989)　(編按:曾侯乙144)"駃"字所從"夭"旁原文作夭,此字見
於長沙楚帛書和古璽。馬王堆漢墓帛書和銀雀山漢墓竹簡"夭"作夭,即由夭演變
而成。簡文所記馬名多是一字,疑"駃"是人名,"駃"與"騮"之閒省略了介詞
"之"。簡文中人名、馬名之閒省"之"字的例子屢見。167號簡"高駃爲右服"、174
號簡"難駃爲右驂",均在人名與馬名"駃"之閒省略了"之",可以參證。

《曾侯乙墓》頁524

○何琳儀(1998)　駃,從馬,夭聲,羪之異文。《集韻》:"羪,馬名。"
　　隨縣簡駃,讀羪。《集韻》:"羪,馬名。"

《戰國古文字典》頁281—282

○**湯餘惠等**(2001)　馱。

《戰國文字編》頁 658

○**李守奎**(2003)　馱　見《玉篇·馬部》。

《楚文字編》頁 572

馱

 曾侯乙 174

○**裘錫圭、李家浩**(1989)　(編按：曾侯乙 171)174 號、175 號簡"馱"字下没有"="號,"馱"當是"六馬"的專字。因此,有"="號的"馱"亦有可能應當釋爲"馱馬"。

《曾侯乙墓》頁 528

駐

 曾侯乙 176

○**裘錫圭、李家浩**(1989)　(編按：曾侯乙 176)"駐",當從"古"聲,疑讀爲"騢"。《説文·馬部》:"騢,馬赤白雜毛。"

《曾侯乙墓》頁 528

○**何琳儀**(1998)　駐,從馬,古聲。《搜真玉鏡》:"駐,音胡。"
　　隨縣簡駐,馬名。

《戰國古文字典》頁 475

駝

 包山 187　 上博五·競建 9　 印典　 睡虎地·雜抄 28　 詛楚文

○**何琳儀**(1998)　駝,從馬,它聲。《集韻》:"駝,橐駝,匈奴奇畜。"

《戰國古文字典》頁 865

○**白於藍**(1999)　154 頁"駝"字條,"𩡺"(187),即《説文》馳字,馳字從它者如:"𩢵"(馬王堆漢墓帛書老子乙本 226 下)、"駞"(相馬經 15 上)、"𩢔"(孫臏 10),皆其例。(從林澐師説)

《中國文字》新 25,頁 193

○湯餘惠等（2001）　馳。

《戰國文字編》頁 656

○李守奎（2003）　（編按：包山 187）駝　見《玉篇・馬部》。

《楚文字編》頁 572

○陳佩芬（2005）　（編按：上博五・競建 9）"馳"，《説文・馬部》："大驅也，从馬，也聲。"《廣韻》："馳，疾驅也。"《左傳・昭公十七年》"嗇夫馳，庶人走"，杜預注："車馬曰馳。"

《上海博物館藏戰國楚竹書》（五）頁 176

駐

駐 秦代陶文・秦陶文字録 38

○高明、葛英會（1991）　駐　《説文》所無。

《古陶文字徵》頁 266

駛

駛 曾侯乙 71

△按　駛，"御"字異體，詳見卷二彳部"御"字條。

駪

駪 石鼓文・吾車　　駪 曾侯乙 174

○吳大澂（1884）　駪　駪　石鼓。

《説文古籀補》頁 40,1988

○裘錫圭、李家浩（1989）　（編按：曾侯乙 174）馘。

《曾侯乙墓》頁 499

○張鐵慧（1996）　簡文中有這樣幾個字，作下揭各形：

　　　　A駪　B駪　C駪　D駪　E駪

上揭各例皆見於簡 176，《釋文》將上引諸形列爲一字，釋作"駪"，《釋文》考釋部分（以下簡稱《考釋》）謂"當从古聲，疑讀爲騢，《説文・馬部》：'騢，馬赤白雜毛。’”按 A、B、C 三形從馬從古，釋作“駩”沒有問題，D、E 兩個形體值得商榷。疑 D、E 二形從馬從缶，字應隸作“駓”。簡文有從缶之“裪”字作“▨”“▨”；包山楚簡缶字作“▨”“▨”；金文缶字作“▨”“▨”；從缶之字如匋作“▨”“▨”；寶作“▨”“▨”；石鼓文駱字作“▨”；上引諸形所從之“缶”與 D、E 二形所從極爲近似，疑上引 D、E 二形應隸作“駓”。古璽文字有“▨”，字從革從缶，應即“鞠”字。按缶、匋二字韻部同屬幽部，缶屬幫母，匋屬定母，聲亦通轉，匋本從缶聲，故匋、缶二字相通。故“駓”應即“駒”字。“駒”字見於《説文》：“駒，駒駼，北野之良馬，從馬匋聲。”《玉篇·馬部》駒字下謂：“駒駼，獸如良馬，又北狄良馬也。”《山海經·海内北經》：“北海内有獸，其狀如馬，名曰駒駼，色青。”可見“駒駼”是一種馬名。疑“駒駼”本作“駒”，後變爲雙音節詞作“駒駼”。

《江漢考古》1996-3，頁 71

○張光裕、滕壬生、黃錫全（1997）　（編按：曾侯乙 174）駩（駓）。

《曾侯乙墓竹簡文字編》頁 177

○何琳儀（1998）　駓，從馬，缶聲。《正字通》：“音與《詩》駉駓孔阜之阜通，言馬肥大也。”

　　石鼓駓，讀姁。《集韻》：“姁，好也。”石鼓：“避車既好，我馬既駓。”對文見義。

《戰國古文字典》頁 247

○徐寶貴（2008）　（編按：石鼓文）避馬既駓：駓，《詩·秦風·駉駓》及《小雅·車攻》作阜。駓當爲本字，阜爲假借字。毛傳：“阜，大也。”朱熹《詩經集傳》：“阜，肥大也。”《集韻》：“䮞，扶缶切，音婦。馬盛也。或作駙。”䮞當即駓之異體。以上“避車既工，避馬既同。避車既好，避馬既駓”與《小雅·車攻》“我車既攻，我馬既同。田車既好，四牡孔阜”十分接近。

《石鼓文整理研究》頁 824

駛

曾侯乙 70

△按　駛，“御”字異體，詳見卷二彳部“御”字條。

馱

陶録 3·580·1　　　　陶録 3·580·2

○王恩田（2007）　馱。

《陶文字典》頁 261

駥

集成 11339 十三年戈

○李學勤、鄭紹宗（1982）　（編按：集成 11339 十三年戈）"駥"自（編按：疑"自"爲"字"之訛誤）即"鞍"字別構，其左半所從之"馬"較"乘馬"之"馬"減一二筆。子鞍，乘馬大夫私名，即器主。

《古文字研究》7，頁 128

駠

陶彙 3·1096

○何琳儀（1998）　駠。

《戰國古文字典》頁 1517

騚

曾侯乙 147　　　曾侯乙 166

○裘錫圭、李家浩（1989）　（編按：曾侯乙 147）"騚"亦見於 173 號簡。《集韻》泰韻："騚，馬毛班白。"

《曾侯乙墓》頁 525—526

○何琳儀（1998）　毛騚，從馬，孚聲。《集韻》："騚，馬毛斑白。"
　　隨縣簡騚，馬毛斑白。

《戰國古文字典》頁 935

○**李守奎**（2003）　騺　見《集韻・泰韻》。

《楚文字編》頁 573

駇

曾侯乙 165

○**裘錫圭、李家浩**（1989）　（編按：曾侯乙 165）"駇"字所從的"或"旁原文作𢧵，與古文字中的"或"字寫法稍異。或疑𢧵是"𥾝"的簡體。《說文》以"𥾝"爲"詩"的籀文，所以這個字也可能是"騏"字。今暫且將此字釋作"駇"。

《曾侯乙墓》頁 527

○**李守奎**（2003）　駇　見《玉篇・馬部》。

《楚文字編》頁 573

騍

曾侯乙 142

○**裘錫圭、李家浩**（1989）　（編按：曾侯乙 142）《正字通》有"騍"字，謂"俗呼牝馬"。此乃晚出之字，當與簡文"騍"字無關。古代"果、咼"音近可通。如《國語・晉語九》人名"知果"，《漢書・古今人表》作"知過"。《史記・荀卿傳》"炙轂過髡"，裴駰集解引《別錄》曰"'過'字作'輠'"。疑簡文"騍"即"騧"字的異體。《說文・馬部》："騧，黃馬黑喙。"

《曾侯乙墓》頁 524

○**何琳儀**（1998）　騍，從馬，果聲。《正字通》："騍，俗呼牝馬，即草馬。"
　　隨縣簡騍，母馬。

《戰國古文字典》頁 847

○**李守奎**（2003）　騍　見《正字通・馬部》。

《楚文字編》頁 573

騝

石鼓文・田車

○**吳大澂**(1884)　駤　𩢲　从馬从建,《説文》無此字。石鼓。

《説文古籀補》頁 40,1884

○**强運開**(1935)　有重文。郭云居言反。《爾雅》:"駤,騊馬黄脊。"或云紀偃反,壯健兒。張德容云:"《爾雅》釋文郭璞音虔,本或作騫。"運開按:此言駤=,亦形容馬之壯健也。

《石鼓釋文》丙鼓,頁 4

○**羅君惕**(1983)　按:健,指人之强壯也;犍,指牛之强壯也;此作駤,可知指馬之强壯也。

《秦刻十碣考釋》頁 159

○**何琳儀**(1998)　駤,从馬,建聲。《廣韻》:"駤,騊馬黄脊。"
　　石鼓"駤=",疑讀"健=",强健輕疾之貌。

《戰國古文字典》頁 996

○**徐寶貴**(2008)　駤,《説文》所無。《爾雅·釋畜》:"騊馬黄脊,駤。"《廣韻》:"駤,騊馬黄脊。"駤駤,重言形況字。郭忠恕説:"取其壯健貌。"羅君惕説:"按健,指人之强壯也;犍,指牛之强壯也;此作駤,可知指馬之强壯也。"按:此形容詞狀右驂壯健之貌。上引二説均可從。

《石鼓文整理研究》頁 813—814

騍

十鐘

○**湯餘惠等**(2001)　騍。

《戰國文字編》頁 657

騜

曾侯乙 203

○**何琳儀**(1998)　騜,从馬,皇聲。《玉篇》:"騜,馬黄白。"
　　隨縣簡騜,黄白色馬。

《戰國古文字典》頁 631

○**李守奎**（2003）　騲　見《爾雅·釋畜》。

《楚文字編》頁 573

騞　騞

曾侯乙 146

○**裘錫圭、李家浩**（1989）　（編按：曾侯乙 146）"騞"，當从"馬""冉"聲。"冉、騰"古音相近可通。《考工記·弓人》"角不貞勝者也"，陸德明《釋文》："姚本作'貞稱'。""騰、勝"皆从"朕"聲。《吕氏春秋·季春》"乃合纍牛騰馬游牝于牧"，高誘注："騰馬，父馬也。"《説文·馬部》："騰，……一曰犗馬。"訓爲"父馬"或"犗馬"的"騰"，蓋借爲"騬"（參看段玉裁《説文解字注》）。《説文·馬部》："騬，犗馬也。"疑簡文"騞"當讀爲"騬"。"少騞"和下文的"大騞"，似指年歲小的和年歲大的閹割過的馬。

《曾侯乙墓》頁 525

○**何琳儀**（1998）　隨縣簡騞，讀騰。《周禮·考工記·弓人》："角不勝幹。"注："故書勝或作稱。"《國語·晉語》四："中不勝貌，恥也。"注："勝當爲稱。"均其佐證。《吕氏春秋·季春》："乃合纍牛騰馬游牝于牧。"注："騰馬，父馬也。"又騰《説文》："一曰犗馬。"閹割之馬。

《戰國古文字典》頁 142

駖

曾侯乙 171

○**裘錫圭、李家浩**（1989）　（編按：曾侯乙 171）《禮記·王制》"班白者不提挈"，鄭玄注："雜色曰班。""駖"从"班"聲，當是指雜色的馬。

《曾侯乙墓》頁 528

○**何琳儀**（1998）　班，西周金文作𤤴（班簋）。从刀从玨，會以刀分玉之意。春秋金文作班（郑公孫班鎛）。戰國文字承襲兩周金文。《説文》："班，分瑞玉。从玨从刀。（布還切）"（一上十五）

　　駖，从馬，班聲。

　　隨縣簡駖，雜色馬。《禮記·王制》"班白者不提絜"，注："雜色曰班。"

《戰國古文字典》頁 1055

騟

曾侯乙 156　　曾侯乙 169

○裘錫圭、李家浩（1989）　（編按：曾侯 142）“騟”，從“馬”“葡”聲。《説文・牛部》：“犕，《易》曰‘犕牛乘馬’。從牛，葡聲。”傳本《易・繫辭》“犕”作“服”。“葡、服”二字音近古通。“犕”從“牛”，當是服牛的專字。簡文“騟”與“犕”結構相同，當是服馬的專字。

　　　　　　　　　　　　　　　　　　　　　　　　《曾侯乙墓》頁 524

○何琳儀（1998）　騟，從馬，葡聲。疑犕之異文。《説文》：“《易》曰，犕牛乘馬。從牛，葡聲。”

　　隨縣簡騟，讀犕。《玉篇》：“犕，服也。以鞍裝馬也。”典籍亦作服。

　　　　　　　　　　　　　　　　　　　　　　　《戰國古文字典》頁 125

○李守奎（2003）　騟　服馬之服。

　　　　　　　　　　　　　　　　　　　　　　　　《楚文字編》頁 574

騹

郭店・窮達 10

○李零（1999）　（編按：郭店・窮達 10）“駿”原從馬從堇，這裏疑讀爲“駿”（“駿”是精母文部字，古代從堇得聲的字多爲見母文部字，讀音相近），“駿”也是良馬。

　　　　　　　　　　　　　　　　　　　　　《道家文化研究》17，頁 496

○徐在國（2001）　（編按：郭店・窮達 10）“騹”字不見於《説文》。《荀子・性惡》：“騹驥騹騹，纖離緑耳，此皆古之良馬也。”楊倞注：“皆周穆王八駿名，騹，讀爲騏。”《廣雅・釋獸》“騏驥”條，王念孫《疏證》：“《莊子・秋水篇》：‘騏驥騹騮，一日而馳千里。’騏，或作騹。”騹、騏變聲，故騹字可讀爲騏。如此，簡文“騹”字亦應讀爲“騏”。“騏”亦是古之千里馬，常與“驥”字連文，如《淮南子・主術》：“雖有騏驥騄駬之良。”《史記・屈原列傳》：“使騏驥可得係羈兮，豈云異夫犬羊？”

　　　　　　　　　　　　　　　　　　　　《簡帛研究二〇〇一》頁 178

○白於藍(2001)　　(編按:郭店·窮達10)"騹"就是"騏",《荀子·性惡》:"驊騮、騹驥、纖離、綠耳,此皆古之良馬也。"王先謙《注》:"騹讀爲騏,謂青驪,文如博綦。"《廣雅·釋獸》:"騏驥。"王念孫《疏證》:"騏或作騹。"

《簡帛研究二〇〇一》頁197

騎

秦印

○湯餘惠等(2001)　　騎。

《戰國文字編》頁660

○黄德寬等(2007)　　騎,从馬,竒聲。疑駖字或體。
　　秦印騎,人名。

《古文字譜系疏證》頁2266

△按　疑此字當隸定爲"騎"。

驢

天星觀

天星觀

○何琳儀(1998)　　驢,从馬,鹿聲。《博雅》:"騏驢,馬屬,一曰,野馬。"
　　天星觀簡驢,馬屬。

《戰國古文字典》頁382

驥

郭店·窮達10

○荊門市博物館(1998)　　(編按:郭店·窮達10)驥(驥)。

《郭店楚墓竹簡》頁145

○湯餘惠等(2001)　　驥。

《戰國文字編》頁660

○李守奎(2003)　(編按:郭店·窮達 10)驥　驥　从幾省聲。

《楚文字編》頁 570

○劉釗(2003)　(編按:郭店·窮達 10)"驥"讀爲"驥",古音"幾、冀"音近可通。

《郭店楚簡校釋》頁 174,2003

駫

十鐘

○湯餘惠等(2001)　駫。

《戰國文字編》頁 660

○黃德寬等(2007)　《説文》:"駫,駫駫,馬行徐而疾也。从馬,與聲。"(段注)大徐本誤作駫。

秦印駫,人名。

《古文字譜系疏證》頁 1516

△按　《説文》有"駫"字,段玉裁《説文解字注》認爲"駫"爲"駫"字之訛。段説可信,詳參《説文解字注》(466 頁,上海古籍出版社 1981 年)。

騤

新蔡甲三 79　新蔡乙三 21

○賈連敏(2003)　騤。

《新蔡葛陵楚墓》頁 191

○宋華強(2007)　驪。

《新蔡葛陵楚簡初探》頁 436,2010

騥

石鼓文·馬薦

【騥騥】石鼓文

○強運開(1935)　鄭漁仲音劑。《正字通》音齊。運開按:此篆从馬从齊會

意。石刻有重文,蓋狀馬走之整齊疾速也。

《石鼓釋文》辛鼓,頁 2

○**郭沫若**(1939)　　驕驕猶濟濟,蓋言草之豐盛。

《石鼓文研究》頁 78—79,1982

○**何琳儀**(1998)　　石鼓"驕驕",讀"濟濟"。《詩·齊風·載驅》"四驪濟濟",傳:"濟濟,美皃。"

《戰國古文字典》頁 1269

○**徐寶貴**(2008)　　驕,從馬,齊聲。《説文》所無。郭沫若説:"驕驕猶濟濟,蓋言草之豐盛。"(中略)

馬薦,當是馬食之艸。"驕驕(濟濟)馬薦"爲定中句式,意即豐盛的馬薦。

《石鼓文整理研究》頁 783—784

驡

曾侯乙 171

○**裘錫圭、李家浩**(1989)　　(編按:曾侯乙 171)驡。

《曾侯乙墓》頁 499

薦　薦

○**山西省文物工作委員會**(1976)　(編按:侯馬 194:6)薦　宗盟類參盟人名。

《侯馬盟書》頁 342

○**吳振武**(1983)　　2743 盍㸑·盍薦。

《古文字學論集》(初編)頁 509

○**劉彬徽、彭浩、胡雅麗、劉祖信**(1991)　(編按:包山 265)薦,簡文作㸑,邵王簋銘之薦字作🐾，其上部與簡文相似。廌，讀作薦。《周禮・天官・庖人》注：
“備品物曰薦。”薦鼎，盛食之鼎。

《包山楚簡》頁 63

○**裘錫圭**(1998)　(編按：郭店・成之6)🐾字，上端與“鹿”字頭相似。此字亦見於
下第九簡，疑是“廌”字異體。古代“廌”有“薦”音，其字在此與“亡”爲對文，
當讀爲“存”，參看本書《語叢四》注七。

《郭店楚墓竹簡》頁 168

○**裘錫圭**(1998)　(編按：郭店・語四9)“廌”字古有“薦”音(參看《窮達以時》注
六)，“薦”正是文部字。“薦”“荐”古通，此“廌(薦)”字可依《莊子》讀爲“存”。

《郭店楚墓竹簡》頁 218

○**何琳儀**(1998)　廌，甲骨文作🐾(後下三三・四)，象野牛之形。西周金文作
🐾(延盨鐈作🐾)，春秋金文作🐾(華母壺薦作🐾)。戰國文字承襲兩周金文。
《説文》：“🐾，解廌，獸也。似山牛，一角。古者決訟令觸不直。象形。从豸
省。(宅買切)”(十上七)
　　戰國文字廌，人名。

《戰國古文字典》頁 758

○**張光裕**(1999)　十三、🐾(簡 9.5；9.9)疑字乃“民”字誤書，《成之聞之》簡9.9：
“其民也不厚。”而簡 9.5：“故亡乎其身而民(泯)乎其詞。”民似可讀爲“泯”。

《郭店楚簡研究・第一卷・文字編》緒言頁 6

○**李零**(1999)　(編按：郭店・成之9)存。

《道家文化研究》17，頁 512

○**劉桓**(2001)　13.同書《成之聞之》：“是古(故)亡虖(乎)其身而🐾虖(乎)其
訂(詞)，唯(雖)乇(厚)其命，民弗從之悻(矣)。”
　　這段文字所強調的是“上”(統治者)身體力行的作用，反對説空話、只説
不動。🐾即甲骨文🐾(《拾掇》2.158)，字當釋作柬，《説文》七篇上訓柬爲“木垂
華實，从木马，马亦聲”。而同篇马字“讀若含”，則柬亦可讀含，“含詞”即“含
辭”，意爲言語。《藝文類聚》卷十七引晉張敏《頭責子羽文》：“轉禍爲福，含
辭從容。”此處“含乎其詞”，是講空話之意。(**中略**)
　　15.同書《成之聞之》：“唯(雖)狀(然)，其🐾也不乇(厚)，其重也弗多悻。”
　　🐾仍是柬字，字讀爲含。

《簡帛研究二〇〇一》頁 64

○**陳佩芬**（2001）　（編按：上博一‧緇衣5）廌　《廣雅‧釋詁一》：“廌,灋也。”郭店簡作“灋”,今本作“全”。

　　　　　　　　　　　　　　　　　　　　　　《上海博物館藏戰國楚竹書》（一）頁 180

○**李零**（2002）　（編按：上博一‧緇衣5）按：“廌”,郭店本作“灋”,字形相近。原書引《廣雅‧釋詁一》,指出“廌、灋”可以互訓。王念孫《廣雅疏證》卷一上說其詞義關聯在於“廌”即獬豸,古者決訟,令觸不直者。但這兩個字讀音相差較遠（“廌”是定母支部字,“灋”是幫母葉部字）,不是通假字,而屬形近混淆。楚簡“灋”多用爲“廢”,“廌”多用爲“存”,一字之差,可以造成理解上完全相反,這裏從文義考慮,還是以作“灋”讀“廢”爲是。

　　　　　　　　　　　　　　　　　　　　　　《上博館藏戰國楚竹書研究》頁 410

○**馮勝君**（2002）　（編按：上博一‧緇衣5）上博簡文“故心以體廌,君以［民］亡”,陳先生注釋說：“廌,《廣雅‧釋詁一》：‘廌,灋也。’郭店簡作‘灋’,今本作‘全’。”按《説文》：“灋,刑也。平之如水,从水。廌所以觸不直者去之,从去。法,今文省。佱,古文。”又《説文》：“廌,解廌獸也。似山羊,一角,古者決訟,令觸不直。象形,从豸省。”從《説文》對“灋、廌”二字的解釋來看,“灋”顯然是個會意字,“廌”是其意符,這就是《廣雅》訓“廌”爲“灋”的依據。陳先生引《廣雅》文訓上博簡中的“廌”爲“灋”,而與之相對應的郭店簡文恰好作“灋”,這種解釋從表面看似乎很合適。但問題在於,“廌”訓爲“灋”,在典籍中未見用例,更重要的是我們在上文已經說過,郭店簡文中的“灋”是應該從裘先生說讀爲“廢”的。上博簡文中的“廌”可以訓爲“灋”,但卻無法讀爲“廢”（二字聲、韻均隔）,可見按照陳先生的注釋,上博簡文同郭店簡文是無法對應的。如果我們一定認爲上博簡文的“廌”,就應該對應郭店簡文的“灋”,那麼只有一種解釋,即上博簡文“廌”是“灋”之省,在簡文中用爲“灋”,讀爲“廢”。但這種解釋也有兩個缺陷,一是我們找不到“灋”可以省爲“廌”的其他例子,在這種情況下,認爲上博簡文“廌”是“灋”之省,即爲孤證,説服力不強；另外一點就是在上博簡《緇衣》文中另有寫作“佱”形的“灋”字（詳後）,在上博簡中是否存在着兩種寫法截然不同的“灋”字,也還是疑問。因此,説上博簡中的“廌”是“灋”之省,證據尚嫌不足。

　　另外一種可能是上博簡中的“廌”應該讀爲“存”,郭店簡《語叢四》有這樣一段話：

　　　　竊鉤者誅,竊邦者爲諸侯。諸侯之門,義士之所廌。

裘錫圭先生在《按語》中指出,上引文相當於《莊子‧胠篋》中的“彼竊鉤者誅,竊國者爲諸侯。諸侯之門,而仁義存焉",非常正確。裘先生在論證"廌"
可以讀爲"存"時説:

　　"廌"字古有"薦"音(參看《窮達以時》注六),"薦"正是文部字。
　　"薦""存"古通,此"廌(薦)"字可依《莊子》讀爲"存"。
據此,上博簡中的"廌"無疑也可以讀爲"存"。"故心以體廌(存),君以[民]
亡",似乎可以理解爲互文見義,相當於"故心以體存,亦以體亡;君以民存,亦
以民亡"。如果此説成立的話,這種表述方式與今本《禮記·緇衣》文"心以體
全,亦以體傷;君以民存,亦以民亡"是非常相近的。

　　　　　　　　　　　　　　　　　　《上博館藏戰國楚竹書研究》頁 449—450

○**楊澤生**(2002)　(編按:上博一·緇衣5)馮先生讀"廌"爲"存"是很對的。也只
有這樣讀,其文義才比較完備。可以説,"心以體存,君以民亡"是互文足義的
典型例句。

　　　　　　　　　　　　　　　　　　　　　　《江漢考古》2002-3,頁 78

○**李零**(2002)　(編按:上博二·容成48)廌,疑讀"盡"。下文"孟津"作"孟瀓",字
亦从廌。

　　　　　　　　　　　　　　　　　《上海博物館藏戰國楚竹書》(二)頁 288

○**蘇建洲**(2003)　(編按:上博二·容成48)廌:簡文疑讀作"矜"。廌(精文)、矜
(群真),精從爲旁紐,聲紐從、群楚系有相通之例,如《上博(二)·民之父
母》簡 11"日述月將",今本作"日就月將"。"述"(群幽);"就"(從幽)可
證。可見"矜、廌"音近可通。《書·多士》:"予惟率肆矜爾。"《論衡》引
"矜"作"憐",《詩·小雅·鴻雁》:"爰及矜人。"毛《傳》:"矜,憐也。"《爾
雅·釋詁》:"矜,苦也。"《方言》卷一:"矜,哀也。"簡文似説:我所知道的大
多是令人哀憐的事:只有君王一人胡作非爲,不守正道,百姓是無辜的,怎麼
會有罪呢?

　　　　　　　　　　　　　　《〈上海博物館藏戰國楚竹書(二)〉讀本》頁 176

○**劉釗**(2003)　(編按:郭店·成之5)"廌"乃"薦"字所从,"薦"今作"荐",在楚簡
中"廌"多用爲"存"字。

　　　　　　　　　　　　　　　　　　　　　《郭店楚簡校釋》頁 138

○**賈連敏**(2003)　(編按:新蔡甲三80)廌(薦)。

　　　　　　　　　　　　　　　　　　　　　《新蔡葛陵楚墓》頁 191

○**李零**(2004)　(編按:上博四·曹沫14)廌(存)。

　　　　　　　　　　　　　　　　　《上海博物館藏戰國楚竹書》(四)頁 252

○**李零**（2004）　（編按：上博四・曹沫 42）鷹（薦）。

　　　　　　　　　　　《上海博物館藏戰國楚竹書》（四）頁 270

○**蘇建洲**（2006）　（編按：上博二・容成 48）李零先生讀作“多盡”不是很好理解。筆者曾讀作“矜”，證據力也是不强的。而楚簡及古籍中其他與“鷹”相通假的字，如“晉、進、津、濟、存、薦”等等，似無法讀通簡文。筆者以爲“鷹”可讀作“災”。《説文》曰：“鷹，解廌獸也。似山牛（段《注》删‘山’字），一角。古者決訟，令觸不直（段《注》補‘者’）。象形，从豸省。（段《注》曰：‘此下當有豸亦聲。’）”（十上七）則“鷹”古音與“豸”同爲定紐支部。而“災”，精紐之部，聲紐舌齒鄰紐。朱德熙先生説：“《説文》把‘薦’解釋爲會意字十分牽强。邵王簋‘薦’字作‘盧’，應該是从皿鷹聲。可見‘鷹’字古有‘薦’音，‘薦’本是从艸鷹聲的形聲字。”而“薦”正是精紐。又如《容成氏》簡 51 孟“濪”即孟“津”，“津”亦是精紐。其次，韻部之、支旁轉，段玉裁將上古音支、脂、之三分，但學者有不贊同其説者，黄綺先生就主張支、脂、之三者不可分。如《小雅・采薇》：“莫知（支）我哀。”《鹽鐵論・備胡》引作“莫之（之）我哀”；《尚書・無逸》：“惟耽樂之從。”《漢書・鄭崇傳》《論衡・語增》引“之”作“是”（支）。又如“斯”（支）从“其”（之）聲；“弭”（支）从“耳”（之）聲。以上可説明“鷹、災”音近可通。

　　　　　　　　　　《上海博物館藏戰國楚竹書（二）校釋》頁 248—249

○**曹錦炎**（2007）　（編按：上博六・天甲 8）“鷹”，讀爲“薦”，薦字从鷹得聲，例可相通。“薦”，進獻。《左傳・隱公三年》：“可薦於鬼神，可羞於王公。”

　　　　　　　　　　　《上海博物館藏戰國楚竹書》（六）頁 324

○**黄德寬等**（2007）　郭店簡“者侯之門，義士之所鷹”，《莊子・胠篋》作“諸侯之門，而仁義存焉”，鷹、薦二字因形體相關，典籍往往以鷹爲薦。如《易・豫・象傳》：“殷薦之上帝。”《釋文》：“薦本或作鷹。”《儀禮・士冠》：“薦脯醢。”《釋文》：“薦或作鷹。”薦、荐古通。郭店簡鷹（薦）可依《莊子》讀爲存。《玉篇》：“存，在也。”

　　　　　　　　　　　　　　　《古文字譜系疏證》頁 2047

○**李守奎、曲冰、孫偉龍**（2007）　（編按：上博一・緇衣 5）鷹　按：省形。郭店簡作“瀘”。今本作“全”，當是釜形之省訛。

　　　　　　　　　《上海博物館藏戰國楚竹書（一—五）文字編》頁 460

薦  蘆

石鼓文·馬薦　　睡虎地·秦律 10　　上博二·子羔 12

新蔡甲三 256

○**強運開**（1935）　（編按:石鼓文）薛尚功、鄭漁仲均作薦,楊升庵作廌,非是。運開按:《說文·廌部》薦篆下云:“獸之所食艸。从廌、艸。古者神人以廌遺黃帝。帝曰:‘何食？何處？’曰:‘食薦。夏處水澤,冬處松柏。’”段注云:“此說从廌、艸之意,初造字時因廌食艸,成字後乃用爲凡獸食艸之偁。不入艸部者,重廌也。”竊謂此篆作薦,正是《說文》大篆从茻之例。按,鄭伯作叔帶薦鬲作薦,叔朕臣薦字作薦,均與鼓文相類,可以爲證。按此下有闕文。

《石鼓釋文》辛鼓,頁 2

○**睡簡整理小組**（1990）　（編按:睡虎地·秦律 10）薦,墊在糧草下面的草墊。

《睡虎地秦墓竹簡》頁 21

○**張守中**（1994）　（編按:睡虎地·秦律 10）薦　《說文》所無。

《睡虎地秦簡文字編》頁 9

○**何琳儀**（1998）　薦,春秋金文作薦（鄭登伯鬲）。从廌从茻,會獸食茻之意。戰國文字承襲春秋金文。或省茻爲艸旁。《說文》:“薦獸之所食艸。从廌从艸。古者神人以廌遺黃帝。帝曰,何食何處。曰,食薦。夏處水澤,冬處松柏。（作旬切）”（十上八）或歸諄部。

因脊敦薦,見《爾雅·釋詁》:“薦,進也。”

石鼓薦,艸名。

《戰國古文字典》頁 1041

○**馬承源**（2002）　（編按:上博二·子羔 12）薦之,見到芙攺而欲采薦之帝。

《上海博物館藏戰國楚竹書》（二）頁 198

○**賈連敏**（2003）　（編按:新蔡甲三 256）薦。

《新蔡葛陵楚墓》頁 196

○**徐寶貴**（2008）　（編按:石鼓文）薦字本作薦形。其他古文字作如下等形體:薦（弔朕臣）、薦（華母壺）、薦（鄎公湯鼎）、薦（鄭興伯鬲）、薦（《睡虎地秦墓竹簡·秦律十八種》一〇）、薦（《睡虎地秦墓竹簡·法律答問》一五一）、薦（嶧山

刻石）。春秋以前均从廌从艸作，戰國至秦代省从艸。

《石鼓文整理研究》頁 783

△按　新蔡簡中的"薦"字从皿作"薦"，與邵王簋中"薦"字从皿作"薦"屬同類現象。關於邵王簋"薦"字从皿作的論述，可參看朱德熙《關於侯馬盟書的幾點補釋》（《朱德熙古文字論集》55 頁，中華書局 1995 年）一文和于省吾《雙劍誃殷契駢枝三編·釋廌》（《雙劍誃殷契駢枝　雙劍誃殷契駢枝續編　雙劍誃殷契駢枝三編》268—269 頁，中華書局 2009 年）。

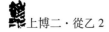

灋　灋　灋　灋　灋　灋　灋　灋　法　金

　上博二·從乙 2

　上博五·鬼神 1　　集成 9735 中山王方壺

　上博三·亙先 11

　上博三·亙先 5　　　郭店·六德 2

　睡虎地·雜抄 4　　官印 0036　　陶彙 5·398

　郭店·老甲 23

　包山 18

　璽彙 0500

　上博一·緇衣 14

○吳大澂（1884）　灋　　　古鉢省文。

《説文古籀補》頁 40，1988

○張政烺（1979）　（編按：集成 9735 中山王方壺）《説文》灋字从、水、廌、去會意，此改从屋，蓋以去灋音不同，改以屋爲聲符。

《古文字研究》1，頁 210

○李學勤、李零（1979）　（編按：集成 9735 中山王方壺）第三行第二字即法，古代一般寫作灋。研究《説文》的學者對這字从何得聲説法不一。王念孫《廣雅疏證》、宋保《諧聲補逸》等書主張它从去聲。壺銘此字从字（編按：疑"字"誤）从屋聲。而屋字《説文》以爲从刜省，段玉裁"疑當作去聲"。不管怎樣，王念孫等對法字的分析是正確的。

○**羅福頤等**（1981）　灋。

○**商承祚**（1982）　（編按:集成9735中山王方壺）灋字其它器皆正寫，此壺不但反書，而且加入尸旁，即門户之户，見第四行所字及□所鼎。盂鼎:"勿灋朕命。"用法爲廢。此增户，是否即廢之本字。《説文》法爲灋之省文，今通用法。

○**睡簡整理小組**（1990）　（編按:睡虎地・雜抄4）法（廢）。

○**劉彬徽、彭浩、胡雅麗、劉祖信**（1991）　（編按:包山16）灋，借作廢。

○**何琳儀**（1993）　事牆（將）灋 16

　　△原篆作𢎯。其中"去"訛作"夫"形，"夫"遂聲化爲音符。"灋、夫"雙聲。均屬幫紐。

○**荆門市博物館**（1998）　（編按:郭店・緇衣9）法，簡文从"水"从"去"从"廌"省，即"法"之初文"灋"。

○**裘錫圭**（1998）　（編按:郭店・緇衣9）簡文"法"字疑當讀爲"廢"，二字古通。

○**何琳儀**（1998）　灋，金文作𣥆（盂鼎）。从廌从水，會廌觸不直者決訟公平如水之意。盍省聲。戰國文字承襲金文。盍旁訛作𢀳,𢀳形，頗似夫旁。或説，从夫聲。灋、夫均屬幫紐。詛楚文盍所从凵旁訛作止形。《説文》:"𧗲，刑也。平之如水，从水。廌所以觸不直者去之，从去。（方乏切）𢌳，今文省。佱，古文。"（十上八）

　　包山簡灋，讀廢。

　　詛楚文灋，讀廢。睡虎地簡灋，通作法。參法字。

○**何琳儀**（1998）　𢏏，从户，灋聲。或説，户爲疊加音符，盍、户均屬匣紐。

　　中山王方壺𢏏，讀法。《爾雅・釋詁》:"法，常也。"

○**何琳儀**(1998)　　法,從水,盍省聲,灋之省文。《説文》灋或作法。參灋字。
　　信陽簡法,原篆右上疑從土,爲裝飾部件。

《戰國古文字典》頁 1426

○**劉信芳**(2000)　　(編按:郭店‧緇衣9)故心以體灋,今本作“心以體全,亦以體
傷”。按“心以體法”與上文“君以民爲體”相照應,是謂爲君治國之法,本之
於民。其行文結構,明顯優於今本。或讀“灋”爲“廢”,非是。法者,模也,
範也。

《郭店楚簡國際學術研討會論文集》頁 168

○**陳佩芬**(2001)　　(編按:上博一‧緇衣14)金,從全從止。“全”古“百”字,見中山
國《郡蚃壺》及《中山王兆域圖》銘文及東周錢幣文字。今本作“法”,“全、法”
兩字雙聲。郭店簡作“灋”。

《上海博物館藏戰國楚竹書》(一)頁 190

○**陳佩芬**(2002)　　(編按:上博二‧昔者3)“灋亞”即“廢惡”。

《上海博物館藏戰國楚竹書》(二)頁 245

○**白於藍**(2002)　　(編按:上博一‧緇衣14)按,“金”字原篆作“𡎊”,乃“法”字古寫。
“法”字《説文》古文作“金”,《汗簡》引《石經》作“金”,又作“金”,《古文四聲
韻》引《石經》作“金”,又引《樊元生碑》作“金”。以上這些古文形體與上博簡
此字形體十分接近,故上博簡此字當即“法”之古文無疑。該字上部所從之
“全”,乃“全”字,並非“百”字,“百”字與此形近者乃晉系文字的寫法,楚文字
中“百”字習見,從未見有作此形者。《説文》:“全,完也。從人從工。全,篆文
全從玉,純玉曰全。”“全”與上引“法”字各古文形體上部所從形近,“全”則與上
博簡之“𡎊”上部所從形同。另包山楚簡中“全”字很常見,作“全”(簡二四四、
二二七等),亦作“全”(簡二一○)、“全”(簡二四一),亦可參。至於“法”字何
以從全從止,尚待考證。

《華南師範大學學報》2002-5,頁 102

○**李零**(2002)　　(編按:上博一‧緇衣14)“法”,原作“𡎊”,原書以爲從止從全,其實
是從止從金。“金”即“灋”字的古文(《説文》卷十上、《汗簡》第8頁背和第26
頁背、《古文四聲韻》卷五第29頁背)。古文“灋”應分析爲從宀從乏(比較正規
的寫法是把“乏”字的最上一筆寫成斜畫,但不太正規的寫法則類似於“定”或
“全”字),實即“窆”字(參看中山王墓《兆域圖》的“窆”字),並非“全”字。

《上博館藏戰國楚竹書研究》頁 412—413

○**李零**（2003）　（編按：上博三·亙先5）"灋"讀"廢"。

《上海博物館藏戰國楚竹書》（三）頁293

○**曹錦炎**（2005）　（編按：上博五·鬼神2）"灋"，字省形爲"法"。

《上海博物館藏戰國楚竹書》（五）頁312

○**李守奎、曲冰、孫偉龍**（2007）　（上博三·亙先11、亙先13）按："去"旁訛變爲"冒"。

《上海博物館藏戰國楚竹書（一—五）文字編》頁460

（編按：上博三·亙先5）按："去"旁訛變爲"大"。

《上海博物館藏戰國楚竹書（一—五）文字編》頁460

（編按：上博一·緇衣14）按：《説文》古文作金。郭店簡作"灋"，今本作"法"。

《上海博物館藏戰國楚竹書（一—五）文字編》頁460

○**張富海**（2007）　588.法金金（汗石）　金（韻石）

　　黃錫全認爲，此古文从宀乏聲而有訛變（按古文字"乏"作乀，从"止"，上加一斜筆），"法、乏"音近，故古文用爲"乏"。上博簡《緇衣》14號簡"法"字作壹，下从"止"，上从"全"形，此古文"法"當即由之訛變。《汗簡》"法"字又作金（無出處），與上博簡《緇衣》"法"字形體更爲接近。可見古文"法"並不从"乏"。但从全从止之字爲何能讀爲"法"，不可解。

《漢人所謂古文之研究》頁133—134

△按　關於上博一《緇衣》簡14中的壹的構形分析，主要有三種意見：陳佩芬認爲該字"从止，'全'（古'百'字）聲"；李零認爲該字與《説文》古文"灋"字有關聯，分析爲"从'止'从'金'。'金'即'灋'字的古文。古文'灋'應分析从宀从乏，實即'窆'字"；白於藍、張富海認爲該字"从止从全"。孟蓬生和章水根對於此問題續有研究，可參孟蓬生《"法"字古文音釋——談魚通轉例説之五》（復旦網2011年9月7日）和章水根《"灋"字古文來源蠡測》（復旦網2012年6月27日）。

【灋丘】

○**睡簡整理小組**（1990）　（編按：睡虎地·封診47）廢丘，秦縣名，今陝西興平東南，是從咸陽出發前往蜀郡的第一站。

《睡虎地秦墓竹簡》頁155

○**陳曉捷**（1996）　"灋丘□""灋"音廢。《説文》："灋，刑也……法今文省。"灋丘即廢丘。《史記·項羽本紀》："項王乃立章邯爲雍王，王咸陽以西，都廢丘。”《索隱》孟康曰：“縣名，今槐里是也。”韋昭曰：“周時名犬丘，懿王所都，秦欲廢之，故曰廢丘。”《正義》引《括地志》云：“犬丘故城在雍州始平縣東南十里。”宋敏求《長安志》卷十四：“槐里古城在縣東南十里。”陳子怡《西安圖考》（三、四）：“按興平東南十里盈，有東、西南佐村堡，堡即槐里城也。”

《考古與文物》1996-4，頁 2—3

○**何琳儀**（1998）　睡虎地簡《封診式·遷子》“告灋丘主”，其中“灋丘”爲地名，即“廢丘”。《史記·高祖本紀》二年“引水灌廢丘”。在今陝西興平縣東。可資佐證。

《戰國古文字典》頁 1426

○**王輝、程學華**（1999）　“灋丘□”，同上圖一，14。“灋”與廢通用。《漢書·地理志》右扶風“槐里”縣條云：“槐里，周曰犬丘，懿王都之。秦更名廢丘。高祖三年更名。”廢丘爲秦縣，傳世有“灋丘左尉”印，夢齋封泥有“廢丘丞印”。故城在今興平縣東南十里。

《秦文字集證》頁 333

○**袁仲一、劉鈺**（1999）　睡虎地秦簡《封診式·畧（遷）子》：“告灋丘主：士五（伍）咸陽才（才）某里曰丙，坐父甲謁鋈其是……灋丘已傳，爲報，敢告主。”《秦漢魏晉南北朝官印徵存》〇〇三六：秦印“灋丘左尉”。以上灋丘讀爲“廢丘”，秦縣名，在今陝西興平東南。《漢書·地理志》上：“右扶風”下屬縣“槐里”本注：“周曰犬丘，懿王都之。秦更名廢丘。高祖三年更名。”古陶文明博物館收藏秦封印泥中有“廢丘丞印”。

《秦文字通假集釋》頁 808

○**吳鎮烽、師小群**（2006）　<small>（編按：三年大將吏弩機，文物 2006-4 封 3）</small>“灋丘”即廢丘，原名犬丘，西周晚期犬戎曾居於此。《國語》云：“秦仲之子莊公，伐西戎復其地，爲西陲大夫者也。以此地久廢於戎，故曰廢邱。”《史記·高祖本紀》：二年“引水灌廢丘，廢丘降，章邯自殺，更名廢丘爲槐里”。廢丘縣於漢高帝二年（前 205 年）六月改設槐里縣，地望在今興平市南佐村與阜寨村之間。據調查，面積約有 200 萬平方米，其地散布有西周、戰國和秦漢時期的陶片、板瓦、筒瓦等遺物。

　　傳世有灋丘鼎蓋、“灋丘工同”瓦。另外故宮博物院收藏有“灋丘左尉”銅印，19 世紀 90 年代後期西安市未央區漢城鄉出土“廢丘丞印”封泥，1972 年陝西武功縣薛固鄉亦出土一件廢丘鼎，均爲戰國晚期到秦代的遺物。此弩機上的“廢丘”2 字，“廢”作“灋”不做“廢”，從字體風格看，顯係戰國晚期秦人所刻,應不能晚到統一以後的秦朝。

《文物》2006-4,頁 79—80

○**王琳**(2007) （編按:三年大將吏弩機,文物 2006-4 封 3)我認爲弩機望山背面和懸刀上所刻"瀘丘"二字應釋解成人名才較爲妥當。弩機所刻瀘丘當爲人名,即姓法名丘,其人很可能是齊人法章後裔,其生活時代大體應在戰國晚期以後。據《後漢書·法雄傳》載:"法雄,字文彊,扶風郿人也,齊襄王法章之後。秦滅齊,子孫不敢稱田姓,故以法爲氏。宣帝時,徙三輔,世爲二千石。雄初仕郡功曹,辟太傅張禹府,舉雄高第……善政事……盜賊稀發,吏人畏愛之。"宋版《廣韻》曰:"法,則也,數也,常也,又姓,《左傳》齊襄王法章之後,秦滅齊,子孫不敢稱,故以法爲氏。宣帝時徙三輔,代爲二千石,後漢有扶風法雄、法子直,並有傳。"不僅如此,"瀘丘"二字在弩機望山背面和懸刀上作兩次加刻,更證明了瀘丘應是人名,而不是地名,是弩機所有者後刻上的銘文,很可能是弩機流落到法章後裔手中以後追刻上去的。而弩機的出土與瀘丘的刻辭兩者相吻合,它證實了上述歷史事實的記載是可靠的,是有文獻根據的。

《中原文物》2007-5,頁 91

△**按** 三年大將吏弩機上的"瀘丘",王琳指出其爲人名,吳鎮烽在《"瀘丘"即"廢丘"辯證》(《考古與文物》2009 年 6 期 80—85 頁)一文中詳細論證了"瀘丘"當指戰國晚期秦國所設立的"廢丘"縣,吳説可信。"瀘丘"又作"廢丘",見秦封泥和陶文。秦封泥和陶文中有關"廢丘"的資料,可參看周曉陸、路東之、龐睿《秦代封泥的重大發現——夢齋藏秦封泥的初步研究》(《考古與文物》1997 年 1 期 42 頁),傅嘉儀《秦封泥彙考》(193 頁,上海書店出版社 2007 年),袁仲一、劉鈺《秦陶文新編》(76 頁,文物出版社 2009 年)等。漢代銅器"廢丘鼎"亦有"廢丘"一詞,詳見吳鎮烽、羅英傑《記武功縣出土的漢代銅器》(《考古與文物》1980 年 2 期 67 頁)。

【瀘聿韋癘】

○**黄錫全**(2001) 第一字作𡸫,當是"瀘"字。其形與下列的瀘、薦諸形類似:

克鼎　　師𠁁鼎　　詛楚文　　楚　簡　　鄭興伯鬲　昭王篡

布文左旁當是"去"和"水"的簡省之形。右旁當是廌形演變,似從反廌形,與鄭興伯鬲很相似。楚簡的瀘或可簡省作𤋳、𤊾等,是其佐證。《説文》廌部:"灋,刑也。平之如水,从水。廌所以觸不直者去之。从廌、去(段注本)。"省形作法。

第二字作"",字形與"隶"比較接近,開始以爲是"隶"字,但於文義難以理解。仔細比較相近字形後,傾向其爲"聿"字,主要在於下部微小的區別。有關字形比較如下:

布文"又"下所从似"大",豎筆左下無畫。這與"隶"字豎筆左右各有兩筆不同。右邊一畫可能與""形中閒所加一橫筆類似。"又"形未深入豎筆之中,與早期金文類同。聿即古筆字。《説文》筆,"秦謂之筆。从聿从竹"。《説文》聿,"所以書也。楚謂之聿,吳謂之不律,燕謂之弗。从聿,一聲"。《説文》隶,"及也,从又,从尾省。又持尾者,从後及之也"。

第三字與下列古璽"衞"字所从的中閒部分相同,當是"韋"字:

《古璽彙編》1338　1339

考慮到"韋"字下部多不从"",這個字也有可能是《説文》的"㯟"字,即"㯟"字的簡省。甲骨文的北方風名"韋"作,又作。後者乃增从韋聲。㯟與韋字形有別而讀音相同。金文師虎鼎有"",裘錫圭先生釋讀爲"範圍",認爲""字可能有"範圍"兩音。布文的也有可能是"㯟"省。

不論怎樣分析,將這個字釋讀爲"韋",估計問題不大。

第四字應是"癰"字,其形與下列侯馬盟書、古璽及貨幣"馬雍"之雍字類同,區別只是省一口(同侯馬盟書):

"灋聿",可能就是"法律"。"法律"一詞,已見於雲夢秦簡。多指刑法或各種律令,泛指法規、法則。《管子·七臣七主》:"夫法者,所以興功懼暴也;律者,所以定分止爭也;令者,所以令人知事也;法律政令者,吏民規矩繩墨也。"

韋,如是國名,就是衛。韋(匣母微部)、衞(匣母月部)讀音相近,當可假借。如果視此字與金文師虎鼎類同,有兩讀,也可讀爲"範圍"之"範"。

《説文》癰,"腫也"。癰本是一種皮膚病。這裏的癰應該是一個假借字。

《周書·無逸》:"言乃雍。"《禮記·檀弓·坊記》及《史記》引雍作讙(歡)音義相近。癰、雍,影母東部。讙,曉母元部。二字同屬喉音,聲母相近。孫星衍《尚書今古文注疏》云:"或今文作'讙',古文作'雍'。"讙、讙均从蘿聲。因此,癰有可能就是"讙"之借字。癰、腫音義相近,癰也有可能借爲"重"。

如果以上考慮不誤,"瀘聿韋癰"當釋讀爲"法律衛讙",或者"法律範讙",即法定的衛國讙,或者規定的規範讙,也就是法定的用於稱量布幣的布讙。如果癰借爲重,則當讀爲"法律範重",即法定的標準重量。不論采取哪一種釋讀,都説明此布當是一枚權衡布幣的布讙。

《先秦貨幣研究》162—163

【瀘物】郭店·老甲31

○**裘錫圭**(1999)　(7)今本"滋彰(或作"章")"上二字,王弼等本作"法令",河上公等本作"法物",帛書本及簡文亦作"法物"(帛乙本"法"字雖殘去,"物"字尚存)。看來,作"法物"的比較可靠。但河上公注以"好物""珍好之物"釋"法物",恐不可據。朱謙之説:"强本成疏'法物猶法令'(引者按:强本指唐强思齊《道德真經玄德纂疏》,成疏指成玄英疏),知'法令'義優。《淮南·道應訓》《文子·道原篇》《史記·酷吏列傳》《後漢書·東夷傳》引並作'法令'。'物'字蓋涉上文'奇物'二字而誤。"朱氏認爲"法物"爲"法令"之誤,不確。但如我們關於"奇物"的看法基本合乎事實,"法物"很有可能確是指法令一類事物而言的。黃釗先生認爲"法物""似當釋爲'著有法律條文的實物'",如刑鼎之類。可供參考。

《道家文化研究》17,頁57

○**魏啓鵬**(1999)　法物:帛書乙本作"【法】物",景龍、景福、奈良卷子、河上本並作"法物"。《文子·道原》《淮南子·道應訓》《史記·酷吏列傳》《後漢書·東夷傳》引並作"法令",傅奕本、范應元本、王弼本作"法令"。亦屬兩個不同的傳本系統。河上公注:"法物,好物也。"指出乃"珍好之物",惜語焉不詳。按:"法物滋彰,盜賊多有",實與今本第三章"不貴難得之貨,使民不爲盜"文意相同,可以互證,"法物"即是"難得之貨"。今本第十二章又云:"難得之貨,令人行妨。"河上公注:"難得之貨,謂金銀珠玉。"此四物在古代都具有貨幣職能(説詳朱活教授《西周幣制論》)。先秦時代,"貨"亦特指錢幣。《周禮·秋官·職金》:"貨罰入於司兵。"鄭玄注:"貨,泉貝也。"同書《大行人》:"要服六歲壹見,其貢貨物。"賈公彦疏:"貨物,龜、貝也者,貨是自然之物。"《説文》:"古者貨貝而寶龜。"郭璞《文貝讚》:"先民有作,龜貝爲貨。"先秦有貝幣和龜幣，據朱活教授考證，龜幣之值爲十朋大貝，亦稱“貨物”。戰國時齊通行之刀幣稱爲“齊法化”，郭沫若指出“法化”即“法貨”。可見“貨”指錢幣，戰國時已爲常用義。簡文“法物”，當指錢幣，其義同於“法化（貨）”，指依法製造通行的貨幣。後賈誼《諫鑄錢疏》或稱之爲“法錢”。

《道家文化研究》17，頁 231

○**趙建偉**（1999）　“法物茲彰，盜賊多有”：從帛書乙本殘字可知帛書亦作“法物”，而今本或作“法物”，或作“法令”。河上公注謂“法物”即“珍好之物”。

　　《後漢書·光武紀》注“法物，謂大駕鹵簿儀式也”，引申之，蓋謂統治者所積藏之珍好之物，諸如黃金珠玉、女樂玩好之類。《黃帝四經·經法·四度》“黃金珠玉藏積，怨之本也；女樂玩好燔材（蕃載，義猶盛置），亂之基也”即此“法物滋彰，盜賊多有”。《水滸》生辰綱之事即其證也，十九章“絶巧棄利，盜賊無有”謂統治者棄絶追求巧好貨利之心則盜賊無有，可與此相參證。

　　“物”與“令”形音遠隔，今或本作“令”者，當是以“物”爲“律令”之義。《詩·烝民》“天生烝民，有物有則”，此“物”當釋爲禮法。《禮記·祭統》注“爲物猶爲禮也”。《易傳》“物相雜，故曰文”，《荀子·禮論》注“文謂法度也”。今或本既訓“法物”爲禮法制度，則“法物”又作“法令”是很自然的事。但戰國中晚期至秦漢的黃老道家均不反對法度制令，則作“法令”者，蓋爲淮南以降至魏之玄學家的傳本。

《道家文化研究》17，頁 291

○**劉信芳**（1999）　按“法物”非“好物”之謂，應指法律及其載體，法律之載體者，晉鑄刑鼎（《左傳》昭公二十九年）是也。（中略）馬王堆漢墓帛書《二三子問》第六行：“德義廣大，法物備具者，［其唯］聖人乎？”德義與法物皆備，倫理與刑法互補。此“法物”與《老子》之“法物”同一涵義。

《荆門郭店竹簡老子解詁》頁 39—40

○**劉國勝**（2000）　“法物”二字，通行本多作“法令”，自帛書《老子》乙本作“物”而不作“令”後，“法物”二字多獲認可。直至簡本《老子》見世，“法物”二字得以確信。“法物”“法令”字不相通，義難相同。大概是倚“法”而改“物”以“令”。對於“法物”一詞的釋義，河上公曾注曰：“法物，好物也。珍好之物滋生彰著，則農事廢，飢寒並生，故盜賊多有也。”法，無“好”之訓。“法物”解釋成“好物”恐爲之牽強。前面我們論述了“奇物滋起”“法物滋彰”“盜賊多有”是三個並列句。“奇物”指的是那些怪異、邪惡的事物。“起”是興立的意思。“奇物、盜賊”皆是一般意義的社會之公害，則“法物”亦應同屬。我們以爲此處"法物"可讀爲"廢物"。"法、廢"二字古通用。包山楚簡"法"字凡三見，似皆讀爲"廢"，如"月枭旦廢之，無以歸之""宋强廢其官事""頸事將廢"。郭店《緇衣》九號簡有文云："故心以體法，君以民荒。"裘錫圭先生疑"法"字當讀爲"廢"。今本《緇衣》相當的文字作"心以體全，亦以體傷；君以民存，亦以民亡"，今本所記似有申張。"廢物"猶言敗物、壞物。指的是那些質性敗壞的事物。"彰"是顯著的意思。簡本《老子》的這段話似讀作："人多智，而奇物滋起，廢物滋彰，盜賊多有。"大意是說：人們重視智巧，結果卻使得社會上邪物愈發興立，敗物愈發顯赫，盜賊愈發增多。故此，《老子》鄙棄智巧，提倡"自然、無爲"。以爲這才是聖人之德，"取天下"之道。

　　　　　　　　　　　　　　　　《郭店楚簡國際學術研討會論文集》頁518

○**李零**（2002）　　"哉物"和"法物"，它們肯定是含義相近的詞。現在我們的看法是，簡文上句，"哉物"仍應讀爲"奇物"，而不是"苛物"，含義略同於"奇貨可居"的"奇貨"；而"法物"或可讀爲"乏物"，猶今語所謂稀缺之物（"乏"有匱乏稀少之義）。它們都相當於《老子》的"難得之貨"。"法"字，古書或用爲"廢"，但亦用爲"乏"。例如《説文》"法"字的古文（卷十上鷹部），過去我們不知其構形，現在才知道是借"窆"字爲之（但從宀不從穴）。這樣寫法的"窆"字，上博楚簡《緇衣》有之，是用爲"法"；馬王堆帛書《式法》有之，是用爲"廢"。古文字中的"乏"字，許慎以爲是反寫的"正"字，我們從戰國秦漢的"窆"字看，好像的確如此，但其比較正規的寫法，它的上面一筆是斜畫，如中山王墓《兆域圖》的"乏"字（讀爲"窆"），中山王方壺的"乏"字（讀爲"廢"），它們和"正"字的寫法還不太一樣。我們懷疑，簡文"法"似可讀爲"乏"，"章"則是彰顯之義。"乏物"與"奇物"相近，都是指珍稀之物，這種看法與河上公本的解釋最接近。

　　　　　　　　　　　　　　　《郭店楚簡校讀記》（增訂本）頁19—20

○**劉釗**（2003）　　"哉"讀爲"奇"。"起"爲"起"字古文。"瀺"讀爲"乏"，古"瀺、乏"音通，"瀺"字古文作"窆"，即從"乏"作。"章"讀爲"彰"。

　　"忌諱"指禁忌。"利器"指智慧權略。"奇物"之"奇"即"奇貨可居"之"奇"，指珍奇之物。"乏物"意同"奇物"，也是"不可多得之物"的意思。

　　　　　　　　　　　　　　　　　　《郭店楚簡校釋》頁23

【法度量則】秦始皇二十六年詔版

○**商承祚**（1965）　　開皇二年（公元582年）五月，長安民掘得秦時稱（秤）權，旁有銅塗，鐫銘二所。其一曰："廿六年皇帝盡屏（并）兼天下諸侯，黔首大安，立號爲皇帝。乃詔丞相狀、綰，法度量，則不壹，歉疑者，皆明壹之。”凡四十字。

○**史樹青、許青松**（1973）　我們今天所見到的秦始皇二十六年用小字刻、嵌在權量上的詔書，全文如下：

　　　　廿六年皇帝盡屏兼天下諸侯，黔首大安，立號爲皇帝。乃詔丞相狀、綰，法度量則不壹，歉疑者，皆明壹之。

　　　這件詔書頒布的時間是秦始皇二十六年，即公元前 221 年，正是秦始皇“盡并兼天下諸侯”，統一六國的事業完成之初。“黔首”係指當時的人民。“狀”即丞相隗狀，“綰”是丞相王綰，“法度量則”是指法律、度量等制度。

○**駢宇騫**（1978）　廿六年詔書的内容，我們在出土的秦權上看到的最多。見於著録的約有四五十件。詔書的内容共有四十個字：

　　　　廿六年皇帝盡并兼天下諸侯黔首大安立號爲皇帝乃詔丞相狀綰法度量則不壹歉疑者皆明壹之

對於詔書文字的釋讀，過去一般爲：“廿六年，皇帝盡并兼天下諸侯，黔首大安，立號爲皇帝。乃詔丞相狀、綰，法度量，則不壹，歉疑者，皆明壹之。”近來又有人釋讀爲：“廿六年，皇帝盡并兼天下諸侯，黔首大安。立號爲皇帝，乃詔丞相狀、綰，法度量則不壹，歉疑者，皆明壹之。”對詔書文字的釋讀，主要分歧在於如何理解“法度量則不壹歉疑者皆明壹之”這段文字。前者把“法度量”與“則”斷爲兩讀，將“則”字解爲虛詞。這種斷法，文義較難理解，而且“則”字的這種用法在先秦古籍中也很少見到。後者雖將“法度量則”斷爲一句，但與“不壹”連讀也不大妥當。

　　　那麽，這段文字究竟應該如何釋讀呢？這裏關鍵的問題就是對“則”字的理解。近讀《文物》1977 年第 7 期周世榮同志《湘潭發現北宋標準權衡器——銅則》一文，很受啟發。周文云：1975 年 2 月在湖南湘潭發現北宋銅則一件，“銅則圓頂，扁體，平底，上部有一圓形穿孔，通體刻纏枝牡丹紋。前後各有銘文一行，爲‘銅則重壹百斤黄字號’，‘嘉祐元年丙申歲造’”。周文認爲：“銅則之‘則’是準則之意。”這種解釋是正確的。《説文解字》：“則，等畫物也。從刀從貝，貝，古之物貨也。”所謂“等畫物”，用今天的話來講就是標準物。出土的銅則應當就是北宋時期法律規定的標準權器。由此我想到始皇廿六年詔書中的“則”，應當就是銅則之“則”，是標準權器的名稱。“法度量則”，就是"法度量權"（或"法度量衡"）。

○**張明華**（1981） 顏之推在《顏氏家訓·書證篇》中說："（隋）開皇二年五月,長安民掘得秦時鐵稱權,旁有銅塗鐫銘二所,其一所曰:' 廿六年,皇帝盡并兼天下諸侯,黔首大安,立號爲皇帝,乃詔丞相狀、綰,法度量則（動詞,意同上文的"法"）不壹,歉疑者皆明壹之。'"

○**林劍鳴**（1981） 秦始皇二十六年（公元前 221 年）,秦王朝政府頒發詔書,並把這一詔書銘刻在官府製作的度量衡器上,發至全國,作爲標準器。其詔書全文是:

> 廿六年,皇帝盡屏并兼天下諸侯,黔首大安,立號爲皇帝。乃詔丞相狀、綰,法度量則不壹,歉疑者,皆明壹之。

○**郭沫若**（1982） 而量之底復有《始皇刻辭》:

> 二十六年皇帝盡並兼天下,諸侯黔首大安,立號爲皇帝。乃詔丞相狀（隗狀）、綰（王綰）法度量則,不壹嫌疑者,皆明壹之。

○**孫常敘**（1982） 廿六年,皇帝盡并兼天下諸侯,黔首大安,立號爲皇帝。乃詔丞相狀、綰:法度量則不壹,歉疑者,皆壹明之。（**中略**）

始皇廿六年詔"灋度量則不壹"句是有不同理解的:明顯的分歧在"則"字。有人認爲它是實詞。例如端方,他說"灋度量則爲四器"。有人認爲它是虛詞。主要的理由是二世元年詔"灋度量盡始皇帝爲之"這句話"灋度量"三詞連用,而其下並無"則"字。

爲了弄清"則"字在廿六年詔中的詞義和作用,要認清詔文結構和"灋"在詔文中的詞義。（**中略**）

"灋度量"三字連用,始皇詔和二世詔都有。兩詔相承,在事情上和語言上必然是一致的。如果把"灋"理解爲"法定的",則與始皇詔"不壹"相抵觸,因爲既是秦法所定就不能不一。如果把它看做動詞,則"灋度量"動賓關係只說一事,與"盡始皇帝爲之"相矛盾。

用語言的對立統一規律來研究兩詔"令辭",則知這個"灋"就是《管子·七法篇》"尺寸也,繩墨也,規矩也,衡石也,斗斛也,角量也,謂之法"的"法",是指計量器說的。在這些"法"中,繩墨、規矩是自然的,而尺寸、衡石、斗斛、角量則是人爲的。尺寸爲度,斗斛、角量爲量。"度""量"已見詔文,那麼這個"灋"就人爲者説來,只有衡石之權了。由此可知兩詔之"灋"不是法定之意,而是指衡石之權説的。這也可以説明:度量衡三者並立,爲什麼詔文明寫"灋度量",只見度量,而不見權衡之字,卻把它刻鑄在石權之上。

"則"在一定的依存關係中,是可以作爲虛詞的。但是,在語言上,必須有和它互相制約的條件。如果"則"字句前沒有足以見其先後事情或事態的相應關係,使它上無所承,下無所接,或旁無所比,它就失掉了它的連接作用,不能成爲虛詞。

"灋度量則不壹",如前所説,是秦始皇帝所下令辭的首句。在它之前,並沒有可以承接可以比並的語句。況且"灋度量"三名並列是名詞詞組,是物而不是事。在沒有前句作條件的情況下,下面雖有"不壹"以説明事態,可是"則"字仍然不是連詞。

二世元年詔"灋度量盡始皇帝爲之"。"灋度量"下並無"則"字。這只能説明"則"不與"灋度量"同類,卻不能證明它在廿六年始皇詔中必爲虛詞。

"灋度量則不壹"的"則"是實詞。如前文釋則所説,是器樣或樣器——標準器,有標準的意思。那麼,"灋度量"就成了"則"的定語。這樣,這篇詔文,從序辭到令辭,從整到部分各方面都取得了對立統一。

《古文字研究》7,頁 15—17

○張文質(1982)　訓讀的分歧在詔文的下半段"法度量則不壹歉疑者"一語,此句中"歉"讀爲"嫌",各家所同,焦點集中在"法度量則"四字上。就我所見,新中國成立以來的著作和文物考古報導中,對此句的點逗,歸納起來大致有以下幾種:

(一)法度量,則不壹,歉疑者,皆明壹之。
(二)法度量則不壹,歉疑者,皆明壹之。
(三)法度量則不壹歉疑者,皆明壹之。
(四)法度量則(動詞,意同上文的"法")不壹,歉疑者皆明壹之。
(五)法度量則,不壹歉疑者,皆明壹之。

(中略)第四例,把"法"字與"則"字都解爲動詞,而且同義,那麼"法度量"和"則不壹"便成爲兩個並列的動賓短語,可是,説法則"度量"已屬牽强,若説法則"不壹",不是與統一度量衡的目的背道而馳了麼! 又把"歉疑者皆明壹之"讀爲一句,那就是説"明壹之"的只是那些"嫌疑者",對上文確認爲"不壹"的反不涉及,這於情理上是講不通的,同時在文法上也使"皆"字沒有著落,所以將“法”與“則”理解爲同義的兩個動詞是值得研究的。

　　我們著重討論第五例,以“法度量則”爲句。看“則”字爲名詞,最早見於前引郭沫若先生的《十批判書》中,因爲郭老在文中没有作進一步的闡述,其書雖早出,卻没有引起人們的注意。自1977年《文物》第七期發表了周世榮同志的《湘潭發現北宋標準權衡器——銅則》的報導,認爲出土的銅則應當就是北宋時期法律規定的標準權器。嗣後,1978年出版的《文史》第五輯發表了駢宇騫同志的《始皇廿六年詔書“則”字解》的文章,説由銅則聯想到始皇廿六年詔書中“法度量則”的“則”字應當就是銅則之“則”,《荀子·儒效》的“法則度量”就是“法度量則”,“法度量則”就是“法度量權”(或“法度量衡”)。

　　始皇廿六年詔版是嵌刻在經過政府檢定的度量衡器上的,它是業經檢校的標志,也是合法化的象徵,只就詔版本身而言,以“則”字爲名詞,“法度量則”就是“法度量權”或“法度量衡”,除“法”字不知所施之外,與秦始皇統一度量衡三項内容一一對應,似乎是通讀無礙的。但是如果我們把視野擴大,不僅看到始皇廿六年詔書,同時也看到刻在後邊的秦二世元年詔書,就覺得把“則”字理解爲名詞而且義即權衡,實在不能首肯。秦二世詔書全文是:“元年制,詔丞相斯、去疾,法度量盡始皇帝爲之,皆有刻辭焉,今襲號而刻辭不稱始皇帝,其於久遠也,如後嗣爲之者,不稱成功盛德。刻此詔,故刻左,使毋疑。”現在我們知道,與此内容相仿的秦二世元年詔書,也刻在琅琊臺、嶧山等始皇帝刻石之石,爲了便於比較異同,也抄録於下:“皇帝曰:‘金石刻盡始皇帝所爲也,今襲號而金石刻辭不稱始皇帝,其於久遠也,如後嗣爲之者,不稱成功盛德。’”可以看出,兩個詔書的多數詞句幾乎完全相同。所不同的,度量衡器上作“法度量盡始皇帝爲之”,而刻石上作“金石刻盡始皇帝所爲也”,我以爲,這種不同正是問題的關鍵所在。“金石刻”是泛指一切金石刻辭,故下句云“今襲號而金石刻辭不稱始皇帝”。“法度量”一語是專施之於度量衡器上的,故下句云“今襲號而刻辭不稱始皇帝”,語中删去了泛指的“金石”二字。我們知道,秦二世關於度量衡的元年詔書不是單獨使用的,它總是刻在始皇帝廿六年詔書之後,以表示他奉承始皇帝的遺業,借以樹立自己的聲威,所以才有“刻此詔,故刻左,使毋疑”的話。如果“則”字在當時是標準權器的名稱,而且詔版的讀法又爲“法度量則”,那麽與此相對應的二世元年詔書也應作“法度量則”,不應當只作“法度量”,把表示始皇帝“成功盛德”的統一度量衡三部分中一個重要組成部分的“則”字漏掉。這種情況,恐怕不能解釋爲偶然的疏失,而應當從“則”字的本身去找。(中略)

綜上所述,秦詔版的"則"字作名詞或動詞來理解都是不合適的,我認爲在這裏仍以作虛詞爲宜,但不是承接之辭,而是假定之辭。(中略)

"法度量"三字,法字是度和量的定語,析言之即法度和法量。(中略)

總括全文,始皇廿六年詔版的大意是,秦始皇二十六年,併吞各國,黔首安寧,立號爲皇帝,便命令丞相隗狀和王綰,度量衡如果有不統一,或可能不合法定的,都必須明確地統一起來。

根據以上理解,今將詔版全文試標點如下:

　　廿六年,皇帝盡并兼天下諸侯,黔首大安,立號爲皇帝,乃詔丞相狀、綰:法度量,則不壹、歉疑者,皆明壹之。

《河北師範大學學報》1982-8,頁25—30

○**國家計量總局、中國歷史博物館、故宮博物院**(1984)　底部刻秦始皇二十六年詔書:"廿六年,皇帝盡并兼天下諸侯,黔首大安,立號爲皇帝。乃詔丞相狀、綰,法度量則不壹歉疑者,皆明壹之。"

《中國古代度量衡圖集》頁44

○**王輝**(1989)　前人訓讀的分歧主要集中在對"法度量則"四字的理解上。張(編按:張文質)文列舉根據不同的理解對詔文的五種斷句法,加上他自己的理解,已經有了六種斷句法:

　　1.法度量,則不壹,歉疑者,皆明壹之。(商承祚《秦權使用及辨僞》)

　　2.法度量則不壹,歉疑者,皆明壹之。(林劍鳴《秦史稿》376頁,又孫常敘文斷句同。)

　　3.法度量則不壹歉疑者,皆明壹之。(《中國古代度量衡圖集》圖版八十一釋文)

　　4.法度量則不壹,歉疑者皆明壹之。(張明華《秦始皇時的丞相應是隗狀》)

　　5.法度量則,不壹歉疑者,皆明壹之。(駢宇騫)

　　6.法度量,則不壹、歉疑者,皆明壹之。(張文質)

我贊成第五種斷句法,但解釋與駢文不盡相同。駢文把"則"看作名詞,並說"則"就是權,"法度量則"就是"法度量權"。1977年第七期《文物》發表了周世榮《湘潭發現北宋標準權衡器——銅則》一文,認爲出土的銅則就是北宋法律規定的標準權器,駢文從此得到啟發,提出了這種見解。但駢氏的這種看法其實是不對的,張文對此已有批評。張文指出二十六年詔書的"法度量則"在二世元年詔版中省作"法度量",只能說明"則"與"度量"不是並列的，“則”不是“統一度量衡三部分中一個重要組成部分”。張文又指出：“戰國秦漢自有表示權衡的名詞，那就是贏，或作纍。”（睡虎地秦墓竹簡的《内史雜》《效律》《工律》《法律答問》及《善齋》十録之四皆有例證）張氏的論據是有力的。但張氏把“則”看做虛詞，以爲是“假定之辭”，也就是“假設連詞”，仍不能令人滿意。始皇詔令丞相狀、綰，是要他們主持統一度量衡，並對不統一、有嫌疑的度量衡器加以明確的統一。照張氏的理解，“‘法度量’三字，‘法’字是度和量的定語，析言之即法度和法量”，那就是説，詔書前半句無動詞，没有從正面强調要統一度量衡，下半句卻用假設連詞，一味强調對不統一、有嫌疑的度量衡器加以統一，一方面令人覺得突兀，另一方面也顯得片面。則在這裏只能看做名詞，但它不是衡，而是標準，孫常敘的文章解決了這一問題。《説文》：“則，等畫物也，從刀從貝。貝，古之物貨也。”孫先生説：“……‘等畫物’就是照此樣子刻畫器物——照樣子作東西。”“則的古義既然如此，那麽，作爲名詞使用，它是比照之樣，是製器的樣子或器樣”，“是標準器”。依照此説，湖南出土的銅則就不應是權的專稱，也就是很明白的了。

孫氏又引《管子・七法》：“尺寸也，繩墨也，規矩也，衡石也，斗斛也，角量也，謂之法。”從而認爲“法，是指計量器説的……‘度、量’已見詔文，那麽這個‘法’……只有衡石之權了”。但這個説法同樣值得推敲。照《管子》的意思，尺寸、衡石、角量之類，都稱爲“法”，故“法”不應與“度、量”並列，作“衡石之權”解。

我以爲，“法度量則”的“法”本應作動詞理解，意爲效法。《荀子・不苟》“畏法流俗”，楊注：“‘法’，效也。”《吕氏春秋・情欲》“必法天地”，高注：“象也。”《漢書・賈誼傳》：“是不法聖智也。”顔師古曰：“法謂則而效之。”馬王堆帛書《老子》甲本卷後古佚書《九主》：“故曰主不法則，乃反爲物。”整理者以爲：“蓋謂人主當法天地之則，若不法天地之則，必得失人主之實而同于萬物。”“法度量則”之“法”用作動詞，“則”用作名詞，與《九主》一文的例子完全相同。所謂“法度量則”，就是（提）供天下效法、參照的度量衡的標準器。

《秦銅器銘文編年集釋》頁 110—112，1990；原載《考古與文物》1989-5

○**湯餘惠**（1993）　法度，量長短的器具。《漢書・律曆志上》：“審法度。”注：“丈尺也。”量，校量容積的器具，升斗之類。則，稱量輕重的器具，即秤權。前些年出土北宋時代的秤權，自名爲“銅則”。

《戰國銘文選》頁 26

鹿 麤 廘

鹿 陶彙 3・713　　廘 石鼓文・吳人　　鹿 睡虎地・日甲 75 背

麤 包山 246　　麤 上博二・容成 41　　麤 上博五・鬼神 6　　麤 上博六・天甲 10

麤 上博一・詩論 23　　麤 新蔡零 352

○**吳大澂**（1884）　鹿　麤　石鼓。

《説文古籀補》頁 40,1988

○**丁佛言**（1924）　鹿　麤　古鉢鉅鹿。麤　古鉢鹿㚻波鉢。麤　古鉢鹿胡
麤。麤　古鉢竷都鹿鄔。

《説文古籀補補》頁 45,1988

○**劉彬徽、彭浩、胡雅麗、劉祖信**（1991）　（編按：包山 246）𥠻，簡文作麤，《汗簡》
𥠻字作麤，澤字作麤，均與簡文形近。𥠻借作繹，酓繹即熊繹。《史記・楚世
家》：“熊麗生熊狂，熊狂生熊繹。熊繹當周成王之時，舉文、武勤勞之後嗣，而
封熊繹於楚蠻，封以子男之田，姓羋姓，居丹陽。”

《包山楚簡》頁 58

○**黃錫全**（1993）　《包山楚簡》246 號有楚君熊繹，原文作麤（編按：原文以圖：5 代
替，此直接出原篆），注文 486 指出後一字與《汗簡》𥠻、澤形近，是正確的，然未作
解釋。其實，此乃“毚”字。《説文》：“毚，獸也，似兔，青色而大，象形。頭與
兔同，足與鹿同。”《汗簡》的“澤”形來源於三體石經，而石經的“澤（湷）”又由
金文、甲骨文的彙形演變，我們曾經對此字做過較詳細的分析。毚𥠻古韻同屬
鐸部，於古可通。如《汗簡》的䈝作莑，籑作槀等。因此包山楚簡的“酓毚”，即
“熊繹”。是簡文假毚爲繹。

《江漢考古》1993-4,頁 66

○**湯餘惠**（1993）　麤246，𥠻・鹿。注 486：“𥠻借作繹，酓繹即熊繹。”今按此
批簡中，𥠻和從𥠻的字屢見，均與此形迥別，知非一字。179 簡鹿字作麤，與此
大同小異，因疑此是鹿字，假爲熊繹之“繹”。古音鹿在來紐屋部，而從𥠻得聲
之字（如“斁”）在端紐鐸部，聲紐並屬舌頭，韻部關係密切（段玉裁《六書音韻
表》同屬第二類），例可通借。

　　順便説一下傳世古文字書裏的澤字。《汗簡》“澤”字寫作麤，《古文四聲

韻》引《義雲章》作🔲,過去我們弄不清字上所從,現在看應是變體的鹿旁。字
均應是"漉",假借爲"澤"。

○**李零**(1993)　(編按:包山 246)(2)荊王自熊鹿以抵武王(簡 487)。"荊"字原
從田從刑,"熊"字寫法同上。"鹿",釋文作"睪"字形不合。"熊鹿",應是鬻
熊之子熊麗,亦楚之遠祖。

○**劉信芳**(1995)　《包山楚簡》"鹿"字有一重要用例,246 簡:"舉禱荊王自熊
鹿以庚武王五牛、五豕。"此"鹿"字原誤釋爲"睪"。湯餘惠先生釋"鹿",極
是;但認爲是"睪"字之借。按鹿、睪二字聲韻皆無涉,"熊鹿"應指熊麗。麗字
從丽從鹿,熊麗是鬻熊之子。

○**陳偉**(1996)　(編按:包山 246)7.荊王自熊鹿以適武王。鹿,《釋文》作睪,後來
有幾位學者改釋作鹿,認爲熊鹿是鬻熊之子熊麗。今從之。《墨子·非攻下》
云:"昔者,楚熊麗始討此睢山之閒,越王繄虧出自有遽,始邦於越,康叔與吕尚
邦齊、晉,此皆地方數百里;今以并國之故,四分天下而有之。"畢沅注:討,"字
當作封"。不管怎樣,這裏熊麗與越、齊、晉三國創始人並列,自當也是立國之
君。《史記·楚世家》記:"熊繹當周成王之時,舉文、武勤勞之後嗣,而封熊繹
於楚蠻,封以子男之田,姓羋氏,居丹陽。"熊繹爲熊麗之孫。《史記》所述爲受
到周王册封的楚君,《墨子》反映的則當是實際立國者,彼此並不必定排斥。

○**李家浩**(1997)　(編按:包山 246)"酓鹿"之"鹿",原文作 C:

C　🔲

《包山楚簡》將這個字釋爲"睪",並解釋説:

> 《汗簡》"睪"字和"澤"字所從偏旁與簡文 C 形近,睪借作繹,酓繹即
> 熊繹。

我們查對了《汗簡》原書,該書只收有"澤"字的古文,而沒有收"睪"字的古
文,《包山楚簡》説《汗簡》睪字與簡文 C 形近,不知有什麽根據。古文"澤"亦
見於魏正始石經,據有人研究,與金文"橐"是同一個字的不同寫法,其上從
"㯱"。從表面上看,簡文 C 確實很像是"㯱"字,但只要跟下列竹簡文字對照
一下,就會發現這種比附是有問題的:

　《包山》190　　　　《包山》175　　　　《包山》174　　　　《包山》265

第一個字是"鹿"字。第二個字是"麤"。第三個字是第二字的異體，在"鹿"旁之下加有一個"止"。第四個字左邊從"金"，右邊上部從"雨"，下部所從與簡文"鹿"字相似，但没有象徵鹿角的部分。《説文》説"鼀"字象徵鼀足的部分與"鹿"字象徵鹿足的部分同形。疑第四個字右邊下部所從即"鼀"字。若此，此字可隸定作"鑑"。簡文説：

　　　　大□之金器：一牛鑑，一豕鑑。

跟出土實物對照，"一牛鑑，一豕鑑"，分別指椁室的一件無蓋大鼎和東室的一件無蓋短足大鼎。很顯然，這個字相當於壽縣蔡侯申墓大鼎銘文自名的"鼾"字。"鼾"字在其他的鼎銘裏或寫作"鼿"等，即文獻中的"鑊"字。"鑑"字所從"霸"旁與"鼿"字所從"雩"旁，結構相同。《説文》説"雩"從"于"聲。以此例之，"霸"應該從"鼀"聲。上古音"鼀、鑊"二字的韻母都屬鐸部。"鼀"字的聲母屬透母，"鑊"字的聲母屬匣母，古代透、匣二母的字音有相通的情況。例如從"雩"得聲的"㮤"屬透母，而"鄂"屬匣母。因此，"鑑"應該讀爲"鑊"。上揭 C 跟簡文"鼀"旁差别較大，而跟簡文"鹿"十分相似，它們的上部都有象徵鹿角的筆畫，不同之處只是 C 將右邊象徵鹿足的部分寫作兩個"匕"字形。本來象徵鹿足的部分作曲"匕"字形，大概竹簡的書寫者先將 C 右邊象徵鹿足的部分寫作直"匕"字形，事後發現有誤，作了改寫，但對原來的誤筆並没有用到（编按：疑爲"刀"误）刮除，於是就成了我們現在看到的那樣子了。於此可見，將 C 釋爲"鹿"要比釋爲"鼀"合理得多。

　　上引簡文"鹿"字凡三見，都是人名：酓鹿耗（179 號）、酓鹿佢（181、190 號）。楚人有以"熊（酓）象"爲氏的，如《左傳》的熊相宜僚（宣公十二年）、熊相祺（昭公二十五年），包山楚簡的酓相䁝（85 號）、酓相瘄（171 號）、酓相猷（196 號）。漢魯相韓敕造孔廟禮碑有"霜月之靈"之語。王引之説"霜月"即《爾雅·釋天》"七月爲相"之"相"月，"霜、相古同聲，故'霜'字以'相'爲聲"。疑熊（酓）相氏是楚君熊霜之後，即以熊霜（相）的名字爲氏。酓鹿耗、酓鹿佢之"酓鹿"，顯然也是氏，應該是簡文荆王酓鹿之後，即以酓鹿的名字爲氏。從這一點來説，也可以證明我們將 C 釋爲"鹿"是可取的。

《文史》42，頁 8—10

○**何琳儀**（1998）　鹿，甲骨文作　（粹九五三），象鹿角、目、身、足之形。西周金文作　（貉子卣），春秋金文作　（九里墩鼓座）。戰國文字承襲兩周金文，多有省變。或鹿身省似人形。

　　石鼓"麀鹿",牝鹿。《詩·小雅·吉日》:"麀鹿麌麌。"

《戰國古文字典》頁 381

　　(編按:包山 246)麤。

《戰國古文字典》頁 1524

○馬承源（2001）　(編按:上博一·詩論 23)麠駒,今本《詩·小雅》首篇作《鹿鳴》。"麠"从鹿从录,以录爲聲符。

《上海博物館藏戰國楚竹書》（一）頁 152

○李零（2002）　(編按:上博二·容成 41)鹿（麋）。

　　(編按:上博二·容成 45)鹿　《逸周書·度邑》:"王至于周,自□至于丘中,具明不寢。"所闕字,盧文弨據《文選》卷四十六王融《三月三日曲水詩序》一首李善注補"鹿",各家從。學者推測,此"鹿"即《左傳·昭公十七年》之"甘鹿",在今河南嵩縣東北。疑簡文之"鹿"即《度邑》之"鹿"。

《上海博物館藏戰國楚竹書》（二）頁 282、286

○楊澤生（2002）　《孔子詩論》23 號簡《鹿鳴》的"鹿"从"鹿"頭,"录"聲,所以該字應該分析爲从"鹿"頭,"录"省聲,是《孔子詩論》"鹿"字的簡體,而不是"麠"字。

《江漢考古》2002-3,頁 79

○賈連敏（2003）　(編按:新蔡零 352)麠。

《新蔡葛陵楚墓》頁 219

○黃錫全（2003）　(編按:上博二·容成 41)鹿,來母屋部。羅,來母歌部。絡,來母鐸部。諸字音近。此句似可讀"網宗鹿（羅、絡）族",即網羅宗族。

《第四屆國際中國古文字學研究會論文集》頁 240

○王志平（2004）　24."於是乎亡。宗戮、族殘、群焉服"（簡四十一）

　　原釋爲"於是乎天下之兵大起,於是乎亡宗戮族殘群焉服",本文斷句不同。

《上博館藏戰國楚竹書研究續編》頁 509

○吳建偉（2004）　(編按:上博一·詩論 23)本簡開頭的兩個字即今本《詩·小雅》的《鹿鳴》。"鹿"本來是一個象形字,象鹿之形;但此例寫法卻很特別——將鹿身的下半部分改造成了一個表聲的構件"录",原字也就相應地由一個象形字變成了形聲字（當然,如果没有傳世文獻作比照的話,這個字是很難識別的）。從某種意義上來講,這體現了文字在使用過程中從表形到漸趨表聲的一種趨勢。

《山東師範大學學報》2004-3,頁 92

○徐在國(2004)　(編按:新蔡零 352)第二個字是個雙聲符的字,"录""鹿"均爲聲符,可釋爲"录"。

《中國文字研究》5,頁 156

○曹錦炎(2005)　(編按:上博五·鬼神 6)"鹿踐",像鹿一樣踐踏,意爲毁壞。

《上海博物館藏戰國楚竹書》(五)頁 325

○王恩田(2007)　《説文》:"鹿,獸也。象頭角四足之形。"甲骨文、金文"鹿"字象形性很强。陶文因簡化訛變太甚而難以辨認。

《陶文字典》頁 261

○李守奎、曲冰、孫偉龍(2007)　(編按:上博一·詩論 23)鹿　廪　按:下部變形音化爲"录"。

《上海博物館藏戰國楚竹書(一—五)文字編》頁 461

○曹錦炎(2007)　(編按:上博六·天甲 10)"鹿",讀爲"獨"。古音"鹿"爲來母屋部字,"獨"爲定母屋部字,兩字疊韻,聲母爲旁紐,例可相通。"獨",單獨,獨自,《論語·季氏》:"(孔子)當獨立,鯉趨而過庭。"

《上海博物館藏戰國楚竹書》(六)頁 328

麛麛 麛

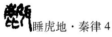睡虎地·秦律 4

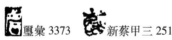

○吳振武(1983)　3373　幻𧲱·幻麛(麛)。

《古文字學論集》(初編)頁 515

○睡簡整理小組(1990)　(編按:睡虎地·秦律 4)麛(音迷),幼鹿,這裏泛指幼獸。

《睡虎地秦墓竹簡》頁 20

○陳振裕、劉信芳(1993)　(編按:睡虎地·秦律 4)按:"麛",同麛。

《睡虎地秦簡文字編》頁 204

○賈連敏(2003)　(編按:新蔡甲三 251)麛。

《新蔡葛陵楚墓》頁 196

麖 麖

集成 12088 麖尻節

○**何琳儀**(1998)　麖,从鹿,夵聲。疑麖之省文。《説文》:"麖,牝麒也。从鹿,夵聲。"

麖尻節,不詳。

《戰國古文字典》頁 1364

○**湯餘惠等**(2001)　麖。

《戰國文字編》頁 662

麋 麋

璽彙 0360　　石鼓文・田車　　睡虎地・封診 52

璽彙 3519　　璽彙 3693　　集成 17 麋侯鎛

○**吳大澂**(1884)　麋 麋 石鼓,古麋字。麋 古鈢文。

《説文古籀補》頁 40,1988

○**強運開**(1935)　(編按:石鼓文)《説文》:"鹿屬。从鹿,米聲。麋冬至解角。"段注云:"仲冬日短至,麋角解,夏小正十有一月隕麋角。"運開按:米字小篆作米,此作屮,正象米形。金文从米之字多作屮,蓋古文米字如此。

《石鼓釋文》丙鼓,頁 8

○**強運開**(1935)　麋 麋古鈢亡麋。

《説文古籀三補》頁 50,1986

○**羅福頤等**(1981)　(編按:璽彙 0360)麋。

《古璽文編》頁 247

○**羅君惕**(1983)　(編按:石鼓文)麋,即麋字,牡者有角,牝者無角,碣文鹿从屮,麋从〵,以示有角無角。此从〵,自無角,蓋牝麋也。

《秦刻十碣考釋》頁 162

○**睡簡整理小組**(1990)　(編按:睡虎地・封診 52)麋(眉)。

《睡虎地秦墓竹簡》頁 112

○**陳振裕、劉信芳**（1993）　（編按：睡虎地·封診 52）按：“麋”同眉。

《睡虎地秦簡文字編》頁 204

○**張守中**（1994）　（編按：睡虎地·封診 52）麋　通眉。

《睡虎地秦簡文字編》頁 155

○**何琳儀**（1998）　齊璽麋，姓氏。楚大夫封南郡麋亭，因以爲氏。或言工尹麋之後，以名爲氏。見《通志·氏族略·以亭爲氏》。

楚璽“亡麋”，疑讀“無迷”，箴言。

《戰國古文字典》頁 1304—1305

○**施謝捷**（1998）　3519 綴·麋綴。

3693 奔隼鉨·麋奔隼鉨。

《容庚先生百年誕辰紀念文集》頁 650

○**徐寶貴**（2008）　（編按：石鼓文）石鼓文鹿作形，與石鼓文麋字所從之的頭部有明顯的不同。石鼓文麋字所從之，是否即甲骨文之訛變，後人因其訛變而加注米聲，尚未敢意必。石鼓文鹰字亦從此。金文中秦系金文秦公簋“慶”字所從之亦與此同。羅君惕説：“，即麋字，牡者有角，牝者無角，碣文鹿從，鹰從，以示有角無角。此從，自無角，蓋牝麋也。”此説亦不一定正確。此字之所從尚待發現新資料來進一步加以證明。

《石鼓文整理研究》頁 817

【麋亡】璽彙 0360

○**羅福頤等**（1981）　亡麋。

《古璽彙編》頁 62

○**蕭毅**（2000）　那麽，按照常例，該印右讀，釋作“麋亡”，遠較釋作“亡麋”合情合理。

璽文反書，給我們透露出一個信息：即此璽作爲吉語印的可能性較大，而爲官璽的可能性較小。（中略）

將“麋亡”印定爲吉語印，還可以從語音語義上得到印證。我們認爲璽文“麋亡”與典籍中的“密勿”、古文字中的“百每”等詞相當。

一般認爲，“密勿”這類聯綿字本無定字。孫德宣在其《聯綿字淺説》一文説：“文莫即《爾雅》之‘蠠没’、《説文》之‘忞慔’、《方言》之‘侔莫’、《毛詩》之‘黽勉’、《韓詩》之‘密勿’、《洛誥》之‘民農’，皆一聲之轉，強力任事之謂也。”（《輔仁學志》卷十一。）其説甚是。

這個聯綿字除孫德宣所提及之字,尚有"謀面"(《尚書・立政》)、"閔勉"(《漢書・谷永傳》)、"茂明"(《漢書・董仲舒傳》)、"晚密"(《韓非子・忠孝》)、"傿勉"(《晉書・阮籍傳》)、"罔莫"(《抱樸子・勖學》)、"文農"(《廣雅》卷三)等多種寫法。

下面略舉數例,稍加説明。

《爾雅・釋詁》:"蠠没,勉力。"郭璞注:"蠠没,猶黽勉。"古音元部明紐;没,古音物部明紐。黽,陽部明紐;勉,元部明紐。

《漢書・董仲舒傳》:"子大夫其茂明之。"顏注:"茂明,勉也。"茂,幽部明紐;明,陽部明紐。

《詩・邶風・谷風》:"黽勉同心,不宜有怒。"《釋文》:"黽,本亦作僶;黽勉,猶勉勉也。"《韓詩》作"密勿同心"。《詩・小雅・十月之交》:"黽勉從事,不敢告勞。"《詩・大雅・雲漢》:"旱既大甚,黽勉畏去。"陳奐《詩毛氏傳疏》:"黽勉,雙聲聯綿字。"密,質部明紐;勿,物部明紐。

璽文"麋亡"二字皆爲明紐,一爲脂部,一爲陽部。"麋亡"與上舉"密勿"等音近義同,爲同一聯綿字,都有勉力、努力的意思。

"麋亡"這個聯綿字,還出現在古文字資料中,即見於中山王圓壺的"百每"和金文中的"蔑曆"。(中略)

綜上所述,我們認爲璽文應該釋作"麋亡",爲聯綿字"黽勉"等的另一種寫法,爲努力、勉力之意,此璽也當定爲吉語印爲妥。

《中國文字》新 26,頁 178—181

【麋圈】《考古與文物》1997-1,頁 47 圖 98

○周曉陸、路東之、龐睿(1997) 麋圈

秦上林苑中的動物圈囿之一,非特指麋,蓋鹿之類也。《史記・滑稽列傳》:"優旃者,秦倡侏儒也。"又載秦始皇嘗議欲大苑囿,優旃諷諫曰:"多縱禽獸於其中,寇從東方來,令麋鹿觸之足矣。"始皇以故輟止。

98

《考古與文物》1997-1,頁 40

○王輝、程學華(1999) (258)麋圈(任隆《秦封泥官印考》圖 214) 本書圖版 149

周曉陸云:"秦上林苑中的動物圈囿之一,非特指麋,蓋鹿之類也。"可能有道理。《史記・滑稽列傳》:"優旃者,秦倡侏儒也,善爲笑言,然合於大道……始皇議欲大苑囿,東至函谷關,西至雍、陳倉。優旃曰:'善,多縱禽獸

於其中,寇從東方來,令麋鹿觸之足矣!'始皇以故輟止。"由此可知秦之禁苑多養禽獸。睡虎地秦簡《田律》:"百姓犬入禁苑中而不追獸及捕獸者,勿敢殺;其追獸及捕獸者,殺之。"由此可知禁苑禽獸是不能隨便捕殺的。麋爲禁苑專養,故設圈以保護之。

《秦文字集證》頁 207

○傅嘉儀(2007)　《三輔黃圖》:"周靈囿,文王囿也。詩曰:'王在靈囿,麀鹿攸伏,麀鹿濯濯,白鳥翯翯。'"注引毛萇曰:"囿,所以域養禽獸也,天子百里,諸侯四十里。"

　　又《漢書儀》:"上林苑方三百里,苑中養百獸,天子秋冬射獵取之。"故麋圈應爲秦漢時囿、苑中養鹿之所。

《秦封泥彙考》頁 146

麎　麎

秦 陶彙 3・864　　　九店 56・3

○高明、葛英會(1991)　　(編按:陶彙 3・864)麎。

《古陶文字徵》頁 272

○李家浩(2000)　　(編按:九店 56・3)"麎"字還見於下四號、一○號簡,原文作𪏐,從"屮"從"禾"。按包山楚墓竹簡"慶"字或作𢣷(一三一號)。《說文》心部說"慶"從"心"從"夊"從"鹿"省。"屮"旁與包山楚簡"慶"字所從"鹿"的省寫相同,可見,"𪏐"應當是"麎"字的簡省寫法。《說文》鹿部:"麎,麛也。從鹿,囷省聲。麐,籀文不省。"簡文"麎"是否用此義,待考。

《九店楚簡》頁 60

△按　《說文》:"麎,麛也,從鹿,囷省聲。"甲骨文"麎"字作𩥅(《甲骨文編》403 頁),金文"麎"字作𪏍(《金文編》680 頁),皆不從囷省。甲骨文有字作𩥅、𩦐等形(《甲骨文編》403 頁),一般皆從羅振玉釋爲"麐"(舊釋可參看《甲骨文字字釋綜覽》第 1174 號 281 頁;《甲骨文字詁林》1647 頁"麐"條)。唐蘭釋爲"麎"(《獲白兕考》,《史學年報》4 期 121 頁,景山書社 1933 年)。陳秉新認爲唐蘭之說可信,並加以補證(《釋毘及從毘之字》,《古文字研究》20 輯 61—64 頁,中華書局 2002 年)。單育辰(《甲骨文所見的動物"麎"和"麐"》,《甲骨文與殷商史》2 輯 166—181 頁,上海古籍出版社 2011 年)對唐蘭之說又加

以補充闡述,認爲唐蘭釋、等形爲"麐"當可信,並結合古文字學和動物學知識,對甲骨文所見的"麐"字從字形和辭例作了細緻的討論,可參。

麃

睡虎地·語書 12　　天星觀　　望山 2·13

○吉林大學考古專業紀南城開門辦學分隊(1976)　（編按:睡虎地·語書 12）卻,簡文原作麃,今改。卻斫,愚頑無知的樣子。《方言》注:"斫、卻斫,頑直之貌,今關西語皆然。"

《考古》1976-5,頁 312

○張世超、張玉春(1985)　（編按:睡虎地·語書 12）麃,讀爲摽,《説文》:"摽,擊也。"

《古籍整理研究學刊》1985-4,頁 31

○睡簡整理小組(1990)　（編按:睡虎地·語書 12）麃(音標),讀爲儦、嫖,輕。

《睡虎地秦墓竹簡》頁 16

○朱德熙、裘錫圭、李家浩(1995)　（編按:望山 2·13）此墓出馬銜及角質鑣多件。

《望山楚簡》頁 120

○何琳儀(1998)　麃,金文作(九年衛鼎)。從鹿從火,會意不明。戰國文字承襲金文,鹿頭稍有省變。《説文》:"麃,麠屬。從鹿,燢省聲。"

楚簡麃,讀鑣。《説文》:"鑣,馬銜也。從金,麃聲。䚔,鑣或從角。"

《戰國古文字典》頁 327

麗

陶彙 5·193　　曾侯乙 193　　睡虎地·日甲 25 背壹

集成 11082 陳麗子戈　　新收 1919 二年宜陽戈　　郭店·六德 30

○吳大澂(1884)　（編按:集成 11082 陳麗子戈）,古麗字。《説文》麗古文作,篆文作,皆與此相似。陳麗戈。

《説文古籀補》頁 40,1988

○**丁佛言**（1924）　　　㒭　古鉢麗昌，形似古文比。象兩人並肩而立，古仇麗字應作此。㒭　古匋。

《説文古籀補補》頁 45，1988

○**秦永龍**（1984）　　　爲了減少考釋古文字的錯誤，徹底弄清一個字形體演變的過程是很有必要的。現在我們就來對麗字的"形變史"作點調查和整理。麗字的古文形體，除前文已引之外，尚有吳大澂《説文古籀補》引陳麗戈作㒭，丁佛言《説文古籀補補》引古匋作㒭，古鉢作㒭，容庚先生《金文編》引取膚匜作㒭，此外還有三體石經古文作㒭，《説文》小篆作㒭。綜合麗字這諸多形體，若以形近爲次，可列表如下：

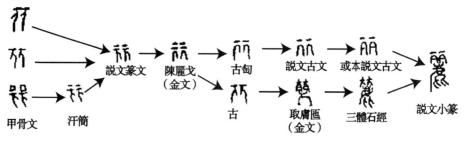

從這個表上我們可以清楚地看到，《説文》所引古文麗，乃是由篆文訛變的結果；麗字的聲符丽，從甲骨文到小篆，儘管前後面目迥異，但那是在形體演進的每個階段都稍有訛變的結果，其漸變之迹，是歷歷可鑒的。這就説明，表中前後諸字所反映的過程，確是麗字發展的客觀事實。漢字在它的發展過程中，許多甲骨時代的象形和會意，逐漸被後起的形聲所取代，這是漢字形體演變的一大規律。㒭之爲麗，正如它之爲蛇、㞢之爲征、㘞之爲齒，是完全符合漢字發展的這一規律的。

　　以上談的主要是麗字的形體及其演變，下面再談談有關麗的釋義問題。

　　《説文》："麗，旅行也。鹿之性見食急則必旅行。从鹿，丽聲。禮'麗皮納聘'，蓋鹿皮也。"麗、旅雙聲，許慎以旅行訓麗，從聲音上説，正合《説文》的聲訓條例。旅行何謂？《廣雅·釋詁》："旅，從行也。"甲骨文旅作㫃，从㫃从从。从爲從的本字，《説文》："從，隨行也。"旅正象二人相隨於旌旗之下。旅又與侶通。《説苑》："麒麟不旅行。"陸玑《草木疏》作"麒麟不侶行"。《康熙字典》於侶下引《集韻》《韻會》《正韻》："兩舉切，並音旅，徒伴也。"徒伴即步行的侶伴。所以，許書所謂旅行，就是結侶從行的意思，與今義不同。麗訓旅行，與甲骨文麗字構形之義十分吻合。甲骨文麗字从二元（兀）作㒭、㒭、㒭，於六書爲象形兼會意；象二人齊首比肩同步之形，會雙雙結侶相隨之誼。可見許慎

以旅行訓麗最得古人造字本旨,實在是再確切不過了。(中略)

　　唯有段玉裁深得許意。他在《説文》"麗,旅行也"之下注釋説:"此麗之本義。其字本作丽,旅行之象也,後乃加鹿耳。"段注雖未能説出丽何以爲旅行之象,但他能在未見甲骨文之前,明確肯定旅行爲麗字本義,丽(瓜)爲麗的本字,麗是丽的後起形聲字,與丽並非二字,這在過去的《説文》家群裏,是獨高一籌的。今天,我們在甲骨文中爲段氏找到了丽爲"旅行之象"的根據,同時也從典籍裏爲許書找到了麗訓旅行的例子。這就是人所習知的《詩·小雅·魚麗》:

> 魚麗于罶,鱨鯊,君子有酒,旨且多。
> 魚麗于罶,魴鱧,君子有酒,多且旨。
> 魚麗于罶,鰋鯉,君子有酒,旨且有。
> ……

詩凡六章,此前三章,爲貴族炫耀自己鮮魚滿罶、美酒豐富之作。這裏的魚麗就應該訓爲旅行。《埤雅》:"鮒,小魚也,即今之鯽魚,此魚旅行,吹沫如星。"即以旅行言魚。旅與游古文形近意同,魚麗猶言魚游,但魚喜結侶,言游不如旅更爲形象確切。罶是捕魚的竹籠,也可以籠魚暫時寄養於水中,以備食用。"魚麗于罶,鱨鯊"等三句,是寫活生生的鱨、鯊、魴等各種各樣的鮮魚成雙成對地悠游於罶中,可以隨時取而就烹的情狀。意思是説,家中有魚多且鮮,與其後"君子有酒,旨且多"等三句正相應。就詩的畫面而言,一動一靜,相映成趣,甚是形象傳神。毛傳訓麗爲歷,並認爲此詩體現了"以時取物"的古制,將"魚麗于罶"視爲捕魚事,這就與"君子有酒,旨且多"意不相接了。後世因襲毛傳,皆失之。由此可知,麗訓旅行,是我們賴許書而通故訓的又一實例。

《北京師範大學學報》1984-6,頁 48—49

○**何琳儀**(1986)　　(編按:集成 11082 陳麗子戈) 麗　　　陳麗子戈 382(16)。

　　(16)、陳麗子,即陳釐子。詳第五章。

《古文字研究》15,頁 104、128

○**裘錫圭、李家浩**(1989)　　(編按:曾侯乙 163) "麗",謂兩馬並駕。《漢書·揚雄傳》"麗句芒與驂蓐收兮",顏師古注:"麗,並駕也。"字或作"驪"。《漢書·平帝紀》顏師古注引服虔曰:"併馬,驪駕也。"

《曾侯乙墓》頁 527

○**睡簡整理小組**(1990)　　(編按:睡虎地·答問 179) 麗,附著。

（編按：睡虎地·日甲 25 背壹）麗，讀爲罹，遭受。《書·洪範》：“不罹於咎。”《尚書大傳》罹字作麗。

《睡虎地秦墓竹簡》頁 135、216

○荆門市博物館（1998）　（編按：郭店·六德 30）𠨎。

《郭店楚墓竹簡》頁 188

○裘錫圭（1998）　（編按：郭店·六德 30）𠨎，似當與《性自命出》篇二四號簡“䥝（琴）𢦏（瑟）”之𢦏爲一字，在此疑當讀爲“殺”，“瑟”“殺”皆山母字，韻亦相近。殺，省減。下句亦有此字。

《郭店楚墓竹簡》頁 190

○何琳儀（1998）　麗，金文作🦌（元年師旋鼎）、🦌（取膚匜）。从鹿从丽。丽構形不明，然有對偶之義則無疑。《小爾雅·廣言》：“麗，兩也。”秦系文字承襲金文。楚系文字上从辡，辡亦聲。麗，來紐歌部；辡，幫紐元部。來、幫爲複輔音，歌、元陰陽對轉。《説文》：“🦌，旅行也。鹿之性見食急，則必旅行。从鹿，丽聲。禮，麗皮納聘。蓋鹿皮也。（郎計切）🦌，古文。🦌，篆文麗字。”

　　隨縣簡麗，見《漢書·楊雄傳》“麗句芒與驂蓐收兮”，注：“麗，並駕也。”

《戰國古文字典》頁 874

　　丽，从麗省。參麗字篆文。
　　陳丽子戈“丽子”，人名。

《戰國古文字典》頁 874

○張光裕（1999）　二十三、𠨎（簡 12.30）此當爲“𢦏（瑟）”字（簡 11.24）異構。另曾侯乙墓 E56 號衣箱漆文有“䥝（琴）𢦏（瑟）”二字，又包山楚簡 260 號“一𤲃（瑟）必有栚”，以及望山楚簡 2.49“二𤺊（瑟）关”“其一𤺊（瑟）”，諸“瑟”字形皆可取作參考。“瑟”於此假爲“失”，簡云：“爲宗族瑟（失）朋友，不爲朋友瑟（失）宗族。”當時對宗族觀念重視之程度，於此可見。

《郭店楚簡研究·第一卷·文字編》緒言，頁 8

○劉國勝（1999）　《六德》三〇號簡有字作𠨎，未釋。應釋爲“辡”，讀爲“叛”。辡、叛古音均屬並母元部字，音同通假。簡文云：“爲父絶君，不爲君絶父；爲昆弟絶妻，不爲妻絶昆弟；爲宗族判（編按：當爲“叛”之誤）朋友，不爲朋友叛宗族。”此處簡文承上文“内立父、子、夫也；外立君、臣、婦也”，是對所謂“六德、六位”的内、外有別作進一步的闡述。意在表明愛親的人倫準則。

《武漢大學學報》1999−5，頁 43

○涂宗流、劉祖信（2000）　（編按：郭店·六德 30）《廣雅·釋詁二》：“殺，減也。”此處引申爲“疏遠”,彼此之閒減少來往。

《郭店楚簡先秦儒家佚書校釋》頁 209

○**張桂光**(2001)　　𣂪,見《六德》第 30 簡。辭云:“爲宗族𣂪朋友,不爲朋友𣂪宗族。”釋文原形照録,未作隸定,注引裘錫圭先生按語釋爲“瑟”,是正確的。但裘先生讀“瑟”爲“殺”,作“省減”解,則似有可商。本人認爲,“瑟”之讀“殺”似不如讀“失”來得妥帖。從聲韻方面講,“瑟”“殺”均山部字,“瑟”在質部,“殺”在月部,聲同韻近,自可通假;而“瑟、失”同在質部,“瑟”屬山母,“失”屬書母,齒舌鄰紐,韻同聲近,通假的理由自不比“瑟”之通“殺”弱。而從文義方面看,“爲父絶君,不爲君絶父;爲昆弟絶妻,不爲妻絶昆弟;爲宗族失朋友,不爲朋友失宗族。”確比讀“瑟”爲“殺”順暢得多。

《簡帛研究二〇〇一》頁 189

○**吕浩**(2001)　　(編按:郭店・六德30)今按,𣂪之與牙可能是一字,也可能不是一字。移位造字也是造字法之一。琴字《説文》小篆作“琴”,分析爲“象形”。《説文》琴字古文作“𤼲”,以《郭簡》琴字例之,則析爲从玨,金聲(今琴字从玨,今聲,从今得聲之字古往往从金,如唫,古吟字)。瑟字《説文》古文作“𤼴”,應是象形字。《郭簡》“㲽牙”與《説文》古文“𤼲𤼴”對應,故“牙”是象形字。若上面的分析不誤,我們很難説作爲象形字的“牙”與“𣂪”是一字。況且讀“𣂪”爲“殺”,取義“省減”,爲宗族省減朋友,不爲朋友省減宗族,似語義不明,又不能與上句“絶”相合。

　　《郭簡》“𣂪”字疑當釋作“麗”。《漢(編按:當爲“汗”之誤)簡》卷六正有“麗”字作此形。包山楚簡第 164 組簡有“𦠉”,釋作“纚”,其上部與《郭簡》中此字形近。故《漢(編按:當爲“汗”之誤)簡》古文“𣂪”當有所本。

　　“麗”在此處疑讀爲“離”。《易・離》:“離王公也。”釋文:“鄭作麗。”《易・兑》:“麗澤。”釋文:“鄭作離。”《論衡・説日》引《詩》“月離于畢”作“月麗于畢”。《儀禮・鄉飲酒禮》:“乃歌魚麗。”釋文:“麗,本作離。”由此可見,麗離古字通。“爲宗族離朋友”之“離”與上句“見父絶君”之“絶”義近,絶即抛棄,離即叛離。

《中國文字研究》2,頁 281—282

○**顔世鉉**(2001)　　(編按:郭店・六德30)此爲麗字古文之形,《汗簡》《古文四聲韻》所引“麗”字與簡文形近,“麗”讀作“離”。《釋名・釋疾病》:“眸子明而不正曰通視……又謂之麗視。麗,離也,言一目視天,一目視地,目明分離,所視不同也。"從"麗"之字有表"分離"之意。《戰國策·秦策四》"秦取楚漢中"章云:"秦愈不敢出,則是我離秦而攻楚也。"高注:"離,絕也。"簡文"麗"讀作"離",訓"絕",正與上文"絕"字相合。另《性自命出》"琴瑟"字所從之爪,當是象瑟柱形,"瑟"字取象於瑟柱排列構形;"麗、瑟"二字所從之形相同,但所表之意則各異。

《史語所集刊》72 本 2 分,頁 477

○**湯餘惠等**(2001)　　(編按:郭店·六德 30)瑟。

《戰國文字編》頁 824

○**李零**(2002)　　(編按:郭店·六德 30)"疾",原作"爪",其裘按指出此即《性自命出》簡 24 用爲"瑟"的同一字,並把它讀爲"殺"。按此字似可讀"疾"("疾"是從母質部字,與"瑟"讀音相近)。又此字也爲"麗"字所從,"麗"雖爲來母支部字,但從麗之字多在山母支部(如"曬、灑"),與"瑟"古音相近("瑟"是生母質部字)。

(編按:郭店·六德 30)"疾",有非難之義。這裏只是一種嘗試性的讀法。從讀音考慮,此字也可讀爲"失"(書母質部字)。

《郭店楚簡校讀記》(增訂本)頁 133、137

○**黃錫全**(2002)　　(編按:新收 1919 二年宜陽戈)第四字作**刃刃**,同類戈銘中未見形體與此字全相同者。比較相關字形,其與陳麗子戈的"**充充**"字作**充充**(《三代》19·39·2)者類似。今本《説文》麗字篆文(實當爲籀文)作**充**。《玉篇》麗字古文作**冊、丗**。所以,將此字暫且釋爲"麗"字。甲骨文有**刃刃**字,與比、從、并等字有別,其義不明,不知是否可以釋讀爲"麗"。麗作爲姓氏,也可讀作酈。如《史記》有酈商,高陽人,望出新蔡。

《考古與文物》2002-2,頁 68—69

○**陳偉**(2003)　　(編按:郭店·六德 30)"麗"字釋讀,有多種意見。顔世鉉先生釋爲"麗",指出:"此爲麗字古文之形,《汗簡》《古文四聲韻》所引'麗'字與簡文形近,'麗'讀作'離'……訓'絕',正與上文'絕'字相合。"從字形看,顔先生之説可從;但讀爲"離",訓爲"絕",則是考慮到與上文"絕"字的判讀相應,並非無疑。"麗"有附著義。《易·離》云:"彖曰:離,麗也。日月麗乎天,百穀草木麗乎土。"王弼注:"麗,猶著也。各得所著之宜。"孔穎達疏:"麗謂附麗也。"在這個意義上,"麗"與上文對"繼"的訓釋近似。"爲宗族麗朋友,不爲朋友麗宗族",是針對"袒免"本爲宗族而設,用於"朋友"乃附麗、比照而致。

《郭店竹書別釋》頁 126

○**劉釗**（2003）　（編按：郭店·六德 30）"𢖍"爲楚文字中的"瑟"字,因音近讀爲"殺"。

《郭店楚簡校釋》頁 116

○**李守奎**（2003）　（編按：郭店·六德 30）瑟　𢖍　或釋此二字爲麗。

《楚文字編》頁 708

△**按**　郭永秉《補説"麗"、"瑟"的會通——從〈君人者何必安哉〉的"𢨙"字説起》（《中國文字》新 38 期 73—90 頁,藝文印書館 2012 年）,可參。郭珂（《〈説楚文字"瑟"》,《出土文獻》3 輯 176—186 頁,中西書局 2012 年）認爲："'瑟'在戰國文字多爲象形字,象瑟面上用以承弦的'瑟柱'形狀;少量爲形聲字形,在構件𢖍的基礎上加聲符'必'。"

【麗亭】秦文字集證頁 317、402

○**袁仲一**（1987）　"麗亭":有的陶文印記寫作"欐亭、麗器",或省稱爲"欐"。《史記·秦始皇本紀》記載:十六年（公元前 231 年）"秦置麗邑",三十五年（公元前 212 年）"因徙三萬家麗邑,五萬家雲陽,皆復不事十歲"。到漢時改麗邑爲新豐。《正義》引"《括地志》云:雍州新豐縣,本周時麗戎邑。《左傳》云晉獻公伐驪戎,杜注云在京兆新豐縣,其後秦滅之以爲邑"。近年來,我們在秦始皇陵的東北代王鄉一帶發現許多秦的建築遺址,似爲秦麗邑的故址。麗邑市亭製陶作坊生産的器物,見於始皇陵者有罐、盆、鉢、豆等日常生活用器,不見於磚瓦上。

《秦代陶文》頁 5

○**王輝、程學華**（1999）　11.捺印陽文"麗亭"2 字。"麗亭"又見《秦代陶文》拓本 1314、1315,即麗邑縣亭。

《秦文字集證》頁 317

麀　麀

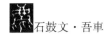石鼓文·吾車　　石鼓文·田車

○**何琳儀**（1998）　麀,從鹿（或省）從牝省,會意。表示母鹿。《説文》:"麀,牝鹿也。從鹿從牝省。（於虯切）麗,或從幽聲。"（十上九）

中山雜器麿,疑讀爲鑪。《説文》:“鑪,晶器也。从金,麿聲。一曰,金器。”《淮南子·本經》:“金器不鏤。”“牀麿嗇夫”,讀“藏鑪嗇夫”,掌藏金器之官。

石鼓“麿鹿”,見《詩·小雅·吉日》“麿鹿麌麌”傳“鹿牝曰麿”。

《戰國古文字典》頁 159

○湯餘惠等(2001)　麿。

《戰國文字編》頁 663

麋

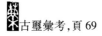古璽彙考,頁 69

──────────────────

△按　施謝捷隸定爲“麋”。詳參《古璽彙考》(69 頁,安徽大學 2006 年博士學位論文)。

麂

上博四·東大 4

──────────────────

○濮茅左(2004)　(編按:上博四·東大 4)“麂”,即“表”字,意卜兆明確。《集韻》:“表,識也,明也。古作袤、褾、麂。”也寫作“麂”,《上海博物館藏戰國楚竹書(三)·周易》:“冬(終)朝晶(三)麂(表)之。”(第六簡)

《上海博物館藏戰國楚竹書》(四)頁 198

○蘇建洲(2006)　(編按:上博四·東大 4)筆者以爲 (編按:原文以 △1 代替)應該隸作“麂”。由於“鹿、鳶”形近,如古文字“慶”或从“鳶”或从“鹿”,《説文》亦將“鳶、鹿”安排在一起。所以“麂”的構形方式應可參考从“鹿”旁的字,進而分析爲从鳶“衣”聲。而且由文義來判斷,恐怕理解爲从“衣”聲是較爲合理的(詳下)。“麂”字可讀作“吉”,“衣”,影紐微部;“吉”,見紐質部,聲紐古同爲喉音,韻部質微有相通的例證,如《淮南子·原道訓》:“先者隤陷則後者以謀。”高誘《注》曰:“楚人讀磑爲隤。”而“磑”,端紐質部;“隤”,定紐微部。又向熹先生指出《詩·小雅·采菽》第五章“汎汎楊舟,紼纚維之。樂只君子,天子葵之;樂只君子,福禄脕之。優哉游哉,亦是戾矣”中“維”(微)、“葵”(脂)、“脕”(脂)、“戾”(質)有合韻的現象。還有《左傳·閔公二年》:“衛懿公好鶴。”“懿公”，《論衡・儒增》作“哀公”。“哀”從“衣”聲；“懿”，從壹聲，而“壹”，《説文》曰：“從壺，吉聲。”所以“衣、吉”相通應無問題。

《出土文獻語言研究》1，頁 60—61

○**周鳳五**（2006）（編按：上博四・柬大 4）食，簡文下從“卒”即“衣”省，上從“鷹”省聲，即“襏”字。《周易》訟卦：“上九，或錫之鞶帶，終朝三襏之。”上博三《周易》簡 6“襏”字從衣從鹿，整理者引《説文》以爲“古文表”字。按，“三表”不詞。鹿爲“鷹”之訛，鷹，古音定紐支部；襏，透紐支部，可通。簡文此字爲“襏”之省，讀爲“食”，古音船紐職部，音近通假。《尚書・洛誥》：“我卜河朔黎水，我乃卜澗水東、瀍水西，惟洛食。”僞孔《傳》：“卜必先墨畫龜，然後灼之，兆順食墨。”按，“兆順食墨”具體意義不明，但可以確認“食”爲上古占卜專用術語，其意義似傾向於符合占卜者的意願。簡王疑心夏水爲祟，指示龜尹羅敬謹占卜，如果“兆順食墨”，就要祭祀夏水以祓除旱災。

《簡帛》1，頁 124

○**顏世鉉**（2006）　《柬大王泊旱》簡 2 至 3：“尚汹而卜之於大夏，如襄，將祭之。”“襄”，濮茅左先生考釋云：“‘襄’，即‘表’字，意卜兆明確。《集韻》：‘表，識也，明也。古作袤、襏、襄。’也寫作‘麋’，《上海博物館藏戰國楚竹書（三）・周易》：‘冬（終）朝晶（三）麋（表）之。’”陳劍先生説“‘襄’，疑可讀爲‘孚’，訓爲‘信’”。

　　鉉按，本則主要討論“襄”的釋讀。陳先生疑讀“襄”可讀爲“孚”，此説可信，茲論述之。

　　“鹿”聲和“孚”聲有音近相通的關係。《詩・大雅・江漢》：“江漢浮浮，武夫滔滔。”毛傳：“浮浮，衆强貌。滔滔，廣大貌。”王引之《經義述聞》以爲經文當作“江漢滔滔，武夫浮浮”。又云“云‘浮浮，衆强貌’者，浮與儦聲義相近，浮浮，猶儦儦也。《齊風・載驅篇》‘行人儦儦’，傳曰：‘儦儦，衆貌。’猶浮浮之爲衆貌也。《鄭風・清人篇》‘駟介麃麃’，傳曰：‘麃麃，武貌。’猶浮浮之爲彊貌也。人盛德謂之儦儦，又謂之浮浮，猶雪盛謂之瀌瀌，又謂之浮浮耳（見《小雅・角弓篇》）。”王氏比對相關文例，指出“浮浮”與“儦儦”聲義相近。

　　其次，再以與“鹿”聲有音義相關的“票”聲諸字來説明其與“孚”聲的關係。九店竹簡簡 36 有“表紣”，李家浩先生説，大概就是古書上所説的“表識”，字或作“表幟、摽（標）幟”等。李先生又引述相關資料證明：《呂氏春秋・忠廉》：“翟人攻衛……及懿公於榮澤，殺之，盡食其肉，獨捨其肝。弘演至……曰：‘臣請爲襮。’因自殺，先出其腹實，内懿公之肝。”高誘注：“襮，表也。納公之肝於其腹中,故‘臣請爲襮’者也。”黄生説“襮”即古“表”字。楊樹達贊同黄生的説法,並以《説文》古文作“䙝”,“暴”字古文作“麇”,皆從“麃”聲之例,證明“表、襮”古音相同。李家浩、裘錫圭先生指出,曾侯乙墓竹簡中“表”作“槾”,從“市”“舁”聲,“舁”即“暴”的初文。可見從“麃、暴、票”聲和“表”聲等皆有聲近相通的情形。

　　“票”聲和“孚”聲之字音近可相通。馬王堆漢墓帛書《春秋事語》“衛獻公出亡章”有“公子浮”,注釋(三):“《左傳》襄公十四年作‘衛人立公孫剽’,《漢書·古今人表》作‘衛殤公焱’(當作猋),剽及猋並與浮(讀如殍)音同。《史記·衛世家》作秋,亦音近通用。《史記·十二諸侯年表》作狄,當是秋字之誤。”《論衡·語增》:“察《武成》之篇,牧野之戰,血流浮杵,赤地千里。”“血流浮杵”,僞孔傳本《尚書·武成》作“血流漂杵”,吳承仕説:“‘漂、浮’聲近,宵幽相通轉。”王力先生也指出,“漂、浮”二字是同源字。

　　又《詩·召南·摽有梅》,《孟子·梁惠王上》“塗有餓殍而不知發”趙岐注引作“莩有梅”。《漢書·食貨志·贊》“野有餓芟而弗知發”,顏師古注引鄭氏曰:“芟音‘蔞有梅’之蔞。芟,零落也。人有餓死零落者,不知發倉廩貸之也。”師古曰:“芟音頻小反。諸書或作殍,音義亦同。”《説文》:“孚,物落上下相付也。”段注以爲,《孟子》作“莩”者,“芟”之字誤;《漢志》作“芟”者,又“孚”之俗字。顏師古説讀爲“蔞”的“芟”和“殍”,音義相同;可見顏氏認爲“殍”和“蔞”有音近的關係。《説文》“莩”字,朱駿聲《通訓定聲》認爲可假借爲“孚”,又云:“莩、孚聲近,字亦誤作芟。”朱氏以爲“莩、孚”有音近的關係。因此,在這些相關的傳世文獻中,從“票”聲和從“孚”聲之字確有相通的情形。

　　綜合以上討論可見,從“麃”、從“票”、從“孚”爲聲的字存在有音近相通的關係。(中略)

　　楚竹書“如麇,將祭之”,“麇”讀爲“孚”,“孚”猶“從”,此指龜卜、筮占皆信從之意。

《簡帛》1,頁 190—192

○張桂光(2006)　3.如薦,祕而卜之薦　薦字原作,原釋文隸作“麇”,讀作“表”。諸家均依原隸定,對原釋未有提出異議。考楚簡鹿字作(包山)、(上博)等形,與薦字之作(郭店)、(上博)等形者相較,區別只在下半,其上部實已混同,字按字形只能隸定作麇,所從之严,究竟是鹿之省還是薦之省呢? 只能説都有可能,就字面上是很難作出肯定判斷的。因此,我懷疑這是一個从衣省、鳫省會意的字，爲荐（薦）字或體（在薦席的意義上，从衣與从草同意），在文中指薦祭之所。如薦，是到薦上去；諡而卜之薦，是在薦上諡而卜之。第一個如薦，是鳌尹攜同龜尹到薦上去實施祭祀的先行程序：許諾（含禱告）、貞卜，諡（靜語）即許諾的方式；第二個如薦，是完成許諾、貞卜程序後，鳌尹到向日的臨卜主位（不在薦上）致命於王，王因瘵病煎熬而催促鳌尹回到薦上去快快完成祭祀的程序。

《古文字研究》26，頁 267—268

○**沈培**（2007）　（**編按**：上博四·柬大 4）其實“鹿”在作偏旁時有多種不同的省略形式。在楚簡文字中，“鹿”常作下面的寫法：

李家浩先生曾經指出，這種寫法的上部“”即鹿頭形。我們看到，楚文字中“麋”字所从的“鹿”有作如下簡省的寫法：

吳振武先生認爲，這種寫法的“鹿”，下面左右二撇即是鹿腿（兼表鹿身），省去的只是表偶蹄的筆畫而已。九店楚簡有下面一字：

九店 M56:20

李家浩先生釋爲“裋”，認爲此字上部所从是虎頭形。李守奎先生説：

> 此字很不清楚，疑所从爲鹿頭，非虍，似可隸作麂。

我們認爲此字除去“止”旁，可能跟《柬大王泊旱》的“”字就是同一個字。可惜的是此字在九店簡中到底應該讀爲哪個詞一時還難以論定，對考釋此字没有明顯的作用。從以上字形可以看出，“鹿”字作偏旁時，可以省去偶蹄寫成“”，再進一步省寫成“”，再把底下的一斜筆省去，就成了“”所从的“”。如此看來，此字確實可以分析爲从衣从鹿，正合《集韻》“表”字的古寫。

另外，《柬大王泊旱》的“”字的結構也還存在這樣一種分析方法，即：此字上部所从的偏旁可能既非“鹿”也非“鳫”，而是“麀”字或“麃”字的省體。（**中略**）

可見“麀”有一個很重要的特點，就是“一角”，有没有可能“”上所从的就是“麀”呢？楚文字中有單獨的“麀”字，作、、等形。這種寫法的“麀”省去下部就成了“”所从“”。如果是這樣的話，就可以把“”看作是从

“衣”從“廌”省聲的字了。

以上兩種分析,都合乎《説文》“表”字古文的寫法。

總之,濮茅左先生把“䶊”釋爲“表”的意見不應當輕易否定。陳劍先生依此而讀爲“孚”的意見也應當是正確的。陳文限於内容,没有專門討論這一問題。我們可以從語音和用法上對此説作一點補充論證。

從語音上看,“表”讀爲“孚”應當没有問題。我們雖然在古書裏没有找到“表”與“孚”二字相通的實例,但是它們之間在語音上的密切關係是不可否認的。古書中“表”與“剽”互爲異文,而從“孚”聲之字與從“票”聲之字可以相通,如“浮”與“剽”。《説文》古文“表”從“廌”聲,“廌”與“包”古通,而從“包”之字與從“孚”之字相通的也極多。此外,跟“表”字古文“襃”一樣從“鹿(廌)”聲的“麃”,與“孚”的上古音都是滂母幽部。

再從用法上來看,陳文把此字讀爲“孚”,顯然是聯繫到殷墟甲骨卜辭裏“孚”字的用法的。裘錫圭先生曾把殷墟卜辭裏的“	”字釋爲《説文》分析爲從“卩”“厂”聲的“厄”,讀爲“果”。後來,他把此字改釋爲“孚”。卜辭常見“兹孚”之語,它所處的位置都在命辭之後,如果有占辭、驗辭,則都在占辭之後、驗辭之前。這種性質的“兹孚”有時也單説成“孚”。姚萱博士把這種“兹孚”或“孚”的用語稱之爲“孚辭”,還補充了《花東》卜辭中“孚辭”的一些特殊現象。“孚”訓爲“信”,在通常情況下,我們可以把“孚辭”理解爲指占卜之後實際發生的結果跟占卜者在命辭或占辭中提出的情況相符與否。

《古文字與古代史》1,頁 404—406

麗
會

曾侯乙 151　　曾侯乙 170

○裘錫圭、李家浩(1989)　（編按：曾侯乙 151）這個字的兩個偏旁應有一個是聲旁。如從“會”聲,當讀爲“黵”。《玉篇·黑部》：“黵,淺黑也。”用爲馬名當指淺黑色的馬。如從“麗”聲,當讀爲“驪”。《説文·馬部》：“驪,深黑色。”

《曾侯乙墓》頁 526

○何琳儀(1998)　䴢,从麗,會聲。參曾大保盆䨇作　。

隨縣簡,讀黵。《玉篇》：“黵,淺黑也。”

《戰國古文字典》頁 893

△**按**　蕭聖中認爲此字“下部所从類‘㫚’（下从甘），或是‘㫚’之繁構”。詳
參《曾侯乙墓竹簡釋文補正暨車馬制度研究》（111 頁，科學出版社 2011 年）。

匔

陶録 2·263·4

○**王恩田**（2007）　匔。

《陶文字典》頁 262

毚 𤡮

睡虎地·答問 12

○**睡簡整理小組**（1990）　（編按：睡虎地·答問 12）毚（纔）。

《睡虎地秦墓竹簡》頁 96

○**陳振裕、劉信芳**（1993）　（編按：睡虎地·答問 12）按：“毚”，同纔。

《睡虎地秦簡文字編》頁 139

○**張守中**（1994）　（編按：睡虎地·答問 12）毚　通纔。

《睡虎地秦簡文字編》頁 155

○**何琳儀**（1998）　睡虎地簡“毚到”，猶“纔至”。《漢書·鼂錯傳》：“遠縣纔
至，則胡又已去。”注：“纔，淺也，猶言僅至也。”

《戰國古文字典》頁 1417

夐

十鐘　　石鼓文·汧殹

○**吳大澂**（1884）　夐　許書奯字疑即石鼓夐字，後人傳寫之誤。

《説文古籀補》頁 40，1988

○**丁佛言**（1924）　夐　𡪡　古鉢。

《説文古籀補補》頁 45，1988

○**强運開**（1935）　薛尚功作麐，楊升庵作奐，均誤。趙古則、潘迪均作夐，音丑

若反。張德容云：“此字石刻从攴，舊釋作史，誤。《説文》：‘獸也，似狐狐。从
怠，攴聲。’”運開按：阮摹天乙閣及安桂坡藏本確係从史。即張氏金石聚雙句
本亦係从史，而獨注云石刻从攴，殊不可解。吳愙齋《説文古籀補》云：“許書
奐字疑即石鼓雙字，後人傳寫之誤。”其説是也。又按：井季雙卣作🔲，古鉢作
🔲，均與此同。《玉篇》云：“雙，生冀切，音試。獸似狸。”然此篆有重文，似非獸
名。其義姑從蓋闕可也。

《石鼓釋文》乙鼓，頁 12

【雙雙】石鼓文·汧殿

○**郭沫若**（1939）　雙當如“槀从木怠聲，讀若薄”。士父鐘“雙雙數數”，它器
多作“彙彙數數”，均从怠聲之字。與數字當爲雙聲聯語，猶勃勃蓬蓬，礴礴磅
磅也。

《郭沫若全集·考古編》9，頁 72，1982

○**鄭剛**（1996）　石鼓文·汧沔“其🔲孔庶，繇（搖）之雙雙”，與金文“豐豐雙
雙”的雙雙一詞音義全同。在這裏作“搖之”的補語。石鼓文·汧沔：“溝有小
魚，其游趣趣。”趣是散的重疊，形容游魚游動的分散貌。

《中山大學學報》1996-3，頁 112

○**何琳儀**（1998）　石鼓“雙雙”，讀“駛駛”。《廣雅·釋詁》：“駛，疾也。”

《戰國古文字典》頁 104

○**黃德寬等**（2007）　雙，从史，怠聲。石鼓文潘迪音訓“雙，丑若切”是其證。
或説雙，从怠，史聲。參《漢書·司馬相如傳》“休雙奔走”注：“或音使。”《説
文》奐疑爲雙之訛變。（中略）

　　　石鼓文“雙雙”，讀“薄薄”，廣大之貌。或讀“駛駛”。《廣雅·釋詁》：
“駛，疾也。”

《古文字譜系疏證》頁 1476

△**按**　石鼓文“雙雙”，讀“薄薄”，廣大之貌。金文中常見“彙彙數數”之習語，
唐蘭（《唐蘭先生金文論集》38 頁，紫禁城出版社 1995 年）指出“彙彙數數，或
曰數數彙彙，鐘銘恆言也。彙舊並誤釋爲熊，不知熊本从能，能字金文習見，固
與此迥殊也。余謂此字上从🔲乃怠字，下从🔲爲泉字，偏旁至顯，且有較早之
圖形字作🔲者可爲確證，當釋彙字無疑。彙字當泉怠聲，與《説文》槀讀若薄
同，則彙彙數數，乃雙聲疊語，猶云蓬薄、旁薄，形容豐盛之詞也。余以此説告
郭沫若氏，承其采用以糾正舊説，並發現士父鐘作雙，而雍邑刻石以雙與庶趣
爲韻，知彙字正當讀若薄，實余説之有力證明也”。

兔 兔

兔 璽彙 3072　　兔 上博一 · 詩論 23　　兔 上博一 · 詩論 25

兔 睡虎地 · 日甲 72 背　　兔 石鼓文 · 田車

○**吳大澂**（1884）　兔 兔 古兔字，石鼓。

《説文古籀補》頁 40,1988

○**强運開**（1935）　（編按：石鼓）《説文》：“兔，獸也。象兔踞其後尾形，兔頭與匘頭同。”段注云：“象兔之蹲後露其尾之形。”

《石鼓釋文》丙鼓,頁 9

○**劉釗**（1991）　古璽文有下揭一字：

1 兔 2620　2 兔 2621　3 兔 2622

《璽文》以不識字列於附録。按字從辵從“兔”，3 從二“兔”，乃是重複偏旁的一種寫法，是繁體。金文魯字作“兔”，彙字作“兔”，所從兔字作“兔”“兔”，其頭部與古璽文“兔”所從之“兔”形體接近，“兔”應該就是“兔”字省寫而只保留頭部者，與戰國文字中馬字常常省成頭部是相同的省化。由此上揭古璽文從辵從兔，便應釋爲“逸”。“逸”字在璽文中用爲官名或一種身份的稱謂。璽文爲“逸徒”，其義待考。

古璽文還有下揭一字：

1 兔 3072　2 兔 2094

《璽文》以不識字列於附録。字與上釋逸字所從之兔作“兔”形應爲一字，只是中間部分采用了填實的寫法，這種現象在古文字中並不乏見，故字應釋爲“兔”。兔字在璽文中用爲人名。

《古文字構形學》頁 305,2006

○**劉釗**（1995）　象、兔二字早期形體差別較大，但發展到西周金文時，有些形體已寫得很接近，使一些研究者難於分辨。其實只要抓住關鍵，區別也極爲容易。規律是象字從不帶有上翹的尾形，而兔字則一律帶有短尾。試看《金文編》兔字及從兔之字：

兔 函皇父鼎　兔 弔龏方彝　兔 弔龏尊　兔 盂鼎　兔 耳尊

兔 長子龏臣　兔 秦子矛　兔 ▢壺

與前邊討論的象字的區別就在尾部。由此也可以知道鄂君啟節的“𧰲”應釋作“象”而不應釋“兔”，三體石經的“𧰲”字也應是豫，即將字。因象、兔音可通，而逸又從兔聲，故石經借豫（將）爲“逸”。

過去我們曾指出蔡侯器的“𧰲”字不從爲而從象，與古璽“𧰲”“𧰲”“𧰲”（《古璽彙編》551頁）爲一字，從土爲繁飾，並指出古璽“𧰲”“𧰲”（《古璽彙編》1455、3273）也釋“象”。從古璽兔字作“𧰲”（《古璽彙編》3072），逸字作“𧰲”“𧰲”（《古璽彙編2622、2620》）來看，象與兔在古璽中的區別是：象作全體形，而兔則只省爲頭部。

《人文雜志》1995–2，頁108

○何琳儀（1998）　兔，甲骨文作𧰲（甲二七〇），象兔之形。春秋金文作𧰲（秦子矛逸作𧰲）。戰國文字承襲春秋金文。《説文》：“𧰲，獸名。象踞後其尾形。兔頭與㲋頭同。（湯故切）。”（十上十）

睡虎地簡兔，生肖之一。

《戰國古文字典》頁526

○曹錦炎（2000）　通過以上分析，我們把𧰲的各種構形繫連起來，從中不難看出其相互閒的關係和變化痕迹：

$$𧰲\ a\text{——}𧰲\ b\text{——}𧰲\ c\text{——}𧰲\ d$$

確定了這個字的形體後，接下來就可以考慮這個字該釋爲什麼字了。

從字形上看，其上部與象字構形較相近：

𧰲趙孟壺（爲字所从，下同）　　𧰲中山王𧰲鼎　　𧰲左官壺　　𧰲畲忑鼎

但下部兩者卻有明顯的區別。“象”字突出四肢與尾，而從不作𧰲形，即便作省體，也作𧰲或𧰲，保留了頭部（突出象鼻）這一明顯特徵，而刪去下部；𧰲或𧰲、𧰲從未見有省作𧰲者，可見兩者不會是同一字。退一步説，即使我們承認𧰲也是“象”字，那麼迻字仍不見於任何字書，有關印文也無法釋讀。看來此路不通，只能另闢奚（編按：“奚”當作“蹊”）徑。

古文字中，與𧰲（𧰲）構形較爲接近的，還有一個“兔”字，寫作下形：

𧰲e三體石經（逸字所从，下同）　　𧰲f蚉𧰲壺　　𧰲g秦子矛

其所從之“兔”字與前列之形相參，e上部與a、b相同，下已變成從肉；f與a、b基本相同，下部右側添加了指示飾筆；g與c、d基本相同；另外，f、g比前者上部多了一筆（前者爲連筆），事實上，這兩種寫法在漢印的“兔”字中均有保存：

𧰲萬兔卿《徵》十·五（下同）　　𧰲倩生兔　　𧰲屠兔姓　　𧰲幼公兔

可以參看。因此從字形上說,把釋爲“兔”比釋爲“象”更合理。特别是在中山國銅器銘文之中,“象”作(爲字所从)、“兔”作(逸字所从),所在區别僅限於下部,更證明釋爲“兔”字不誤。至於三體石經的兔字从肉,當是由 d 的下部作訛變而來。

《古文字研究》20,頁 185—186

○**李學勤**(2003) 《詩論》簡有“兔”字,最明顯易知的在第 24 號(**編按**:當爲 23 號)簡,文云:

《虛(**編按**:“虛”當爲“虘”字之誤)》其用人,則吾取……

這無疑是《周南》的《兔罝》。

《北方論叢》2003-1,頁 55

逸 ⿺辶兔 ⿰彳兔 ⿰爿兔 ⿰爿象

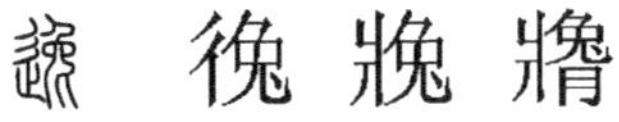

璽彙 0304 璽彙 2620 集成 9734 好盗壺

集成 123 者汈鐘 上博一·性情 28 上博五·三德 4 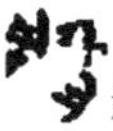新蔡乙四 85

○**郭沫若**(1958) (**編按**:集成 123 者汈鐘)牅字半泐,魏三字石經《尚書》“無逸”字作,从水,與此相近。

《考古學報》1958-1,頁 4

○**朱德熙、裘錫圭**(1979) (**編按**:集成 9734 好盗壺)逸(佚)。

《文物》1979-1,頁 50

○**張政烺**(1979) (**編按**:集成 9734 好盗壺)逸讀爲軼。

《古文字研究》1,頁 243

○**張克忠**(1979) (**編按**:集成 9734 好盗壺)像意爲像、想。

《故宫博物院院刊》1979-1,頁 46

○**李學勤、李零**(1979) (**編按**:集成 9734 好盗壺)逸,與軼通,按失聲與弗聲古通,如飈字或作颰,因此逸字可讀爲弼。

《考古學報》1979-2,頁 161

○**于豪亮**(1979) (**編按**:好盗壺)像(像)。

《考古學報》1979-2,頁 182

○**張守中**（1981）　（編按：集成 9734 㚔盗壺）逸　　讀爲軼。

《中山王譽器文字編》頁 61

○**羅福頤等**（1981）　　2622　　2620。

　　　　　1616　　0304　　2621。

《古璽文編》頁 392、396

○**何琳儀**（1984）　（編按：集成 9734 㚔盗壺），諸家多隸定爲逸，非是。于豪亮隸定爲像，可從。按，象和兔的區別主要在尾部，即前者下垂，後者上翹：

　　　　長沙帛書　　　中山王圓壺　　　石鼓　　　秦子矛

中山王三器中豕和象的尾部相同，均下垂：

　　　　大鼎　　　方壺　　　圓壺　　　圓壺

豕、象與兔尾部區別，在殷周古文中就涇渭分明，而在戰國古文中也惟妙惟肖地保存了這些象形文字的主要特徵。然則本銘隸作像，殆無疑義。需要説明的是本銘像與大鼎，兆域圖均從象的歧異現象如何解釋？ 其實圓壺與其他同出各器異體互見的例證俯拾皆是，參《中山王譽器文字編》惡、夜、瞯、道、賃、寧等字下。因此，或作並不足爲奇。像即像。鄂君啓節德作德，三晉兵器倫或作徧，温縣盟書徒作徒，《説文》役字古文作伇，古尚書偃作偃，很作佷等，“彳”和“亻”互作的例證在後世碑文和字書中更是不勝枚舉。《廣雅·釋詁》三：“像，效也。”《書·舜典》注：“像，法也。”

《史學集刊》1984-3，頁 10

○**曹錦炎**（1989）　（編按：集成 123 者刃鐘）湄，字半泐，魏三體石經《尚書》“無逸”字作瀳，從水，與此近，即“逸”字或體。

《古文字研究》17，頁 106

○**何琳儀**（1989）　（編按：集成 123 者刃鐘）“叀（惠）牆（逸）康樂”　“叀”，饒讀“惟”。郭讀“惠”，訓“順”（見《爾雅·釋詁》）。“牆”，原篆雖有殘泐，尚可復原爲“牆”。據三體石經《多士》“逸”作“瀳”，從水從牆，因知“牆”應讀“逸”。

《古文字研究》17，頁 152

○**劉釗**（1991）　古璽文有下揭一字：

　　　1　2620　　2　2621　　3　2622

《璽文》以不識字列於附錄。按字從辵從“”，3 從二“”，乃是重複偏旁的一種寫法，是繁體。金文矗字作“”，纍字作“”，所從兔字作“”“”，其頭部與古璽文“”所從之“”形體接近，“”應該就是“兔”字省寫而只保留頭部者,與戰國文字中馬字常常省成頭部是相同的省化。由此上揭古璽文从辵从兔,便應釋爲"逸"。"逸"字在璽文中用爲官名或一種身份的稱謂。璽文爲"逸徒",其義待考。

《古文字構形學》頁 305,2006

○何琳儀(1998)　逸,春秋金文作 逸(秦子矛)。从辵从兔,會兔速跑之意。兔亦聲。逸,定紐;兔,透紐。定、透均屬舌音,逸爲兔之準聲首。戰國文字承襲春秋金文,兔省尾形。或从雙兔,屬繁化。

《戰國古文字典》頁 1090

○曹錦炎(2000)　戰國印文裏,有一個从辵从 殳的字:

(1) 逸徒_{彙二六二〇}　　　(2) 逸徒_{彙二六二一}　　　(3) 逸徒_{彙二六二二}

(4) 鄪(曹)逸鄔(縣)_{徵六·五}　(5) 鄪(曹)逸津_{彙一六一六}

(6) 鄪(曹)逸饌廥(府)_{彙〇三〇四}

羅福頤先生主編的《古璽文編》均作爲不識之字,將(2)(5)(6)收入附録一五,而將(1)(3)收入附録一三(未收),分列二處。大概是剪貼排版之誤。(3)與其它各例相比,只是疊增了殳符,且與(1)(2)印文全同,無疑是一個字。《古璽文編》將其與(1)列在一起,作爲一字處理,是正確的。(中略)

從字義上説,殳釋爲兔,(1)—(6)的逸便是"逸",印文即可讀通。

《古文字研究》20,頁 184—186

○濮茅左(2001)　(編按:上博一·性情28)牂,讀爲"莊"。

《上海博物館藏戰國楚竹書》(一)頁 261

○李天虹(2002)　《性情論》二八號簡有一句講"居處"的話,整理者的釋文作:

居仇(處)谷(欲)牂(壯)葛(?)而毋曼(慢)

"牂"原文作 A:　　　A 牂

A 右旁所从,見於《詩論》八、二三、二五號簡,字當釋爲"兔"。因此 A 應該隸定作"牉"。越器者汈鐘銘文中也有一個从"爿"的字,其右半殘泐,殘餘筆畫與"兔"有接近之處,郭沫若先生據三體石經古文讀作"逸",於文義可通。三體石經"逸"字古文作"逸",比照來看 A 形只是缺少了"兔"旁下面的部分。由此 A 及者汈鐘銘之字的確可以釋爲"逸"。

古"逸"與"佚"通,有閒適、安樂之義。《周禮·夏官·廋人》"教以阜馬佚特",鄭玄注:"杜子春云:'佚當爲逸。'……逸者,用之不使甚勞,安其血氣也。”《文選·張衡〈東京賦〉》“猶謂爲之者勞，居之則逸”，李善注引薛綜曰：“逸，樂也。”

《郭店竹簡〈性自命出〉研究》頁 256—257

○賈連敏（2003）　（編按：新蔡乙四 85）烻。

《新蔡葛陵楚墓》頁 207

○李零（2005）　（編按：上博五·三德 4）牅（逸）。

《上海博物館藏戰國楚竹書》（五）頁 290

△按　甲骨文中有字作、、形（見《新甲骨文編》550—551 頁），趙平安（《戰國文字的“遊”與甲骨文“䇂”爲一字説》，《新出簡帛與古文字古文獻研究》42—46 頁，商務印書館 2009 年）隸定爲“䇂”，釋爲“逸”。

【逸徒】璽彙 2620—2622

○何琳儀（1998）　晉璽“逸徒”，猶“逸民”。疑如後代之閒章。

《戰國古文字典》頁 1090

○曹錦炎（2000）　《説文》“逸，失也”，段玉裁注：“此以疊韻爲訓，亡逸者，本義也，引申之，爲逸游，爲暇逸。”逸有安樂之義，《國語·吳語》“不自安恬逸”，韋昭注：“樂也。”《吕覽》“重己，足以逸身煖骸而已”，注：“安也。”徒之本義爲步，引申之爲眾，《公羊傳》昭公八年“簡車徒也”，注：“眾也。”今之“信徒、酒徒”即用其義。印文“逸徒”，其義當如典籍中的“逸民”。《論語·微子》集解云：“逸民者，節行超逸也。”《漢書·律曆志》“舉逸民”，注：“謂有德而隱處者。”處於春秋戰國的動盪時期，有些人嚮往超逸隱處而與世無爭，用“逸徒”自詡而入印，正反映了他們逃避現實的思想及其人生哲學。從遣詞的角度看，用“逸徒”似乎比“逸民”更爲得體。《古璽彙編》將這三方印列入“姓名私璽”類，不確，應入成語、箴言一類。

《古文字研究》20，頁 188

郭店·性自 59

上博一·性情 26　上博二·容成 38

上博一·詩論 8　上博六·鄭壽 3

○**荊門市博物館**(1998) (**編按**:郭店·性自59)𦡱。

《郭店楚墓竹簡》頁181

○**李零**(1999) (**編按**:郭店·性自59)“逸”,照片模糊不清,從釋文隸定的字形看,應是“逸”字。

《道家文化研究》17,頁511

○**顏世鉉**(1999)(**編按**:郭店·性自59)肙字《郭簡》隸作𦡱,圖版不清,不過《六德》簡三三有“䋎其志,求養新(親)之志”。䋎字作𦃰,《郭簡》隸作𦃰。此字左偏旁下部所从當是“▽”,可能是《說文》之“㕣”字,古文作“𠙵”;右邊偏旁疑是“肙”字,包山楚簡二七三有“𩎟牛之韄”,首字所从與簡文同,李家浩先生釋作“鞙”。从“㕣”及从“肙”之字古音皆在元部。此字可能讀作“弇”,弇是影紐談部,談元旁轉。《性自命出》的肙字當讀作弇;而折字,《郭簡》釋文作“折(制)”,折字即有“斷”義,不必再釋作“制”。

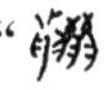

《張以仁先生七秩壽慶論文集》頁394—395

○**馬承源**(2001) (**編按**:上博一·詩論8)“𦟝”字《說文》所無,从兔下有二肉。據以上所排序之詩,此“少𦟝”或當爲《小宛》,但另簡篇名有《𠀠丘》,詩句引文與《宛丘》相同。不可能“宛”字作“𦟝”,又再作“𠀠”。簡本、今本兩字並待考。

《上海博物館藏戰國楚竹書》(一)頁136

○**濮茅左**(2001) (**編按**:上博一·性情26)𦟝,讀爲“逸”。《說文》:“逸,失也。”《廣雅·釋詁二》:“逸,去也。”意爲門内之親,多恩情,存在私恩,所治欲去公義。

《上海博物館藏戰國楚竹書》(一)頁258

○**李零**(2002) (**編按**:上博二·容成38)“𦟝”與“逸”字所从㲋略同,疑讀“琬”。

《上海博物館藏戰國楚竹書》(二)頁280

○**李天虹**(2002) 《詩論》中還有一個从兔的字,8號簡云:

少𦟝,其言不亞(惡),少(小)又(有)悬(仁)安(焉)。

李學勤先生將其隸定爲“𦟝”,認爲其字上从兔,下从二肉,當是从冤省聲;冤與宛都是影母元部字,作爲聲符常可通用,如“韤”可作“鞔”,“䮧”可作“驠”,因此上揭簡文起始兩字即詩《小宛》。《小宛》在簡文中,前面是《小旻》,後面是《小弁》《巧言》,它們都是《小雅》的《節南山之什》中的詩篇,其次第也與今傳本完全一致。《節南山之什》都是刺詩,只有《小宛》語言溫和婉轉,所以簡文云“其言不惡,小有仁焉”。今按,不論“𦟝”是否从冤省聲,根據簡文的上下

文,將字讀爲"宛"都是没有疑問的。

在古文字形體的演變過程中,增減同形偏旁是一種比較常見的現象,以堯字爲例:郭店簡有三篇文獻提到了堯舜之堯,寫法各不相同,其中《窮達以時》3 號簡作 ✦,《唐虞之道》1 號簡作 ✦,《六德》7 號簡作 ✦。《古璽彙編》0262 及《説文》古文堯與《六德》形同,長沙楚帛書堯與《窮達以時》形同,《説文》小篆則作 ✦。又甲骨文有字作 ✦,或釋爲堯。其形上從二土,下從一卩,與《唐虞之道》堯形相近,看來釋堯之説很可能是成立的。根據上述現象,《詩論》"鼷"也許可以看作"蠡"的省形,而"蠡"又可以省作"毚"。這使我們聯想到郭店簡《性自命出》和包山遣册簡中與此相關的兩個字。《性自命出》58—59 號簡云:

門内之綱(治),谷(欲)其蠲也。門外之綱(治),谷(欲)其折也。

"蠲"是整理者的隸定,李零先生據而認爲應是逸字。今按圖版模糊不清,但左旁上半筆畫尚可辨認,作 ✦ 形,與兔字相合,結合整理者的隸定,可以將該字隸定爲"毚"。

與《性自命出》此句句義相近的文字,又見於《六德》30—31 號簡:

門内之綱(治)紉(恩)弇宜(義),門外之綱(治)宜(義)斬紉(恩)。

這段文字在《禮記·喪服四制》裏作"門内之治恩揜義,門外之治義斷恩",《大戴禮記·本命》作"門内之治恩掩義,門外之治義斷恩"。《性自命出》中的"折",顯然相當於《六德》的"斬"、二戴《禮記》的"斷",整理者讀作"制",顔世鉉先生已經説明折有"斷"義,不必再讀作"制"。《性自命出》的"毚",相當於《六德》的"弇"、《禮記》的"揜"、《大戴禮》的"掩",結合《詩論》"鼷"字的音讀,"毚"似乎可以讀作"匽",匽古音與宛相同。《説文·匸部》:"匽,匿也。"段注:"匽之言隱也。"又,如果不從《六德》及二戴《禮記》,"毚"也許就讀作"宛"。《説文·宀部》:"宛,屈艸自覆也。"徐灝《注箋》:"夗者,屈曲之義,宛從宀,蓋謂宮室窈然深曲,引申爲凡圓曲之稱,又爲屈折之稱。"《説文通訓定聲·乾部》:"宛,猶屈也。"《史記·司馬相如列傳》:"宛虹拖於楯軒。"張守節《正義》:"顔云:'宛虹,屈曲之虹。'""宛"之義與"折"正好相對。

《古文字研究》24,頁 401—402

○周鳳五(2002)　　簡八"小宛,其言不惡,少有危焉":"宛",簡文從冐聲,原釋"宛",但以簡二十二《宛丘》字與此不同而存疑。按,《小宛》本字作"怨",小孔貌;《宛丘》本字不詳,據簡二十二從田,則取"田三十畝爲畹"之意,又見《包山楚簡》簡一五一。二詩取義不同,簡文用其本字,經傳通以"宛"代之,不必强求其同也。

○**何琳儀**（2002）　（編按：上博一·詩論 8）"少冐"，《考釋》認爲與《詩》之《小宛》相當，可以信從。然而未能釋出"冐"字，尚隔一閒。《詩論》該字原篆作"𦟖"，其上部所從偏旁可能有誤，参見《詩論》第十八"悁"作"𤔔"形。此字上部所從卜屬"無義偏旁"，参見上文第一簡。以此類推，《詩論》該字似可讀"冐"。至於該字下部所從二肉，可能屬繁化現象。

○**季旭昇**（2002）　二、《上博·孔子詩論》的"𦟖"（中略）何文所考甚是。所指出"𦟖"字上娠（編按：疑有誤）"冐"（嚴格隸定當作"㠯"），可從。此字上部偏旁的訛變比較複雜，嚴格依形隸定當作"𦣻"，見本文最末一節的分析。至其字形，應是從三"㠯"，下二"㠯"省爲二"肉"。《上博·性情論》有"𦣻"（嚴格隸定當作"𦣻"），從三"㠯"；《郭店·性自命出》作"𦣻"（嚴格隸定當作"𦙾"），從二"㠯"（此字圖版不清楚，據考釋隸定），對比來看，"𦟖（𦣻）、𦣻（𦙾）"都是"𦣻（𦣻）"之省。（中略）

　　四、《上博·性情論》的"𦣻（𦣻）"及《郭店·性自命出》的"𦣻（𦙾）"（中略）上引諸説，把"𦣻、𦣻"讀爲"逸"，讀"𦣻"爲"舁"，恐都有可商。從《上博》的"𦟖（𦣻）"從"㠯"看來，"𦣻（𦣻）、𦣻（𦙾）"這兩個字都從"㠯"得聲，"𦣻（𦣻）"從三"㠯"，"𦣻（𦙾）"從二"㠯"。《上博·孔子詩論》的"𦟖（𦣻）"既讀爲"宛"，則《上博·性情論》的"𦣻（𦣻）"、《郭店·性自命出》的"𦣻（𦙾）"可以讀做"婉"。"㠯（同冐）"（烏縣切）的上古音屬影紐元部；"宛、婉"（於阮切）的上古音屬影紐元部，二字聲韻畢同。"門內之治欲其婉，門外之治欲其折"，意思是："對門內的親人要講恩，處事要婉轉；對門外的其他人要講義，處事要制斷。"（中略）

　　八、字形的分析（中略）我們以爲這個字形本應作"𢎜"（《信陽》，"絹"字偏旁），後來可能因爲聲化的關係，寫成 A"𢎜"（《包山》，"粏"字偏旁），因爲書寫的關係，或者也有可能受到"象"字的影響，類化（或訛變、別嫌等）爲 B"𢎜"（《包山》，"鞊"字偏旁），再訛變爲 C"𢎜"（《上博》，"𦟖"字偏旁）、D"𢎜"（《上博·孔子詩論》，"悁"字偏旁）、E"𢎜"（《包山》，"郍"字偏旁）、F"𢎜"（《望山》2.2）、G"𢎜"（《包山》，"郍"字偏旁）。再進一步訛變則作 H"𢎜"（《上博·孔子詩論》，"悁"字偏旁）。由 D 簡化則作 I"𢎜"（《上博·紂衣》，"悁"字），再進一步簡化則作 J"令"(《上博·紂衣》,"悁"字)。當然,以上的演化路線實際上可能不是這麼簡單,各種字形之閒的影響可能是交互進行的。

《漢學研究》20 卷 2 期,頁 377—397

○李守奎(2002)　(編按:上博一·詩論8)"🐇"字我們懷疑是"毚"字的省形,古文字中省形之列(編按:疑"列"爲"例"字之訛)習見,如"棄"字就省去了中閒部分作"弃"。《説文》:"毚,疾也。从三兔。闕。"這裏所闕的當是讀音。大徐音芳遇切,在魚部。"兔"部有一"娩"字:"娩,兔子也。娩,疾也,从女、兔。"

我們注意到"毚"與"娩"之別義同訓疾,疑此二字爲異體。小兔群居,故以三兔會小兔之義。"娩"在元部,兔部有"冤"字,《説文》皆以爲會意。但"女兔"何以就是小兔?"兔在冂下不得走益屈折"之説也頗迂曲。這兩個字可能都是从兔聲的。"冤"與"宛"同在影紐元部,疑"兔"在古代有元部讀音。"少""小"古本一字,楚文字中從未分化爲二字。若以上推論不誤,"少毚"讀爲"小宛"也就可以理解了。

《上博館藏戰國楚竹書研究》頁 343—344

○許全勝(2002)　6、少冤

第八簡云:

少△丌(其)言不亞(惡),少又△(從心從年)安。

第二十一簡云:

孔子曰:△丘吾善之(下略)

第二十二簡云:

△丘曰:旬(洵)又(有)情,而亡望,吾善之。

按,"少△、△丘"馬氏對應今本《小宛》《宛丘》,是也。然二字未能釋出。"少"下一字應隸作《説文·兔部》"疾也,从三兔"之字,象三兔之形,字形三兔共用上部一兔頭,而省略下部二兔頭,此字《説文》闕其讀若,大徐本作"芳遇切",段注以爲音"赴"。今以其對應今本"宛"字推之,頗疑其古讀若"冤"。"冤",从兔宀(冥)聲,疑本从三兔,後加注聲符,並省二兔而成今形,冤屈之冤爲其假借義。"冤、宛"古音皆在影母元部,自可通假。

《新出楚簡與儒學思想國際學術研討會論文集》頁 135

○劉信芳(2002)　(編按:上博一·詩論8)"小"後一字原簡从三"象"作,爲避免造字,此暫以"豫"字替代。竊意以爲此字乃"豫"字異構,整理者謂該篇"或當爲《小宛》",又謂若釋爲"小宛",則該字與第 21 簡"备丘"(苑丘)之"备"相重,故均列爲"待考"。按釋"小豫"爲"小宛"是正確的意見,簡文該"豫"字與

"备"(苑)字不相重。

《孔子詩論述學》頁 264

○**李學勤**（2003）　第 8 號簡:《小龡》,其言不惡,小有怎焉。
其字從"兔",下從二"肉",我認爲是从"冤"省聲。"兔"與"宛"都是影母元部
字,從之以爲聲符的字常可通用,如"鞉"可作"鞎","黕"可作"甊",因此,這
篇詩便是《小宛》。

《北方論叢》2003-1,頁 56

○**劉釗**（2003）　（編按:郭店・性自 59）"簡"字不識,在上海博物館藏楚簡《孔子詩
論》中用爲"小宛"之"宛",在此疑讀爲"掩"。古音"宛"在影紐元部,"掩"在
影紐談部,聲紐相同,韻可通轉。

《郭店楚簡校釋》頁 104—105

○**曹錦炎**（2004）　在楚簡中,還有一個寫作從三個兔字的蟲字,其構形作 ,
見上博簡《性情論》簡 26。在相同内容的郭店簡《性自命出》中,蟲則省寫作
。在上博簡《孔子詩論》中,蟲又省寫作 ,下面的兩個兔字省寫了兔首。
　　《説文》兔部有蟲字,云:"疾也,从三兔,闕。"所缺當是其讀音(大徐音"芳
遇切")。從《孔子詩論》簡看,其論述《小雅》篇名的《小蟲》即爲《小宛》。我
們知道,"宛"字與從"兔"的"冤"字古音相同,例可通假,如《楚辭・九章》"情
冤見之日明兮""心冤結而内傷",《考異》均謂:"冤一作宛。"又《楚辭・七諫》
"心悇憛而煩冤兮",《考異》:"冤,《釋文》作宛。"是其證。《楚辭》正是楚地文
獻,所記當然是楚音。這樣看來,"蟲"字的讀音當同"冤"。至於《説文》認爲
"冤"是會意字,看來似乎有討論的餘地。
　　上博簡《性情論》(即郭店簡《性自命出》)中,其原文作:
　　　　門内之䊶(治),谷(欲)其蟲也;門外之䊶(治),谷(欲)其折也。
蟲,《郭店》隸定作簡,無釋;《上博》考釋隸定作 ,讀爲"逸",解爲"去"義。
濮茅左先生在考釋中已經指出,類似内容也見於郭店楚簡《六德》:
　　　　門内之䊶(治)紉弇宜(義),門外之䊶(治)宜(義)斬紉。
《六德》的這段話,《大戴禮記・本命》《孔子家語・本命解》作:"門内之治
恩掩義,門外之治義斷恩。"《禮記・喪服四制》作"門内之治恩揜義,門外之
治義斷恩"。從文義相互比較推斷,"蟲"字在《性情論》中當讀爲弇(揜)或
掩,弇與揜、掩古音相同,通假的例子甚多,可參看《古字通假會典》第249—
250頁。在這裏,蟲字其讀音也當讀如弇或掩。弇,大徐有二音,一古南切,
又一儉切,此處音當如後讀。掩,大徐音衣檢切。兩字均與"蟲"的古音很

接近。

《新出土文獻與古代文明研究》頁 114

○鄭玉姍(2004)　(編按:上博一·詩論 8)《少晜》即今本《毛詩·小宛》,季師《從昌的字》對此字的字形演變已有很詳細的討論,其字從三"昌",下二"昌"省"口"形。"昌"與"宛"音近可通。此與《小宛》簡本作《少司》二者並不衝突。

《〈上海博物館藏戰國楚竹書(一)〉讀本》頁 25,2004

○李守奎、曲冰、孫偉龍(2007)　(編按:上博一·詩論 8)　龥　按:《説文》音缺。簡文音讀在元部。按:省形。下面兩"兔"省去兔首。

《上海博物館藏戰國楚竹書(一—五)文字編》頁 461

○陳佩芬(2007)　(編按:上博六·鄭壽 3)"龥",《説文》所無。與"逸"字從"魯"略同,疑作"逸"字。《國語·鄭語》:"以逸逃於襄。"韋昭注:"逸,亡也。"或讀爲"免"。

《上海博物館藏戰國楚竹書》(六)頁 259

○陳偉(2007)　(編按:上博六·鄭壽 3)宛,整理者疑是"逸"字,或爲"免"。今按:近似寫法的字見於上博竹書《孔子詩論》8 號簡,當讀爲"宛"。左尹宛應即被費無忌陷害致死的左尹郤宛,事見《左傳》昭公二十七年。這裏與無忌並列,要求平王殺之,恐是記事之誤。

《新出楚簡研究》頁 278—279,2010

萖 萖

萖 陶彙 3·317　萖 集成 11356 二十四年邨陰令戈

○何琳儀(1998)　萖,甲骨文作 萖(類纂一六五五),象細角山羊之形。西周金文作 萖(史頌簋溳作 萖),春秋金文作 萖(齊侯盤圉作 萖)。戰國文字承襲兩周金文。《説文》:"萖,山羊細角者。從兔足,昏聲。讀若丸。寬字從此。(胡官切)"(十上十)小篆 萖形爲 萖形之省簡。參兒小篆作 萖,古文作 萖。

戰國文字萖,人名。

《戰國古文字典》頁 985

△按　《説文》萖部:"山羊細角者。從兔足,昏聲。凡萖之屬皆從萖,讀若丸。寬字從此。"甲骨文有字作 萖、萖 等形(《甲骨文字編》587 頁),于省吾釋爲"萖",謂即"羱",並指出"許氏把一個獨體字割裂爲兩截,以下截爲兔足,以

上截的首爲聲符,顯然是乖謬的。自來説文學家多阿附許説。其不從許説者,如徐鉉‘疑象形’,《説文句讀》謂‘通體象形’,都是對的”。于説可從。詳見于省吾《釋象》(《甲骨文字釋林》353—355 頁,中華書局 2009 年)。另朱芳圃亦有《釋莧》一文,朱文與于文所論稍有不同,詳參《殷周文字釋叢》一書(14 頁,中華書局 1962 年)。

犬 犬

陶彙 1·103　　秦陶 1306　　十鐘　　包山 6　　貨系 109

○何琳儀(1998)　犬,甲骨文作✦(前七·三·三),象狗側面之形。西周金文作✦(員鼎),春秋金文作✦(曾伯霥匠狄作狹)。戰國文字承襲兩周金文。齊系文字作✦、✦,燕系文字作✦、✦,晉系文字作✦、✦、✦、✦、✦,楚系文字作✦、✦、✦、✦,秦系文字作✦、✦。

《戰國古文字典》頁 1008

【犬亭】秦陶 1306

○袁仲一(1987)　“犬亭”:見於始皇陵出土的一陶鉢上。關於犬亭的地望,《史記·項羽本紀》廢丘條下《索隱》注:“韋昭曰:周時名犬丘,懿王所都,秦欲廢之,故曰廢丘。”《正義》注:“《括地志》云:犬丘故城一名廢丘,故城在今雍州始平縣東南十里。”漢時“更廢丘曰槐里”。秦代何時把犬丘改名廢丘時間不明。陶文的犬亭是否即犬丘未更名以前的秦縣市府名,尚難肯定。

《秦代陶文》頁 58

狗 狗 狗

官印 0011　　睡虎地·日甲 48 背壹

包山 176　　郭店·語四 2

璽彙 3496　　陶録 2·193·4

○吳振武(1983)　0639 王狗·王狗。

《古文字學論集》(初編)頁 493

○楊澤生(1996)　(4)151 頁“狗”字引《存陶》4·9,據字形當釋爲“狗”,《陶

徵》大概以"犬""豕"義近可通而釋爲"狗",但未説明。同頁引《陶彙》3·348
和《妙如》55 把"犾"釋爲"狐"也未説明。

《江漢考古》1996-4,頁 85

○何琳儀(1998)　古陶狗,人名。

《戰國古文字典》頁 343

○王恩田(2007)　狗。

《陶文字典》頁 257

【狗澤】《考古》1989-4,頁 378
○邵國田(1989)　有的陶片上還有戳印文字或符號,其中一片口沿的裏側印
有三個字,孫貫文先生釋爲"狗澤都"。

《考古》1989-4,頁 378

○何琳儀(1998)　燕陶"狗澤",地名。《國語·齊語》:"以燕爲主,反其侵地
柴夫、吠狗。"注:"燕之二邑。"地望不詳。"吠狗"疑即"狗澤"。

《戰國古文字典》頁 343

獀 橀

珍秦 90

○湯餘惠等(2001)　獀。

《戰國文字編》頁 664

尨

○羅福頤等(1981)　尨。

《古璽文編》頁 248

○何琳儀(1998)　尨,甲骨文作 （前四·五二·三）。从犬从彡,象犬有長
毛之形。戰國文字省彡爲ソソ。

晉璽尨,人名。

《戰國古文字典》頁 438

狡 橪

狡睡虎地・答問 189

○**睡簡整理小組**(1990) （**編按**:睡虎地・答問 189)狡,一種産於匈奴地區的大犬,《逸周書・王會》:"匈奴狡犬,狡犬者,巨身四足果。"《説文》:"匈奴地有狡犬,巨口而黑身。"

《睡虎地秦墓竹簡》頁 138

狂 牲

狂璽彙 1016　狂璽彙 2043　狂璽彙 2971

○**何琳儀**(1993)　《説文》:"狂,黃犬黑頭。从犬,主聲。"《璽彙》狂2042(**編按**:《璽彙》2042 中並沒有"狂"字,2042 當是 2043 之誤),人名。

《第二屆國際中國古文字學研討會論文集》頁 254

○**何琳儀**(1998)　晉璽狂,人名。

《戰國古文字典》頁 359

○**湯餘惠等**(2001)　狂。

《戰國文字編》頁 665

猗 橋

猗璽彙 0826　猗璽彙 2522

○**丁佛言**(1924)　猗 猗 古鉢。許氏説:"猷,犗犬也。"段氏曰:"猷,欺詞。古又叚爲兮字。"

《説文古籀補補》頁 45,1988

○**羅福頤等**(1981)　猗。

《古璽文編》頁 248

○**何琳儀**（1998）　　晉璽猗，姓氏。出陳留、河南。見《尚友録》。

《戰國古文字典》頁 852

昊　

秦印

○**湯餘惠等**（2001）　　昊。

《戰國文字編》頁 665

○**黃德寬等**（2007）　　秦印昊，人名。

《古文字譜系疏證》頁 2013

默　獸

璽彙 0532

○**劉釗**（1991）　　［72］　默

古璽文有下揭一字：

0532

《璽文》以不識字列於附録。按字從“犭”從“昊”。“犭”應爲“犬”字，可與下列從“犬”之字比較：

2526　狙　　　召伯簋　獄　　　牆盤　獣

“昊”應即“黑”字，可與下列黑字及從黑之字比較：

敡尊　　　儴匜　　　榮伯鬲

古璽文“獸”所從之“昊”與榮伯鬲的“黑”字所從之“黑”尤爲相近。所以古璽“獸”從犬從黑，應釋爲“默”。默字見於《説文》，於璽文中用爲人名。

《古文字構形學》頁 309，2006

○**何琳儀**（1998）　　猤，從犬，昊聲。

晉璽猤，人名。

《戰國古文字典》頁 288

△**按**　　此字當從劉釗釋爲“默”。

獿 檽

珍秦 87

○湯餘惠等（2001）　獿。

《戰國文字編》頁 665

獥 獷

璽彙 5524　中國古文字研究 1,頁 146

○羅福頤等（1981）　獥。

《古璽文編》頁 248

○何琳儀（1998）　秦璽獥,人名。

《戰國古文字典》頁 239

○湯餘惠等（2001）　獥。

《戰國文字編》頁 665

狋 斦

璽彙 2518　璽彙 2519　璽彙 2520　璽彙 2521

○丁佛言（1924）　狋　斦　古鉢斦。　狋　古鉢斦□。

《說文古籀補補》頁 45,1988

○羅福頤等（1981）　狋。

《古璽文編》頁 248

○何琳儀（1998）　戰國文字狋,讀斤,姓氏。帝嚳子亡斤後以爲氏。見《姓解》。

《戰國古文字典》頁 1318

狀 獃 㹽

集成 11379 十七年丞相啟狀戈　集成 10372 商鞅量

[字形圖] 陶彙 5・394　　[字形圖] 睡虎地・日甲 36 背貳　　[字形圖] 津藝 80

[字形圖] 望山 1・11　　[字形圖] 郭店・老甲 21　　[字形圖] 上博二・容成 17　　[字形圖] 郭店・五行 36

[字形圖] 上博五・鬼神 5

○**中大楚簡整理小組**（1977）　（編按：望山 1・11）䭫，從 丮、百，字書未見。或讀爲緬。《國語・楚語》"緬然引領南望"，賈注："緬，思貌也。"

《戰國楚簡研究》3，頁 33

○**田鳳嶺、陳雍**（1986）　（編按：集成 11379 十七年丞相啟狀戈）"丞相狀"，很有可能是隗狀。

《文物》1986-3，頁 42

○**王輝**（1990）　（編按：集成 11379 十七年丞相啟狀戈）我的初步看法是，此戈應爲昭王時器，"丞相啟狀"應是一人，其人姓啟名狀，與隗狀異姓。啟爲古姓。《通志・氏族略》："啟氏，姓姒，夏后啟之後也。"漢有"啟方"印，見《漢印文字徵》。

《秦銅器銘文編年集釋》頁 57—58

○**高明、葛英會**（1991）　狀。

《古陶文字徵》頁 152

○**劉樂賢**（1994）　（編按：睡虎地・日甲 36 背貳）狀，讀爲戕，《國語・晉語》注："猶傷也。"按：《莊子・達生》："西北方之下者，則洗陽處之。"《釋文》："司馬云：洗陽，豹頭馬尾，一作狗頭。"本簡狀神"馬尾犬首"，與洗陽"狗頭馬尾"有相同之處。

《睡虎地秦簡日書研究》頁 242

○**何琳儀**（1998）　商鞅方升狀、啟狀戈"啟狀"，均秦相"隗狀"。見《史記・秦始皇紀》。

《戰國古文字典》頁 702

○**荊門市博物館**（1998）　（編按：郭店・老甲 21）䭫，從"丮""百"聲，疑讀作"道"。帛書本作"物"，即指"道"。

　　（編按：郭店・五行 36）䭫，帛書本作奘，解説部分作"莊"。"䭫"從"丮"聲，與"莊"可通。

《郭店楚墓竹簡》頁 116、153

○**李零**(1999)　（編按：郭店·老甲21）1：1章：“狀”，原從丬從首，寫法同《五行》簡36，整理者讀彼爲“莊”，讀此爲“道”，可商，應從裘釋讀“狀”。

○**裘錫圭**(2000)　11.𦣻(狀)　甲二十一：“又（有）𦣻蟲〈蚰〉成，先天墬（地）生。”今本二十五章作：“有物混成，先天地生。”帛書甲、乙本除“混”作“𦉰”外與今本同。郭店簡整理者注釋“又（有）𦣻蟲〈蚰〉成”句說：“𦣻，從‘丬’‘𦣻’聲（引者按：‘𦣻’與‘首’爲一字異體），疑讀爲‘道’。帛書本作‘物’，即指‘道’。‘蚰’即昆蟲之‘昆’的本字，可讀爲‘混’。”（《郭店楚墓竹簡》116頁注五一）今按此段下文有“未智（知）丌（其）名，孛（字）之曰道”之語（今本作“吾不知其名，字之曰道”），第一句如說“有道混成”，文章就不通了。可見“𦣻”決不能讀爲“道”。郭店簡《五行》三十六也有“𦣻”字：“㠯（以）丌（其）外心與人交，遠也。遠而𦣻之，敬也。”整理者注：“𦣻，帛書本作裝，解說部分作‘莊’。‘𦣻’從‘丬’聲，與‘莊’可通。”（《郭店楚墓竹簡》153頁注四七）此言甚是。甲二十一的“𦣻”無疑也應分析爲從“𦣻”（首）“丬”聲，依文義當讀爲“狀”，“狀”也是從“丬”聲的。《老子》十四章：“視之不見名曰夷，聽之不聞名曰希，搏之不得名曰微。此三者不可致詰，故混而爲一。（此處帛書甲、乙本有“一者”二字）其上不皦，其下不昧，繩繩不可名，復歸於無物。是謂無狀之狀，無物之象，是謂惚恍……”甲二十一之“𦣻”（狀）應即“無狀之狀”，此字作“狀”比作“物”合理。

○**黃錫全**(2000)　甲種簡21“又（有）𦣻蟲成”，見於今本《老子》25章，作“有物混成”。

今本與帛書本的第二字均作“物”。

簡文第二字從丬從首。整理者注：“從‘丬’‘首’聲，疑讀作‘道’。帛書本作‘物’，即指‘道’。”裘錫圭先生認爲這個𦣻，應讀爲“狀”。

此字又見於《五行》簡36“遠而𦣻之”。

裘錫圭先生注：“𦣻，帛書本作裝，解說部分作‘莊’。‘𦣻’從‘丬’聲，與‘莊’可通。”或主張此字應讀“將”，解爲“以”，即“以合會而成也”。

全按：裘錫圭先生主張此字從丬聲，應是正確的，又主張讀爲“狀”，也有根據。我們認爲此字在此可讀“狀”，也可讀爲表示形狀、形象的“象”，不知是否妥當，聊供學術界參考。

丬屬從母陽部，象屬邪母（上古或歸定母）陽部。聲母同屬齒音，又同爲陽部,讀音基本相同。現在楚地方言"像"就念 qiang。下列《老子》14 章與"狀"押韻。包山楚簡 226 號"羊楚邦之師"之羊,可讀將。从羊之字瀁或作象。如《楚辭·遠遊》:"沛罔象而自浮。"《考異》:"罔象,《釋文》作瀁。"王念孫《廣雅疏證·釋蟲》:蠰,一作蚲。

象本大獸象的象形字,古書皆假借爲像。《易·繫辭下》:"象也者像也。"像字未出現之前,想象字皆作象,《韓非子·解老》:"人希見生象也,而得死象之骨,案其圖以想其生也,故諸人之所以意想者皆謂之'象'也。今道雖不可得聞見。聖人執其見功以處見其形,故曰:'無狀之狀,無物之象。'"《左傳》僖公十五年:"物生而後有象。"

今本《老子》21 章:"道之爲物,惟恍惟惚。惚兮恍兮,其中有象。恍兮惚兮,其中有物。"

帛書甲本作:道之物,唯望(恍)唯(惚)忽。沕(忽)呵恍呵,中有象呵。望(恍)沕(忽)呵,中有物呵。

帛書乙本作:道之物,唯望(恍)唯忽。[忽呵恍]呵,中有象呵。望(恍)沕(忽)呵,中有物呵。

根據《老子》51 章"道生之,德畜之,物形之,器成之"諸文分析,"道之物"似當理解爲"道生物"。依《莊子》的解釋,道是"非物",可是它在"恍惚"中就生出了物、生出了形象。道與物、象緊密相聯。唐景龍碑作"忽恍中有象,恍惚中有物"。物、象對言。

今本《老子》35 章:"執大象,天下往。往而不害,安平泰。"帛書甲、乙本泰作太。河上公注:"執,守也。象,道也。聖人守大道,則天下萬民移心歸往之也。"成玄英疏:"大象猶大道之法象也。"任繼愈《老子新譯》譯爲:"誰要掌握了'道'。"並注云:"'大象',即是'無象之象',即是'道'。"

今本《老子》41 章:"大象無形",任繼愈《老子新譯》譯爲:"最大的形象,看來反而無形。"這種"無形"之象,也就是"道"。

今本《老子》14 章對於瞭解這個字很有幫助,裘先生就是據此讀爲"狀"的。其中"無物之象",即"不見形體的形象",也就是"道"。

現將任繼愈先生所著《老子新譯》的這段對譯轉錄於下:

視之不見,名曰夷,　　　看它看不見,叫做"夷",

聽之不聞,名曰希,　　　聽它聽不到,叫做"希",

搏之不得,名曰微。　　　摸它摸不着,叫做"微"。

此三者,不可致詰。　　　這三者無法進一步追究,

故混而爲一。	它實在是一個東西。
其上不皦，	它上面並不顯得光明，
其下不昧，	它下面也不顯得陰暗，
繩繩不可名，	渺茫難以形容，
復歸於無物。	回到無形無象的狀態，
是謂無狀之狀，	這叫做没有相狀的相狀，
無物之象，	不見形體的形象，
是謂惚恍，	這叫做"惚恍"。
迎之不見其首，	迎着它，看不見它的前頭，
隨之不見其後。	跟着它，看不見它的背後，
執古之道以御今之有，	根據古來的"道"以支配當前的具體事物（有），
能知古始，	能認識古來的開始，
是謂道紀。	這叫做"道"的規律。

　　蔣錫昌《老子校詁》："'無狀之狀，無物之象'，謂道若有若無；若可見，若不可見；其爲物也，無色無體，無聲無響，然可思索而得，意會而知。此思索而得之狀，意會而知之象，無以名之，名之曰'無狀之狀，無物之象'也。"

　　"有疳（象）蟲（混）成"，義同"有物混成"，闡述的就是一個想象中的渾然一體的形象，它先於天地而存在，無聲、無形，不依靠外在力量運行，可謂天下萬物的根本。這個不知名的無形之象，就叫做"道"。

　　在此需要説明的是，郭店《老子》乙本簡12"天象亡型"及丙本"執大象"的"象"作
、，一字出現二形。這可能有兩種原因：一是甲本與乙本、丙本書寫用字有别。二是同一個字而有兩種形體，這在古文字中已有多見，最突出的例證就是這批郭店簡中與"象"或"狀"有自接關係的"道"，既作道，又作衍，儘管有學者指出其來源不同，但在戰國中晚期"衍"的確讀爲"道"則是没有疑問的。

　　　　　　　　　　　　《郭店楚簡國際學術研討會論文集》，頁459—460

○王輝（2001）　《老子》甲本：又（有）疳蟲成，先天堕（地）生。敓繆（穆），蜀（獨）立而不亥（改），可以爲天下母。未智（知）其名，紣（字）之曰道。"此在傳本《老子》爲第二十五章，"又（有）疳蟲成"一句。馬王堆帛書甲乙本作"有物昆成"，王弼本作"有物混成"，與簡本有較大差異。學者對此有種種解釋：

　　1.影本將"疳"隸作"疳"，又認爲"蟲"爲蚰之訛，云："疳从'屮'，'百'聲，

疑讀爲‘道’。帛書本作‘物’，即指‘道’。‘虵’即昆蟲之‘昆’的本字，可讀爲混。”

2.張光裕《文字編》讀“牆”爲壯，無説。

3.劉信芳《解詁》隸定同《文字編》，但另有新解。云：“‘有’乃名詞主語。‘有’生於無。‘有’既已生，則作爲一種狀態而存在。‘牆’字讀爲將，同出《五行》簡36，‘遠而牆之’，帛書本作裝（莊）。从爿之字多以爿爲聲符。將者，以也。《荀子·王霸》：‘安之者必將道也。’楊倞注：‘必將以道守之。’……蟲字讀如‘同’，合會也。《詩·大雅·雲漢》‘蘊隆蟲蟲’。《釋文》引《韓詩》‘蟲’作‘烔’。‘蟲’字帛書作‘昆’，王本作‘混’，《説文》：‘昆，同也。’‘有將蟲成’者，‘有’以合會而成也。”

影本讀“牆”爲道，但同章有道字作“迶”與“牆”明顯不同，同一章之內，似不宜淆亂如此，故其説不可信。

劉先生以“有”爲主語，與傳統看法不同，但從語法的角度看，似仍有可商。在《老子》中，有無相對。如一章：“無，名天地之始；有，名萬物之母。”二章：“故有無相生，難易相成。”十一章：“有之以爲利，無之以爲用。”四十章：“天下萬物生於有，有生於無。”天地之始稱無，萬物之母爲有，二者合稱爲道。何浩塈、黃啟樂説：“‘道’本身包含着‘無’與‘有’，‘常無’與‘常有’兩個不同的方面。無，是作爲天地鴻蒙、混沌未分之際的命名；有，是作爲萬物本原的命名……古人認爲，從世界產生的時間順序來説，是先有天地的分化，然後才有萬物的出現……因此，‘無’和‘有’分別代表世界產生過程的兩個階段。”簡本的主語“先天地生，敓穆，獨立而不改，可以爲天下母”，顯然應是“無”，不是“有”。所以“有”在簡本似只可看作虛詞，不是名詞。所謂將作以講，乃“用在動詞前，引進工具、材料、憑借等，可釋爲‘拿、用’等”。與簡文的用法也不盡相合。

張光裕先生將“牆”字讀爲壯，不過，“壯蟲’是大蟲還是什麼？仍然較難理解。

我以爲“牆”字从首（或百），爿聲，應讀爲狀，甚至可能就是人狀貌之狀的別構。狀字最早見於秦始皇二十六年詔版“丞相狀”，“狀”爲人名。《説文》：“狀，犬形也。”段玉裁注：“引申爲形狀。”“牆”从首，可能最先指人之狀貌。《戰國策·秦策五》：“異人至，不韋使楚服而見，王后悦其狀。”正是狀貌。再引申則爲情形、狀況、狀態，可作名詞性主語用。《周禮·考工記·栗氏》：“凡鑄金之狀，金曰錫……”古書中也有説到“道”之“狀”的。《吕氏春秋·大樂》：“音樂之所由來者遠矣,生於度量,本於太一。太一出兩儀,兩儀出陰陽。陰陽變化,一上一下,合而成章。渾渾沌沌,離則復合,合則復離,是謂天常……歡欣生於平,平生於道。道也者,視之不見,聽之不聞,不可爲狀。有知不見之見,不聞之聞,無狀之狀者,則幾於知之矣。"按老子的學説,道就是"太一"。道雖然"視之不見,聽之不聞",但"無狀"也是一種"狀",即所謂"無狀之狀"。

《簡帛研究二〇〇一》頁 169—170

○**湯餘惠等**(2001)　牄。

《戰國文字編》,頁 612

○**李守奎**(2003)　牄。

《楚文字編》頁 538

○**曹錦炎**(2005)　(編按:上博五·鬼神 5)"牄",從首,爿聲,讀爲"狀",字均從"爿"得聲,故可相通。郭店楚簡《老子甲》"有牄蟲成",今本作"有物混成","牄"字依文義當讀爲"狀"(參見裘錫圭《郭店〈老子〉簡初探》,《道家文化研究》第十七輯)。上海博物館藏楚竹書《容成氏》:"如是牄也。""牄"字也讀作"狀"。《説文》:"狀,犬形也。從犬,爿聲。"段玉裁注:"引申爲形狀。"《戰國策·秦策五》:"異人至,不韋使楚服而見,王后悦其狀,高其知。"

《上海博物館藏戰國楚竹書》(五),頁 323

△**按**　"牄"當爲狀貌之"狀"的異體。周波(《戰國時代各系文字閒的用字差異現象研究》158 頁,線裝書局 2013 年)指出"秦文字用'狀'表示{狀},楚文字用'牄'表示{狀}"。

狙　㹰

璽彙 2526

○**羅福頤等**(1981)　狙。

《古璽文編》頁 249

○**何琳儀**(1998)　古璽狙,姓氏,疑讀鈕或紐。

《戰國古文字典》頁 198

○**王輝**(2001)　29(中略)

　29.狙欺(《秦印輯》18,《璽彙》2526)(中略)

二十九、狃欺

“欺”字欠旁作“”，爲秦文字特色。六國古璽作“”“”（《古璽彙編》8·8—9），明顯不同。

狃爲姓氏不見於古文獻，何琳儀《古文字典》198 頁“疑讀鈕或紐”。《廣韻·有韻》：“鈕，姓。何氏《姓苑》云：‘今吳興人，東晉有鈕滔也。’”不知晉時鈕是否狃字之改？

《四川大學考古專業創建四十周年暨馮漢驥教授

百年誕辰紀念文集》頁 302、303、306

犯 犯

睡虎地·爲吏 16 壹　　吉大 146

○**何琳儀**（1998）　秦器犯，見《玉篇》：“犯，抵觸也。”

《戰國古文字典》頁 1402

○**湯餘惠等**（2001）　犯。

《戰國文字編》頁 666

△**按**　周波（《戰國時代各系文字間的用字差異現象研究》158—159 頁，線裝書局 2013 年）指出“秦文字用‘犯’表示干犯之｛犯｝，楚文字多用‘軋’表示｛犯｝”。

猛 㺌　益 猒

璽彙 0918　　璽彙 1579

郭店·老甲 33

○**羅福頤等**（1981）　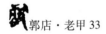（編按：璽彙 4070）益。

《古璽文編》頁 252

○**吳振武**（1983）　0918 肖　·肖（趙）益。

1579 郲　·郲益。

《古文字學論集》（初編）頁 495、499

○**裘錫圭**（1992）　在六國私印裏數見一個用作人名的、上從“犬”下從“皿”

的字。《文》252 頁"盍"字條只收了《彙》4070 一例，其實《彙》918、1579、2039 諸號印的人名也都是這個字。此外，這個字還見於《吉林大學藏古璽印選》48 號"甘盍"印。

"盍"字不見於字書，應該釋作"猛"。"猛"從"孟"聲，"孟"從"皿"聲。"盍""猛"一字跟上一篇指出的"𩵋""鮪"一字、"𩢡""騎"一字等例相類。我們曾在《戰國璽印文字考釋三篇》中指出，有很多形聲字的聲旁在六國文字和小篆裏有繁簡的不同。有時候，六國文字的聲旁比較簡單，小篆的聲旁本身就是以它爲聲旁的一個形聲字。"盍"和"猛"也是這一現象的一個例子。

西周金文裏有一個通常隸定爲"𧱸"的未識字。"象"似象一種凶猛的野豬，頗疑"𧱸"即"猛"之初文。

《文博研究論集》頁 84

○**何琳儀**（1998） 盍，從犬，皿聲。疑"猛"之省文。

晉璽盍，人名。

《戰國古文字典》頁 732

○**荊門市博物館**（1998） （編按:郭店·老甲 33）猒（猛）。

《郭店楚墓竹簡》頁 113

○**劉釗**（2003） （編按:郭店·老甲 33）"猒"字不識，字從"丙"聲，讀爲"猛"。古音"丙"在幫紐陽部，"猛"在明紐陽部，韻部相同，聲爲一系，可以相通。

《郭店楚簡校釋》頁 24

○**李守奎**（2003） （編按:郭店·老甲 33）猛 猒 所從酉爲訛形。

《楚文字編》頁 576

△**按** 盍，"猛"字異體。猒，亦爲"猛"字異體。"丙、孟"音近可通。郭店《老子》甲 33"蟲蠆（虺）蟲它（蛇）弗蠚（蜇），攫鳥猒猒弗扣"。馬王堆帛書《老子》乙本"猒"作"孟"。上博二《從政》甲 8"愲則亡新（親），罰則民逃"，陳劍讀"愲"爲"猛"，詳見陳劍《上博簡〈子羔〉、〈從政〉篇的竹簡拼合與編連問題小議》（《文物》2003 年 5 期 64 頁）。

又銀雀山漢簡貳《占書》簡二〇八五:"慶獸作恙。"整理者（銀雀山漢墓竹簡整理小組《銀雀山漢墓竹簡》[貳]第 243 頁注釋[一二]，文物出版社 2010 年）注:"慶，疑當讀爲'獷'，二字古音相近。獷獸猶言猛獸。《後漢書·光武紀》:'又驅諸猛獸虎豹犀象之屬，以助威武'，注:'猛或作獷。獷，猛貌也。'"亦可參。

犺　枕

犺 睡虎地・日甲 55 正壹

○**睡簡整理小組**（1990）　（編按：睡虎地・日甲 49）亢，二十八宿之一。《開元占經・東方七宿占》引《石氏星經》曰：“亢四星。”

《睡虎地秦墓竹簡》頁 188

犮　犮

犮 曾侯乙 170　　**犮** 新蔡甲三 328　　**犮** 上博五・三德 18

犮 上博六・天甲 11　　**犮** 上博六・天乙 11

○**裘錫圭、李家浩**（1989）　（編按：曾侯乙 170）犬。

《曾侯乙墓》頁 499

○**何琳儀**（1998）　（編按：曾侯乙 170）犮，从犬，加短横表示犬行有所礙。指事。跋之初文。《説文》：“跋，蹎跋也。从足，犮聲。”《詩・豳風・狼跋》：“狼跋其胡，載疐其尾。”傳：“跋，躐。”所謂“蹎跋”謂行走躐躓，與犮之構形正合。“蹎跋”音轉爲“顛沛”。

隨縣簡犮，讀駁。《玉篇》：“駁，駁騿，蕃中馬也。”

《戰國古文字典》頁 954

○**李守奎**（2003）　（編按：曾侯乙 170）尨。

《楚文字編》頁 576

○**賈連敏**（2003）　（編按：新蔡甲三 328）犬。

《新蔡葛陵楚墓》頁 199

○**何琳儀**（2004）　（編按：曾侯乙 170）△馬駵。

△，原篆作：**犮**

《釋文》釋△爲“犬”。此字在“犬”右下弧筆上加一横畫，肯定與“犬”字有別。按，△可與雲夢秦簡“髪、拔”二字比較：

髪 **髪** 日甲 13 背　　拔 **拔** 法 81

從中不難看出，△應釋"犮"。"犮"，從"犬"，加一橫筆表示犬行有所障礙。"犮"是典型的指事字。《説文》："犮，走犬皃。從犬，而丿之曳其足，則剌犮也。"典籍以"跋"爲之。《詩·豳風·狼跋》："狼跋其胡，載疐其尾。"傳："跋，躐。"《説文》："跋，蹎跋也。從足，犮聲。"所謂"蹎跋"謂"行走躐躓"，與"犮"之構形正合。"蹎跋"又音轉爲"顛沛"。

　　　　　　　　　　　　　　　　　　　　　《華學》7，頁 123

○**李零**（2005）　（編按：上博五·三德 18）"龙"，待考。

　　　　　　　　　　　《上海博物館藏戰國楚竹書》（五）頁 301

○**李守奎、曲冰、孫偉龍**（2007）　（上博五·三德 18）犮。

　　　　　　　《上海博物館藏戰國楚竹書（一——五）文字編》頁 462

○**侯乃峰**（2007）　（編按：上博五·三德 18）此字形又見於曾侯乙墓竹簡 170，何琳儀先生以爲此字從犬，加短橫表示犬行有所礙。此處似當讀爲"袚"。若以爲與"長"反義對舉，讀爲"拔"，訓爲"盡"似不通。因爲通常的反義對舉是先舉出一個字，再舉出另一個與之相反的字，即"一正一反一正一反"格式。而如其所説簡文中四個字卻是當中兩個字分別與第一個字和第四個字相反，即"一正一反一反一正"格式。所以我們認爲還是依原釋將它們視爲含義相近的四個字爲恰。"犮"讀爲"袚"，《爾雅·釋詁》：袚，福也。

　　　　　　　　　　　　　《楚地簡帛思想研究》3，頁 137

○**曹峰**（2007）　（編按：上博五·三德 18）但這裏的"好"究竟何意？是喜好的"好"？還是形容詞的"好"？"賣"如何釋讀？是從"喪"還是從"亡"？"昌、賣、犮、長"又是什麼關係，都是好字，還是好字壞字兩兩正反相對，學者們有很多爭論，莫衷一是。筆者在此想舉幾段用例，看看能否爲問題的解答提供啓發。

　　　天事曰明，地事曰昌，人事曰比兩以慶。（《大戴禮記·虞戴德》）

　　　公曰："先聖之道，斯爲美乎？"子曰："斯爲美。雖有美者，必偏。屬於斯，昭天之福，迎之以祥。作地之福，制之以昌。興民之德，守之以長。"（《大戴禮記·虞戴德》）

　　　天曰作明，曰與，惟天是戴。地曰作昌，曰與，惟地是事。人曰作樂，曰與，惟民是嬉。（《大戴禮記·誥志》）

　　　這幾段話值得注意的是以下兩點：1、它們都是"天、地、民（人）"的結構，而《三德》這段話的後面，緊接着就是"順天之時，起地之〔材，□民之□。〕"2.這段話出現的"昌、長"可與《三德》"昌、長"相對應，"昌"與"地"相關，"長"

與"人"相關。《三德》的"友"字,侯乃峰先生認爲是"被"假借字,意爲"福",《爾雅·釋詁》:"被,福也。"那麼就可以和《虞戴德篇》"天之福、地之福"相關聯了。因此,筆者推測"昌、黃、被、長"這四字都是好字,"黃"如李零先生所言,作"旺"字假借。"旺"即"旺",《説文》:"旺,光美也。"這樣"旺"字或許正好可以與"天事曰明"或"天曰作明"的"明"字相關聯。"昌、明、福、長"都是美好的現象,"好"在這裏作形容詞。如果能遵從《三德》所指明的行爲準則,就會有"好昌、好黃、好被、好長"的結局,而且"天"也一定會滿足之。在《三德》結尾,展示這樣一個光明的前景,和"順天之時,起地之〔材,□民之□〕"一起,形成一個總結性的發言,是不難理解的。

《楚地簡帛思想研究》3,頁 127—128

○**曹錦炎**(2007)　(編按:上博六·天甲11)"友",讀爲"拔"。"拔"從友得聲,可通。《周禮·秋官·序官》:"赤友氏下士一人,徒二人。"鄭玄注:"赤友,猶言抉拔也。主除蟲豸自埋者。""拔",挑選,選取,《論衡·累害》:"夫采石者破石拔玉,選士者棄惡取善。"

《上海博物館藏戰國楚竹書》(六) 頁 329

○**楊華**(2007)(編按:上博六·天甲11)友,似可讀爲"魃"。《説文·鬼部》:"魃,旱鬼也。從鬼,友聲。《周禮》有赤魃氏,除牆屋之物也。"《詩經·大雅·雲漢》:"旱魃爲虐,如惔如焚。"毛傳:"魃,旱神也。"此字之形,又見於新蔡簡甲三328:"友(魃)一豻,禱一豕。"原釋作"犬",但按照一般的辭例,所用牲("一豻")之前,應當是被祭禱的對象,如果釋爲友,讀爲魃,可看作是對旱鬼的祭禱記録。

《古禮新研》頁 444,2012

△**按**　上博五《三德》簡18 有字作，李零釋爲"龙(?)",陳劍(《談談〈上博(五)〉的竹簡分篇、拼合與編聯問題》,《戰國竹書論集》180 頁,上海古籍出版社 2013 年)釋爲"友(?)",學者多從陳劍之釋。至於"友"該讀爲"拔"還是"被",不敢遽定,暫付闕如。清華貳《繫年》11 章簡56 有地名作"友陵",《左傳·文公十年》作"厥貉",《公羊傳》作"屈貉"。黃傑(《據清華簡〈繫年〉釋讀楚簡二則》,簡帛網 2011 年 12 月 27 日)根據《繫年》與傳世典籍對照產生的異文,將上博五《三德》簡18 的"友"和上博六《天子建州》簡11 的"友"字皆讀爲"蹶",訓爲"衰敗、衰亡",可參。另外,在上述黃文中,該文後面注釋十四提到,宋華強將"友"讀爲"廢、敗",亦可參。

戾 戾

戾 睡虎地・爲吏 3 伍　　戾 上博二・從甲 10　　戾 上博四・內豊 10　　戾 上博六・用曰 2

○**睡簡整理小組**（1990）　（編按：睡虎地・爲吏 3）戾，《國語・晉語》注：“帥也。”戾人，爲民表率。

《睡虎地秦墓竹簡》頁 174

○**睡簡整理小組**（1990）　（編按：睡虎地・爲吏 3）戾，至，見《詩・旱麓》箋。

《睡虎地秦墓竹簡》頁 174

○**何琳儀**（1998）　戾，从户从犬，會犬於門止侍之意。《爾雅・釋詁》：“戾，止也。”“止，待也。”

睡虎地簡戾，見《國語・晉語》六“夫以果戾順行”，注：“戾，帥也。”

《戰國古文字典》頁 1263

△**按**　睡虎地《爲吏之道》3 伍—4 伍“凡戾人，表以身，民將望表以戾真”。王輝（《簡帛爲臣居官類文獻整理研究》115 頁，中山大學 2012 年博士學位論文）認爲“‘戾’當訓爲定”，可參看。

獨 櫑

櫑 睡虎地・日甲 58 背　　櫑 故宮 433

○**湯餘惠等**（2001）　獨。

《戰國文字編》頁 666

○**黃德寬等**（2007）　秦簡獨，單獨。

《古文字譜系疏證》頁 1030

△**按**　周波（《戰國時代各系文字閒的用字差異現象研究》159 頁，線裝書局 2013 年）指出“秦文字用‘獨’表示單獨、唯獨之｛獨｝，楚文字用‘蜀’表示單獨、唯獨之｛獨｝”。

獾 櫃

湖南 76

○**何琳儀**（1998）　秦璽獾，人名。

《戰國古文字典》頁 1254

○**湯餘惠等**（2001）　獾。

《戰國文字編》頁 667

獵 櫃

睡虎地·雜抄 27　　集成 9734 孖鎣壺

○**何琳儀**（1998）　晉器獵，狩獵。見《説文》。

《戰國古文字典》頁 1435

○**湯餘惠等**（2001）　獵。

《戰國文字編》頁 667

臭 臭

睡虎地·日甲 82 正壹　郭店·語一 47

○**何琳儀**（1998）　臭，甲骨文作（鐵一九六·三）。從自（鼻之初文）從犬，會犬鼻嗅覺靈敏之意。戰國文字承襲商代文字，楚文字所從自與首旁相混，可以憑借偏旁組合關係區別。自作首形亦有聲化趨勢，臭、首均屬透紐幽部。

信陽簡臭，香氣。《易·繫辭》上"其臭如蘭"。

《戰國古文字典》頁 199

○**荊門市博物館**（1998）　（編按：郭店·語一 47）臭（嗅）。

《郭店楚墓竹簡》頁 195

○**劉信芳**（2001）　郭店《語叢一》51："容絶（色），目蔽也。聖（聲），耳蔽也。臭，鼻蔽也。未（味），口蔽也。燹（氣），容蔽也。志，心蔽也。"《語叢一》47：

“又（有）容又（有）頤（色），又（有）聖（聲）又（有）臭。”《郭店》將“臭”隸定爲“臭”，《孟子·盡心下》：“口之於味也，目之於色也，耳之於聲也，鼻之於臭也，四肢之於安佚也，性也。”釋“臭”爲“臭”，似乎是文從字順。但“臭”字原簡作“ ”，字從自，矣聲，若據其字形分析，只能隸定爲“臭”；若據其讀音分析，則可能有以下兩種釋讀：

其一、“臭”從矣，自聲，字讀爲“臭”。這與《郭店》的結論相同，但對其字形的分析與解釋則不一樣。

其二、“臭”從自，矣聲，字讀爲“息”。息之本義謂人之氣息，今所謂“呼吸”。古人以絲綿置於臨死人之鼻孔，以驗其是否氣絶。知所謂“息，鼻司也”，謂呼吸爲鼻之所司。

人之鼻本有嗅覺與呼吸兩種功能，固而釋“臭”爲息，或釋爲“臭”，都可以讀通簡文。權此二説，筆者認爲釋“臭”爲“息”更爲合理，若要做結論，則有待更多辭例。

《簡帛研究二〇〇一》頁 203—204

○李零（2002）　（九）“嗅”字（5：1 章：簡 47、51）

釋文作“臭”，讀爲“嗅”。按簡文原文，下半所從與常見的“犬”字不太一樣。

《郭店楚簡校讀記》（增訂本）頁 165

獲 檴 隻

睡虎地·日甲 75 背　　秦代印風 86　　集成 2794 楚王酓忑鼎　　九店 56·31　　山東 163　　陶彙 3·414　　陶錄 2·423·4

○高明、葛英會（1991）　隻。

《古陶文字徵》頁 260

○何琳儀（1998）　隻，甲骨文作 （甲二六五）。從又從隹，會以手獲鳥之意。獲之初文。《説文》：“獲，獵所得也。從犬，蒦聲。”（參蒦字）金文作 （禹鼎）。戰國文字承襲金文，隹或作雀。《説文》：“ ，鳥一枚也。從又持隹。持一曰隻，二隹曰雙。（之石切）”（四上十二）許慎“鳥一枚”乃隻之别義。徐鉉“之石切”爲隻（獲）之變音。隻、蒦均屬魚部。

陳璋壺隻，讀獲。

楚王酓忎鼎隻，讀獲。

《戰國古文字典》頁 442—443

○**李家浩**（2000）　（編按：九店 56・31）隻（獲）。

《九店楚簡》頁 48

○**徐在國**（2001）　《山東》163 著録如下一方戰國陰文私璽（圖二），此璽係 1957 年棗莊市嶧城出土，原書釋爲"奮侍"。

圖二

　　　今按：首字从"宀"从"曹"，"曹"即"曹"字之省，與《璽彙》1612"曹"字寫法相同。則此字應隸作"曺"，字不見於後世字書，當讀爲曹姓之"曹"。次字原書釋爲"侍"，誤，此字从"隹"从"又"，應釋爲"隻"，字在璽文中用爲人名。古璽中有以"隻"字爲人名的，如《璽彙》3914"公孫隻"。如此，此璽應釋爲"曹隻"。

《中國文字研究》2，頁 273

○**李守奎**（2003）　（編按：集成 2794 楚王酓忎鼎）隻　獲字，與《説文》之隻音、義不同，是同形字。

《楚文字編》頁 235

○**黄德寬等**（2007）　秦簡"邋獲"，讀"獵獲"，用其本義。

《古文字譜系疏證》頁 1261

○**王恩田**（2007）　隻。

《陶文字典》頁 88

【隻陽】

○**吳振武、于閏儀、劉爽**（2004）　（5）獲陽陶里人得（室藏編號：1-524）：

泥質灰陶。器形不明，殘片當是器腹。陶文印戳，陽文。全部文字反書右行。舊未見著録，同文者見《陶彙》3.225（亦陽文反書右行）。"獲"字原从草字頭从"獲"之會意寫法，這裏徑用"獲"字代替。"陽"字原从"囗"从"陽"字所从之聲旁，這裏徑用"陽"字代替。獲陽陶里也是齊陶文中常見的一個陶工聚居地。"得"字原从"又"从"貝"，係陶工名。又，比較《陶彙》3.222 著録的一件陰文的同文印戳陶文，可以推想，打出這種陽文反書陶文的印章，其印面原來大概也是用一枚陽文印章打上去的。

5　　6

（6）中獲陽里人□（室藏編號：1-518）：

泥質灰陶。殘片係陶缶之口沿。陶文印戳，陰文，舊未見著録。齊陶文中屢見"中獲陽里、大獲陽里"（107—115 頁），"獲"字一般都有草字頭。本片

"獲"字不加草字頭,直接用"獲"字的會意寫法,比較特殊。陶工名"□",筆畫略有殘損,原來大概是一個从"人"从"步"(?)的字。

《史學集刊》2004-4,頁 95

獻 獻　虞 獻 獻

集成 4646 十四年陳侯午敦

望山 1・1　　侯馬 67:21　　璽彙 3088

上博二・容成 5　　包山 147　　睡虎地・秦律 64

○**吳大澂**(1884)　　獻　古文獻、甗爲一字。

《説文古籀補》頁 40,1988

○**丁佛言**(1924)　　獻　獻　古鉢,母獻之鉢。甗　古鉢,趙獻。

《説文古籀補補》頁 45,1988

○**徐中舒**(1933)　　(編按:集成 4646 十四年陳侯午敦)(5)獻,銅器多从鼎作獻(據《金文編》惟虢季子白盤从鬲作獻,仲龏父甗乃僞器),篯甗又省虍作獻,與此器同。古貝、鼎字形易致混淆。《説文》鼎部説云"古文以貝爲鼎,籀文以鼎爲貝"。觀《金文編》載羌伯簋、槶伯簋、召伯簋諸獻字偏旁,鼎皆與貝字形近,與此並可互證。

《徐中舒歷史論文選輯》頁 407—408,1998;原載《史語所集刊》3 本 4 分

○**羅福頤等**(1981)　　獻　獻 3088 與齊陳曼簠獻字同。

《古璽文編》頁 249

○**李家浩**(1989)　　此"虞"字所从"虍"與戰國貨幣文字"盧"或作虛(《先秦貨幣文編》六六・[六八])所从相同。《先秦貨幣文編》298 頁附錄收有一個賸字,上部也應當是"虍"。古文字"虞"所从的"鬲"旁多寫作"鼎"(參看《金文編》133 頁"虞"字條和 541 頁"獻"字條),而"鼎"旁往往簡寫成"貝"(如"劓"簡寫作"則")。疑此字當釋爲"虞"。

《古文字研究》17,頁 145

○**睡簡整理小組**(1990)　　(編按:睡虎地・封診 98)獻,送交,《戰國策・秦策一》注:"致也。"

《睡虎地秦墓竹簡》頁 164

○**劉彬徽、彭浩、胡雅麗、劉祖信**(1991)　　(編按:包山 79)獻。

（編按：包山 105）獻。

（編按：包山 147）獻，似爲獻字異體。

《包山楚簡》頁 22、24、50

○**何琳儀**（1993）　（編按：包山 79）獻（編按：原文以△代替）原篆作🔲。應釋“獨”。包山簡“蜀”有🔲、🔲二式。前者見“賵”作🔲 181，“癟”作🔲 129，“饡”（《集韻》：“饡，粥也。”）作🔲 88。後者見獻所从🔲，與《汗簡》🔲形體吻合。

《江漢考古》1993-4，頁 57

○**朱德熙、裘錫圭、李家浩**（1995）　（編按：望山 1·95）“䍮”當爲人名。此字亦見於小盂鼎，舊認爲是“建皋”之“皋”的專字（參看《兩周金文辭大系考釋》38 頁）。

《望山楚簡》頁 98

○**高智**（1996）　三、包山楚簡有字作“🔲”（105）形，《包山楚簡》釋爲“獻”字。按此字上从“虍”右下从“犬”十分明顯，左下是什麽是非常關鍵的。我以爲左下之“🔲”當是《説文》“欁”之古文“🔲”及《古文四聲韻》“欁”作🔲等之所从，與侯馬盟書中“槅”作“🔲”（200：15）形同。侯馬盟書中“獻”字作“🔲”（67：21）形，楚簡作🔲（天星觀 M1）當與包山楚簡 105 此字爲一字無疑。故此字當釋爲“獻”字。原包山楚簡“🔲”當是“🔲”之形誤。

四、包山楚簡有字作“🔲”（147）形，原《包山楚簡》作者隸釋爲“獻”。其實“虞”本爲“虜”，篆本作“🔲”（《壽虘王子》），因“鼎、槅”義同，故又可作“🔲”（《見甗》）形，又因“鼎”作“🔲”（《盂鼎》）形、“🔲”（《頌鼎》）形，與“貝”字形體相近，故又作“🔲”形，這也就是“甗”字《古文四聲韻》作“🔲”形又作“🔲”形的原因，故此字當釋爲“獻”字。

《于省吾教授百年誕辰紀念文集》頁 183

○**何琳儀**（1998）　（編按：包山 79）包山簡獨，人名。

《戰國古文字典》頁 378

（編按：望山 1·95）猰，从犬，虔聲。疑虔之繁文。犬爲疊加音符。

望山簡“猰猰”，讀“虔虔”。《逸周書·祭公解》“虔虔在位”，注：“虔，敬。”

《戰國古文字典》頁 1008

陳侯午敦獻，進獻。《周禮·天官·玉府》“凡王之獻金玉”，注：“古者致物於人，尊之則曰獻，通行曰饋。”

侯馬盟書獻，獻捷、獻俘。

《戰國古文字典》頁 1011

（編按：包山 105）包山簡獆，人名。

《戰國古文字典》頁 1382

○黄盛璋（1998）　（編按：集成 11358 兼陵公戈）與此戈銘相近者見兼陵公戈銘："獻鼎之歲，兼陵公伺（司）圕所造，冶巳毌。""獻鼎"二字有爭議，"獻"字從"虍"下加鼎字簡化，與"包山楚簡"中"獻"字所從基本一致，有人釋爲"攄"，非也。"鼎"上從"目"，即"鼎"字之上半，下表鼎之三足，亦無可疑。

《考古》1998-3，頁 66

○白於藍（1999）　［一五七]155 頁"獻"字條，"𤞤"（182），左旁乃虘字，故當隸作𤞤，即《説文》狙字。楚簡中詛字作"𥎓"（包山簡（211））、"𥎓"（江陵天星觀一號墓竹簡卜筮類），亦從虘（或虛）聲。

《中國文字》新 25，頁 194

○李守奎（2003）　（編按：包山 79）獻。

《楚文字編》頁 577

○劉信芳（2003）　（編按：包山 105）獻：字從"犬"，"虜"聲，狎字異構。簡 81、269"甲"（兵甲、甲胄）字作"虜"。

《包山楚簡解詁》頁 100

【獻馬之月】望山 1·1

○曾憲通（1981）　據"對照表"獻馬爲秦曆年終之月，當夏曆九月。故楚簡"獻馬之月"在楚曆當爲九月，入秦後改屬十二月。

《古文字研究》5，頁 308

○朱德熙、裘錫圭、李家浩（1995）　（編按：望山 1·1）"獻馬之月"相當於夏曆九月（秦改歲首而不改月名）。

《望山楚簡》頁 87

○何琳儀（1998）　望山簡"獻馬"，楚代月名。楚十二月相當秦九月。

《戰國古文字典》頁 1011

犴　狜

十鐘

○湯餘惠等（2001）　犴。

《戰國文字編》頁 668

獟 犥

獟 璽彙 1095

○**湯餘惠**(1986)　　3 犥(《璽》1095)

(中略)例 3 左从犬，當是从犬，堯聲《説文》訓爲"犺犬"的獟字。

《古文字研究》15，頁 17

○**何琳儀**(1998)　　犹，从犬，无聲。疑獏之異文。《説文》無"或説規模字"，《集韻》謨"古作讃"。是其佐證。《集韻》："獏，獸名。"

晉璽犹，人名。

《戰國古文字典》頁 615

○**施謝捷**(1998)　　1095 （侯）獟·九侯獟。

《容庚先生誕辰百年紀念文集》頁 646

狂 桎 悻

狂 璽彙 0827　　桎 睡虎地·日甲 119 正貳　　桎 侯馬 152:2

悜 包山 22　　悻 上博三·中弓附

○**丁佛言**(1924)　　狂 狋　古鉢趙狂。

《説文古籀補補》頁 45，1988

○**羅福頤等**(1981)　　狂。

《古璽文編》頁 249

○**李天虹**(1993)　　悜 27(編按：當爲 22)、24 釋文作悻。

按：此乃狂字。《説文》古文狂字作悻、天星觀簡狂字作悻，均从心，是其證。

《江漢考古》1993-3，頁 84

○**何琳儀**(1998)　　悻，从心，㞷聲。狂之異文。

楚簡悻，人名。

《戰國古文字典》頁 633

○**白於藍**(1999)　　［一七〇］165 頁"悻"字條，"悜"(22)、"悻"(24)，即狂

字。《説文》狂字古文作"烓"，與此字形同。

《中國文字》新 25，頁 196

○**李朝遠**（2003）　（編按：上博三・中弓附）烓，疑讀"枉"。"枉"，不正，矯枉過正。全句意思是對賢哲不能求全責備。

《上海博物館藏戰國楚竹書》（三）頁 283

○**黃人二**（2005）　（編按：上博三・中弓附）"往"，原从心，往聲，整理者讀"枉"，以"不正"爲訓，非是，蓋以上位者行正，則民無不往焉，若"往"字照整理者所訓讀，則"不又（有）之'不'應爲羨衍，方可通釋"。

《上海博物館藏戰國楚竹書（三）研究》頁 127

○**連德榮**（2005）　（編按：上博三・中弓附）幾不又烓也：即"豈不有匡也"。原考釋讀"豈不有枉也"，釋"烓"爲"枉"，義爲不正，矯枉過正。全句意思是"對賢哲不能求全責備"。旭昇按：衡諸《仲弓》全文，孔子對仲弓的對話，似乎没有不能求全責備的意思，而是力求如何矯正"三害"，這就是"匡"，匡正季桓子的疏失。

《〈上海博物館藏戰國楚竹書（三）〉讀本》頁 196

類 類

類 睡虎地・封診 76　　　類 秦代印風 94

○**湯餘惠等**（2001）　類。

《戰國文字編》頁 668

○**黃德寬等**（2007）　按：種類相似者，非獨犬爲甚。類，本義當是獸名。《山海經・南山經》："亶爰之山，有獸焉，其狀如貍而有髦，其名曰類。"《列子・天瑞》："亶爰之獸，自孕而生，曰類。"

秦印類，人名。秦簡類，《集韻・術韻》："類，似也。"

《古文字譜系疏證》頁 3194

狄 㹡

㹡 陶彙 3・759　　　狄 璽彙 0836

○**丁佛言**（1924）　狄 㹡 古鉢狄光。

《説文古籀補補》頁 45,1988

○**羅福頤等**（1981）　狄　魏三字石經作狄，與此同，璽文加邑旁。

《古璽文編》頁 249

○**高明、葛英會**（1991）　狄。

《古陶文字徵》頁 151

○**何琳儀**（1998）　狄，西周金文作狄（牆盤）、狄（𣪘狄鐘）。從犬從火，會意不明。春秋金文作狄（曹伯狄𣪘），或於火旁之上加飾筆作狄（曾伯霥匿）。後者似從赤，故許慎誤以爲音符。戰國文字承襲兩周金文。

齊陶狄，姓氏。炎帝參盧後有狄氏。見《路史》。

《戰國古文字典》頁 756

△**按**　周波指出："秦文字用'狄'表示狄氏之⎨狄⎬；楚文字用'矕'表示狄戎之⎨狄⎬；齊文字用'狄'表示狄氏之⎨狄⎬；三晉文字用'剝、裘'表示狄氏之⎨狄⎬；燕文字用'剝、郪'表示狄氏之⎨狄⎬。"詳參《戰國時代各系文字間的用字差異現象研究》（160 頁，線裝書局 2013 年）。

猶　猶

猶 璽彙 1827　　猶 集成 2840 中山王鼎　　猶 睡虎地・答問 115

猶 郭店・老甲 8　　猶 上博一・詩論 4　　猶 郭店・語三 1

○**吳大澂**（1884）　猶　猶　古猶字，石鼓。

《説文古籀補》頁 41,1988

○**丁佛言**（1924）　猶　猶　古鉢邿猷。《爾雅・釋詁》："猷，謀也，又言也。"故從口。

《説文古籀補補》頁 45,1988

○**强運開**（1935）　（編按：石鼓文）《説文》："玃屬，從犬，酋聲。一曰隴西謂犬子爲猶。"《釋獸》曰："猶如麂，善登木。"是猶本爲獸名，引申之義爲猶豫，爲猶謀，爲猶圖。《釋詁》又曰："猶，道也。"《詩》"秩秩大猷"可證。段玉裁云："今字分，猷謀字，犬在右。語助字，犬在左。經典絶無此例，是猶、猷實爲一字也。"按此上闕三字。

《石鼓釋文》己鼓，頁 1

○**羅福頤等**（1981）　猶。

《古璽文編》頁 250

○**羅君惕**（1983）　（編按：石鼓文）許莊説：“猷借爲遒。《説文》：‘遒，行遒逕也。从辵，酋聲。’猷、遒古音皆在幽部。《詩·巧言》‘秩秩大猷’，《漢書·敘傳》引作‘大遒’。是猷、遒可通也。文句雖缺，然案之下文皆言途治道事，故知當借爲遒。”

《秦刻十碣考釋》頁 6，1983

○**何琳儀**（1998）　猷節猷，讀宿。《左·僖四年》“無以縮酒”，《説文》引縮作茜。《周禮·天官·甸師》“祭祀共蕭茅”，注：“蕭字或爲茜，茜讀爲縮。”是其佐證。宿，地名。《公羊·隱元年》：“及宋人盟于宿。”在今山東東平東南。

　　侯馬盟書猷，或作醜，人名。見醜字。中山王鼎猷，尚且。《禮記·檀弓》上“期而猷哭”，注：“猷，尚也。”

　　信陽簡猷，如。《禮記·檀弓》上：“兄弟之子猷子也。”

《戰國古文字典》頁 213

○**施謝捷**（1998）　（編按：璽彙3659）（猷）佗·醓猷佗。

《容庚先生百年誕辰紀念文集》頁 650

狼 槤

集粹　　陶録3·548·2　　睡虎地·日甲33背叁

○**湯餘惠等**（2001）　狼。

《戰國文字編》頁 669

○**黃德寬等**（2007）　秦印狼，姓氏。見《姓源》。秦簡狼，用其本義。

《古文字譜系疏證》頁 1891

○**王恩田**（2007）　（編按：陶録3·548·2）猲。

《陶文字典》頁 263

△按　《陶文圖録》3·548·2之形，王恩田隸定爲“猲”，徐在國（《〈陶文字典〉中的釋字問題》，《出土文獻》2輯194頁，中西書局2011年）指出：“此字釋‘猲’，誤。當釋爲‘狼’。”其説可從。

狐 栩 鼠瓜

璽彙3987　　曾侯乙36

包山 164　　　上博三・周易 37

○**羅福頤等**（1981）　狐。

《古璽文編》頁 250

○**裘錫圭、李家浩**（1989）　（編按：曾侯乙 5）《漢書・匡衡傳》"夫富貴在身而列士不譽，是有狐白之裘而反衣之也"，顏師古注："狐白，謂狐掖下之皮，其色純白，集以爲裘，輕柔難得，故貴之。"

《曾侯乙墓》頁 509

○**劉彬徽、彭浩、胡雅麗、劉祖信**（1991）　（編按：包山 95）鼩，狐字。楚簡文字中從"豸"往往以從"鼠"代之，從豸又與從犭相通。

《包山楚簡》頁 46

○**曾憲通**（1996）　（編按：包山 95）鼩字從鼠從瓜聲，楚簡偏旁每以鼠代豸或犬，故鼩當是狐字。

《古文字與出土文獻叢考》頁 47，2005；原載《中山大學學報》1996-3

○**劉信芳**（1997）　包山簡二六六："鼩緺。"按，讀如"狐繡"，《説文》："繡，馬紂也。"又："紂，馬繡也。"《方言》卷九："車紂，自關而東，周洛韓鄭汝潁而東謂之緧，或謂之曲綯，或謂之曲綸，自關而西謂之紂。""繡"或作"鞧"，《釋名・釋車》："鞧，遒也，在後遒迫使不得卻縮也。"緺、鞧、紂、緧讀音相通。

《中國文字》新 22，頁 174

○**何琳儀**（1998）　陽狐戈"陽狐"，地名。

　　晉璽"命狐"，讀"令狐"，複姓。

　　隨縣簡"狐白"，見《管子・輕重戊》："代之出狐白之皮。"《本草・狐》集解："毛皮可爲裘，腋毛純白，謂之狐白。"

　　秦璽狐，姓氏。狐氏，姬姓，周平王之子王子狐之後，以名爲氏。或言晉唐叔之後，世爲晉卿。蜀有狐篤。見《通志・氏族略・以名爲氏》。

《戰國古文字典》頁 481

　　鼩，從鼠，瓜聲。

　　包山簡"鳴鼩"，地名。包山簡鼩，讀狐。

《戰國古文字典》頁 481

○王輝（2001）　26（中略）

　　26.州狐（《秦印輯》15，鴨雄緑齋藏品）（中略）

　　二十六、州狐

　　《珍秦齋》62“狐鎖”云“狐”字同。《湖南璽印集》89“州遽”陰文印“州”字同。

　　《通志・氏族略三》：“州氏，《風俗通》云：‘晉有州綽、州賓。其先食邑於州，因以爲氏。’”由此印看，秦時已有州姓。

《四川大學考古專業創建四十周年暨馮漢驥教授
百年誕辰紀念文集》頁 302、303、305

○濮茅左（2003）　（編按：上博三・周易 37）“𪖈”，從鼠，瓜聲，字亦見於《包山楚簡》，疑即“狐”字。

《上海博物館藏戰國楚竹書》（三）頁 186

○黃人二（2005）　（編按：上博三・周易 37）（三）“敗惑三瓜（從鼠）”之“瓜（從鼠）”，今本作“狐”，整理者云：“‘瓜（從鼠）’，從鼠，瓜聲，字亦見於《包山楚簡》，疑即‘狐’字。”（見第 186 頁。）按，整理者説是，但字音之分析上，尚有另解。竹簡此字爲雙音字，“鼠、瓜”皆能表“狐”之音讀，“鼠”之古文字一般以爲釋象形，實際上，後來下部之“羽”偏旁，作用即在標注其音讀。“羽、狐”古皆匣母魚部字，“鼠、瓜”亦皆魚部，聲母之擬測分爲 x·、k·，知“鼠、狐”間之音讀較“瓜、狐”之音讀爲近，此現象可能是原音讀無法正確標音後，給一後加之準確音讀以表示之。當然，若竹簡其字爲形聲字，“鼠”爲意符，“瓜”爲聲符，便是整理者之説矣。

《上海博物館藏戰國楚竹書（三）研究》頁 69

△按　𪖈，“狐”字異體。甲骨文狐字從犬從亡作、等形（《新甲骨文編》555頁），《甲骨文編》408 頁隸定爲“㹠”，下注“從犬從亡，《説文》所無。商承祚釋狼，郭沫若釋狐”。《新甲骨文編》隸定爲“㹠”，將其置於“狐”字下。《甲骨文字編》560 頁亦釋“㹠”爲“狐”。關於學者對甲骨文“狐”的相關論述可參見《甲骨文字詁林》1580—1582 頁。近譚步雲著《古文字考釋三則：釋狐、釋蔓、釋飲／歠／畣》（《中山大學學報》2013 年第 6 期 63—68 頁）一文中對“㹠”釋“狐”之説續有補證，並釋金文《鑄子㹠匜》（《集成》10210）的（按：字形參容庚編著，張振林、馬國權摹補《金文編》687 頁，中華書局 1985 年）爲“狐”，

可參。

獺 獺 鼳

曾侯乙 49

○**裘錫圭、李家浩**（1989） （編按：曾侯乙 42）"毬"上一字亦見於下面 49 號簡，左半從"鼠"，右半似從"剌"，疑是"獺"字異體。"獺"從"賴"聲，而"賴"從"剌"聲。

（編按：曾侯乙 49）"毬"上一字亦見於 4 號簡，左半從"鼠"，右半似是"剌"，疑是"獺"字的異體。

《曾侯乙墓》頁 507、516

○**湯餘惠等**（2001） 鼳。

《戰國文字編》頁 675

○**李守奎**（2003） 鼳 從剌省聲。或即獺字。

《楚文字編》頁 581

○**蕭聖中**（2006） 整理者以爲其左半從"鼠"，右半似從"剌"，疑是"獺"字異體。"獺"從"賴"聲，而"賴"從"剌"聲。

據紅外照，此字確是"鼳"。又第 41 簡第 5 字原照不清。整理者（注 97）："此字似是'豜'字。"現據紅外照，亦當隸作"鼳"。此外第 30 簡"貂毬"，"毬"前一字，原釋文作從鼠從刀、隸作"貂"之字右半似亦從剌。同形字還見於第 46、49 簡等處。又，"鼳"字所從"剌"亦見於金文柳鼎、曾侯乙墓編鐘銘文、天星觀楚簡、郭店簡（見《性自命出》第 30、31 和 60 簡，舊釋爲剡）、上博簡（見《性情論》第 19、30 簡，原釋爲"果、剡"，讀作拔），劉釗、李守奎以爲即《說文》的"剌"字。

《簡帛》1，頁 15—16

狷 柙 脵 猒

齊魯古陶文字 7·13　　　上博三·中弓 12　　　上博三·亙先 1

上博三・中弓 16 正

璽彙 1645　　璽彙 2362

○丁佛言(1924)　吠　古鉢韓吠，古鉢左吠。

《説文古籀補補》頁 6，1988

○裘錫圭(1978)　又有字(《古徵》附 45 頁)，疑當釋“鳴”。戰國文字裏從
“口”之字往往在“口”下加“二”，如“和”字或作(《古徵》2・2)，“吠”字作
(《古徵》附 12 頁)，皆與“鳴”字同例。

《古文字論集》頁 434—435，1992；原載《北京大學學報》1978-2

○羅福頤等(1981)　狟。

《古璽文編》頁 251

○吳振武(1983)　1645 左狟・左吠。

《古文字學論集》(初編)頁 500

○吳振武(1984)　〔二七八〕251 頁，狟，璽文作，《説文》所無。

今按：此字丁佛言在《説文古籀補補》中釋爲吠，可信。古璽從口之字往
往在口旁下加兩小横，如和字作(26 頁)，鳴字作(88 頁)，皆與此字同例。
吠字見於《説文・口部》。

《〈古璽文編〉校訂》頁 128，2011

○高明、葛英會(1991)　狷。

《古陶文字徵》頁 152

○裘錫圭(1992)　李家浩同志謂印文“”旁當是“昌”之省，從“禾”者當釋
“稻”，從“犬”者當釋“狷”，從“鳥”者當釋“鵑”。此説可考慮。本文認爲“”
與“口”同，根據不足。

《古文字論集》頁 453

○湯餘惠等(2001)　(編按：璽彙 1645、2362)狷。

《戰國文字編》頁 670

○李朝遠(2003)　(編按：上博三・中弓 12)“猒”，從昌從犬，爲“狷”字，耿直、固
執。《國語・楚語下》“其心又狷而不絜”，韋昭注：“狷者，直己之志，不從人
也。”與“獨”義相近。狷人當爲狷士。

(編按：上博三・中弓 16 正)朕人，即“狷人”，參見第十二簡注。“狷”字，此處寫

作“朕”。

《上海博物館藏戰國楚竹書》(三)頁 272、275

○李零(2003)　(編按：上博三·互 1)猒(厭)。

《上海博物館藏戰國楚竹書》(三)頁 288

○季旭昇(2005)　(編按：上博三·互先 1)旭昇按：“猒”，《說文》云：“飽也，足也。從甘、肰。”因此在本簡中有“滿足”之意。

《〈上海博物館藏戰國楚竹書(三)〉讀本》頁 210

○李守奎、曲冰、孫偉龍(2007)　(編按：上博三·中弓 16 正)狷　朕　按：所从“口”旁位移。

《上海博物館藏戰國楚竹書(一—五)文字編》頁 463

犴

璽彙 3354

△按　“犴”，“豣”字異體，詳見卷九豸部“豣”字條。

岺

郭店·六德 24　　　郭店·六德 36　　　郭店·六德 42

○荊門市博物館(1998)　(編按：郭店·六德 24)狦。

《郭店楚墓竹簡》頁 188

○黃德寬、徐在國(1998)　(編按：郭店·六德 24)下面我們再談一下“狦”字。狦字不見於後世字書，此字應是从“犬”“山”聲的形聲字。古音山屬山紐元部，誕屬定紐元部，疑“狦”字應該讀爲“誕”。《說文·言部》：“誕，詞誕也，从言延聲。”《說苑·尊賢》：“口銳者多誕而寡信。”《爾雅·釋詁上》：“誕，大也。”《廣韻·旱韻》：“誕，欺也。”《呂氏春秋·應言》：“許綰誕魏王。”高誘注：“誕，詐也。”“誕”字有說大話、欺詐等義，與“誇”字同義。《老子》五十三章“是謂盜夸”，于省吾先生認爲“盜夸，即誕夸”(《釋林》384 頁)可從。“誕、誇”二字常連用，典籍又作“誇誕”，如《論衡·道虛》：“或時盧敖學道求仙，游乎北海，離衆遠去，無得道之效，慚於鄉里，負於論議。自知以必然之事見責於世，則作誇誕之語。”《抱樸子·祛惑》：“而淺薄之徒，率多誇誕之稱說。”簡文“古

（故）夫夫，婦婦，父父，子子，君君，臣臣，六者客（各）行其戠（職），而狱（誕）
夲（誇）亡緜（由）迮（作）也”。“狱夲”即誕誇。

《吉林大學古籍整理研究所建所十五周年紀念文集》頁 106

○陳偉（1998）　二六、六者各行其職而岳（獄）言（从大）亡由作也　《六德》
二三、二四

此六者各行其職而岳（獄）言（从大）蔑由亡〈作〉也　《六德》三五、三六

可以斷岳（獄）　《六德》四二

然後可以斷（獄）　《六德》四三

是以其斷岳（獄）速　《六德》四四

上舉“岳”字，皆从“犬”从“山”，疑是“岳（繁體作嶽）”字別體，借作
“獄”。如然，一、二兩句可初步解釋爲六者各行其職則訟獄就沒有發生的基
礎。而在三、四、五句中，此字接在“斷”字之後，釋爲“岳”、讀爲“獄”至順。

《江漢考古》1998-4，頁 71

○顏世鉉（1999）　十三、六者各行其職而狱（訕）夲（誇）亡緜（由）作也　《六
德》簡二三—二四

此六者各行其職而狱（訕）夲（誇）蔑緜（由）作也　《六德》簡三五—三六

狱，讀作訕，《説文》：“訕，謗也。”《論語・陽貨》：“惡居下流而訕上者。”
夲字作𠅃、𡗓，《古文四聲韻》有誇字作𠅃，與後一字形相近，《説文》：“誇，譀
也。”“譀，誕也。”簡文“狱夲”即是誇大不實的誹謗言論。劉信芳先生則認爲
簡二四“夲”字上當从“文”而不从“大”，此字當釋作“斎”，即“諺”字，簡三六
之“夲”乃“斎”之誤書，他並引曾侯乙編鐘 C.53.9 上之字爲證。按，此説有待
商榷。曾侯乙編鐘銘文作𠅃，與簡二四之“夲”字在字形上並不相近；其次簡三
六“夲”字，上部即从“大”，簡文僅止兩字，很難説此字爲錯字。

《張以仁先生七秩壽慶論文集》頁 395

○廖名春（2000）　《六德》第 23 至 25 簡説：“古夫夫，婦婦，父父，子子，君君，
臣臣，六者客（各）行丌戠而狱夲亡緜迮也。萑者煮、箸則亦才亖，萑者豐、樂
則亦才亖，萑者易、春秋亦才亖。”“古”讀爲故，“客”讀爲各，“戠”讀爲職，
“亡”讀爲無，“緜”讀爲猶，“迮”讀爲作，“萑”讀爲觀，“者”讀爲諸，“煮”讀爲
詩，“箸”讀爲書，“才”讀爲在，“亖”讀爲矣，“豐”讀爲禮。《郭店楚墓竹簡》的
這些釋讀都是正確的。但“狱”應讀爲訕。《説文・言部》：“訕，謗也。”“夲”
即誇之古文。《玉篇・言部》：“誇，逞也。夲，古文。”這不但《詩》《書》《禮》
《樂》《易》《春秋》並稱，而且説它們都是表達“夫夫、婦婦、父父、子子、君君、

臣臣"之理的。

○**劉信芳**(2000)　《六德》24:"古(故)夫夫,婦婦,父父,子子,君君,臣臣,六者客(各)行其戠,而狱畜亡繇(由)迚(作)也。""畜"字《郭店》隸作"奢",誤,該字其上從"文",而非從大。按"畜"又見於曾侯乙編鐘 C.53.9 上,字即《説文》"諺","傳言也"。由此可知"狱"應讀爲"訕","謗也"。"狱諺"即誹謗性傳言。

○**吕浩**(2001)　從文義看,"狱"似應讀爲"訕"(二者皆從山得聲,古音可通)。《説文》:"訕,謗也。"《玉篇·言部》:"訕,毁語也。"《論語·陽貨》:"惡居下流而訕上者。"何晏集解:"訕,毁謗。""奢"即古文"誇"字。《玉篇·言部》:"誇,逞也。奢,古文。""逞"即故意誇大其辭,與毁謗義相關,故"狱奢"連文。

○**陳偉**(2002)　4.岳(獄)諺(犴)

第 23—24 號簡寫道:"故夫夫,婦婦,父父,子子,君君,臣臣,六者各行其職而岳諺亡由作也。"35—36 號簡也説:"故夫夫,婦婦,父父,子子,君君,臣臣。此六者各行其職而岳諺蔑由作也。"所論二字原釋"山(左從犭)言(上從大)"。其中第一字,上從犬,下從山,我們曾指出可能是"岳"字異構,在此讀爲"獄"。在第 42、43、44 號簡中此字皆接在"斷"字後,讀作"斷獄"應該是合適的。第二字,李零先生指出:此字"從言從彦省"。劉信芳先生釋爲"产(從言)",讀爲"諺"。他針對 24 號簡上的字説:"該字其上從'文',而非從大。"又針對 36 號簡上的字説:"'大(從言)'乃'产(從言)'之誤書。"依二氏之説,並聯繫其前"獄"字,此字恐當讀爲"犴"。諺、犴都是元部疑紐,爲雙聲疊韻。"彦"字所從得聲的"厂",《説文》籀文又從"干"聲,寫作"厈"。《史記·趙世家》中的"屠岸賈",在《漢書·古今人表》中記作"屠顔賈"。這都表明存在"諺、犴"通假的可能。犴與獄屬於近義詞,故常常同時提到。《詩·小雅·小宛》:"哀我填寡,宜岸宜獄。"毛傳:"岸,訟也。"《釋文》:"岸如字,韋昭注《漢書》同。《韓詩》作'犴',音同,云:'鄉亭之繫曰犴,朝廷曰獄。'"《荀子·宥坐》:"獄犴不治,不可刑也。"楊倞注:"獄犴不治,謂法令不當也。犴,亦獄也。《詩》曰:'宜犴宜獄。''獄'字從二'犬',象所以守者。犴,胡地野犬,亦善守,故獄謂之犴也。"

○**李零**（2002）　“讒詍”，亦見於下文簡36，上字從犬從山，下字從言從彥省，似可讀爲“讒詍”（“讒”是崇母談部字，“山”是生母元部字；“詍”是透母談部字，“彥”是疑母元部字，讀音相近）。這兩個字，上字見於下文簡42—44，讀法相同。

《郭店楚簡校讀記》（增訂本）頁133

○**劉釗**（2003）　（編按：郭店·六德24）“岙”字從“犬”，“山”聲，讀爲“訕”，“訕”意爲毀謗。

《郭店楚簡校釋》頁115

○**范麗梅**（2007）　“犾”，從犬，山聲，古音在疏紐元部，“獄”，《説文》：“從犾從言，二犬所以守也。”實是從二犬，言聲，古音在疑紐元部，因此“犾、獄”二字可通。“奞”，整理者隸寫確實有誤，應作從言，文聲，古音在明紐文部，讀作“讞”，“讞”古音在疑紐元部，旁轉可通。所謂“讞”，《禮記·文王世子》：“獄成，有司讞於公，其死罪，則曰某之罪在大辟；其刑罪，則曰某之罪在小辟。”鄭《注》：“讞之言白也。”孔《疏》：“讞，言白也。謂獄斷既平定其罪狀，有司以此成辭言白於公。”因此“獄讞”指刑獄議罪之事。

《楚地簡帛思想研究》3，頁460

△**按**　上博八《子道餓》簡1有字作“”，濮茅左（《上海博物館藏戰國楚竹書》[八]123頁，上海古籍出版社2011年）隸定爲“奞”，認爲其“疑爲‘言’字或體”，並指出《郭店楚墓竹簡·六德》中的簡24“ ”和簡36的“ ”也是“從‘文、言’字”，認爲“‘犾奞’讀爲‘訕言’，即謗毀之言”，可參。

犾

新蔡零245

○**賈連敏**（2003）　犾。

《新蔡葛陵楚墓》頁216

狗

犳 璽彙1015　　狋 璽彙5588　　犳 集成11391 二十九年相邦趙戈

△**按**　狗，“豹”字異體，詳見卷九豸部“豹”字條。

犷

犭[圖] 郭店·性自 47　　犭[圖] 上博一·性情 38

○**趙建偉**（1999）　（編按：郭店·性自 47）"犴"當釋爲"作"。"悉"可能應釋爲"侮"。《禮記·樂記》"粗厲猛起奮末廣賁之音作而民剛毅"，人無奮作剛毅之情而只知悦然安和則會受到傷損侵侮。

《中國哲學史》1999-2，頁 38

○**濮茅左**（2001）　（編按：上博一·性情 38）犷，讀爲"猛"。

《上海博物館藏戰國楚竹書》（一）頁 274

○**李零**（2002）　（編按：郭店·性自 47）作。

《郭店楚簡校讀記》（增訂本）頁 107

○**李天虹**（2002）　（編按：上博一·性情 38）整理者隸定爲"犷"，誤。

《郭店竹簡〈性自命出〉研究》頁 222

○**劉釗**（2003）　（編按：郭店·性自 47）"犴"讀爲"作"，"奮作"意爲"振奮"。

《郭店楚簡校釋》頁 102

○**李零**（2007）　（編按：上博一·性情 38）"奮作"，原書把上字隸定爲从衣从田，疑爲"奮"字之省；把下字隸定爲从犬从亡，讀爲"猛"。這兩個字，上字確爲楚文字常見的"奮"字，但下字从犬从乍，參看郭店本的寫法，還是以讀"作"更好。

《上博楚簡三篇校讀記》頁 69

○**李守奎、曲冰、孫偉龍**（2007）　（編按：上博一·性情 38）犴　按：疑爲"犷"字。

《上海博物館藏戰國楚竹書（一—五）文字編》頁 463

○**馮勝君**（2007）　"犷"，郭店簡原篆作犭[圖]，上博簡原篆作犭[圖]，整理者分別釋爲"犴"（《郭店楚墓竹簡》181、183 頁）、"犷"（《上海博物館藏戰國楚竹書》[一] 274 頁）。按釋"犷"是。"乍、亡"二字在戰國楚文字中雖有頗多相混之處，但就《性自命出》與《性情論》簡文而言，犭[圖]與犭[圖]上部所从均與同篇中的"亡"字近而與"乍"字遠，如《性自命出》1 號簡"亡"字作[圖]，"夌"字作[圖]；《性情論》1 號簡"亡"字作[圖]，"乍"字作[圖]。"犷"上博簡整理者讀爲"猛"，引《漢書·禮樂志》："粗厲、猛奮之音作，而民剛毅。"

《郭店簡與上博簡對比研究》頁 235

狾

狾 珍秦金吳 96 二十一年安邑戈

狹　狶

狹 陶彙 3・146　狶 陶彙 3・243　 陶錄 2・82・4

○高明、葛英會(1991)　狹　《說文》所無。

《古陶文字徵》頁 152

○陳偉武(1995)　狹　《文字徵》第 336 頁附錄：“狹 3.329。”今按，《文字徵》第 152 頁“狹”字下：“狹 3.146，虁圓南里人狹。《說文》所無。狶 3.243，虁圓匋里人狶。”3.329 陶文當釋爲“狹”，反書，金文狺字或作狹（牆盤），右邊“犬”符與陶文極近。3.329 辭云：“縣衢上狹里郊吉。”狹用爲里名。

《中山大學學報》1995-1，頁 127

○何琳儀(1998)　狹，從豕，夫聲。

齊陶狹，人名。

《戰國古文字典》頁 590

○王恩田(2007)　狹。

《陶文字典》頁 257

狆

狆 陶彙 6・151　 陶錄 5・45・2　 陶錄 5・45・1

○牛濟普(1984)　“稟陶狆”印陶也是三字方形印陶，狆篆作“狆”，可隸定爲狆。《說文》無此字。爲新形聲字，從犬從屯，音屯，《說文》中有純字。純，金文寫作“屯、屯、屯”，商鐘文有寫作“純、純”，從鳥獸旁。疑從犬旁的狆與純通。

《中原文物》1984-2，頁 47

○高明、葛英會(1991)　狆　《說文》所無。《類篇》：“狆，小豕也。”

《古陶文字徵》頁 151

○**何琳儀**（1998）　狍，从犬，屯聲。《類篇》：“狍，小豕也。”
　　韓陶狍，人名。

《戰國古文字典》頁 1328

○**王恩田**（2007）　狍。

《陶文字典》頁 263

犹

𤝗 璽彙 0799　　𤝗 集成 2482 四年昌國鼎

○**羅福頤等**（1981）　犹。

《古璽文編》頁 252

○**何琳儀**（1998）　犹，从犬，戈聲。疑我之異文。《餘文》：“犹，同我。”
　　晉璽犹，人名。

《戰國古文字典》頁 846

△**按**　四年昌國鼎的“犹”字，《金文通鑒》《殷周金文集成》（修訂增補本第二冊 1249 頁）釋爲“伐”。“𤝗”形其左邊所从與人形不類，湯志彪（《三晉文字編》1451 頁，作家出版社 2013 年）釋爲“犹”，此暫從湯志彪之釋。

狜

𤝗 集成 9734 舒螽壺

○**張政烺**（1979）　狜，从犬，左聲，字書不見。《周禮·司馬·田僕》：“掌佐車之政。”《禮記·少儀》“佐車則否”，鄭玄注：“戎獵之副曰佐。”古代有關田獵之字多从犬（朱駿聲曾言之。此壺田字即从犬），狜蓋佐車之佐，假爲輔佐之佐。蔡侯盤“肇輚天子”，蔡侯鐘“輚右楚王”，輚亦佐車之佐，而與此偏旁不同。

《古文字研究》1，頁 237

○**張守中**（1981）　狜　假爲佐。

《中山王嚳器文字編》頁 41

○**何琳儀**（1998）　狜，从犬，左聲。疑猚之省文。見猚字。
　　中山王圓壺猚，讀佐。

《戰國古文字典》頁 879

狃

狃 集成 9734 舒盤壺

○**張政烺**（1979）　狃，从犬，田聲。古代田獵字多从犬，此就田字加犬旁。一是廢筆，無義。古代田獵，四時各有專名，而各書記載又不盡相同，《春秋·公羊傳》（桓公四年）"春曰苗，秋曰蒐，冬曰狩"。《穀梁傳》："春曰田，夏曰苗，秋曰蒐，冬曰狩。"

《古文字研究》1，頁 241—242

○**陳邦懷**（1983）　按，《集韻》先韻："畋、狃，《説文》，平田也，引周書'畋尔田'。或从犬。"壺文借狃爲田，取同音也。

《天津社會科學》1983-1，65

○**何琳儀**（1998）　狃，从犬，田聲。畋之異文。《集韻》："畋，《説文》平田也。《周書》畋尔田。或从犬，亦作甸、敟。"

中山王圓壺"狃獵"，讀"田獵"。《禮記·王制》："百姓田獵。"《管子·小匡》："田獵畢弋，不聽國政。"

《戰國古文字典》頁 1124

犺

犺 集成 11381 楚王酓璋戈

○**容庚**（1964）　（編按：集成 11381 楚王酓璋戈）銘云："楚王酓璋嚴龔寅，乍鈼戈，以邵揚文武之戈用。"錯金十八字，鳥書者四字。

《中山大學學報》1964-1，頁 83

○**李家浩**（1985）　（編按：集成 11381 楚王酓璋戈）現在按我們的讀法將戈銘釋文寫在下面：

楚王酓（熊）璋嚴犺南戉（越），用乍（作）輕戈，台（以）邵（昭）旔（揚）文武之。

"嚴"下一字右半从"兄"，左半下部與下錄古印文"犬"字下部相近：

犬 "猗"字的偏旁　《古鉥文編》248·2522

"犴"字的偏旁　同上 248‧2519

爲了印刷方便,暫且把這個字隸定作"犾"。"犾"當從"兄"聲。據戈銘的意思,疑"嚴犾"當讀爲"奄荒"。古音"嚴"與"奄"同屬談部,"兄"與"荒"同屬曉母陽部,音近可通。

《文史》24,頁 15

○**湯餘惠**(1993)　（編按:集成 11381 楚王酓璋戈）犾,通龔、恭;嚴恭,尊敬。

《戰國銘文選》頁 71

○**曹錦炎**(1999)　（編按:集成 11381 楚王酓璋戈）嚴犾南,嚴屬懲罰、打擊南方各敵對國。

《鳥蟲書通考》頁 163,1999

○**張亞初**(2001)　（編按:集成 11381 楚王酓璋戈）龔(恭)。

《殷周金文集成引得》頁 171

△按　當從李家浩之説。

狄

上博四‧昭王 3　清華叁‧芮良夫 9

△按　狄,即《説文》之"幸(㚔)"字,詳見本卷夭部"㚔"字條。

狋　猋

陶彙 3‧348

○**高明、葛英會**(1991)　狋　《説文》所無。《玉篇》:"狋,犬名。"

《古陶文字徵》頁 151

○**何琳儀**(1998)　猋,从豕,氏聲。疑狋之異文。《玉篇》:"狋,犬名。"
齊陶猋,人名。

《戰國古文字典》頁 1212

○**王恩田**(2007)　猋。

《陶文字典》頁 256

猱

集成 2611 卅五年鼎

○**李學勤**（1990）　卅五年,安命（令）周友,眂（視）事作盉犾,冶期釻（鑄）,膚半鸞,駽奭。

多年前見一鼎銘拓本,文字與上述盉銘相似,惟無"作盉"二字,"半鸞"下爲"下官"。其字體與本盉酷肖,係同時同人所製。

"安"字,或以爲从"虍",暫釋爲"安",地名。魏國圓肩跨布"安邑一釿、安邑二釿",背面常有"安"字,係"安邑"的省略,見《古錢大辭典》103、105、107、108 等號。由此可知,本銘"安"也是"安邑"省文。《彙編》這件盉和前面提到的鼎,都是魏器。魏自列爲諸侯,只有惠王有三十五年,即公元前 335 年,盉、鼎作於該年,當無疑義。務,視事人名。期,冶工名。鸞,一種容積單位。

《新出青銅器研究》頁 303,1990;
原載《四川大學學報叢刊 10·古文字研究論文集》

○**何琳儀**（1998）　猱,从犬,矛聲。《五音篇海》:"猱,羊北切,又常預切。"是否與鼎銘爲一字,待考。

卅五年虒令鼎猱,人名。

《戰國古文字典》頁 257

狤

陶彙 6·186

○**李先登**（1982）　十一、"斗"陶量:

共出土二件。其一、告東冶 H22:2:1978 年 4 月 4 日出土,戰國時器,已殘,無法測量其容積。口沿上豎向鈐印"斗"字陰文長方形印一方,陰文外框高 1.3 釐米,寬 0.7 釐米。腹內壁向鈐印陰文"狤"字印一方,陰文外框高 1.4 釐米,寬 1.2 釐米。

按"斗"字,从斗从半省,即半字。《廣韻》"料"字注:"五升。"過去在戰國陶文中很少發現有半斗者。而"斗"字在戰國金文中卻是常見的,例《十三年鼎》:"十三年鄴陰（陰）命（令）遱、上官冢子疾、冶勳釻（鑄）、膚（容）斗。"

(《三代吉金文存》三·四〇)

　　"狋"字爲反省,犭與豸通,此即貂字,乃製陶工人的私名印。

《古文字研究》7,頁 215—216

○**高明、葛英會**(1991)　貂　《説文》所無,《類篇》:"貂,犬之短尾者。"

《古陶文字徵》頁 151

○**何琳儀**(1998)　狋,从犬,台聲。
　　韓陶狋,人名。

《戰國古文字典》頁 58

○**湯餘惠**(2001)　狋。

《戰國文字編》頁 671

狋

 集成 11551 九年鄭令矛

○**何琳儀**(1998)　狋,从犬,耳聲。
　　韓戈狋,人名。

《戰國古文字典》頁 75

○**湯餘惠等**(2001)　狋。

《戰國文字編》頁 671

△**按**　《戰國文字編》(671 頁)於"狋"字頭下收録 形,標注"元年鄭令矛",此字形當出自《殷周金文集成》11551 九年鄭令矛。

猶

 璽彙 2048

○**羅福頤等**(1981)　猶。

《古璽文編》頁 252

○**何琳儀**(1998)　猶,从犬,西聲。
　　晉璽猶,人名。

《戰國古文字典》頁 1352

狧

故宮 473　　秦代印風 69

○湯餘惠等（2001）　狧。

《戰國文字編》頁 671

猒

上博五・競建 8

△按　猒,參見卷五"艸"部"芺"字條。

貉

璽彙 2524

△按　貉,"貉"字異體。詳見卷九豸部"貉"字條。

狹

古璽彙考,頁 66

△按　施謝捷隸定爲"狹"。詳參《古璽彙考》（66 頁,安徽大學 2006 年博士學位論文）。

犾

集成 2840 中山王鼎

○朱德熙、裘錫圭（1979）　此句疑當讀爲"天其有刑,粵在厥邦"。刑,法也。

《文物》1979-1,頁 50

○張政烺（1979）　犾,疑讀爲幸。

《古文字研究》1,頁 227

○**李學勤、李零**（1979）　卅八行第二字讀爲刑，《廣雅·釋詁三》：“成也”。

《考古學報》1979-2，頁 158

○**于豪亮**（1979）　䣛字从型省聲，讀若刑，假作徑，《禮記·月令》：“百官靜，事毋刑。”《呂氏春秋·仲夏紀》《淮南子·時則》刑並作徑，徑，速也。《荀子·修身》“凡治氣養心之術，莫徑由禮”，注：“徑，捷速也。”

《考古學報》1979-2，頁 174

○**徐中舒、伍仕謙**（1979）　䣛，同型。《詩·大雅·思齊》：“型於寡妻，至於兄弟，以御於家邦。”傳：“型，法也。御，治也。”此處用《詩經》成語。

《中國史研究》1979-4，頁 90

○**商承祚**（1982）　䣛爲型字之別構。

《古文字研究》7，頁 54

○**何直剛**（1990）　《王譽鼎》三十七至三十八行：“天其又䣛於茲厥邦。”各家都釋䣛爲刑，謂爲“成也”或“徑也”。按此字右部从犬，同中山金文中其它从刀的刑字，顯然有別，當作形字。見也，《國語·越語》：“天因人，聖人因天，人自生之，天地形之，聖人因而成之。”又云：“天地未形，而先爲之征。”注曰：“形，見也。見其吉凶之象。”“天其又形於茲厥邦”，即天又現吉象於茲厥邦，與上文“天降休命於朕邦”的思想，完全一致。

《文物春秋》1990-3，頁 53

○**湯餘惠**（1993）　型，通刑，法則。

《戰國銘文選》頁 34

○**何琳儀**（1998）　中山王鼎䣛，讀型。《爾雅·釋詁》：“型，法也。”

《戰國古文字典》頁 818

猏

陶彙 3·948　　陶錄 3·186·4

○**劉釗**（1991）　古陶文有字作：☲《陶彙》3·948

字从“大”从“豆”，舊不識。按“豆”乃豆字一望便知，金文豆字作“豆”（散氏盤）、“豆”（周生簋），戰國文字作“豆”（陶文），形體完全相同。“大”應即“犬”字，金文狄字作“狄”（曾伯霥匡），猏字作“猏”（《侯馬》），䣛字作“䣛”（《璽彙》0532），所从犬字皆與“大”形接近，故可知“☲”字可釋爲“猏”。猏字見於《玉篇》和《集韻》。

《古文字構形學》頁 286,2006

○**何琳儀**(1998)　狟,从犬,豆聲。《玉篇》:"狟,犬吠聲。"

　　齊陶狟,人名。

《戰國古文字典》頁 1466

○**湯餘惠等**(2001)　狟。

《戰國文字編》頁 671

○**王恩田**(2006)　冢豆。

《陶文圖錄》3,頁 1038

△**按**　《陶文圖錄》3·186·4 ▨,王恩田釋爲"冢豆",誤。當從劉釗釋爲"狟"。

狽

▨陶彙 3·190　　▨集成 11561 關令趙狽矛

○**高明、葛英會**(1991)　狽　《説文》所無。《集韻》:"狽,獸也,狼屬也。"

《古陶文字徵》頁 152

○**何琳儀**(1998)　狽,从犬,貝聲。《集韻》:"狽,獸名。狼屬也。生子或缺一足二足者,相附而行,離則顚。故猝遽謂之狼狽。"

　　十一年繭令戈狽,人名。

《戰國古文字典》頁 948

猂

▨侯馬 156:19

○**山西省文物工作委員會**(1976)　孚。

《侯馬盟書》頁 310

○**何琳儀**(1998)　猂,从犬,孚聲。《龍龕手鑒》:"猂,同猳。"《篇海》:"猂,猂狢,小犬。誤作猂。"猂爲猳之訛誤,參金文孚或作 ▨(商尊)。

　　侯馬盟書猂,人名。

《戰國古文字典》頁 936

○**湯餘惠等**（2001）　狩。

《戰國文字編》頁 670

猎

猎墨彙 3068

○**羅福頤等**（1981）　猎　《説文》所無，《廣韻》：“猎，犬聲，同狺。”

《古璽文編》頁 54

○**何琳儀**（1998）　猎，从犬从言，會犬吠之意，言亦聲。猎、言均屬疑紐，猎爲言之準聲首。《廣韻》：“猎，犬爭。”（語巾切）《集韻》：“狺，《説文》犬吠聲。或从言。”《正字通》：“猎、狀、㹞、狺同。”

　　晉璽猎，人名。

《戰國古文字典》頁 1324

○**湯餘惠等**（2001）　訆。

《戰國文字編》頁 150

猌

猌考古與文物 2007-6，頁 56 二年平陶令范昊戈

猌考古與文物 2002-2，頁 70 二年宜陽戈

○**黄錫全**（2002）　（編按：二年宜陽戈）第五字，中閒从口，左右所从，似犬非犬，似戈非戈。《殷周金文集成》17·11314 號戈銘有一字與此字類同。仔細琢磨，可能都是从戈（或小有變化），均當釋爲噐字，即《説文》“誟”之籀文。

《考古與文物》2002-2，頁 69

○**王輝、王沛**（2007）　（編按：二年平陶令范昊戈）“猌”字字書未見，疑與上文提到的“二年皇陽令猌”戈“猌”字爲一字之異。二字皆爲或聲，豕、犬皆家畜，義近偏旁通用。

《考古與文物》2007-6，頁 56

△**按**　關於二年平陶令范昊戈和二年宜陽戈的“猌”字，陳斯鵬等指出：“所从‘或’亦有可能是‘噐’（《説文》‘誟’字籀文）之省。”參《新見金文字編》（301

頁,福建人民出版社 2012 年)。

犳

集粹　珍秦金吳 117 廿八年左庫工師愈戟

○**何琳儀**(1998)　犳,从犬,寻聲。

　　晉器犳,人名。

《戰國古文字典》頁 17

○**湯餘惠等**(2001)　犳。

《戰國文字編》頁 672

猐

文物研究 6,頁 202

○**裘錫圭**(1990)　B

　　B 應釋爲"羮鈥旅(璽)"。"羮"疑即"樣"字異體。《方言·五》:"槌……齊謂之樣。"此字跟簡化字"样"不是一個字。"鈥"字不識。

《文物研究》6,頁 202

○**何琳儀**(1998)　猐,从犬,金聲。疑犷之繁文。《字彙》:"犷,獸名。"

　　楚璽"樣猐",疑地名。

《戰國古文字典》頁 1395

狻

珍秦 29

○**何琳儀**(1998)　狻,从犬,炎聲。《集韻》:"《山海經》女和月母之北有國曰狻氏。"

　　晉璽狻,人名。

《戰國古文字典》頁 1442

猦

猦 璽彙 1014　　　猦 璽彙 2860　　　猦 璽彙 2938

猦 璽彙 2510　　　猦 璽彙 3452

○羅福頤等（1981）　猦。

《古璽文編》頁 250

○何琳儀（1998）　猦，从犬，易聲。

燕璽猦，姓氏。

《戰國古文字典》頁 669

○湯餘惠等（2001）　猦。

《戰國文字編》頁 672

猻

猻 集成 2840 中山王鼎　　　猻 集成 9735 中山王方壺

○朱德熙、裘錫圭（1979）　（編按：集成 9735 中山王方壺）猻（佐）。

（編按：集成 2840 中山王鼎）猻（左）。

《文物》1979-1，頁 48、49

○張政烺（1979）　（編按：集成 9735 中山王方壺）猻，从犬从木，左聲。字書不見，疑是“佐車”之佐字。《周禮·夏官·田僕》：“掌馭田路，以田，以鄙。”鄭玄注：“田路，木路也。田，田獵也。”《禮記·少儀》“乘貳車則式，佐車則否”，鄭玄注：“戎獵之副曰佐。”佐車以木爲之，故从木。用於田獵，故从犬。在此讀爲佐。

《古文字研究》1，頁 213

○趙誠（1979）　（編按：集成 9735 中山王方壺）猻，从犬从木，左聲，此用爲佐。

《古文字研究》1，頁 249

○李學勤、李零（1979）　（編按：集成 9735 中山王方壺）猻（佐）。

（編按：集成 2840 中山王鼎）猚（左）。

《考古學報》1979-2, 頁 148、154

○**商承祚**（1982）　猚, 不見於字書, 既與右字連文則爲後起佐佑字。在早期文字如甲骨文等, 左右作𠂇𦥑, 又借爲左（佐）右（佑）, 在周代的虢季子白盤“是用左右”,《詩·長發》“實左右商王”, 可證。及以左、右代替了𠂇、又, 𠂇廢而以又訓復意, 繼之左（佐）右（佑）復代替了𠂇、又, 遂增人旁而爲佐佑矣。

《古文字研究》7, 頁 52

○**何琳儀**（1998）　猚, 从犬, 差聲。《玉篇》:“猚, 犬狂。”

中山王鼎“猚右寡人”, 讀《晏子·問上》“佐佑寡人”。中山王方壺猚, 讀佐。

《戰國古文字典》頁 880

○**湯餘惠等**（2001）　猚。

《戰國文字編》頁 672

猜

陶彙 9·11

○**何琳儀**（1998）　猜, 从犬, 𡭔聲。

晉璽猜, 人名。

《戰國古文字典》頁 1045

○**湯餘惠等**（2001）　猜。

《戰國文字編》頁 672

獙

十鐘

○**何琳儀**（1998）　獙, 从犬, 癸聲。《集韻》:“獙, 壯勇皃。”

秦璽獙, 人名。

《戰國古文字典》頁 1189

○**湯餘惠等**（2001）　獏。

《戰國文字編》頁 672

獏

聖彙 1309　　聖彙 3817

△**按**　獏，"貘"字異體,詳見卷九豸部"貘"字條。

猏　鼽

曾侯乙 26

曾侯乙 4

○**裘錫圭、李家浩**（1989）　（編按：曾侯乙 4）"鼽",簡文多寫作"猏",88 號、115 號等簡作"縞"。疑"鼽、猏"二字讀爲"縞"。或説"鼽、縞"當讀爲"猏"。"縞"應即"獒"之異體。"高、敖"古音相近。《書·旅獒·序》"西旅獻獒",孔穎達正義引鄭玄云:"獒,讀曰豪。""豪"從"高"省聲。《爾雅·釋畜》:"狗四尺爲獒。""縞綏"即獒皮作的綏。他簡尚有"革綏"。這兩種"綏"大多與車器記在一起,與簡文常見的附於其他東西之上的"組綏"之"綏"有別。《説文·系部》:"綏,車中把(靶)也。"《儀禮·士昏禮》"授綏"鄭玄注:"綏,所以引升車者。"疑"猏綏、革綏"之"綏"即指車綏。

《曾侯乙墓》頁 509

○**何琳儀**（1998）　猏,从犬,高聲。獠或狣之異文。《集韻》獠或作狣、猏。
　　隨縣簡猏,疑讀縞。或讀獝、獒,犬類。

《戰國古文字典》頁 292

鼽,从鼠,高聲。
隨縣簡鼽,讀猏。

《戰國古文字典》頁 292

○**李守奎**（2003）　猏　見《集韻·爻韻》。

《楚文字編》頁 579

猥

集粹

○**湯餘惠等**(2001)　猥。

《戰國文字編》頁 673

獂

猥侯馬 200:58

○**何琳儀**(1998)　獂，从犬，眾聲。
　　侯馬盟書獂，人名。

《戰國古文字典》頁 275

獡

獡曾侯乙 172

○**裘錫圭、李家浩**(1989)　(編按：曾侯乙 172)獡。

《曾侯乙墓》頁 499

○**張光裕、滕壬生、黃錫全**(1997)　(編按：曾侯乙 172)獡。

《曾侯乙墓竹簡文字編》頁 83

○**何琳儀**(1998)　獡，从犬，豦聲。豦之繁文（"封豕"）。《集韻》："豦，獸名。
或从犬。"
　　隨縣簡獡，人名。

《戰國古文字典》頁 447

○**李守奎**(2003)　獡。

《楚文字編》頁 579

△**按**　此字從張光裕、滕壬生和黃錫全之釋。

獃

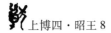上博四・昭王 8

△按　獃，“獸”字異體。詳見卷十四嘼部“獸”字條。

猷

新蔡甲三 316

○賈連敏（2003）　（編按：新蔡甲三 316）猷。

《新蔡葛陵楚墓》頁 198

獳

集成 9735 中山王方壺　　　包山 202　　　上博二・容成 3

○朱德熙、裘錫圭（1979）　（編按：集成 9735 中山王方壺）獳（舉）。

《文物》1979–1，頁 48

○張政烺（1979）　（編按：集成 9735 中山王方壺）獳（與）臤（賢）速（使）能。

　獳，从犬，與聲，字書不見。古从犬之字多與田獵有關，或是田獵之一動作，在此讀爲舉。《禮記・禮運》：“選賢與能。”與字用法同。

《古文字研究》1，頁 212

○趙誠（1979）　（編按：集成 9735 中山王方壺）與（舉）。

《古文字研究》1，頁 248

○李學勤、李零（1979）　（編按：集成 9735 中山王方壺）獳（舉）。

《考古學報》1979–2，頁 148

○于豪亮（1979）　（編按：集成 9735 中山王方壺）“獳（與）賢使能”，《禮・禮運》：“選賢與能。”與讀爲舉。《大戴禮記・公冠》：“親賢使能。”

《考古學報》1979–2，頁 178

○陳邦懷（1983）　（編按：集成 9735 中山王方壺）按，《廣韻》魚韻：“獳，獸名。”《集韻》魚韻：“獳，獸名。一曰，猗獳，犬子。”羊諸切，音余。壺銘借獳爲舉，以音近也。

《天津社會科學》1983-1, 頁 66

○何琳儀（1998）　獀, 从犬, 與聲。《集韻》：“獀, 一曰猗獀, 犬子。”
　　中山王方壺“獀𡉚”讀“舉賢”。《尉繚子·戰威》：“舉賢任能。”

《戰國古文字典》頁 542

○李零（2002）　(編按：上博二·容成3)“㪔”, 讀爲“廢”。原文似乎是説上述殘疾者皆得其用。

《上海博物館藏戰國楚竹書》(二) 頁 253

○陳劍（2003）　(編按：上博二·容成3)㡭棄不㪔。

《“中研院”成立 75 周年紀念論文集——中國南方文明學術研討會》頁 1

○蘇建洲（2003）　(編按：上博二·容成3)𤟤：李零先生隸作“㪔”, 讀爲“廢”, 原文似乎是説上述殘疾者皆得其用。按：仔細觀察字體, 實在看不出有從“攴”的形構, 反倒類似楚系“犬”字的下半部。至於字形爲何, 由於字形模糊, 應以不識字來處理。

《〈上海博物館藏戰國楚竹書(二)〉讀本》頁 115—116

○季旭昇（2003）　(編按：上博二·容成3)字形上似從與, 下似從犬。

《〈上海博物館藏戰國楚竹書(二)〉讀本》頁 116

○李守奎（2003）　獀　㪔　《玉篇·犬部》有獀。

《楚文字編》頁 579

○蘇建洲（2006）　(編按：上博二·容成3)“㪔”字筆者以爲應讀作“舉”, “不舉”即不予任用。雖然患癩也是殘廢的一種, 但是擔心互相傳染, 所以不予任用。

《上海博物館藏戰國楚竹書(二)校釋》頁 54

○李守奎、曲冰、孫偉龍（2007）　(編按：上博二·容成3)㪔　按：讀作“舉”。

《上海博物館藏戰國楚竹書(一——五)文字編》頁 463

【獀禱】包山 202

○劉彬徽、彭浩、胡雅麗、劉祖信（1991）　獀禱, 獀也寫作“塱”, 讀作舉。《周禮·天官·膳夫》“王日一舉”, 鄭注：“殺牲盛饌曰舉。”塱禱即舉禱。舉禱的對象有先祖、父母、兄弟及山川、神祇。一般情況下, 同時祭祀多個對象, 個別情況下只祭祀一位先人或神祇。

《包山楚簡》頁 54

○曾憲通（1993）　罷禱、塱禱都是向祖宗神明求福去禍, 凡因得福消災而回報神明者則稱爲賽禱。

《第二屆國際中國古文字學研討會論文集》頁 410

○**李零**（1993）　（2）與禱（簡 202、210、217、222、224、225、227、229、233、237、240、243、244、246、248、249、250）。簡文所見禱祠絶大多數是這一種。"與"字原从犬旁或止旁。（3）賽禱（簡 210、213、214、219）。在簡文中出現也較少。

　　這三種禱祠，其中只有賽禱可與文獻對證，知其含義爲報神之祭，其他兩種還有待探討。我們懷疑，"與禱"可能是始禱，與"賽禱"的"賽"是報答之義正好相反，兩者有對應關係，而"翌禱"則是來年的禱。殷墟卜辭有周祭制度，簡文所述或與之相似。

《中國典籍與文化論叢》1，頁 437

○**石泉**（1996）　舉禱以犧牲、祭品向神祈福禳禍。包山楚簡 291 簡："舉禱楚先老僮、祝融、鬻熊各一牂。"舉本爲朔、望盛饌之禮，依次禮祈禱於神，稱"舉禱"。《國語·楚語下》："王問於觀射父曰：'祀牲何及？'對曰：'祀加於舉。天子舉以大牢，祀以會；諸侯舉以特牛，祀以大牢；卿舉以少牢，祀以特牛；大夫舉以特牲，祀以少牢。'"韋昭《注》："舉，人君朔望之盛饌。"

《楚國歷史文化辭典》頁 312

○**陳偉武**（1997）　"塱禱"之"塱"當是"舉"字異寫，亦作"遳"。或从犬作"獌"，與中山方壺"獎（舉）孯（賢）速（使）能"之"獎"寫法同。"舉"有"祭祀"義，《詩·大雅·雲漢》："靡神不舉。"《周禮·天官·膳夫》："王日一舉，鼎十有二，物皆有俎。"鄭玄注："殺牲盛饌曰舉。""舉"這個詞所表示的行爲（包括祭祀），往往含有起始的因素，故李零先生釋"塱禱"之"塱"爲"始"可從。（中略）

　　總之，塱（舉）禱、罷（仍）禱和賽禱是一套有着時間先後順序的禱祠術語。"殺牲盛饌曰舉"，"塱禱"含初始祭禱的意思；"罷"讀爲"仍"，古書亦作"礽"，因也，"罷禱"即連續而禱；"賽禱"指報賽神福，相對於"塱禱、罷禱"而言。

《第三屆國際中國古文字學研討會論文集》頁 655—657

○**何琳儀**（1998）　包山簡"獌禱"，疑讀"舉禱"。

《戰國古文字典》頁 542

○**劉信芳**（2003）　塱禱：又見 217、222、224 諸簡，簡 202 作"獌禱"，並讀爲"舉禱"。舉本爲朔、望盛饌之禮，依次禮祈禱於神，此所以稱"舉禱"。《國語·楚語下》："王問於觀射父曰：祀牲何及？ 對曰：祀加於舉。天子舉以大

牢,祀以會;諸侯舉以特牛,祀以大牢;卿舉以少牢,祀以特牛;大夫舉以特牲,
祀以少牢。"韋昭《注》:"舉,人君朔望之盛饌。"

《包山楚簡解詁》頁 226

○沈培(2007)　　不同的貞人在同一時閒的貞卜中,所用的祭祀方案是完全
一樣的,因爲他們所用的是一套還沒有實行的方案;如果真要實行,也没必
要重複進行兩次完全一樣的祭祀;但是不同的貞人在不同時閒的貞卜中,一
般時閒在前的用"舉禱",時閒在後的用"賽禱"。爲什麽呢? 因爲時閒在前
的那次"舉禱"很可能已經舉行過了。時閒在後的雖則仍要舉行一次跟先
前完全一樣的祭祀,但因爲所舉行的時閒不同,才改用"賽禱"之名。"舉
禱"與"賽禱"各自確切的含義雖然還不太十分清楚,如果我們所説的情況
屬實,則可證明:對於同樣的祭祀方案,先前舉行的叫"舉禱",再舉行一次
則叫"賽禱"。

《古文字與古代史》1,頁 427

○楊華(2007)　　由此看來,卜筮祭禱簡中常見的"舉禱",是指楚人以殺牲盛
饌的舉食之禮來祭禱鬼神,簡而言之,就是給鬼神進貢肉食之飯。

《傳統中國研究集刊》3,頁 77

獡

 曾侯乙 143

○裘錫圭、李家浩(1989)　　(編按:曾侯乙 143)獡。

《曾侯乙墓》頁 497

○何琳儀(1998)　　獡,從犬,翟聲。《玉篇》:"獡,似獼猴而黃。又作蠼。"
　　隨縣簡"獡耴",人名。或説黃馬之耳似獡。

《戰國古文字典》頁 313

○湯餘惠等(2001)　　獡。

《戰國文字編》頁 673

○李守奎(2003)　　獡　　見《玉篇·犬部》。

《楚文字編》頁 579

獴

曾侯乙 61

○**裘錫圭、李家浩**(1989)　（編按：曾侯乙 3）"𢇶"，或寫作"獴"（61 號）、"奐"（44 號、97 號）。此字在簡文中有兩種用法，一是用作車馬器的名稱，常與韅、靾、靷、靯、轡等記在一起，如"豻首之𢇶、豻𢇶"等；一是用作形容羽毛之詞，如"𢇶羽之翿"（42 號、43 號）。在望山二號墓竹簡記車馬器的簡文中，與此用法相似的一個字作"𢇶"。天星觀一號墓竹簡"𢇶"亦从"犬"作"狊"。疑簡文"𢇶"即"𢇶"字之省（字見《集韻》送韻）。指車馬器的"𢇶"是什麼，目前還不清楚。形容羽毛的"𢇶"應當讀爲《詩·秦風·小戎》"蒙伐有苑"之"蒙"，意即雜色（參看《信陽楚簡"滄"字及从"关"之字》，《中國語言學報》第一期 195 頁）。

《曾侯乙墓》頁 506—507

○**何琳儀**(1998)　獴，从犬，𢇶聲。
　　隨縣簡獴，讀𢇶。

《戰國古文字典》頁 1224

獹

珍秦 159

○**何琳儀**(1998)　獹，从犬，盧聲。《玉篇》："獹，韓獹，天下駿犬。"
　　秦璽獹，人名。

《戰國古文字典》頁 453

玃

睡虎地·日甲 73 背

○**陳振裕、劉信芳**(1993)　按："玃"，人名。

《睡虎地秦簡文字編》頁 111

○張守中（1994）　　獥　《説文》所無。

《睡虎地秦簡文字編》頁 157

○湯餘惠等（2001）　　獥。

《戰國文字編》頁 668

獥

上博三・周易 44

○濮茅左（2003）　（編按：上博三・周易 44）“獥”，字待考，或讀爲“汲、繘”，馬王堆漢墓帛書作“汲”，從下向上打水，《莊子・至樂》：“綆短者不可以汲深。”今本作“繘”，汲井水的繩索。《急就篇》：“繘，汲索也，一名綆。”

《上海博物館藏戰國楚竹書》（三）頁 196

○陳惠玲（2005）　（編按：上博三・周易 44）“類”，從犬，頪聲。簡文“獥”字的左半及下方部件，從徐在國先生之説，可能爲“類”的異體字。右上半部，上爲隹，下爲心，應是“惟”無誤。今本作“繘”（喻／質），與“類”（來／微），上古同爲舌音，質、微二部旁對轉，可通。（《古音學發微》頁 1081）

《〈上海博物館藏戰國楚竹書（三）〉讀本》頁 124

○李零（2006）　（編按：上博三・周易 44）獥，簡文寫法較怪，上部左半從采從月，右半從隹從心，下部作犬，疑讀爲繘。馬王堆本作汲，今本作繘。

《中國歷史文物》2006-4，頁 62

○徐在國（2006）　《周易》第 44 簡有字作獥。馬王堆漢墓帛書本作“汲”，今本作“繘”。作者硬性隸定作獥。

　　按：此字左上部所從的“月”應當是“胉”，下部所從是“犬”，疑爲“類”字異體，“胉”是聲符（上古音胉，曉紐物部；類，來紐物部）。宋郭忠恕《汗簡》卷上之二肉部引《尚書》“類”字作𦙶，從“阜”，“𦙶”聲。段玉裁《説文解字注》“胉”字從十，𦙶聲”。據傳抄古文資料將“𦙶”釋爲“類”沒有問題。曾侯乙墓簡有“𨟚”字，裘錫圭、李家浩兩位先生説：“宋郭忠恕《汗簡》卷上之二肉部引《尚書》類字作𦙶，與簡文‘𨟚’所從‘阶’相似，當是一字。”其説甚確。此字右上部所從是“惟”。我們認爲此字所從的“類、惟”都是聲符，當讀爲“繘”。類、惟與繘上古音近。類、律二字古通。《禮記・樂記》：“律小大之稱。”《史記・樂書》“律”作“類”。律、聿二字古通。《爾雅・釋言》：“律、遹，述也。”

《詩・大雅・文王有聲》正義引"律"作"聿"。聿、繘二字古通。《詩・大雅・文王有聲》:"遹追來孝。"《禮記・禮器》引"遹"作"聿"。《詩・小雅・楚茨》:"神保聿歸。"《宋書・樂志》引"聿"作"遹"。"繘、汲"二字當屬同義關係。附帶談一下楚帛書中的"𦁐"字,應分析爲从"糸","肤"聲,釋爲"繘"。帛文云"民人弗智歲,則無繘祭"之"繘祭",當讀爲"禷祭"。

《康樂集》頁 132—133

○**陳劍**（2006）　（編按:上博三・周易 44）按此字原形如下:

其左上角所從是"午"形而非"米",原考釋的隸定以及由此而來的徐在國先生釋"類"之説,跟字形不合。我們改爲隸定作"奱"。

"奱"字除去右上的"隹"形和下半的"犬"形後餘下的部分，跟楚文字"達"字的一類寫法的聲旁字形相同:

《上海博物館藏戰國楚竹書(二)・民之父母》簡 2"達於禮樂之源"之"達"

《古璽彙編》1592　《古璽彙編》2246　《古璽彙編》5331

楚文字中"達"字的寫法很多,上舉一類寫法的"達"字跟常見的"達"字字形距離較遠,需要略作解釋。楚文字中"達"字字形的來源和各類寫法之間的關係,魏宜輝先生曾有很好的分析。他指出,西周金文中"達"字作遬、達、達等形(看《金文編》第 101 頁),楚文字中或將其聲旁的下半部分用所謂"省形符號""二"代替,作達(郭店《語叢一》簡 60)、達(郭店《五行》簡 43)一類形;或又在其聲旁下部贅加偏旁"口",作達(郭店《老子》甲本簡 8)、達(郭店《語叢一》簡 60)一類形;"二"形或省作一筆作達(《上海博物館藏戰國楚竹書[一]孔子詩論》簡 19),又或完全省去作達(郭店《窮達以時》簡 11、14、15 等)。達類寫法和前舉達一類寫法又或再加上"月"旁作:

包山簡 121　《古璽彙編》3528　郭店《性自命出》簡 54

上舉三形,再省去其聲旁中部的"口"形或"二"形,就變成前舉聲旁作上爲"午"形下爲"月"形的楚文字"達"字之形了。（中略）

"奱"字既然其最成問題的偏旁與楚文字"達"字的聲旁相同,自然可以考慮直接讀爲"達"。"達"常訓爲"通","達井"之説是可以成立的。《孟子・盡心上》:"孟子曰:有爲者辟若掘井,掘井九軔而不及泉,猶爲棄井也。""掘井及泉”即爲“達”,爲“達井”。《抱樸子内篇・極言》:“井不達泉,則猶不掘也;一步未至,則猶不往也。”

　　《左傳・哀公元年》“在軍,熟食者分,而後敢食”孔穎達《正義》:“《孫武兵書》云:軍井未達,將不言渴;軍竈未炊,將不言飢。”

　　托名黄石公的《黄石公三略・上略》也説:“《軍讖》曰:軍井未達,將不言渴;軍幕未辦,將不言倦;軍竈未炊,將不言飢。”

　　《淮南子・兵略》和《尉繚子・戰威》有跟上引《黄石公三略・上略》相近的一段文字,有關部分如下:

　　　　軍食孰然後敢食,軍井通然後敢飲,所以同飢渴也;合戰必立矢射之所及,以共安危也。(《淮南子・兵略》)

　　　　軍井成而後飲,軍食熟而後飯,軍壘成而後舍,勞佚必以身同之。(《尉繚子・戰威》)

可見,簡文“母(毋)羅(達)井”可以解釋爲“没有已經穿通的井”,亦即“没有已成的井”。

《文史》2006-4,頁 9—11

○**何琳儀**(2007)　　(編按:上博三・周易 44)“羅”,帛本作“汲”,今本作“繘”。“羅”从“隹”得聲,與“繘”韻母同屬之部。“繘”與“汲”聲母同屬見紐。

《上海博物館藏楚竹書〈周易〉》頁 105,《儒藏》精華編二八一

狀

狀　齊魯古陶文字 4・80　　狀　陶録 2・24・1

○**高明、葛英會**(1991)　狀。

《古陶文字徵》頁 151

○**何琳儀**(1998)　狀,金文作狀(魯侯獄鬲獄作狀)。从二犬,會二犬相鬬之意。狀,疑紐;犬,溪紐。溪、疑均屬牙音,狀爲犬之準聲首。戰國文字承襲金文。由二犬相背形演化爲二犬相從形。

《戰國古文字典》頁 1323

○**王恩田**(2007)　狀。

《陶文字典》頁 264

獄

集粹　　包山 84 反　　上博二·從甲 8　　上博四·曹沫 34　　睡虎地·爲吏 44 叁

○何琳儀（1998）　　包山簡獄，見《國語·周語》中"君臣無獄"，注："獄，訟也。"

《戰國古文字典》頁 355

○李零（2002）　（編按：上博二·容成 29）訟獄，二者皆爭訟之義。

《上海博物館藏戰國楚竹書》（二）頁 273

○黃德寬等（2007）　　楚璽、包山簡、秦簡獄，訴訟。

《古文字譜系疏證》頁 972

鼠

睡虎地·秦律 42

○睡簡整理小組（1990）　（編按：睡虎地·秦律 42）鼠（予）。

《睡虎地秦墓竹簡》頁 29

貉

包山 87　　包山 227　　集成 11328 王二年鄭令戈

△按　貉，"貉"字異體，詳見卷九豸部"貉"字條。

鼷

包山 91　　睡虎地·答問 152

○睡簡整理小組（1990）　（編按：睡虎地·答問 152）鼷，一種小鼠。

《睡虎地秦墓竹簡》頁 129

○劉彬徽、彭浩、胡雅麗、劉祖信（1991）　（編按：包山 91）鼷。

《包山楚簡》頁 23

○劉釗(1998)　［65］簡 91 有字作“”,字表隸作“鼶”。按字從“鼠”從“系”,古“系、奚”二字形音皆近。漢初簡帛文字多以“系”爲“奚”。曾侯乙墓竹簡有“搙”,從手從系。裘錫圭、李家浩二先生據“系、奚”相通的規律釋其爲“搙”,其說可信。簡文中從“豸”的字皆從“鼠”作,“鼶”應釋爲“奚”。“奚”字見於《集韻》等書,在簡文中用爲人名。

《東方文化》1998-1、2,頁 56

○何琳儀(1998)　包山簡鼶,人名。

《戰國古文字典》頁 777

○湯餘惠(2001)　鼶系。

《戰國文字編》頁 674

○李守奎(2003)　鼶。

《楚文字編》頁 579

鼩　鼩

包山 277　上博四·逸詩·交交 2

△按　鼩,“豹”字異體,詳見卷九豸部“豹”字條。

鼥

集成 9735 中山王方壺

上博四·柬大 5　上博七·凡甲 17

○朱德熙、裘錫圭(1979)　(編按:集成 9735 中山王方壺)鼥(一)。

《文物》1979-1,頁 48

○張政烺(1979)　(編按:集成 9735 中山王方壺)鼥,從鼠,一聲,字書不見,在此讀爲一,一夫古書中常見。

《古文字研究》1,頁 219

○趙誠(1979)　(編按:集成 9735 中山王方壺)鼥字從鼠一聲,借爲一,一夫爲古書常語。

《古文字研究》1,頁 252

○**李學勤、李零**（1979）　（編按：集成 9735 中山王方壺）𪕊（一）。

《考古學報》1979-2，頁 149

○**于豪亮**（1979）　（編按：集成 9735 中山王方壺）鼠（一）。

《考古學報》1979-2，頁 180

○**張克忠**（1979）　（編按：集成 9735 中山王方壺）鼠。

《故宮博物院院刊》1979-1，頁 43

○**徐中舒、伍仕謙**（1979）　（編按：集成 9735 中山王方壺）逸，此一字之緐文，从逸、一兩聲符。賈誼《過秦論》："一夫作難。"

《中國史研究》1979-4，頁 88

○**張守中**（1981）　𪕊。

《中山王譽器文字編》頁 54

○**商承祚**（1982）　（編按：集成 9735 中山王方壺）鼠，釋者皆釋一，我認爲此字以鼠（鼠）作偏旁不是沒有意義的。乃借鼠之一部分而爲匹字，匹夫一詞，經史常見。

《古文字研究》7，頁 68

○**黃盛璋**（1982）　（編按：中山方壺）𪕊（匹）："曾亡（無）𪕊夫之救。"朱、裘、李、于皆釋"一"，此字何以是"一"則未解，張釋"鼠"，僅據形似，而文義不通，諸家於此字之形、音、義實皆未明，從結構分析，此字實爲从"鼠"从"一"，"鼠、一、匹"皆在脂部，而"鼠、匹"又爲雙聲，這當是中山一個新造之字，鼠表聲符，一表意符，與"匹"音義皆合。

《古文字研究》7，頁 79

○**何琳儀**（1998）　（編按：集成 9735 中山王方壺）𪕊。

《戰國古文字典》頁 1551

○**濮茅左**（2004）　（編按：上博四·柬大 5）"鼠"，通"瘋"，憂病。《爾雅·釋詁》："瘋，病也。"《詩·小雅·正月》："瘋憂以痒。"又《詩·小雅·雨無正》："鼠思泣血。"

《上海博物館藏戰國楚竹書》（四）頁 199

△**按**　"鼠"字又見於上博八《王居》簡 2，關於"鼠"字的用法可參看以下文章：劉洪濤《讀上海博物館藏戰國楚竹書四札記》（簡帛網 2006 年 11 月 8日）、沈培《略説〈上博（七）〉新見的"一"字》（復旦網 2008 年 12 月 31 日）和楊澤生《上博簡〈凡物流形〉中的"一"字試解》（《古文字論壇》1 輯 138—155頁，中山大學出版社 2015 年）。

鼦

曾侯乙 5

△按　鼦，"貂"字異體，詳見卷九豸部"貂"字條。

鼾

曾侯乙 4　　包山 271

△按　鼾，"豻"字異體，詳見卷九豸部"豻"字。

鼤

包山 85　　包山 162

○劉彬徽、彭浩、胡雅麗、劉祖信（1991）　（編按：包山 162）鼤。

《包山楚簡》頁 29

○何琳儀（1998）　鼤，从鼠，予聲。疑猞之異文。《搜真玉鏡》："猞，音野。"
　　包山簡鼤，人名。

《戰國古文字典》頁 569

○湯餘惠等（2001）　鼤。

《戰國文字編》頁 674

鼳

包山 259　　上博三·周易 37

△按　鼳，"狐"字異體，詳見本卷犬部"狐"字條。

鼪

上博六·平王 1　　上博六·平王 3

○陳佩芬（2007）　（編按：上博六·平王 1）"鼪賽"，地名，地望不詳。

《上海博物館藏戰國楚竹書》（六）頁 269

鼰

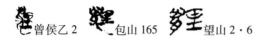

 曾侯乙 2　　 包山 165　　 望山 2·6

△按　鼰，“貍”字異體，詳見卷九豸部“貍”字條。

鼱

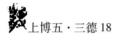上博五·三德 18

【鼱鼳】上博五·三德 18

○李零（2005）　“豽貌”，應即狻猊的別名。《爾雅·釋獸》：“狻麑如虦貓，食虎豹。”（虦貓是淺毛虎。）《穆天子傳》卷一也提到“狻猊”，郭璞注：“狻猊，獅子，亦食虎豹。”

《上海博物館藏戰國楚竹書》（五）頁 301

△按　許無咎《騶吾、狻猊與豽（从鼠）兒（从鼠）——淺談上博楚簡〈三德〉篇的重要發現》（簡帛網 2006 年 3 月 4 日）對李説加以補充闡述，可參看。

鼳

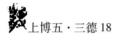上博五·三德 18

○李守奎、曲冰、孫偉龍（2007）　貌　按：《玉篇·豸部》：“貌，狻貌，或作猊。”字形作。

《上海博物館藏戰國楚竹書（一——五）文字編》頁 457

鼲

曾侯乙 49

△按　鼲，“獺”字異體，詳見本卷犬部“獺”字條。

鼩

包山 42

○**劉彬徽、彭浩、胡雅麗、劉祖信**（1991）　（編按：包山 42）鼩。

《包山楚簡》頁 19

○**湯餘惠**（1993）　120　鼩·猬　楚簡文字从豸、从犬之字每从鼠作，曾侯乙墓竹簡的鼪（貂）鼪（貍），包山簡的鼪（狐）皆其例。鼩可釋猬，簡文用爲人名。

《考古與文物》1993-2，頁 72

○**何琳儀**（1998）　鼩，从鼠，胃聲。疑猬之異文。《玉篇》：“猬，毛刺也。”
包山簡鼩，人名。

《戰國古文字典》頁 1221

○**李守奎**（2003）　鼩　或即彙“猬”字。卷九重見。

《楚文字編》頁 581

鼬

集成 11477 罘矛

△按　《殷周金文集成》（修訂增補本）第八册 6280 頁、《金文通鑒》均隸定爲
“鼳”，王愛民（《燕文字編》159 頁，吉林大學 2010 年碩士學位論文）隸定爲
“鼬”。此暫從王愛民之説。

鼫

曾侯乙 1　　包山 271　　望山 2·8

△按　鼫，“貘”字異體，詳見卷九豸部“貘”字條。

鼩

曾侯乙 62

○**裘錫圭、李家浩**（1989）　（編按：曾侯乙 62）□鼠。

《曾侯乙墓》頁 493

○李守奎（2003）　𪕺。

《楚文字編》頁 582

○蕭聖中（2005）　今按，據紅外照，此字從鼠、虒，似當釋作“𪕺”（鼠旁反書，且用爲右旁），讀爲“虒”。《説文》虎部：“虒，委虒，虎之有角者也。”

《曾侯乙墓竹簡釋文補正暨車馬制度研究》頁 85，2011

△按　此暫從蕭聖中之改釋。

𪕊

曾侯乙 4

△按　𪕊，“猏”字異體，詳見本卷犬部“猏”字條。

𪕖

天星觀

○何琳儀（1998）　天星觀簡𪕖，不詳。

《戰國古文字典》頁 638

𪕤

上博三·周易 45

○濮茅左（2003）　（編按：上博三·周易 45）“𪕤”，從鼠，膚聲，讀爲“扶”。《説文·手部》：“扶，左也。”《方言》：“護也。”《釋名》：“扶，傅也，傅近之也，將救護之也。”“恭𪕤”，得到了整修、保護。《象》曰：“‘井甃无咎’，修井也。”

《上海博物館藏戰國楚竹書》（三）頁 198

○黃人二（2005）　（編按：上博三·周易 45）“井膚（從鼠）”，“膚（從鼠）”，整理者讀“扶”，訓“左、護”，故此詞爲“井得到了整修、保護”之義。（見第 198 頁。）按，此字帛書本作“椒”，漢石經、今本作“甃”，待考。

《上海博物館藏戰國楚竹書（三）研究》頁 85

○陳惠玲（2005）　（編按：上博三·周易 45）“𪕤”，原考釋以爲從鼠，膚聲，讀爲

"扶"。惠玲按:隷"鱐"可從,但讀"扶"(奉/魚),恐有可商。此字今本作"甃"(惻救反,莊/幽),脣音與齒音不近,要相通恐不易。本文以爲或可讀爲"疏",有滌除的意思,即對井中的污穢加以排除、疏通。《國語・楚語》上:"教之樂,以疏其穢而鎮其浮。"韋昭注:"疏,滌也。"今本《周易》作"甃",《象》曰:"井甃無咎,修井也。""疏、甃"皆有整頓、治理的意思。"鱐"上古音爲書紐魚部,"疏"上古音爲審紐魚部,二字上古音爲舌音魚部字,可通作。"疏"和今本作"甃"上古音爲莊紐幽部,上古舌、齒音有相通之例,且魚幽旁轉,二字相通假。

《〈上海博物館藏戰國楚竹書(三)讀本〉》頁 128

○**李零**(2006) （編按:上博三・周易45)貙,簡文从膚的字多是來母(或幫母)魚部字。濮注,釋文讀甃,注釋讀扶,不知到底怎樣理解。我懷疑,它是相當於渫,渫是心母月部字。

《中國歷史文物》2006-4,頁 63

○**何琳儀**(2007) （編按:上博三・周易45)"鱐",帛本作"椒",今本作"甃"。"椒、甃"韻母同屬幽部。"鱐",文義待考。

《上海博物館藏戰國楚竹書〈周易〉》頁 106,《儒藏》精華編二八一

○**李守奎、曲冰、孫偉龍**(2007) 貙 按:帛本作"椒",今本作"甃"。

《上海博物館藏戰國楚竹書(一—五)文字編》頁 457

鼠賓

包山 273

○**劉彬徽、彭浩、胡雅麗、劉祖信**(1991) （編按:包山273)鼣,䑏,借作儵。《廣雅・釋器》:"儵,黑也。"

《包山楚簡》頁 66

○**李家浩**(1993) （編按:包山273)"鼣"字應當分析爲从"鼠"从"貝"从"宀"从"攴"聲,《包山》說借作訓爲黑色的"儵",可從。《北堂書鈔》卷一二○引《周書》有"樓煩黑旄"之語,簡文"儵旌"猶《周書》的"黑旌"。

《第二屆國際中國古文字學研討會論文集續編》頁 382

○**何琳儀**(1998) 鼣,从鳥从貝从宀,攴聲。

包山簡鼣,讀黷。《廣雅・釋器》:"黷,黑也。"

《戰國古文字典》頁 208

○湯餘惠（2001）　　䶃。

《戰國文字編》頁 675

○劉信芳（2003）　　䶃旌："䶃"字整理小組認爲應釋爲訓爲黑色的"儵"，李家浩從之。《北堂書鈔》卷一二○引《周書》有"樓煩黑旌"之語。知是説有據。該墓出土"有籠殳"二件，其中一件髹紅漆（標本 2：25），即簡 269 所記"絑旌"，另一件（標本 2：290）形制與之相同，外髹紅漆，繪黑彩，殘長 280 釐米，即簡文所記儵旌。

《包山楚簡解詁》頁 315—316

○李守奎（2003）　　䶃　疑从鳥，不从鼠。姑存舊釋。

《楚文字編》頁 582

△按　䶃，范常喜（《文史》2014 年 3 輯）改釋爲"䳄"，讀爲"梟"，指出"'䳄'字與望山楚簡遣册'隼（梟）礜（旌）'中的'隼'，以及曾侯乙簡'雦（梟）斿'中的'雦'均爲一字之異"。可參。

能

陶録 3·407·4　　集成 9734 姧䵼壺　　包山 156　　郭店·唐虞 19

郭店·語三 19　　上博一·緇衣 18　　上博五·姑成 4　　睡虎地·效律 44

○丁佛言（1924）　　能　　古鉢鐘能之鉢。　　古鉢上賢事能。

《説文古籀補補》頁 46，1988

○蔡運章（1985）　　（編按：集成 2782 哀成叔鼎）"能"，讀如殆。《漢書·效祀志上》師古曰："能，讀曰台。"《文選·月賦》李善注："能，古台字也。"殆，讀台聲，故能、殆可以通用。殆，《莊子·養生主》："以有涯隨無涯，殆已。"《釋文》引向注："殆，疲困之謂。"

《中原文物》1985-4，頁 59

○何琳儀（1998）　　能，甲骨文作（合一九七〇三），象熊之形。金文作（沈子簋）。熊口訛作肉形。或作（毛公鼎），熊頭訛作目形，遂聲化爲从目得聲。戰國文字承襲金文，象形兼形聲（能、目均屬之部）。或省一熊足作，或熊足與熊頭分離作。

　　中山王鼎能，助動詞。中山王方壺能，賢能。

信陽簡能,讀而,連詞。望山簡、包山簡能,助動詞。

《戰國古文字典》頁 76—77

○王恩田(2007)　　《説文》:"能,熊屬。足似鹿。从肉,以聲。"金文毛公鼎等从以,與《説文》合,沈子它簋不从以,縣改簋从白、陶文从口,與《説文》異。

《陶文字典》頁 264

熊

十鐘　　詛楚文　　集成 11358 兼陵公戈

楚帛書　　新蔡甲一 7　　新蔡零 2

○强運開(1935)　　熊　　秦詛楚文,楚王熊相。

《説文古籀三補》頁 51

○饒宗頤(1958)　　(編按:楚帛書)殆能字,通作熊,楚姓也。能、熊古通。《左傳·昭七年》"晉侯夢黄能",《釋文》能亦作熊。是其證。楚之國君自熊艾以下皆稱熊姓。彝銘所見,多借酓爲熊,如酓章鐘、酓忎鼎是。惟詛楚文稱楚王熊相,字徑作熊。繒書則以能爲熊。熊,人名。

《長沙出土戰國繒書新釋》頁 4

○商承祚(1964)　　(編按:楚帛書)□贏爲神名,結構似"能"而與能有別。《楚辭·遠遊》:"召黔贏而見之兮,爲余先乎平路。"贏上不知缺去何字。黔贏,司馬相如《大人賦》作"黔雷",《史記·屈原傳》作"含雷"。

《文物》1964-9,頁 15

○饒宗頤(1968)　　(編按:楚帛書)"",與鄂君舟車二節"歲能返"之能字作比較,下半字形無異。《篇海》有翩字,"蟲名,與蠆同"。鄂君節之罷字,爲"能"之繁體。繒書此字从能而上从,故商氏釋贏(引《遠遊》神名之黔贏爲説)。按能乃古熊字,其證如下:

黄能(左昭七年)	能罷(夏小正)
黄熊(同書釋文)	熊罷
黄熊(夏本紀正義、束皙發蒙記)	

熊與贏亦通。《左傳》"敬贏",《公》《穀》作"頃熊"。"熊"字之異體甚多,古作"羆",見《玉篇》。《集韻》熊或作"獂",故""爲"熊"字,似可論定。

《路史後紀八・顓頊篇》：“伯禹定荆州，季芈居其地，附敍（《史記》作附沮）始封於熊，故其子爲穴熊。”羅泌以熊爲楚先世之封地，故以地爲氏，可備一説。此處“熊”上惜一字殘缺，而熊爲楚氏甚明。金文多借“酓”爲熊，如酓章鐘、酓忎鼎是。惟詛楚文楚王熊相，字徑作“熊”。

《史語所集刊》40 本上，頁 2

○**陳槃**（1968）　（編按：楚帛書）🐻，殆熊之異體。然釋爲“能”，讀作“熊”，固自可通。至於《左傳》，舊本並作“熊”；六朝以後始作鱉三足之“能”，或加三點作“熊”；逮及唐初，遂有徑改《傳》文爲“能”者。王引之已辨之，極詳審（詳《經義述聞》十九，頁 13 上—16 下）。今雖不必强同，然理當附注。否則所引《左傳》之等，不幾於使讀者有來歷不明之感歟？

　　《左傳》“嬴”，而《公》《穀》並作“熊”者，楊樹達以爲，嬴字金文或从“女”，或从“貝”。其从貝者，與“熊”字形近，故訛爲熊（《積微居金文説・庚嬴卣跋》，增訂本 215 頁）。按楊説蓋是也。熊乃楚國氏族之稱，芈則其姓。古代男稱繫之於氏，婦女則以姓。如爲楚女，則宜曰“頃芈”，不當曰“頃熊”；故知“頃熊”是“頃嬴”之訛，非楚出也。

　　《玉篇》“熊”作“𤢖”者，蓋亦六朝別俗之字。《顏氏家訓・雜藝篇》所謂“北朝喪亂之餘，書迹鄙陋”，“遍滿經傳”者，此類是也。

《史語所集刊》40 本上，頁 33—34

○**金祥恆**（1968）　（編按：楚帛書）🐻商氏釋爲嬴云：

　　　　嬴，結構似“能”而與能有別。《楚辭・遠遊》：“召黔嬴而見之兮，爲余先乎平路。”嬴上不知缺去何字。黔嬴，司馬相如《大人賦》作“黔雷”，《史記・屈原傳》作“含雷”。

　　商氏釋爲嬴，實有疑竇，其字明从大从能，非从嬴也。《説文》：“能，熊屬。”“熊，熊獸似豕，山尻，冬蟄。”許氏訓能、熊非一物，今疑能之大者爲熊，故《集韻》熊或作猵、狁、能𤢖。从犬、黃之狁猵，均言其大也。《左傳》昭公七年晉侯寢疾之故事：“韓宣子曰：寡君寢疾，於今三月矣，並走群望，有加而瘳，今夢熊入于寢門，其何厲鬼也。對曰：以君之明，子爲大政，其何厲之有？昔堯殛鯀于羽山，其神化爲黃熊，以入于羽淵，實夏爲郊，三代祀之。”

　　《國語・晉語七》“黃熊”作“黃能”。韋昭注“能似熊”。《經典釋文》亦作“黃能”。注云：

　　　　亦作熊，音雄，獸名。能三足鱉也，解者云獸，非入水之物，故是鱉也，一曰既爲神，何妨是獸。案《説文》及《字林》皆云：能，熊屬，足似鹿，然則能既熊屬，又爲鼈類，今本作能者勝也。東海人祭禹廟，不用熊白及鼈爲膳，斯豈鯀化爲二物乎？

王引之《經義述聞》云：

黃熊入夢，乃鯀之神，神狀似熊，非真熊獸也。獸非入水之物，而神則可以入水，何得以入淵之疑其非獸乎。若以爲能鼈之能，則黃字義不可通。《爾雅》：“鼈，三足能。”不云色黃。《逸周書・王會篇》曰東胡獻黃熊。李善注《南都賦》引《六韜》曰，散宜生得黃熊而獻之紂，則熊固有色黃者，傳言黃熊。則獸而非鼈明甚。《楚辭・天問》化爲黃熊。王逸注不以爲三足鼈，其字作熊不作能可知。《論衡・死僞篇》載《左傳》今夢黃熊入於寢門，及堯殛鯀於羽山，其神爲黃熊之文而解之曰夢象也，吉凶且至，神明示象，熊羆之占，自有所爲，則其字爲熊羆之熊明矣。

王氏釋“黃熊”之黃爲狀詞，言其色，然黃、皇、堂等字古籍亦可狀大。黃熊爲大熊亦無不可。故繒書之𤡴爲熊字。熊上缺文疑爲黃字。

《中國文字》28，頁 7—9

○**唐健垣**（1968）　（編按：楚帛書）乙篇一行　故黃能　按黃能即黃熊庖犧氏。《墨子・明鬼下》：“故聖王。”又云：“古聖王。”並見，語法同。此言“古代之黃熊氏”也。

《中國文字》30，頁 17

○**李零**（1985）　（編按：楚帛書）□嬴，上字僅存下半三畫，不詳；嬴，原文作𤡴，巴納德定爲龍，舊多釋能讀熊，連下字說爲楚先祖名，嚴一萍、唐健垣連上字讀爲黃熊（黃熊是伏義之號），但上字殘畫與“黃”字不類。唯商承祚釋嬴，較爲近似。按《詛楚文》嬴字作𤱳，與此相似，但所从𠃌右下从丮不从𠃜，嬴字是否有从𠃜作的呢？過去一直不能肯定，只是最近見到湖北出土的子季青嬴匜銘，其嬴字所从𠃌，从𠃜不从丮，正與此同，這才證明此字確實應釋爲嬴。

《長沙子彈庫戰國楚帛書研究》頁 64—65

○**饒宗頤**（1985）　（編按：楚帛書）龍字从能，上益大旁，蓋能字之繁形。𤡴字下半與《鄂君啟節》“歲能返”之能字作𤢑相似，《史牆盤》“廣猷楚荊”作𤢑。《望山簡》“罷禱”。《廣韻》二十五德有䕝字，奴勒切。《篇海》入聲作䲹，奴勒切，與䕝同，疑即由此訛，其字形遠有所本。《左傳》昭七年黃能，《釋文》作黃熊，能與熊通。王引之論舊本並作熊，後人徑改爲能。辨詳《經義述聞》十九。《説文》：“熊从能，炎省聲。”《玉篇》作䑣，合黃能爲一文，則六朝以來之俗字。

《集韻》熊或作猣。熊字異體甚多,罷釋爲熊,可以論定。

《楚帛書》頁 4—5

○**嚴一萍**(1990)　(編按:楚帛書)能　商氏釋嬴,説:"□嬴爲神名,結構似'能'而與能有别。《楚辭·遠遊》:'召黔嬴而見之兮,爲余先乎平路。'嬴上不知缺去何字。"按此乃能字,毛公鼎作㣢,與繒書形近。徐灝《説文箋》曰:"能即古熊字。《夏小正》能罷則穴,即熊罷也。""黄熊"伏羲之號。

《甲骨古文字研究》3,頁 286

○**曾憲通**(1993)　(編按:楚帛書)此字商先生釋嬴,謂乃神名,其結構似能而有區别。嚴一萍氏以爲帛書罷與毛公鼎㣢甚近,能爲古熊字,上一字乃黄字之殘,黄熊即伏羲之號。選堂先生依巴納氏假定上一字爲"天"之殘形,謂天熊即大熊。又據《易緯》鄭注言有熊氏即庖犧氏,證之帛書此句爲"大熊靁慮",如合符節。

《長沙楚帛書文字編》頁 87

○**李學勤**(1994)　(編按:楚帛書)"熊"字或釋爲"羸",字爲"嬴"字所從。按"熊、嬴"兩字在古書裏有時會通混,如清代朱駿聲所論,"《公》《穀》'小君頃熊',《左傳》作'敬嬴'",即其一例。《帝王世紀》稱包犧一號黄熊氏。"曰古□熊包犧",是古代追述文體的常用的起句形式。

《道家文化研究》5,頁 227

○**陳茂仁**(1996)　(編按:楚帛書)㿱(罷),形與㣢(能匋尊)、㿱(哀成弔鼎)近似,帛書增益"木"旁。或釋嬴、或釋能。於湖北山灣出土"子季嬴青匜",其嬴作"㿱",與帛書形同,唯增益"女"旁。是嬴爲能之孳乳字,于省吾已述之甚詳。是知帛書此處以隸作"能"爲是。《説文》:"能,熊屬,足似鹿,從肉,㠯聲。"《説文》:"熊,熊獸似豕,山居,冬蟄,從能,炎省聲。"由《説文》知能、熊顯然非爲一物。今釋者或隸帛書㿱作熊,釋熊,實值商榷。"能,熊屬,足似鹿""熊,熊獸似豕"。能、熊非一物已甚明,段注"能,熊屬"條云:"《左傳》《國語》皆云晉侯夢黄能入於寢門,韋注曰:'能似熊'。凡《左傳》《國語》作熊者,皆淺人所改也。"是知釋熊之可商。

《楚帛書研究》頁 142—143

○**院文清**(1997)　(編按:楚帛書)帛書第三字缺,第四字作"㿱",巴納德隸定爲"罷",李學勤等釋爲"熊",並依《禮記·月令》引《帝王世紀》"庖犧氏一號黄熊氏"爲據,將此句釋讀爲:"曰故(黄)熊黿慮。"商承祚讀"㿱"爲嬴,李零隸定爲"羸",但都没有進一步闡釋。

楚人有神名"黔嬴"者,爲天上造化之神。《楚辭·遠遊》云:"召黔而見之兮,爲余先乎平路。"王逸注:"問造化之神以得失。"宋洪興祖補注:"天上造化神名,或曰水神。"雹戲是楚人古神話中的始祖,是宇宙萬物之神,其事迹中多有化育萬靈生物的功績,"黔嬴"爲造化神之名,或是雹戲的別稱。按文句應釋讀爲"曰故(黔)嬴雹戲"。"黔嬴"之名在《史記》中作"含雷",在《漢書》中作"黔雷",其名其文都與帛書中的"雹戲"有一定的關係。

《文物考古文集》頁 259

○**何琳儀**(1998)　熊,從火從能。能、熊一字分化。能,泥紐之部;熊,匣紐蒸部。之、蒸爲陰陽對轉,泥、匣則遠隔。因疑熊本爲舌音,讀喉音則屬音變。參《左·昭七》"今夢黄能入於寢門",釋文:"能,一音奴來反,亦作熊。"《集韻》熊"矣殊切"。奴、矣均屬舌音。茲暫從舊説熊聲首獨立。

秦璽熊,姓氏。鬻熊爲文王師,成王封其曾孫熊繹於楚,子孫以熊爲氏,見《世本》。

《戰國古文字典》頁 136

○**李零**(2000)　(編按:楚帛書)"屭",原文作⿱彖,與子季嬴青匜(湖北襄陽山灣 M33 出土)"嬴"字(作⿱彖)所從的屭相同,拙作據以隸定。李文、饒文從巴納説隸定爲"⿱龍"是不對的。嬴字從屭,《説文》:"屭,或曰獸名,象形,闕。"已不明其義,其實此字乃是蠃(蝸牛)的本字。方濬益根據金文字形指出,此字"像蠃出首負殼,其紋重疊之形,而蠃與熊亦以形近相通,《左》文公十八傳'敬嬴',《公》《穀》作'頃熊',又宣公八年'夫人嬴氏薨',《公》《穀》作'熊氏'。'熊'與'能'古又相通,《左》昭公七年傳'今夢黄熊入於寢門',《國語·晉語》作'黄能'。《爾雅·釋魚》:'鱉三足,能。'《説文》:'鱉,甲蟲也。'正從背有甲,與蠃同形。"(《綴遺齋彝器考釋》卷十二第 26 頁)此字並不從大,所謂從大,以金文字形看,顯然是由蠃蟲之足訛變(如蠃霝德鼎"蠃"作⿱彖)。屭與能形體、讀音均有關,參看于省吾《釋"能"和"屭"以及"從屭"的字》(《古文字研究》第八輯)。

《古文字研究》20,頁 169—170

○**陳久金**(2001)　(編按:楚帛書)"屭霝虜",即"嬴包戲"。包戲,又作包犧、庖犧、伏羲等。古代以伏羲氏、燧人氏、神農氏,或伏羲、神農、祝融爲三皇。相傳伏羲氏爲燧人子,風姓。但據此帛書所載,當爲嬴姓,無考。一説伏羲爲太昊,太昊風姓,故伏羲爲風姓,太昊居東方。但《帝王世紀》載伏羲生於成紀,成紀在今陝西。古代普遍流傳伏羲、女媧兄妹成親之説,更合於西南地區。故伏羲風姓也不能肯定。嬴姓,與秦嬴在地域上相合,但西方之嬴姓相傳從東方遷入。待考。

《帛書及古典天文史料注析與研究》頁 84—85

○馮時（2001）　（編按：楚帛書）大字唯留殘字，舊多釋黃，然殘形與帛書黃字下字字形不類（李零《長沙子彈庫戰國楚帛書研究》第 64 頁，中華書局 1985）。巴納教授假定爲“天”字殘形，近是。饒宗頤先生謂天即大熊（饒宗頤《楚帛書新證》，《楚帛書》第 4—7 頁，中華書局香港分局 1985）。或可徑釋爲大，字殘形與帛書“大”字相通。龕即大能合文，能讀如本字。《説文·能部》：“能，熊屬，足似鹿。”《左傳·昭公七年》：“昔堯殛鯀於羽山，其神化爲黃能。”《國語·晉語八》《天問》皆作“化爲黃熊”。王引之《經義述聞》卷十九辨“熊”爲本字，段玉裁《説文解字注》謂《左傳》《國語》“能”作“熊”者皆淺人所改。今證以帛書，段説是也。《歸藏·啟筮》：“鯀死三歲不腐，剖之以吳刀，化爲黃龍。”（《山海經·海内經》郭璞注引）知黃能實爲黃龍（袁珂《山海經校注》第473—475 頁，上海古籍出版社 1980）。據此，則帛書“大能”應即大龍。伏羲爲人面蛇身之神，文獻與出土遺物所見甚明。

《中國天文考古學》頁 20—21

○劉信芳（2002）　（編按：楚帛書）龕字从大，能聲。包山簡 156：“弗能詣。”原簡“能”上从能，下从大。李零先生（B1988）隸作“羸”，按“羸”字見包山簡 18、41、48、86，又包山二號墓出土馬甲（標本 2：381）上書一“羸”字，楚簡“羸、能”二字下部構形相同，區别在於上部，讀者自可比較。李氏所舉子季羸青簠“羸”字从女，龕聲，是古人於能、羸二形已不甚别。不過就帛書該字字形分析，以隸作“龕”爲合於原帛字形。

　　“龕”上一字疑是“又”字殘泐，句讀爲“有熊電戲”，“電戲”由嚴一萍先生（A1968）、金祥恆先生（A1968）所釋出。電戲號“有熊氏”，饒宗頤先生（H1985）引《易緯乾鑿度》鄭注“蒼牙有熊氏得易源”爲證，其説是也。《易·繫辭下》：“古者包犧氏之王天下也，仰則觀象於天，俯則觀法於地，觀鳥獸之文與地之宜，近取諸身，遠取諸物，於是始作八卦，以通神明之德，以類萬物之情。作結繩而爲罔罟，以佃以漁，蓋取諸離。”孔疏：“用此罟罔，或陸畋以羅鳥獸，或水澤以罔魚鱉也。”《大招》：“伏戲駕辯，楚勞商之。”由帛書可知，楚以“電戲、女媧”爲人類始祖。

《子彈庫楚墓出土文獻研究》頁 12

○何新（2002）　（編按：楚帛書）原字殘缺，余疑爲“又”。“又能”即“有熊（龍）”。《易緯乾鑿度》：“黃帝曰太古，百皇辟基……始有熊氏。”熊、龍二字篆體形近互通。鯀死後一曰化爲黃熊,一曰化爲黃龍。"能"字李零釋爲"蠃"。實際能、蠃、龍及蠃諸字,古文常相混用。熊之古字異體作"竜",與龍之異體同。昭七年《左傳》:"堯殛鯀於羽山,其神化爲黃熊。"《釋文》"熊作能"。異本作"黃龍"。《淮南·天文》"其獸黃龍",《時則》"其獸蠃"。《左傳》宣八年:"夫人蠃氏。"《公羊》《穀梁》作"熊氏",而蠃古音盈。楚先祖熊咢死後一曰化爲黃熊,一曰化爲黃龍。疑熊咢即鯀。鯀亦黃龍之名,咢即鰐,即鰐魚神名也。有熊乃楚之先祖姓。楚先祖熊咢,郭沫若説即楚公"逆",作"大雷鑄"。

《宇宙的起源》頁 225

○**季旭昇**(2004)　三、古文字中的"熊"字及其解釋(**中略**)

　　2003 年 10 月《新蔡葛陵楚墓》(以下簡稱《葛陵》)出版,我們看到其中所發現的楚簡中有五個"熊"字,以及一些與"熊"字相關的材料,爲"熊"字的形音義提供了非常重要的材料。《葛陵》楚簡中的"熊"字有兩種用法,第一種用法爲楚國先祖名,辭例如下:

　　　3.□〔老〕童、祝螎(融)、穴熊(🐻)芳屯一□(甲三:35)

　　本簡"穴熊"的"熊"字下從"能",上所從似"大",而稍有訛變。同樣的楚國先祖名又見下一簡,而作"空酓":

　　　4.又(有)敓(祟)見於司命、老嬞(童)、祝螎(融)、空(穴)酓(熊)。癸酉酓(之日)禱□(乙一:22)

　　"穴"作"空",只是多加了義符"土";"熊"作"酓",印證了金文中楚王的姓氏"酓"即典籍中的"熊",可見得例 1 此字即"熊",應無可疑。(**中略**)

　　《葛陵》楚簡中"熊"字的第二種用法爲祭祀犧牲前的狀詞,辭例如下:

　　　12.□塦(衛)筆祈福於祒(太),一羊(騂)牡、一熊(🐻)牡(甲一:7)

　　　13.□虔塦羊(騂)熊(🐻)□(甲三:237)

　　　14.□□熊(🐻)犧□□(零:2)

　　　15.□一熊(🐻)牡、一羊(騂)〔牡〕□(零 71、137)

甲一 7 的"熊"字,下所從"能"形右旁有一豎筆,作用不詳。上部所從"大"形似乎是寫成"下"形,但其辭例和零 71 完全相同,而零 71 的"熊"字下部從"能",上部很明顯地從"大",與《楚帛書》《包山》156 及《葛陵》零 2 的結構完全一樣("能"和"大"的位置或上下互換),可見《葛陵》甲一 7 也應該釋爲"熊"字,只不過"大"形訛成類似"下"形罷了。

　　這些"熊"字應該怎樣解釋呢?《葛陵》甲一 7 以衛筆祈福於"太",用"一騂牡"和"一熊牡","騂"的傳統解釋是赤色,那麼"熊"字應該是和"騂"字文法作用相類似的形容詞。以聲音求之,如果把"熊"歸入蒸部,那麼和"熊"音最近的是"雄",不過,"一雄牡"有點不詞,"牡"已經是公牛,不需要再加性別詞"雄"。考慮到《葛陵》楚簡"熊"和"酓"互用,那麼或許可以釋爲"閹"(央炎切,影紐談部),與"酓"(於琰切,影紐談部),二字同音,則"熊牡"可能讀爲"閹牡",即閹割過的公牛。甲三237的"駵熊□",可能是指赤色閹割過的犧牲。零2的"熊犧"可能指閹割過的犧牲。閹割過的動物長得比較快,照古文字學家的解釋,商代已經掌握了這種技術。

以上二説,似以後説較好。從古音學來看,《葛陵》楚簡既然"熊"和"酓"互用,那麼"熊"字的讀音應該近於"酓",上古音歸入談部或侵部較爲合理。(中略)

至於本義方面,楚系熊字既然"從大能",那麼它的本義是什麼呢? 應該就是"大能"吧!《説文·卷十上·能部》:"能,熊屬。足似鹿,從肉,目聲。能獸堅中,故偁賢能,而彊壯偁能傑也。"西周以前古文字中僅有"能"字,未見"熊"字。甲骨文"能"字作"𦥯"(《合》19703),西周早期金文能匋尊作"𦥯",都象大嘴的熊類動物。楚系文字中的"熊"應該是"能"類、但是體型比"能"還大的一種動物。因爲"能、熊"是同類動物,只是體型大小稍有不同,所以文獻中或有混用現象(如前引饒宗頤先生文章指出的"黃能"或作"黃熊",《包》156的"熊"字,學者多釋爲"能"等),就沒有什麼好奇怪的了。(中略)

字形方面,隸楷的"熊"字是承襲秦系文字的寫法,字從"能"從"火",可能的解釋有:

一、"大"形和"火"形自西周以來就頗爲相近,"大"形訛爲"火"形,不爲罕見。例如"美"字的上部雖然還有不同的講法,但是其下部從"大",則是學者一致公認的。"美"字由甲骨文到西漢的字形演變如下表:

1.商·後2.14.9(甲)	2.商·前7.28.2(甲)	3.商·甲686(甲)	4.周早·美爵(金)
5.戰·晉·中山王嚳鼎(金)	6.戰·楚·璽彙5320	7.戰·楚·璽彙5319	8.秦·五十二病方234(篆)
9.秦·睡·日甲32	10.秦·睡·日甲157	11.西漢·馬·老子甲95(篆)	12.西漢·老子乙前43下(篆)

秦漢文字把"美"下部的"大"形寫成"火"形,頗爲常見。因此,我們認爲"熊"字下部由"大"形訛成"火"形,應該是合理的推測。

二、秦楚長期鬥爭,秦人有意把"羆"寫成从"火",以侮蔑楚人,也不無可能。（中略）

三、"熊"本義爲"火光盛",與"羆"釋爲"大熊"之動物義不同字。秦文字用形音俱近的"熊"字取代了"羆"字。

以上三種説法,筆者比較贊成第一種及第二種。第三種説法較不合理,因爲"熊"字作"火光盛"解,文獻證據較少,缺少早期字形的旁證,即使要保留此説,它的時代不應該早於秦漢。

四、結語

由於戰國楚文字材料的出土,使我們看到"熊"字的字形應該从"大能"會意,其意義也就是"大的能（能是熊類動物）",讀音則本來應該在談、侵部,後來轉入蒸部,讀"羽弓切"。字形方面,秦系文字則或由於讀音的影響,或者由於仇視心理,把"大"旁訛寫成"火"旁,這就是我們今天寫的"熊"。出土材料有益於文字考釋,其重要性有如此者。

《從新蔡葛陵簡説"熊"字及其相關問題》頁 5—13,
"第十五屆中國文字學學術研討會"論文

【熊相】詛楚文

○郭沫若（1947）　楚王熊相,即楚懷王。懷王名《史記》作熊槐,此槐與相之異,余以爲乃一字一名。

《郭沫若全集・考古編》9,頁 303,1982

○何琳儀（1998）　詛楚文"熊相",讀"熊橫",楚頃襄王名,見《史記・楚世家》。

《戰國古文字典》頁 136

火　火

墨彙 3364　貨系 3393　睡虎地・答問 159
楚帛書　上博四・曹沬 63

○饒宗頤（1968）　（編按:楚帛書）字,金文者沪編鐘"亦"作,此當釋"亦"。"不亦"一詞習見,《論語》:"不亦説乎。"皇疏猶重也。《孟子》:"不亦善乎。"

趙注:"不亦者,亦也。"

○**李零**(1985)　　(編按:楚帛書)夾,或釋爲亦(以夾所从兩人字爲起筆帶頓挫的兩點),今按此字形與中山王墓《兆域圖》銅板"濶閦(狹)"的閦字所从夾相同,應釋爲夾,夾,古音爲談部字(編按:"夾"乃談部),這裏應讀爲兼,爲可以出師、築邑則不可嫁女、取臣妾,二事不可兼而得之。

○**饒宗頤**(1985)　　(編按:楚帛書)夾字,以从火如炎等例之,當釋火。"不火得"者,《元命苞》:"火之爲言委隨也。"猶言不委隨而得。

○**何琳儀**(1986)　　(編按:楚帛書)"夾",舊釋"亦"。按:原篆作"夾",應釋"夾","在左右曰夾"(見《儀禮‧既夕》"圉人夾牽之"注)。"不夾得"謂"不兼得"。

○**李學勤**(1987)　　(編按:楚帛書)"夾"有輔佐之義,所以這裏説的是臣僚而不是臣妾。

○**何琳儀**(1989)　　(編按:楚帛書)第二字原篆作"太",饒釋"火"。以帛書"赤、炎"等字所从"火"旁來檢驗,可信。饒又引《元命苞》"火之爲言委隨也"釋之,亦備一解。

○**嚴一萍**(1990)　　(編按:楚帛書)疑"亦"字。

○**曾憲通**(1993)　　(編按:楚帛書)帛文焱、燊所从之火概作太,此亦火字。選堂先生據《元命苞》"火之爲言委隨也"謂"不火得"猶言不委隨而得。意指取臣妾不委隨而得,則不成。

○**饒宗頤**(1993)　　(編按:楚帛書)"不火"者,指不可出火。《周禮‧夏官‧司爟》:"……季春出火,民咸從之。"如月爲夏二月,是時大火猶未見,一切農事不舉,故云"不成"。《左傳》梓植(編按:植當爲慎之訛)言:"火出於夏爲三月,於商爲四月,於周爲五月;夏數得天……裨竈言於子產曰……若我用瓘斝玉瓚,鄭必不火。"帛書"不火"語正同此。古代以大火之心宿爲農祥季候,放火燒畬(參龐樸《火曆初探——稂莠集》)。如月不火,殆指是時大火猶未出,故不可以出火。

《楚地出土文獻三種研究》頁 335—336

○**劉信芳**（1996）　（編按：楚帛書）亦帛書作“火”，字或釋“火”，或釋“夾”，並誤。睡虎地秦簡作“众”，包山簡一一三“夜”作“参”。“不亦得”即亦不得，睡虎地秦簡《日書》七六七、七六八：“不可取婦家女……取婦家女，兩寡相當。”特別强調既不可嫁，亦不可娶。“臣妾”的身份等同奴隸，秦簡《日書》八三九：“毋以申出入臣妾、馬牛、貨材（財）。”則直與馬牛等。揣度帛書文意，謂娶臣妾亦不可，則遑論娶妻矣。

《中國文字》新 21，頁 100

○**何琳儀**（1998）　火，甲骨文作火（前六・四九・三），象火焰之形。西周金文作火（偏旁中習見），加二火星。或訛變作火、火、火（偏旁中習見）。春秋金文作火（吳王光鑑光作火），豎筆上加短橫爲飾。戰國文字承襲兩周金文訛變形體。齊系文字作火，飾筆向上彎曲。三體石經殘石火與戰國文字火、火等均加飾筆，尤爲習見。

　　晉璽火，姓氏。後漢南蠻王火濟，從諸葛亮征孟獲有功，封羅甸王，其後以爲氏。見《明史紀事本末》。據古璽知火姓戰國已有之。

　　帛書“不火”，見《左・昭十七》“鄭必不火”。

《戰國古文字典》頁 1173

燬　燬

楚帛書

○**饒宗頤**（1968）　《説文》：“毀，缺也；从土，毇省聲。故毀从壬。”繒書此字正从壬，而益火（火）旁，爲燬字無疑。燬事即毀事。《周禮・牧人》云：“凡外祭毀事，用龙可也。”鄭注引杜子春：“毀謂副辜侯禳，毀除殃咎之屬。”

《史語所集刊》40 本上，頁 26

○**許學仁**（1983）　燬　繒書丙 20・5

　　嚴氏新考釋“毀”，謂“陽不可毀”與第一段“陰不可川”，有相對之義。饒宗頤疏證、巴納譯注並釋“燬”，益以火旁。饒氏讀“不囗燬（燬）事”引《周禮・牧人》爲説，曰：“‘凡外祭毀事，用龙可也。’鄭注引杜子春：‘毀謂副辜侯襄,毀除殃咎之屬。’”

○**曹錦炎**(1985)　熮,《爾雅·釋言》謂“火也”,《玉篇》云“烈火也”。按此熮字爲毀之繁構。《説文》:“毀,缺也,一曰壞也。”《詩·豳風》“無毀我室”,毀訓爲壞。不毀事,不壞事也。

○**何琳儀**(1986)　“毀事”,見《周禮·地官·牧人》“凡外祭毀事”,杜子春云“毀謂副辜侯襄,毀除殃咎之屬”。孫詒讓《正義》:“毀折牲之言……《國語·周語》隨會問殽烝云,吾聞室之禮無毀折。與此事異而義同。杜以毀除殃咎爲釋,殊未當。”

○**何琳儀**(1989)　不熮(毀)事

應更正爲“不囗熮(毀)事”。高補闕文爲“可”,近是。

○**連劭名**(1990)　“不黙事”,黙者,火也。《説文》云:“火,熮也。”又云:“熮,火也。”十月爲冬季之首,依五行生剋之説,冬季與北方水相配,應行水事。《禮記·月令》記孟冬之月:“是月也,乃命水虞魚師,收水泉池澤之賦,毋或敢侵削衆庶兆民。”因爲火爲南方之行,與夏季相配,冬季行火事背於天時,所以《禮記·月令》記孟冬“行夏令,則國多暴風,方冬不寒,蟄蟲復出”。

○**嚴一萍**(1990)　毀,《説文》:“毀,缺也。”古文作𣪠。又手部有擊字,訓“傷擊也”。第三行第一段言:“陰不可川。”此處言:“陽不可毀。”有相對之義。

○**饒宗頤**(1993)　《説文》:“毀,缺也;從土,毇省聲。𣪠、古文毀,從壬。”帛書此字正從壬,同於古文。而益大(火)旁,爲熮字無疑。熮事即毀事。《周禮·牧人》云:“凡外祭毀事,用龙可也。”鄭注引杜子春:“毀謂副辜侯襄,毀除殃咎之屬。”秦簡日書有毀事與作事爲對,可爲證。

○**曾憲通**(1993)　選堂先生云:“《説文》:‘毀,缺也;從土,毇省聲,𣪠古文毀,從壬。’帛書此字正從壬,同於古文。而益火旁,爲熮字無疑。熮事即毀事。《周禮·牧人》云:‘凡外祭毀事,用龙可也。’鄭注引杜子春:‘毀謂副辜侯襄,毀除殃咎之屬。’”

○**湯餘惠**(1993)　㷉,同燬,《説文》:"燬,火也。"帛書讀爲"毁壞"之"毁";不毁事,猶言不壞事。

《戰國銘文選》頁172

○**劉信芳**(1996)　燬(毁)事　《周禮・地官・牧人》:"凡外祭毁事,用尨可也。"鄭注引杜子春云:"毁謂副辜侯禳毁除殃咎之屬。"秦簡《日書》八四〇:"八月九月十月毁棄南方,爨月虞馬中夕毁棄西方,屈夕援[夕]刑尸毁棄北[方],夏尸紡月毁棄東方,皆吉。"

《中國文字》新21,頁103

○**陳茂仁**(1996)　(火毁),从毁从火。"毁"形與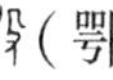(鄂君啟車節)同,《説文》:"毁,缺也。从土,毇省聲。,古文毁从壬。"《説文》古文與帛書正同,唯帛書增益火旁。燬(毁)事,此作"毁折牲體之言"言。《周禮・地官・牧人》:"凡外祭,毁事用尨可也。"孫詒讓正義:"毁者,毁折牲體之言……即《大戴禮・曾子天圓篇》所云'割列禳瘞'。故並謂之毁事……杜(按即杜預)以毁除殃咎爲釋,殊未當。"此説甚是,可爲帛書"燬事"之確解。

《楚帛書研究》頁296

○**何琳儀**(1998)　帛書"燬事",讀"毁事"。《周禮・地官・牧人》"凡外祭毁事"注"杜子春云,毁謂䟽辜禳毁除殃咎之屬",《正義》"毁折牲體之言"。

《戰國古文字典》頁1175

○**李零**(2000)　昜☐羕

曰:昜,不[可]　㷉(毁)事,可[昌]☐折,敘(除)故(去)不兼(義)于四[方]。

章題含義不清。

"不"下從行款推斷,還應有一字,此從高文補"可"字。"毁事",《周禮・地官・牧人》"凡外祭毁事",杜注:"毁謂䟽辜侯禳,毁除殃咎之屬。"孫詒讓《正義》以爲杜説未當,毁事當指毁折牲體。饒文、何文引之。

《古文字研究》20,頁175

然 

集成2840中山王鼎 郭店・老乙15 上博四・采風5 睡虎地・效律29

○**商承祚**(1982)　(編按:集成2840中山王鼎)從此銘的然,以證者減鐘的,然、爇二

字二義。然用作承接詞、轉折詞和尾詞,等等,而爨則爲燃燒字,且常見於典籍,如《淮南子·説林訓》:"槁竹有火,弗鑽不爨。"《前漢·五行志》:"見巢爨,盡墮地中。"《陳湯傳》:"至爨脂火夜作。"《召信臣傳》:"晝夜爨藴火。"《後漢·侯瑾傳》:"暮還,輒爨柴以讀書。"二字用法是極爲清楚的。及產生了燃,而爨廢矣。

《古文字研究》7,頁 58

○荊門市博物館(1998)　(編按:郭店·老乙15)然(熱)。

《郭店楚墓竹簡》頁 118

○何琳儀(1998)　戰國文字然,語末助詞。

《戰國古文字典》頁 1009

○劉國勝(2000)　(編按:望山1·43)"熱",簡文寫作"然",从肰从火。"倉然"應視爲"寒熱"二字,在楚系文字裏,"倉然"是表示"寒熱"的習慣詞。郭店《太一生水》簡:"溼燥者,倉然之所生也。""倉然"即指"寒熱"。又郭店《老子》簡:"燥勝蒼,靜勝然。"帛書《老子》甲本作"燥勝寒,靜勝熱(从日从火)"。天星觀楚墓《卜禱》竹簡有文云:"既倉然,以憂憂肰,不欲食,以脜澣。"此當與題首簡文辭例同。"倉然"亦即"寒熱"。"憂憂肰"即"憂憂然",心動不安之態。此"然"字不从火,與郭店《老子》簡"道法自然"之"然"同形。這可視爲"倉然"之"然"不應釋作"然"的旁證。簡文"寒熱"指示人的一種癥狀,中醫學稱作"惡寒發熱"。爲體氣不調所致。天星觀簡的"脜澣",似讀作"咽咳",指咳嗽。《周禮·天官·疾醫》:"冬時有嗽,上氣疾。"鄭玄注:"嗽,欬也;上氣,逆喘也。"

《奮發荊楚　探索文明》頁 218

燔　燔

燔 集成 12108 新郪虎符　　燔 睡虎地·答問 159

【燔燧事】集成 12108 新郪虎符

○湯餘惠(1993)　燔燧事,泛指出現敵情,本義是夜閒燃烽火以報警。《漢書·賈誼傳》"斥候望烽燧不得臥"注:"張晏曰:晝舉烽,夜燔燧。"

《戰國銘文選》頁 52

○何琳儀(1998)　新郪虎符"燔隊",讀"燔燧"。點燃烽火。《漢書·賈誼傳》"斥候望烽燧不得臥",注:"張晏曰:晝舉烽,夜燔燧。"

《戰國古文字典》頁 1062

燒　燒

包山 186

────────────────────

○**劉彬徽、彭浩、胡雅麗、劉祖信**（1991）　（編按：包山 186）燒。

《包山楚簡》頁 31

○**何琳儀**（1998）　炋，从火，无聲。疑燺之省文。《搜真玉鏡》：“燺，同無。”　包山簡炋，人名。

《戰國古文字典》頁 615

○**湯餘惠等**（2001）　燒。

《戰國文字編》頁 677

爕　爕　烕

璽彙 1984

────────────────────

○**何琳儀**（1998）　烕，从火，嚣省聲。《正字通》：“爕，本从正倒三或，字不便於楷，今作爕。”《説文》：“爕，煇爕也。从火，嚣聲。嚣，籀文悖字。”（十上十八）　晉璽烕，人名。

《戰國古文字典》頁 1302

△**按**　本卷犬部有“狱”字，見於二年陶令范旲戈（《考古與文物》2007 年 6 期 56 頁）和二年宜陽戈（《考古與文物》2002 年 2 期 70 頁），陳斯鵬等（《新見金文字編》301 頁）指出：所从“或”亦有可能是“嚣”（《説文》“悖”字籀文）之省。“烕”所从“或”亦可能是“嚣”之省。曩侯鼎有字作🔥形（見《金文編》691 頁），與🔥形可參看，只是下部火形不同而已。

烝　烝　爕

萑包山 257

────────────────────

○**吳大澂**（1884）　烝　萑　或从登从廾，陳侯因資敦“以烝以嘗”。

《説文古籀補》頁 41,1988

○丁佛言（1924）　　烝　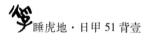　陳侯午錞。

《説文古籀補補》頁 46，1988

○劉彬徽、彭浩、胡雅麗、劉祖信（1991）　（編按：包山257）燈，讀如蒸。

《包山楚簡》頁 60

○何琳儀（1998）　燈，從火，登聲。《廣韻》：“燈，燈火。”
　包山簡燈，讀蒸。

《戰國古文字典》頁 139

○湯餘惠等（2001）　燈。

《戰國文字編》頁 680

○李守奎（2003）　烝　燈。

《楚文字編》頁 584

○劉信芳（2003）　（編按：包山257）燈：字從火，登聲，讀爲“烝”。《説文》：“烝，
火氣上行也。”《大招》：“炙鴰烝鳬。”《九歌·東皇太一》：“蕙肴蒸兮蘭藉。”

《包山楚簡解詁》頁 263

烰 烀

睡虎地·日甲 51 背壹

○睡簡整理小組（1990）　（編按：睡虎地·日甲51背壹）烰（炮）。

《睡虎地秦墓竹簡》頁 212

○陳振裕、劉信芳（1993）　按：《説文》：“烰，烝也。”

《睡虎地秦簡文字編》頁 105

○張守中（1994）　（編按：睡虎地·日甲51背壹）烰　通炮。

《睡虎地秦簡文字編》頁 158

漢 爡

陶録 3·559·4　　集成 11367 六年漢中守戈

○王輝（1997）　（編按：集成11367）“莫”，爲“漢”本字，漢代漢字仍有作“莫”者。
容庚《金文續編》卷十一·一及該書《采用漢器銘文》善同鏡二“莫有善同
（銅）出丹陽”，它鏡皆作“漢”。“漢”字已見於西周昭王時銅器中甗，亦見於

戰國楚器鄂君啟節（“辻灘”即“上漢”）。漢中原爲楚地。《史記・秦本紀》：“（惠文王更元）十三年（前 312），庶長章擊楚於丹陽，虜其將屈匄，斬首八萬，又攻楚漢中，取地六百里，置漢中郡。”又《楚世家》：“（懷王）十七年春，與秦戰丹陽，秦大敗我軍，斬甲士八萬，虜我大將軍屈匄、裨將軍逢侯丑等七十餘人，遂取漢中之郡。”置漢中郡後一年，秦惠文王卒。武王即位，四年卒。故由漢中始置郡之年看，此“六年”也只能是昭王六年。

《陝西歷史博物館館刊》4，頁 23

○王恩田（2007） 熯。

《陶文字典》頁 264

閔 閔

閔 季木 1:14　閔 貨系 725　閔 貨系 1467　閔 璽彙 2656　閔 侯馬 156:21

○丁佛言（1924） 閔 閔 古鉢閔徒。

《説文古籀補補》頁 46，1988

○山西省文物工作委員會（1976） 閔 委質類被誅討人姓氏。

《侯馬盟書》頁 331

○羅福頤等（1981） 閔。

《古璽文編》頁 252

○高明、葛英會（1991） 閔。

《古陶文字徵》頁 148

○梁曉景（1995） 【閔・平襠方足平首布】戰國晚期青銅鑄幣。鑄行於趙國，流通於三晉、兩周及燕等地。屬小型布。面文“閔”，形體多變。背多無文，或鑄有數字。“閔”，即藺，古地名，戰國趙邑，在今山西離石縣西。（參見“閔・尖足平首布”條）。1956 年以來北京，河北易縣燕下都、靈壽，山西芮城、陽高、原平、朔縣、屯留、交城、浮山、祁縣，内蒙古涼城、土默特左旗，遼寧遼陽，河南鄭州、新鄭、洛陽等地均有出土，尤以 1963 年山西陽高出土的數量最多，計 420 枚。一般通長 4.2—4.4、身長 2.8—2.9、肩寬 2.3—2.4、足寬 2.5—2.7 釐米，重 4.75—8 克，多在 6 克左右。

【閔・尖足平首布】戰國早中期青銅鑄幣。鑄行於趙國，流通於燕、中山、三晉等地。面文“閟”，形體多變。背鑄有一至六十四等數字。“閟”，即藺，古地名，戰國屬趙。《史記·趙世家》：趙肅侯二十二年(公元前 328 年)，“秦殺疵河西，取我藺、離石”。趙武靈王十三年(公元前 313 年)，“秦拔我藺”。在今山西離石西。按形制有大、小兩種：大型者屬“一釿”布。一般通長 8.2—8.6、身長 6.1—6.5、肩寬 3.6—3.8、足寬 4.3—4.5 釐米，重10.1—12.5 克，較罕見。小型者屬“半釿”布，1959 年以來內蒙古涼城，河北徐水、靈壽，山西陽高等地有出土。一般通長 4.7—5.5、身長 3.3—3.8、肩寬2.5—2.8、足寬 2.5—3 釐米，重 5.9—6.5 克。

《中國錢幣大辭典·先秦編》頁 262、351

○何琳儀(1998)　閟，甲骨文作🔲(粹)。从火，門聲。閟，來紐真部；門，明紐諄部。來，明爲複輔音，真、諄旁轉。閟爲門之準聲首。戰國文字承襲甲骨文。或作🔲，加二爲飾。戰國文字門或作🔲(裹門鼎)、🔲(璽彙○一七○)，所从二亦爲裝飾符號。閟內有火，故移門內之二於門之上，《說文》遂誤以爲从二(下)，或以爲从二(上)。(《六書故》引唐本《說文》，𨳿作𨳿。)

侯馬盟書、晉璽閟，讀藺。韓厥玄孫曰康，仕趙，食采於藺，因氏焉。康裔孫相如爲趙上卿，子孫仕秦，隨司馬錯伐蜀，因家成都。望出中山、華陰。見《元和姓纂》。趙幣閟，讀藺，地名。《史記·趙世家》武靈王“十三年，秦拔我藺”。在今山西離石西。

《戰國古文字典》頁 1150—1151

○吳振武(2000)　前面我們列舉了古文字中三百六十多個形形色色的借筆字。此外，在戰國布幣中，還有一些幣文筆畫借用幣脊線的例子，如：🔲閟

《古文字研究》20，頁 333

【閟半】

○石永士(1995)　【閟半·尖足平首布】戰國中晚期青銅鑄幣。鑄行於趙國，流通於燕地。屬小型市(編按：疑“市”爲“布”之誤)。面文“閟半”，形體多變。背平素或有數字。“閟”，通藺，古地名，戰國屬趙。《史記·趙世家》：趙肅侯二十二年(公元前 328 年)，“秦殺疵河西，取我藺、離石”。趙武靈王“十三年(公元前 313 年)，秦拔我藺”。在今山西離石西。“半”爲貨幣單位。1963 年以來山西陽高、原平，河北易縣、靈壽、灤平等地有出土。一般通長 5.2—5.7、身長 3.7—4、肩寬 2.5—2.6、足寬 2.8—3 釐米，重 5.4—8 克。

《中國錢幣大辭典·先秦編》頁 352—353

【閵相女】近出 1184 藺相如戈

○**長白朝鮮族自治縣文物管理所**（1998）　戈上一面兩處刻有銘文，共 16 字。一處在援本近闌處，刻劃清晰，一行 2 字，爲：“相邦”；另一處在内部穿至端處，刻劃細淺，三行 14 字，爲：“廿年丞閵（藺）相女（如），邦左□虎智，冶陽。”兩行中閒穿孔下另有一“肖（趙）”字。

　　按“肖”即“趙”，“閵相女”即趙國名臣藺相如，藺作閵，如作女，戰國文字習見。“丞”是藺相如的官名，“丞”字下部略有殘泐。因此，“廿年”當爲趙惠文王二十年，即公元前 279 年。

《文物》1998-5，頁 91

燋　爉

爉 季木 2：16

○**高明、葛英會**（1991）　燋。

《古陶文字徵》頁 148

炭　㷕　㷋

㷕 信陽 2·28　　㷋 上博二·容成 44

○**中大楚簡整理小組**（1977）　（編按：信陽 2·28）茖㷋盥，茖假爲烙，㷋即炭字。盥字从皿，烜聲。《玉篇》：“烜，然也。”“茖㷋”即燃炭，其器名曰盥。後北室有一銅盤，左右有短鍊，可以懸掛，盤内尚置有木炭數段，簡文所載“茖㷋盥”，當指此器。

《戰國楚簡研究》2，頁 26

○**劉雨**（1986）　2-028：“……茖㷋盥。”

　　此簡所載之物，可能就是《信陽圖録》圖五四之“銅爐”，爐中尚有木炭，可證“㷋”就是“炭”字（此從中山大學楚簡小組之説）。此爐與 1923 年新鄭出土之《王子嬰次盧》形制類似。彼爐或釋爲“庶盤”，不確。郭沫若同志釋爲“炒（燎）盧（鑪）”，謂“爲燎炭之鑪”（見《兩周金文辭大系圖録考釋》）。除“炭”字外，餘皆得之。

　　《左傳·定公三年》：“邾莊公廢於鑪炭。”

《周禮·天官·宮人》:“共(供)鑪炭。”

可見春秋戰國之際,使用炭鑪是很普遍的。此鑪較之王子嬰次盧,兩耳上多出兩短鏈。至於其用法,我們推想既然有足,當是坐地而用,並非懸掛。短鏈的功用大概是在鑪點燃後作挪動用。

《信陽楚墓》頁135

○**何琳儀**(1998)　㥁,从火,产聲。疑炭之異文。

信陽簡㥁,讀炭。

《戰國古文字典》頁977

○**李零**(2002)　(編按:上博二·容成44)盂㥁,即“盂炭”,可能指以盂盛炭,或讀爲“塗炭”。《書·仲虺之誥》:“有夏昏德,民墜塗炭。”

《上海博物館藏戰國楚竹書》(二)頁284

○**蘇建洲**(2006)　(編按:上博二·容成44)“㥁”字形上部與《郭店·五行》簡32“顏色”合文作🄍的“彥”旁形似。炭,透元;彥,疑元,疊韻。字亦見於《信陽》2.028“苔(烙)㥁(炭)盬”,中山大學楚簡小組指出“㥁”應釋爲“炭”,可謂卓識。

《上海博物館藏戰國楚竹書(二)校釋》頁238

羑 𤇃

　近出77 王孫誥鐘　　近出76 王孫誥鐘　　集成428 冉鉦鋮

○**伍仕謙**(1984)　(編按:近出77 王孫誥鐘)羑(差)。

《古文字研究》9,頁276

○**趙世綱**(1991)　(編按:近出77 王孫誥鐘)(六)“余不敃(畏)不羑(差)”

“羑”,《説文》:“羑,束炭也。从火,差(編按:此脱“省”字)聲,讀若齹。”段注:“齹,齒部作䶥。”羑在此假爲差,古同音,通假。前述王子午鼎有“余不畏不差”,表達方法完全相同,可證“羑”當讀爲“差”。

《淅川下寺春秋楚墓》頁358

○**王輝**(1995)　(編按:集成428 冉鉦鋮)雅、羑、达斯于、舟此于既爲徐先祖之聲名顯赫者,則非徐偃王莫屬。

徐偃王始見於《尸子》及《荀子·非相》,《史記·秦本紀》引《尸子》稱其“有筋而無骨”,《荀子》稱其“目可瞻馬”,是帶有傳説性的人物。偃王之偃,《淮南子·説山》注以爲謚,但周、秦、漢謚號多以文、武、莊、哀、閔、宣、成之類有褒貶意義的字爲之,未見謚偃者。或以爲是名,張華《博物志》云:“徐君宮人娠而生卵,以爲不祥,棄於水濱。獨孤母有犬名鵠蒼,獵於水濱,得所棄卵,銜以東歸。獨孤母以爲異,覆煖之,遂蚨成兒,生時正偃,故以爲名。徐君宮中聞之,乃更録取。長而仁智,襲君徐國……以已得天瑞,遂因名爲弓(弓周心如説乃號之誤,《太平御覽》卷三百四十七引正作號),自稱徐偃王。”徐偃王《抱樸子·仁明》作徐偃,《潛夫論·氏姓》作徐姬,《漢書·古今人表》作徐隱,看來偃應是名而非謚。這些都是文獻上的説法。

在出土材料中,徐偃王之名可稱作瘫。

關於瘫字,《文物》1980 年 8 期江西省歷史博物館、靖安縣文化館《江西靖安出土徐國銅器》一文注釋引裘錫圭先生的説法:“可能是瘫字,隸定作瘫。瘫、雁一聲之轉,自是雁字,釋爲偃或偃王之偃。”按雁上古音元部疑紐,偃元部影紐,疊韻,喉、牙鄰紐,聲音很接近。

羡應是鄰國對偃的稱呼。《説文》:“羡,束炭也。从火,差省聲。”《集韻》:“羡,側下切,鮓,上聲。”羡又見河南淅川縣出土的楚器王孫誥鐘:“余不畏不羡,惠於政德。”同出王子午鼎作“余不畏不差”。從上下文看,應讀爲差。差上古音歌部初紐,差與偃歌元陰陽對轉。“徐羡子孫”即徐偃子孫,也就是後世徐君的代名詞。

偃、羡、瘫爲一人之名,而非泛指。殷滌非先生説:“徐偃王不是某一個徐王的名號,殆指徐偃姓之王。”又説:“與周穆王同時之徐王,或與楚文王同時、與楚莊王同時之徐王,皆可稱爲徐偃王。”依其説,則徐王皆可稱偃王,那樣,就無法確定“偃王之孫”,銘文也就失去了意義,所以殷先生的説法顯然不妥。

《東南文化》1995-1,頁 35—36

○何琳儀(1998)　　冉鉦鍼羡,不詳。

《戰國古文字典》頁 880

灰

睡虎地·秦律4

○**睡簡整理小組**(1990)　(編按:睡虎地·秦律4)夜,疑讀爲擇。夜草爲灰,意爲取草燒灰,作爲肥料。《禮記·月令》:仲夏月“毋燒灰”。

《睡虎地秦墓竹簡》頁 20

○何琳儀(1998)　灰,金文作灻(無更鼎)。从火,又聲。

睡虎地簡灰,草灰。

　　　　　　　　　　　　　　　　　　　　　　《戰國古文字典》頁 14

○陳偉武(1998)　(編按:睡虎地‧秦律4)"夜"當讀爲畬。《説文》:"夜,舍也。天下休舍也。从夕,亦省聲。"朱駿聲《通訓定聲》指出許慎説解夜字用聲訓之法。即是説,夜與舍聲韻俱近,故引以爲訓。畬从余得聲。金文舍或从余聲(如居簋作舎),中山王響鼎:"含(今)舍方壯。"假舍爲余,知舍余古本同音,而以舍爲聲訓的夜字讀爲从余得聲的畬,語音當無問題。《易‧無妄》:"不耕獲,不菑畬,則利有攸往。"《詩‧周頌‧臣工》:"亦又何求? 如何新畬。"畬字或謂三歲治田,或謂二歲治田,或謂一歲治田。經師異説迭出,莫衷一是。究其朔義,當如韻書所言,《廣韻‧麻韻》:"畬,燒榛種田。"《集韻‧麻韻》:"畬,火種也。"火種即火耕。《説文》:"畬,燒種也。漢律曰:畬田茠艸。"朱駿聲《通訓定聲》:"《史記》:楚越之地或火耕。蓋治山田之法,焚其草木而下種。"《史記‧平準書》:"江南火耕水耨。"《後漢書‧杜篤傳》:"火耕流種,功淺得深。"李賢注:"以火燒所伐林株,引水溉之而布種也。"根據秦簡,知夏季方可實行火耕。《田律》所謂"不夏月,毋敢夜草爲灰",是説出了夏季之月,不敢畬草爲灰,語意恰與《月令》相反。其實,《月令》原文謂仲夏之月"毋燒灰,毋暴布",孫希旦《禮記集解》卷十六:"灰,謂所用以湅布者也……是月陽氣大盛,不可燒灰湅布,暴之日中,恐脆傷其布也。"此與燒草爲灰以肥田自是不同。

　　　　　　　　　　　　　　《胡厚宣先生紀念文集》頁 204—205

炗 炗 燮

石鼓文‧車工

【燮燮】石鼓文‧吾車

○强運開(1935)　趙古則作燮,音黄。都元敬以爲不類。楊升庵釋炗,潘云作炗。其義未詳,或曰衆多也。張德容云:"《説文》:'炗,灰炗煤也。'木部枟,籀文从辝作辬。朮部,枭籀文从辝作檆,知燮爲籀文炗無疑。燮燮當是塵起之兒。洪頤煊以爲古業字,非是。"運開按:張氏此説甚爲精確,定爲籀文炗字可以無疑矣。

　　　　　　　　　　　　　　　　《石鼓釋文》甲鼓,頁 14

○**劉翔、陳抗、陳初生、董琨**（1989） 《説文·十上》：“炱，灰炱煤也。”段玉裁注：“《通俗文》曰：‘積煙曰炱煤。’《玉篇》曰：‘炱煤，煙塵也。’”“㷱”下有重文符號。㷱㷱，塵土飛揚貌。

《商周古文字讀本》頁 203

○**何琳儀**（1998） 石鼓“㷱㷱”，煙塵貌。

《戰國古文字典》頁 60

煨 爩

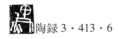陶録 3·413·6

○**丁佛言**（1924） 煨 古匋。

《説文古籀補補》頁 46，1988

○**何琳儀**（1998） 齊陶焊，人名。

《戰國古文字典》頁 772

○**王恩田**（2007） 煨。

《陶文字典》頁 265

炊 烌

睡虎地·雜抄 28　　故宫 441

○**睡簡整理小組**（1990）　（編按：睡虎地·雜抄 28）炊，疑讀爲箠。箠飭，對馬鞭打。

《睡虎地秦墓竹簡》頁 86

○**何琳儀**（1998） 睡虎地炊，疑讀箠。

《戰國古文字典》頁 867

○**黄德寬等**（2007） 秦印炊，人名。秦簡炊，或讀箠。

《古文字譜系疏證》頁 2298

熬 䴗 爨

包山 257

○**劉彬徽、彭浩、胡雅麗、劉祖信**（1991）　（編按：包山 257）爨，讀如熬。《説文》：

"熬,乾煎也。"爨雞即熬雞。

《包山楚簡》頁 60

○**何琳儀**（1998）　爤,从火,嚚聲。

包山簡爤,讀熬。《詩·大雅·板》:"聽我嚚嚚。"《潛夫論·明忠》引嚚作敖。《書·序》:"仲丁遷於嚚。"《史記·殷本紀》嚚作隞。均其佐證。

《戰國古文字典》頁 283

○**湯餘惠**（2001）　熬　从嚚聲。

《戰國文字編》頁 678

○**劉信芳**（2003）　（編按:包山 257）爨:字即"熬",簡文凡"嚚"文獻皆作"敖"。《方言》卷七:"熬、煎,火乾也。"《招魂》:"鵠酸臇鳧,煎鴻鶬些。"熬雞即煎雞。

《包山楚簡解詁》頁 265

○**劉釗**（2004）　簡 257 有字作"爨、爨",字表隸作"爨"。按字从火从嚚,應釋爲"熬"。楚國文字中"嚚、敖"在用作聲符時可以互換,故字應釋爲"熬"。考釋(525)謂"讀如熬"。按字就是熬字,不用"讀作"。

《出土簡帛文字叢考》頁 20

尉 尉

尉 睡虎地·秦律 159　　尉 官印 0075　　尉 集粹　　尉 秦印

○**睡簡整理小組**（1990）　（編按:睡虎地·雜 2）尉,此處應指縣尉。

《睡虎地秦墓竹簡》頁 79

○**張守中**（1994）　尉　同尉。

《睡虎地秦簡文字編》頁 159

○**湯餘惠等**（2001）　尉。

《戰國文字編》頁 678

○**黃德寬等**（2007）　秦印尉,姓氏。《廣韻·物韻》:"尉,姓。古有尉繚子著書。"《通志·氏族略》五:"鄭有尉止、尉翩,古賢者尉繚,著書號《尉繚子》。"

秦簡尉,官名。

《古文字譜系疏證》頁 3200

△**按**　周波指出"秦文字用'尉'表示官名{尉},見秦印、封泥、睡虎地秦簡

等。三晉、燕系文字均用‘尸’表示｛尉｝”。詳參《戰國時代各系文字閒的用字差異現象研究》(162 頁,線裝書局 2013 年)。

灼 灼

柄天星觀　　**枸**天星觀

○**何琳儀**(1998)　　天星觀簡灼,不詳。

《戰國古文字典》頁 309

天星觀礿,不詳。

《戰國古文字典》頁 309

○**李守奎**(2003)　　灼。

《楚文字編》頁 584

燭 燭 膒

燒包山 163　　**㼌**上博二·容成 2

膒信陽 2·14

○**中大楚簡整理小組**(1977)　　(編按:信陽 2·14)有人認爲,膒字从火从脪,凡从它之字,後世皆以㐌或也代之,《莊子·胠篋》:“昔者龍逢斬比干,剖萇弘脪(音拖)。”陸謂:“脪,裂也……一云:‘刳腸曰脪。’”簡文之膒當同脪,腸也,即一個盛腸的盌。

《戰國楚簡研究》2,頁 31

○**李家浩**(1983)　　(編按:信陽 2·14)“膒”从“火”“膉”聲,當是“膏燭”之“燭”的異體。“承燭之盤”即漢車宮承燭盤銘文所説的“承燭柈”。長臺關一號墓出土一件“空柱陶盤”,與漢車宮承燭盤形制相同,應即簡文所記“承燭之盤”。陶盤中閒凸起的“空柱”,即承燭之處。

《著名中年語言學家自選集·李家浩卷》頁 203,2002;
原載《中國語言學報》1

○**劉雨**(1986)　　(編按:信陽 2·14)然。

《信陽楚墓》頁 129

○劉彬徽、彭浩、胡雅麗、劉祖信(1991)　(編按:包山 163)熠。

《包山楚簡》頁 29

○湯餘惠(1993)　熠 163,熠・燭。曾侯乙墓編磬銘濁字从蜀作 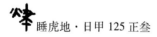、（參看《曾侯乙墓》第 580 至 581 頁）,與此形近,262 簡亦有此字,原釋“燭”是。又 129 簡有 字,應即“瘋”。古璽有未識字作: 3346,今按當釋“蠲”。

《考古與文物》1993-2,頁 73

○郭若愚(1994)　(編按:信陽 2·14)燠同燭,《説文》:“庭燎火燭也。”

《戰國楚簡文字編》頁 84

○何琳儀(1998)　燠,从火,腸聲。疑燭之繁文。見燭字。
　　信陽簡燠,讀燭。

《戰國古文字典》頁 377—378

△按　劉國勝據紅外影像隸定爲“爥”。詳參《楚喪葬簡牘集釋》(27 頁,科學出版社 2011 年)。

【燭鋪】包山 262

○劉彬徽、彭浩、胡雅麗、劉祖信(1991)　熠,燭字。鋪,借作僮,指未成年之童。燭僮,即秉燭之僮。出土的實物中有二件童子秉燈,與簡文相符。

《包山楚簡》頁 62

○何琳儀(1998)　包山簡“燭鋪”,讀“燭俑”,秉燭之俑。

《戰國古文字典》頁 378

○劉信芳(2003)　燭鋪:讀爲“燭俑”,出土實物匯總有二件“銅人擎燈”(標本 2:428),即簡文所記“二燭俑”,俑謂擎燈之銅人。《禮記・檀弓下》:“爲俑者不仁。”鄭玄《注》:“俑,偶人也。”

《包山楚簡解詁》頁 280

㷷 隸

㷷 睡虎地・日甲 125 正叁

○睡簡整理小組(1990)　(編按:睡虎地・日甲 125 正叁)㷷,讀爲殔,《吕氏春秋・先識》:“威公薨,殔九月不得葬。”注:“下棺置地中謂之殔。”據簡文及《先識》原文,應爲陳尸之意。

《睡虎地秦墓竹簡》頁 200

○**張守中**（1994）　烌　通殔。

《睡虎地秦簡文字編》頁 159

○**王子今**（2003）　（編按:睡虎地・日甲 125 正叁）必以烌死人。整理小組注釋:"烌,讀爲殔,《呂氏春秋・先識》:'威公薨,殔九月不得葬。'注:'下棺置地中謂之殔。'據簡文及《先識》原文,應爲陳尸之意。"今按:揚雄《太玄》卷八《太玄數》"爲牀",晉人范望注:"人所歸也。"

《睡虎地秦簡〈日書〉甲種疏證》頁 245

樊　燓　焚

樊 曾侯乙 212　　焚 睡虎地・日甲 42 背叁　　集成 12110 鄂君啟車節

新蔡甲三 343-2　　上博三・周易 53　　上博五・鬼神 2

○**裘錫圭、李家浩**（1989）　（編按:曾侯乙 212）燓。

《曾侯乙墓》頁 500

○**何琳儀**（1998）　焚,甲骨文作𤈦(乙四九九五)。从火从林。會焚燒林木之意。金文作𤇎(多友鼎)。戰國文字承襲金文。《説文》未收。《玉篇》:"焚,燒也。"《集韻》:"焚,火灼物也。或作燓、炃、燌,古作燔。"或據焚異文燓,歸焚爲元部桝聲,非是。

　　鄂君啟節"栖焚",讀"柳焚",地名。

《戰國古文字典》頁 1361

○**賈連敏**（2003）　（編按:新蔡甲三 343-2）焚。

《新蔡葛陵楚墓》頁 199

○**濮茅左**（2003）　（編按:上博三・周易 53）"焚",《説文・火部》:"燒田也。"《集韻》:"火灼物也。"意謂旅居之福被焚滅,喪童僕真誠,而身危。

《上海博物館藏戰國楚竹書》（三）頁 208

○**曹錦炎**（2005）（編按:上博五・鬼神 2 正）"焚",焚燒,重刑之一。《史記・殷本紀》:"於是紂乃重刑辟,有炮格之法。"可以參看。

　　（上博五・鬼神 8）"焚",此指夏桀所用的酷刑。據上海博物館藏戰國楚竹書《墨子》佚文《鬼神之明》篇,"桀紂幽厲"四個暴君的罪行有:"焚聖人,殺訐者,賊百姓,亂邦家。"可以參看。

《上海博物館藏戰國楚竹書》(五)頁 314、328

○**李守奎、曲冰、孫偉龍**(2007)　樊　焚　按:段玉裁以爲《説文》"樊"爲"焚"之訛。可信。

《上海博物館藏戰國楚竹書(一——五)文字編》頁 466

△**按**　《説文》:"樊,燒田也。从火、棥,棥亦聲。"段玉裁改篆作"焚",説解作"燒田也。从火、林"。注云(《説文解字注》484 頁,上海古籍出版社 1981年):"各本篆作樊。解作从火、棥,棥亦聲。今正。按《玉篇》《廣韻》有焚無樊,焚,符分切,至《集韻》《類篇》乃合焚樊爲一字,而《集韻》廿二元固單出樊字,符袁切。竊謂棥聲在十四部,焚聲在十三部,份古文作彬,解云焚省聲,是許書當有焚字,況經傳焚字不可枚舉,而未見有樊,知火部樊即焚之訛。玄應書引《説文》:'焚,燒田也。字从火,燒林意也。'凡四見。然則唐初本有焚無樊,不獨《篇》、《韻》可證也。"甲骨文焚字作 ，、，、，、，等形(見《甲骨文編》412—413 頁),金文焚字作 （見《金文編》689 頁),可證段説可信。

【焚焚】上博三·亙先 4

○**李零**(2003)　　"焚₌",重文,讀"紛紛"。

《上海博物館藏戰國楚竹書》(三)頁 292

△**按**　焚焚,讀"紛紛",亂貌。典籍中又作"棼棼、芬芬"。《書·吕刑》:"民興胥漸,泯泯棼棼,罔中于信,以覆詛盟。"孔穎達疏:"棼棼,擾攘之狀。"《逸周書·祭公》:"汝無泯泯芬芬,厚顔忍醜。"孔晁注:"泯芬,亂也。"盧文弨曰:"芬芬,與《吕刑》'棼棼'同。"

　　清華叄《赤鵠之集湯之屋》簡 12 有"惢惢"一詞,整理者(《清華大學藏戰國竹簡》[叄]170 頁注釋〔二六〕,中西書局 2012 年)注:"惢惢,即《書·吕刑》'焚焚',訓爲'亂'。""惢惢、焚焚"當是同詞異寫。

興　興

票 睡虎地·日甲 80 背　　票 睡虎地·日甲 64 背貳

○**睡簡整理小組**(1990)　　(編按:睡虎地·日甲 80 背) 剽,《史記·禮書》注:"亦疾也。"

《睡虎地秦墓竹簡》頁 221

○**陳振裕、劉信芳**（1993）　“票”同飄，又作熛。“熛”字見於《説文》，亦即票字。此借作趬，輕行也。

《睡虎地秦簡文字編》頁 124

○**何琳儀**（1998）　票，從火，從覀省，會火焰飛升之意。秦國文字火旁或誤作示旁，爲隸書所本。六國文字覀旁或省作西形，亦爲隸書所本。參票《漢徵》十·九作𤐫、𤑔。

《戰國古文字典》頁 1464

【票風】睡虎地·日甲 52 背 1

○**睡簡整理小組**（1990）　《老子》二十三章注：“飄風，疾風也。”

《睡虎地秦墓竹簡》頁 217

○**劉樂賢**（1994）　［三十二］《老子》二十三章注：“飄風，疾風也。”按：古人認爲飄風乃是鬼化成的，《白澤精怪圖》：“又丘墓之精名曰狼鬼，善與人鬪不休，爲桃棘矢（疑桃字下脱弧字），羽以鵝羽以射之，狼鬼化爲飄風……”《醫心方》卷二十七（人民衛生出版社影印本）引《千金方》云：“凡在家及行，卒逢大飄風、暴雨、大霧者，此皆是諸鬼神行動經過所致。”（亦見今本《千金方》）直到現在民閒一些迷信觀念較濃的人還認爲飄風（民閒稱爲旋風）是“鬼風”，旋風進入誰家的院子，誰家就要倒楣。因而有的人甚至一看到旋風，嘴裏就連忙念叨着：“旋風，旋風，你是鬼，我有大刀砍你腿。”又按：整理小組在簡文中標原注釋爲“注一〇”，其實當是“注二〇”。

《睡虎地秦簡日書研究》頁 237—238

○**何琳儀**（1998）　睡虎地簡“票風”，讀“飄風”。《詩·小雅·何人斯》：“彼何人斯，其爲飄風。”傳：“飄風，暴起之風。”

《戰國古文字典》頁 1465

○**吳小强**（2000）　飄風，大風，旋風，疾風。

《秦簡日書集釋》頁 135

○**王子今**（2003）　吳小强《集釋》：“飄風，大風，旋風，疾風。”釋義似乎過於寬泛。“旋風”之説，看起來只是“票風”的一種解釋。如《爾雅·釋天》：“回風爲飄。”郭璞注：“旋風也。”而《詩·小雅·何人斯》毛亨傳：“飄風，暴起之風。”《漢書·蒯通傳》所謂“飄至風起”，顔師古也解釋説：“飄謂疾風。”也可能劉樂賢在這裏取“旋風”之解是妥當的。前引毛亨傳有“飄風，暴起之風”之説，然而《詩·大雅·卷阿》：“有卷者阿，飄風自南。”毛亨傳又説：“飄風，回風也。”也許“疾風、暴起之風”。都是説其勢“疾”“暴”的强烈的“回風、旋風”。

《睡虎地秦簡〈日書〉甲種疏證》頁 375

㸒 㸒　焦雙烓

㸒 十鐘　焦 睡虎地・日甲 55 正叁

㸒 璽彙 3153

㸒 上博二・魯邦 4

㸒 上博 34

○丁佛言（1924）　㸒　㸒　古鉢焦慞。

《説文古籀補補》頁 46，1988

○黄盛璋（1974）　（2）焦　《史記・魏世家》：魏襄王五年“秦圍我焦、曲沃”，六年“秦取我汾陰、皮氏、焦”，《秦本紀》：“惠文王十一年樗里疾攻魏焦，降之。”秦惠文王十一年即魏襄王五年，所記實爲同一戰役，但魏襄王“八年秦歸我焦、曲沃”。焦故城，據《括地志》：“在陝州城内東北百步，古虢城中東北隅。”至於《水經注・渠水》引《竹書紀年》：“梁惠成王十六年秦公子壯帥師伐鄭，圍焦城不克。”此焦城故城據《水經注》應在中牟西南，新鄭東北，焦與曲沃、皮氏、汾陰等相近，而焦城則距離較遠，焦屬魏而焦城屬韓。並非一地。

《考古學報》1974-1，頁 35

○羅福頤等（1981）　焦。

《古璽文編》頁 252

○睡簡整理小組（1990）　（編按：睡虎地・日甲 55 叁）異，離。焦，通憔。異者焦憂，離去者憔悴而又貧窮。

《睡虎地秦墓竹簡》頁 190

○張守中（1994）　《説文》：“㸒，从火，雥聲。焦或省。”

《睡虎地秦簡文字編》頁 159

○何琳儀（1998）　焦，从火从隹，會以火燒鳥之意。戰國文字或从雔，屬繁化。《集韻》：“雥亦作雔。”或移火旁於隹左側。《集韻》：“爝，火炬。或作烓。”或作㸒，上从小爲疊加音符。

　　　燕璽焦，姓氏。周武王封神農之後於焦。今陝州東北百步焦城是也。古傳曰,虞、虢、焦、滑皆姬姓也,爲晉所滅,子孫以國爲氏。見《通志·氏族略·以國爲氏》。

秦璽焦,姓氏。

《戰國古文字典》頁 318

○馬承源(2002)　(編按:上博二·魯邦 4)《説文·火部》:"龣,火所傷也。从火,雥聲。焦或省。"此言天久不雨,山石將因日炙而焦,樹木將乾枯而死,山木欲施雨之需,更甚於人世。

《上海博物館藏戰國楚竹書》(二)頁 208

栽 燅 灻 衬

灻 上博三·周易 21

衬 上博五·三德 2

○濮茅左(2003)　(編按:上博三·周易 21)"灻",从火,才聲。《説文·火部》:"栽,天火曰栽。从火,弌聲。𤓪,或从宀、火。𤇫,籀文从巛。𤇶,古文从才。"《古文四聲韻》引《古尚書》"災"作"𤇶",从火,才聲。

《上海博物館藏戰國楚竹書》(三)頁 166

○黃人二(2005)　(編按:上博三·周易 21)"邑人之災"之"災"字,簡文原从火,才聲。按,此字爲《説文》所云之古文,其訓爲"天火",小篆作"栽",另有一或體作"灾",籀文則从火,巛(中一橫畫)聲。僅一會意,餘三聲符咸不同。

(編按:上博三·周易 56)簡文"災"字原从火,才聲,即《説文》"災"之古文,帛書本作"兹",則應以音近互借而轉讀爲"災"。

《上海博物館藏戰國楚竹書(三)研究》頁 35、104

○李零(2005)　(編按:上博五·三德 2)衬(災)。

《上海博物館藏戰國楚竹書》(五)頁 289

○何琳儀(2007)　(編按:上博三·周易 56)"灻",帛本作"兹",今本作"災",韻母同屬之部。

《上海博物館藏楚竹書〈周易〉》頁 87,《儒藏》精華編二八一

○李守奎、曲冰、孫偉龍(2007)　栽　灻　按:《説文》古文作𤇶,或體作"灾"。

衬　按:"灾"字異體。詳見卷一示部。㤅　按:"灾"字異體。詳見本卷

心部。

《上海博物館藏戰國楚竹書（一—五）文字編》頁 466

○黃德寬等（2007）　《《，象水流壅塞成灾之形。災爲《《之後起增繁字。《説文》灾，从火从宀會意，烖，从火戈聲，皆爲其異體字。

《古文字譜系疏證》頁 221

煙 燻 甄

集成 2782 哀成叔鼎　　上博五·三德 8

○趙振華（1981）　（編按：集成 2782 哀成叔鼎）禋。

《文物》1981-7，頁 68

○馬承源（1990）　（編按：集成 2782 哀成叔鼎）禋祀，即禋祀。禋字牆盤銘作甄，蔡侯盤銘作禋，義同。

《商周青銅器銘文選》4，頁 501

○李天虹（1995）　《説文》：“𡆥，古文；𡆥，籀文从宀。”

　　按：哀成弔鼎煙字作𣂪，从宀从煙，與《説文》籀文相同。《説文》古文从宀从煙省，古文字中尚未發現同例，古文字西作𢁅（甲 740）、𢁆（佚 200）、𢁇（伯戜簋）、𢁈（盟書 85：3）、𢁉（香録 12.1），《説文》古文作𢁊，均與小篆不同。而煙字古文所从西字和小篆形同，疑是傳抄者誤改从小篆。

《江漢考古》1995-2，頁 78

○李零（2005）　（編按：上博五·三德 8）甄（禋）。

《上海博物館藏戰國楚竹書》（五）頁 293

熅 燠

曾侯乙 98　　曾侯乙 66

○裘錫圭、李家浩（1989）　（編按：曾侯乙 66）奐

《曾侯乙墓》頁 493

○劉釗（1991）　裘錫圭、李家浩兩位先生在《曾侯乙墓竹簡釋文與考釋》一文中指出九八號簡的“頁毢”即六六號簡的“頁韋之毢”，同時指出“毢”“毢”應讀爲“鞍”，其説甚是。但是將“𣎆”“𣎆”隸定作“奐”則不妥。按字不从角，

"ꮬ""ꮬ"即"盈"字。字从火从皿,當釋爲煴。煴字見於《説文》火部,在簡文中當讀作"緼"。"緼"義爲赤黄色,或稱淺紅色。

《古文字構形學》頁 269—270,2006

○**何琳儀**(1998)　烣,从火,函聲。疑煴之省文。

　　隨縣簡烣,讀緼。《玉篇》:"緼,赤黄閒色也。"

《戰國古文字典》頁 1310

○**李守奎**(2003)　煴。

《楚文字編》頁 585

炮 炮

眇 陶彙 5·210

───────────────

○**袁仲一**(1987)　宮字下面的一字有二形:一作"眇",即从火从日;一作"𣇀",即从月从火从ㄟ。第一個字爲"眇",《篇海》:"眇,居匡切,音光,明亮也。"第二個字亦當讀爲光。二字的不同點僅是日字旁换作月旁。日、月、火在古人看來均能發光,月下的"ㄟ"似爲光芒狀,爲會意字。不過此字的寫法與殷周和春秋戰國時光字的寫法都不相同,當爲光字的異體。

《秦代陶文》頁 18

○**高明、葛英會**(1991)　炮。

《古陶文字徵》頁 148

○**葛英會**(1992)　《秦代陶文》919、932、933、935、937、938、940—944 等 16 張拓本,皆爲"宮×"二字款識。宮下之字原釋眇。按該陶文隸寫爲眇有缺筆,字左部所从非日字。如圖十二所錄諸例,左部偏旁上爲白、下爲匕,故該陶文應即炮字。《説文》:"炮,望火貌。从火,皀聲。"其篆文所从形符、聲符均與此陶文相同。唯陶文左右偏旁位置互易,與《説文》篆文不同。秦陶文"宮×"宮下之字多爲陶工名,猶如燕陶文"左宮×、右宮×"之類。

　　圖十二 1、2、3、4、5、6《秦代陶文》940、935、943、932、949、941

𣇀₁　**𣇀**₂　**𣇀**₃　**𣇀**₄　**𣇀**₅　**𣇀**₆

《文物季刊》1992-3,頁 55—56

○**王輝、程學華**(1999)　此陶文又見《秦代陶文》919、937 瓦文,簡報及袁仲一釋 2、3 兩字爲一字"炅",《秦文字類編》同。今按此文常見形作"眇",左下的“𠆢”比較小，又接近邊框，常被拓成一塊三角形墨團，因而易被忽略，如《秦文字類編》511 頁將《秦陶》919 瓦文摹作“θ𠈌”，既漏掉了“𠆢”，又將“ß”誤作“θ”即其例。“𠆢”爲人字，無須解釋，“θ𠈌”亦不當釋炅。炅字見傳世秦公鎛及天水出土秦公簋、秦景公大墓殘磬銘（85 鳳南 M1：548）“鋹靜”之“鋹”字右旁，作“炅”（薛尚功《歷代鐘鼎彝器款識法帖》卷七摹作“炅”，誤），上從日。又見馬王堆帛書《老子》甲本《德經》“靚（靜）勝炅（熱）”，作“炅”，上從日。“θ𠈌”左旁或作“Ð”，或作“ß”，值得注意的是此字上小下大，且末筆明顯向左伸出，故絕非日字。從字形看，秦漢時肉字作“月”（睡虎地秦簡 10・7）、“夕”（馬王堆帛書《相馬經》）、“夕”（《説文》篆文），與陶文甚接近。“θ𠈌”從字形分析，應是“炙”字。“炙”字見睡虎地秦簡《日書》875 反：“日出炙其韓（幹）。”字作“炅”，肉在上，陶文在左者，乃因其上有“宮”字，其下又與“人”字合文，爲便於安排而移動。袁氏又説：“‘𣱢𠈌’字從月從火從𠆢……亦當讀爲光。（與炅）二字的不同僅是日字換作月旁。日、月、火在古人看來均能發光，月下的‘𠆢’似爲光芒狀。不過此字的寫法與殷周和春秋戰國時光字的寫法都不相同，當爲光字的異體。”肉與月在古文字不易分別。但光字下部的儿從未見過與上部的屮（火）分寫的。再説炅從火，日聲（帛書炅讀爲熱，簋、磬、鎛鋹讀爲鎮，皆與日音有關，此略），不讀爲光，所以此字不會是光字的異體。《説文》：“炙，炮肉也。從肉在火上。”引申爲燒、烤、曬。白居易《卯時酒》：“煦若春灌腸，暄如日炙背。”“日炙”即《日書》之“日出炙”，日曬也。“炙人”是一種宮內職官，但不見於文獻。《周禮・天官・冢宰》記宮內服務之官有“庖人、内饔、臘人”等，掌王、后、世子膳羞、祭祀之割烹、煎和之事，炙人應與之接近。秦職官多有不見於文獻者，上章《秦印通論》已舉數例，宮炙人猶是。見於磚文者，乃因此磚用於該署，亦猶飤官遺址陶文多見“飤官”也，飤官上食，故有炙人。至於劉莊墓磚有“炙人”文者，或因後人用前代遺磚，所以劉莊墓的時代也可能在秦亡之後。

《秦文字集證》頁 319—320

〇袁仲一、劉鈺（2009）　這一認識存在如下幾個問題不易解釋：

第一，此字一般作“𣱢𠈌”形，一作“𣱢𠈌”形，兩形並存，字迹清晰可辨。而把該字的左旁視作肉月，把左旁下部的筆畫割裂出來釋作“人”，剩餘部分釋作“從肉在火上”的炙字，顯然與印文的字形不符。

第二，把此字割裂成“炙人”二字，認爲炙人是“一種宮內職官”，陵園內有“飤官上食，故有炙人”。這與秦磚瓦上陶文的一般規律不符。目前已發現的大量磚瓦上的印文，一律爲燒造磚瓦的官署機構名、陶工名。至於説秦始皇陵飤官遺址出土的有關“飤官”的刻文，是見於該遺址出土的陶器上，而不見於磚瓦上。飤官是標明陶器的置放地，而與磚瓦上的印文是性質不同的兩件事。

再者，“飤官”印文不僅見於飤官遺址出土的磚瓦上，還見於秦始皇陵園的寢殿、便殿、城垣的廊房建築遺址、兵馬俑坑以及臨潼劉莊秦墓出土的磚上，因而認爲帶有此印文的磚用於飤官“該署”，也是不確切的。

此印文由於是首次發現，又不見於文獻記載，因而對其作出各種不同的詮釋和探討，都是非常有益的。至今還没有一個令大家都認同的意見。不過高明先生把此印文釋爲“宮炮”，與印文的字形相近，故暫從此説。“宮”爲宮司空的省文，“宮”下一字爲製陶工匠名。《説文・火部》：“炮，望見（編按：衍“見”字）火貌。从火，皀聲。”

《秦陶文新編》頁 28

煌　煌

近出 98 黻鐘　　　秦公大墓石磬

○**馮勝君**（1998）　（編按：近出 98 黻鐘）煌，《説文》謂“煌煌輝也”（依段注本）。在此形容鐘聲明亮輝煌。

《吉林大學古籍整理研究所建所十五周年紀念文集》頁 41

○**王輝、焦南鋒、馬振智**（1996）　（編按：秦公大墓石磬）允樂子〔孔〕煌

子爲孔之譌，此從文例可以看出。

煌，金文或作皇、或作諻。沇兒鐘：“元鳴孔皇。”王孫遺者鐘：“中諆（翰）畝（且）旟（揚），元鳴子〔孔〕皇。”河南淅川縣出土的王孫誥鐘：“中諆畝旟，元鳴孔諻。”而宋人著録的秦公鎛則亦作煌，云：“乍盄龢□，毕名曰替邦，其音鍴鍴雝雝孔煌。”文獻則或作喤，《詩・周頌・執競》：“鐘鼓喤喤，磬筦將將，將福穰穰。”毛《傳》：“喤喤，和也。”“孔煌（諻、喤、皇）”爲春秋戰國閒樂器銘文恆語，形容鐘、鼓、磬之樂音洪亮、和諧。

《史語所集刊》67 本 2 分，頁 270

光 光

集成 2840 中山王鼎　　包山 207　　郭店·老甲 27　　睡虎地·日乙 196 壹

○**丁佛言**（1924）　光　古鉢狄光。

《説文古籀補補》頁 46,1988

○**陳夢家**（1956）　（編按：集成 10298 吳王光鑑）此器稱闔廬爲吳王光,闔廬乃光之字;《左傳》襄十七"皆有闔廬",注云:"闔謂門户閉塞。"其義與光相反成義;光或爲廣之假字,《説文》:"廣,殿之大屋也。"

《考古學報》1956-2,頁 111

○**容庚**（1964）　（編按:吳王光逗戈）光吳王名,《左傳》又稱爲闔廬。楚子西稱爲吳光(《左傳》昭公三十年)。此稱光逗,未見於他書。余初欲據子可戈讀法,由援至胡,釋爲"逗自作吳王光用戈",但與攻敔王光戈讀法相校,由胡至援,仍當以前釋爲是。《周金文存》印本模糊,光字未識。馬承源君寄贈拓本及摹本。

《中山大學學報》1964-1,頁 81—82

○**湯餘惠**（1986）　望山二號墓出土的遣册常見"雷(靈)桼"一詞,從語法地位看,都是隨葬品名稱之前的形容詞語,"雷"後一字,舊釋爲"桼",無異辭。或以爲"雷桼"即"令桼","當屬優質絲織品名"。

按桼字《説文》作桼,秦高奴銅權从水作桼,由此可知"桼"本从木,加點以象木汁。《説文》云:"桼,木汁,可以鬃物,象形,桼如水滴而下。"楚簡此字不从木,釋"桼"可議。

諦審此形,字上从火,字下从人(鄂君啟節見字作),加公爲飾筆,應是"光"之繁文,吳王光戈作、吳王光劍作、吳王光鑑作、中山王鼎作,可證。字下人旁兩側不加飾筆,加公形或人形飾筆,都是一回事。

《古文字研究》15,頁 41

○**周曉陸、張敏**（1987）　（編按:攻敔王光劍）光,即吳王闔閭、闔廬,《史記·吳太伯世家》以其爲王之前稱公子光,爲王之後稱闔廬,看來不盡然。

《東南文化》1987-3,頁 71

○**曹錦炎**（1989）　（編按:攻敔王光戈）作器者光,即吳王闔閭。《史記·吳（編按:當爲"吳太伯"）世家》:"(十三年)四月丙子,光伏甲士於窟室,而謁王僚欽（編按:當爲"飲")……遂弑王僚。公子光竟代立爲王,是爲吳王闔廬。"陳夢家以爲,"闔廬乃光之字"。《左傳》襄公十七年"皆有闔廬",注云:"闔爲門户閉塞。"其義與光相反成義,正符合古人名、字相應的原則(《壽縣蔡侯墓銅器》,《考古學報》1956年2期)。陳説可能是正確的。

《古文字研究》17,頁76

○**李家浩**(1989)　"光"字原文作𤎡,可與下録"光"字比較:

𤎡　吳王光鑑　《金文編》546頁

𤎡　中山王鼎　《中山王嚳器文字編》21頁

𤎡　望山楚簡　《文物》1966年5期圖版伍、陸

劍銘"光"字的中部跟上引"光"字第一形相近,兩側的斜畫跟上引"光"字第二、三形相近。舊釋劍銘"光"爲"率",非是。**(中略)**

　　把這兩件兵器銘文對照起來看,就會發現"光趄"與"光韓"是同一個人名的不同寫法(詳下)。**(中略)**

　　"韓、趄"古音相近。"韓"的聲母屬匣母,"趄"的聲母屬喻母三等,上古音喻母三等與匣母極近。二字的韻母同屬元部。因此"光韓"與"光趄"當是同一個人名的不同寫法。

　　容庚先生曾經指出,"光趄"即吳王光,但他又説吳王光稱"光趄""未見於他書"。既然是吳王光稱"光趄""未見於他書",那麽"光趄"倒底是不是吳王光呢?我們認爲容先生的推測是正確的。在古代的人名中有這樣一種情況,單名或作雙名時,即在單名之後加一個字。如吳王壽夢的別名"乘"或作"乘諸","鄭子嬰"或作"鄭子嬰齊"。在古代的國名中也有類似的情況,如"邾"或作"邾婁"。吳王光的名字或作"光趄、光韓",與此情況正同。

《古文字研究》17,頁140—144

○**饒宗頤**(1992)　火作大,帛書炎帝字作炎,及丙2"不火得","火"形正相同。下有𠆢,當是炎字,即"光"也。

《文物》1992-11,頁34

○**曹錦炎**(1995)　劍首"光"字,頗不好認。吳王光戈作𤎡;吳王光劍作𤎡;吳王光鑑作𤎡;中山王鼎作𤎡,最後兩例於"儿"旁兩側分別添加𠆢和公爲飾筆。本劍銘文光字寫法除上部"火"旁兩點作彎曲外,幾乎和中山王鼎銘"光"字構形一致。"不光"二字,卡爾貝克舊藏劍銘没有作鳥蟲書,"光"字上部所從之

"火"旁已成凵形。按望山楚簡"光"字作✦，可見火旁的這種構形並非孤例。

《文物》1995-8,頁 74

○**李天虹**(1995)　《説文》:"炎,古文;灮,古文。"

　　按:西周牆盤有"灮",唐蘭釋作廣,其説可從。古文字黄作𦰩(師奎父鼎)、𦰩(趞曹鼎)、𦰩(彙 1249)、𦰩(1257)。牆盤廣字从炎,《説文》光字古文作灮,均可視爲黄字的省作。古黄光音近可通(黄,匣母;光,見母;均陽部)。《尚書》"光被四表",《漢書》作"横被四表";《説文》觵字俗作觥可證。古文字光又作炎,疑是从炎,黄省聲,也可能是𡗜(中山王方壺)這類有飾筆的字形訛變而致。

《江漢考古》1995-2,頁 78—79

○**曹錦炎**(1998)　需要指出的是,平糧臺出土的三件越王劍,雖然目前對劍首銘文尚不能全部識讀,但劍格銘文均爲"戉(越)王戉(越)王不光不光"(圖四)(編按:圖略)則是可以認定的。"越王"二字容易認;"不"字作𠂤,即由上述卡爾貝克氏藏劍的𠂤形變來,尚不難識出;"光"字已由上劍作✦變作𠁥(𠁥),變形雖甚,但仍可看出𡉉即由凵(火)彎曲筆畫而來,儿旁作𠂆則變得不多。倘若沒有上述三件越王嗣旨不光劍的銘文作對照,平糧臺出土越王劍銘的"不光"二字,是很難辨識出來的。這三件越王劍的銘文均稱"越王不光",已删去了"嗣"字,可見這批劍的製作年代當在越王翳即位以後。史載越王翳在位時閒長達 36 年之久,相信將來還會有不光劍的發現。

《容庚先生百年誕辰紀念文集》頁 560—561

○**何琳儀**(1998)　光,甲骨文作𡗜(續五・七・七)。从卩从火,會人首火光明亮之意。西周金文作𡗜(召尊)、𡗜(瘋鐘),或卩上歧出作𡗜(禹鼎)、𡗜(虢季子白盤)。春秋金文作𡗜(攻敔王光戈),火豎筆上加飾點。戰國文字承襲兩周金文。火上飾點或延長爲短橫、長橫,卩兩側飾筆或繁化爲𠆧,卩或作儿形。

　　中山王壺光,見《詩・大雅・韓奕》"不顯其光",箋:"光,猶榮也。"

　　者汈鐘光,見《國語・周語》中"叔父若能光裕大德",注:"光,廣也。"

　　詛楚文"光列",讀"光烈"。《書・洛誥》:"越乃光烈考武王。"

《戰國古文字典》頁 643

○**曹錦炎**(2002)　石矛兩面通體淺刻勾連雲紋,正面中脊兩側於雲紋中刻有鳥蟲字銘文 6 字(圖二)

隸定作：戉（越）王不

　　　　戉（越）王光

當讀爲"越王越王不光"。

　　"越王"二字對照越王不光劍及越王鈹銘文鳥蟲書構形，是不難認識的。"不光"二字去掉繁複的裝飾筆畫實作，"不"字構形已見上節討論，也可以識出。"光"字構形由於省略較甚，且上部筆畫又不出頭，故較難辨識，可以參看下列吳越文字的"光"字構形：

　　第一例見者汈鐘，第二例見攻敔王光戈，第三例見吳王光鑑，第四例見安徽南陵出土的攻敔王光劍，第五例見荷蘭波斯敦博物館藏攻五王光韓劍。最後兩例"光"字構形上部筆畫也不出頭，特別是最後一例去掉下面四個裝飾小點，其所剩筆畫與石矛的"光"字完全相同，只是將中閒的"儿"旁筆畫作了扭曲交叉而已。所以，"不光"二字還是可以認出的。

　　此外，這件石矛銘文的鳥蟲書構形比較繁縟，線條柔弱，一改越國早期鳥蟲書銘文的修麗端正之姿，與晚期越王不光劍及所謂"奇字劍"的鳥蟲書風格相近。從鳥蟲書構形的特點上也可以看出其時代較晚，正與越王不光的年代相合。

《古文字研究》24 頁，244

熱　　　岦

岦 郭店·六德 33

睡虎地·日乙 20 壹

○**睡簡整理小組**（1990）　（編按：睡虎地·日甲 66 背壹）爇，燃燒。

《睡虎地秦墓竹簡》頁 217

○**劉樂賢**（1994）　（編按：睡虎地·日甲 66 背壹）爇，燃燒。待，《國語·魯語下》注："猶禦也。"按：鄭剛讀熱爲執，亦通。

《睡虎地秦簡日書研究》頁 240

○**荊門市博物館**（1998）　（編按：郭店·六德 33）寮（？）。

《郭店楚墓竹簡》頁 188

○**李家浩**（1999）　（4）《睡虎地》231 頁《日書》乙種“楚除”二〇壹、一九壹 B 釋文：“熱罔（網）獵，獲。”

　　按：上文二（1）已經指出，九店楚簡“叢辰”篇與此相當的文字作“埶罔得”。“熱”從“埶”聲，故“熱、埶”二字可以通用。“埶”“設”二字音近古通。例如：武威漢簡《儀禮》“設”多寫作“埶”。《大戴禮記·五帝德》説黄帝“治五氣，設五量，撫萬民，度四方，教熊羆貔豹虎，以與赤帝戰於阪泉之野”。《史記·五帝本紀》記此事，“設五量”作“蓺五種”。《大戴禮記·文王官人》“埶之以物而速決”，《逸周書·官人》此句“埶”作“設”。“執、埶”二字形近，在古書中常見互訛的情況。《大戴禮記》的“執”當是“埶”之誤。在古文字中也有以“埶”爲“設”的例子。《小屯南地甲骨》2170：“其罙，於東方埶，擒。於北方埶，擒。”裘錫圭先生説此卜辭中的二“埶”字皆應該讀爲“設”，“是設置捕獸之網的意思”。中方鼎：“隹（惟）王令南宫伐反（叛）虎方之年，王令中先，省南或（國）貫行，埶应。”靜方鼎：“隹（惟）十月甲子，王才（在）宗周，令師中罙靜省南或（國），埶应。”李學勤先生把此二器銘文中的“埶”都讀爲“設”。據此，秦簡的“熱”和楚簡的“埶”，皆應該讀爲“設”。“設網”，設置捕鳥獸之網的意思。賈誼《新書·諭誠》：“湯見設網者四面張，祝曰：自天下者，自地出者，自四方至者，皆罹我網。”

　　　　　　　　　　《著名中年語言學家自選集·李家浩卷》頁 380—381，2002；

　　　　　　　　　　　　　　　　　　　原載《史語所集刊》70 本 4 分

○**劉信芳**（2000）　（編按：郭店·六德 33）“岌”字《郭店》釋“尞”非是。楚帛書《甲》3 “寞”即“熱”，馬王堆漢墓帛書《姓爭》“寒浧”即“寒熱”，據此“岌”應讀爲“浧”。帛書《前道》：“合之而浧於美。”《方言》卷三：“浧，化也。”謂孵化也，“少而浧多”者，猶雞産卵孵化，由少化而爲多也。蓋仁人惻隱之心，本之於親親而推之於衆庶，孟子嘗謂梁惠王隱羊之無罪而就死地，恩及於禽獸，若舉斯心而加之於彼，則謂之推恩，“故推恩足以保四海，不推恩不足以保妻子”（《孟子·梁惠王上》）。“少而浧多”所包涵的思想意義在於仁者所具有的“敡、匽、隱”，是一種推己及人的同情心，孟子的“推恩”思想，即由“少而浧多”發展而來。

　　“少而浧多也”，《五行》作“少而軫者也”，涵義相近而略有不同。帛書《五行·説》：“《世子》曰：‘知軫之爲軫也，斯公然得矣。’軫者，多矣。”《史記·律書》：“清明風居東南維，主風吹萬物而西之。［至於］軫。軫者，言萬物益大而軫軫然。”帛書釋“軫”爲“多”，蓋取“軫”作爲星宿的數術意義。《五行·説》又云：“匽者，言人行小而軫者也。”“小”謂小惡之行也，“軫”謂以大度待之，有如《五行》所説"有小罪而赦之"。寬以待人，並不僅僅是寬容人家的過失，重要的是使自己的仁人惻隱之心由此得到升華，好比天上的星宿"軫"，由四顆小星構成車輿，具有神一般的承載容量，當其行之於天之時，萬物皆大，此所以縉紳先生以之比照惻隱之心經提升而達至的境界。

《古文字研究》22，頁 216

○**顔世鉉**（2001）　《六德》簡文"炅"與《五行》的"軫"處於相同位置。"炅"作 之形，原釋文作"寮（？）"。李零先生釋爲"炅"（熱），讀爲"折"。按，馬王堆帛書《老子·德經》甲本"靚（靜）勝炅（熱）"，注釋云："炅，從火日聲，當即熱之異體字，不讀古迴（編按：當作"迴"）切或古惠切。"裘錫圭先生同意此説。秦公簋有"鈗（鎮）靜不廷"，王輝先生認爲：炅字是會意兼形聲字，從日下有火會意，日亦聲；鈗和鎮有聲近的關係，鈗也可能是鎮之異構。劉樂賢先生曾就《説文》古文"慎"（ ）與"炅"的關係加以分析，他説："根據金文及秦漢文字材料，我們可以肯定《説文》古文慎字是一個從火日聲的形聲字。它之所以讀爲慎，以它爲聲符的字之所以讀爲鎮，是因爲它與慎、鎮在古代讀音相近。"因此，簡文"炅"與"炅"當同爲一字之異體，是從火日聲的字，它可和從"真"之字相通。簡文"炅"也可讀爲"袗"，段注本《説文》："袗，禪衣也。一曰盛服。"段注云："彡本訓稠髮。凡彡聲字多爲濃重。"沈兼士也指出，從"彡"與從"真"之字均有"稠密重滯"義。帛書本《五行》作"軫"，有多、大之意。簡本《五行》作"訪"及"軫"，注釋五四云："訪，'診'之訛形。診借作'軫'。""訪"當讀作"方"或"旁"，有普遍、廣大之意，與"軫"在意義上可相通。《六德》簡"小而軫多也"，即小而衆多之意，猶簡帛《五行》的"小而軫"或"小而旁"之意。

《史語所集刊》72 本 2 分，頁 480—482

○**廖名春**（2001）　（編按：郭店·六德 33）"炅"字上從"中"，下爲"炅"，"中"爲"艸"之省，"炅"即"熱"。《素問·舉痛論》："得炅則痛立止。"王冰注："炅，熱也。"帛書《老子》甲本："趮勝寒，靚勝炅。"今本《老子》第四十五章作："躁勝寒，靜勝熱。"所以，"炅"實即從艸從熱的"爇"字。而"爇"與"匽"通。"匽"古音爲元部，"爇"古音爲月部，陽入對轉。《楚辭·九辯》："被荷裯之晏晏。"《考異》："《藝文類聚》作'被荷裯之炅炅'。""晏、炅"可通假，自然"爇"可借作"匽"。《説文·匸部》："匽，匿也。"段玉裁注："匽之言隱也。"此字帛書《五行》作"軫"，楚簡《五行》或作"訪"或作"軫"。原注釋："訪，'診'之形訛。診，借作'軫'。"帛書整理小組云："《楚辭·惜誦》：'心鬱結紆軫。'"王逸注："軫，隱也。"是"軫"義爲隱，可爲上説之證。因此，"少而炅多也"當讀作"小而匽,多也”,即有小罪而隱之,跟隨的人就會多。

《新出楚簡試論》頁 176

○**李零**(2002)　(**編按**:郭店・六德 33)“少而⿱山炅多也”,第三字是古“熱”字(寫法同楚帛書“熱氣寒氣”的“熱”字),這裏疑讀爲“折”(“折”是章母月部字,“熱”是日母月部字,讀音相近)。

《郭店楚簡校讀記》(增訂本)頁 133

○**劉釗**(2003)　(**編按**:郭店・六德 33)“⿱山炅”从“炅”(“慎”字古文),疑讀爲“實”,古音“炅”在禪紐真部,“實”在船紐質部,聲爲一系,韻爲對轉。此“小而⿱山炅(實)多也”與馬漢墓帛書《五行》“匿者,言人行小而軫者也。小而實大,大之者也”中的“小而實大”相同。

《郭店楚簡校釋》頁 118

○**李守奎**(2003)　(**編按**:郭店・六德 33)熱　⿱山炅。

《楚文字編》頁 586

△**按**　郭店《六德》簡 33 的,李家浩(《出土文獻研究》第 10 輯,中華書局 2011 年)續有討論,可參。

煖 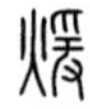

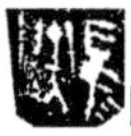陶録 6・235・4

○**袁仲一**(1987)　熮。

《秦代陶文》頁 461

○**施謝捷**(1998)　陸　釋“煖”

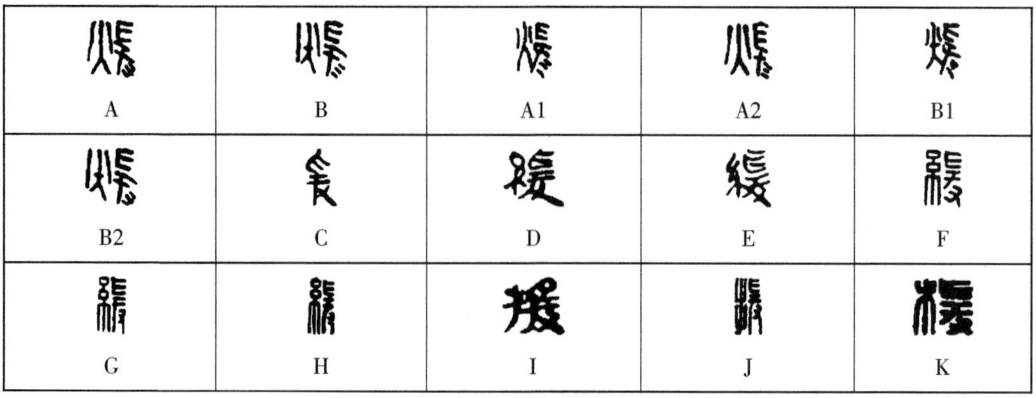
A
B
A1
A2
B1
B2
C
D
E
F
G
H
I
J
K

圖六

秦始皇陵西側外城之間建築遺址出土板瓦印文裏有一字寫作下揭二形：

A 右A,《秦陶》拓本647、662

B 右B,《秦陶》拓本646、663

袁仲一把它們摹作A1、B1,釋爲"熮"或"燁"(《秦陶》登録表299號、306號)；高明等把A摹作A2,作爲不識字處理(《陶徵》352頁)。

按袁氏把A、B作爲一字的異體,應該是可信的,但把字形摹作A1、A2、B1,都欠準確,不可據。A、B左半偏旁顯然是"火",右半所從偏旁實際上是"爰",只是B右下角殘去,可補足作B2形,秦漢文字中的"爰"或從"爰"字可資比較：

C 孫臏239,《篆隸》256頁

D 孫臏317,同上948"緩"

E 一號墓竹簡256,同上

F 五緩,《印徵》13・7上"緩"

G 韓緩,同上

H 胡緩,同上

I 睡虎地簡37・101,《篆隸》871頁"援"

J 李援,《印徵》12・9下"援"

K 楥雲信印,同上6・8下"楥"字據此,前引陶文A、B無疑應釋爲"煖"字,作人名,亦見漢印,如"趙煖"(《印徵》10・10上"煖")是其例。

《考古與文物》1998-2,頁70

○**王恩田**(2007) 炃 漢長宜子孫洗長作炃,與陶文偏旁相似。

《陶文字典》頁264

△**按** 《戰國文字編》附録1079頁,編號399下收録《秦代陶文》663 ▨,與《陶文圖録》6・235・4 ▨當爲同字,當從施謝捷釋爲"煖"。

炅 炅

炅 陶彙9・69 炅 璽彙1978

○**羅福頤等**(1981) 炅。

《古璽文編》頁253

○**王輝**(1989) 戰國、秦漢人姓炅、名炅者習見。《古璽彙編》1978有"鄖炅"

私璽；秦陶文有“官昃”（《秦代陶文》拓片號 919，另該書拓片 932、933、935、937、938、948、949 等原亦隸作炅，但字作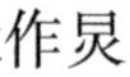似與炅字有别）；漢有“徐炅”私印（《漢印文字徵》10.10）；漢又有“炅靈、炅宫、炅信”等私印（同上）。

从炅之字有鋘。傳世秦公毁銘文：“趚趚文武，鋘静不廷，虔敬朕祀。”傳世秦公鎛鐘銘文：“趚（藹）趚文武，鋘静不廷，釀（柔）燮百邦，於秦執事。”秦公大墓石磬殘銘：“［不］廷鋘静，上帝是□。”

《説文》：“炅，見也，从火、日。”段玉裁注：“按此篆義不可知，《廣韻》作‘光也’，近似之。从日、火，亦不可曉，葢後人羼入，如西部有垔之比。《廣韻》十二霽曰，後漢太尉陳球碑有城陽炅横，漢末被誅，有四子，一姓炅，一姓呑，一姓桂，一姓炔，四字皆九畫。《集韻》桂氏譜曰，桂貞爲秦博士，始皇坑儒，改姓呑，其孫改爲炅，第四子改爲炔。是則有臆制炅爲姓者，恥其不古，羼入許書，非無證也。”段氏説炅姓爲後人臆制，字乃後人羼入許書，實在出於他自己的臆測，並不符合古文字的實際。但他承認“此篆義不可知……从日、火，亦不可曉”，卻説明後人對此字的本義及造字緣由已不甚了了。王筠《説文句讀》對此字，加以“闕疑”，是比較審慎的。《廣韻》：“炅，光也。”段玉裁説《廣韻》之訓“近似之”，未加肯定。桂馥《説文義證》因此説《説文》“見”字當爲“光”字之訛，也未必有據。

炅字的出現應該很早。山東莒縣凌陽河大汶口陶尊上有五個刻畫符號，其中三個作、兩個作，唐蘭先生釋爲炅，王樹明釋前一字爲炅，後一字爲炟，于省吾先生則二字俱釋爲旦。陶文僅有單字，没有語言環境，其確切含義不盡可知，但揆諸字形，則以唐説爲近似。

漢代帛書、竹簡有炅字，多用如熱字。馬王堆帛書《老子・德經》甲本：“趮勝寒，靚勝炅。”乙本已殘，今傳世通行本作“燥勝寒，静勝熱”。又帛書甲本《道經》：“或炅或吹。”乙本炅作熱，通行本則此處有佚文。影本注謂：“（此字）从火日聲，當即熱之異體字，不讀古迥切或古惠切（見《廣韻》）。”其説是。炅用作熱，又見《居延漢簡乙編》52・12 簡：“當遠里公乘王同即日病頭恿（痛）寒炅。”同類例子見於傳世文獻。《素問・長刺節論》：“刺而多之，盡炅病已。”唐王冰注：“炅，熱也。”熱字出現較晚，今所見最早的例子是馬王堆帛書《足臂十一脈灸經》及漢印中，是一個後起的形聲字，炅字則是會意兼形聲字，从日下有火會意，日亦聲。漢以後多用熱字，少用炅字，今本《素問》中炅字僅是個别孑遺，餘皆用熱。後世學者不知其本義，良有以也。

炅既爲熱，引申之，有光明義，有曝曬義，《説文》有炟字，大概是炅之訛字,東漢章帝名炟。《玉篇》:"炟,曝也。"宋太宗原名趙匡義,即位之後改爲烅,字光義,名字取義相關,可見其時認爲烅爲光明義。至於烅後代讀古迥切古惠切(gui),無法解釋,熱字則上古音月部(jiong)(編按:疑誤)日紐。

《考古與文物》1989–5,頁 121

○**高明、葛英會**(1991)　　烅。

《古陶文字徵》頁 148

○**劉樂賢**(1993)　　今本《説文解字》中並沒有一個以火、日爲部件的形聲字。但火部有一烅字很值得注意。許氏云:"見也,從火、日。"顯然,在許氏看來這是一個會意字。但許氏的這一説法是難以理解的。就連與許氏心心相印的段玉裁在注此字時也不得不承認他不明白這一字的意義,他説"按此篆義不可知"。桂馥《説文義證》則主張"見"當是"光"之誤,王筠《説文句讀》云作"光"則當在熱篆前。桂、王二氏的修正是可取的。在出土的秦漢文字材料中,烅字常常用爲熱。例如馬王堆漢墓帛書《老子》甲本"趮(燥)勝寒,寒勝烅(熱)",及"物或行或隨,或烅(熱)或[吹]",《居延漢簡》乙編五二・一二"當遠里公乘王同即日病頭恚(痛)寒烅(編按:原書脱"烅",逕補)(熱)"等皆是。馬王堆漢墓帛書《老子》14 頁注:"烅,從火日聲,當即熱之異體字,不讀古迥切或古惠切。"裘錫圭先生更指出,另一從日聲之涅字亦可讀爲熱,如帛書《老子》乙本前古佚(編按:"佚"當爲"佚"之誤)書一〇〇下"夫天地之道,寒涅(熱)燥溼不能並立"。由此裘先生進一步論定了烅當從火日聲。最近,王輝同志對此字亦有論述,認爲烅是會意兼形聲字。而李學勤先生則認爲從日得聲的烅與後來讀古迥切的字可能是形同音異的兩個字。由此看來我們在上文推測的由火、日兩部件構成的合體字應當就是這個在秦漢文字中讀爲熱的烅字,這個烅字結構並不是許慎所説的會意,而應是形聲。

《考古與文物》1993–4,頁 95

○**何琳儀**(1998)　　烅,春秋金文作𤇃(秦公簋鍰作𨧨)。從日從火,會光明之意。火亦聲。烅,見紐;火,曉紐。曉、見爲喉、牙通轉。《廣韻》:"烅,光也。"戰國文字承襲春秋金文。火旁或加橫筆爲飾。

　　晉璽烅,人名。

《戰國古文字典》頁 788

△**按**　《説文》:"烅,見也,從火、日。"從秦漢文字"烅"的用法來看,"烅"當是一個會意兼形聲字,可分析爲"從火從日,日亦聲"。

烕 燬

集成 10374 子禾子釜　　信陽 2·3　　上博五·三德 10　　睡虎地·日甲 146 背

○**劉雨**（1986）　（編按：信陽 2·3）烕。

《信陽楚墓》頁 128

○**睡簡整理小組**（1990）　（編按：睡虎地·日甲 146 背）烕（滅）。

《睡虎地秦墓竹簡》頁 226

○**湯餘惠**（1993）　（編按：信陽 2·3）燬。

《戰國銘文選》頁 138

○**郭若愚**（1994）　（編按：信陽 2·3）一燬盟之柜

燬，從火，成聲，假爲盛。盛受也。《漢書·東方朔傳》：“壺者，所以盛也。”

《戰國楚簡文字編》頁 68

○**何琳儀**（1998）　烕，從火從戌，會兵火所滅之意。典籍多以滅字爲之。《説文》：“滅，盡也。從水，烕聲。”《爾雅·釋詁》：“滅，絕也。”齊系文字火旁作𣏜形習見。

子禾子釜烕，見《小爾雅·廣詁》：“烕，没也。”

信陽簡烕，讀幭。《易·剥》“蔑貞凶”，釋文：“蔑，荀作滅。”《逸周書·克殷》：“侮滅神祇不祀。”《史記·周本紀》滅作蔑。是其佐證。《説文》：“幭，蓋幭也。從巾，蔑聲。”

《戰國古文字典》頁 945

○**周亞**（2000）　（編按：郘王職壺）烕，即滅。《説文》：“烕，滅也。”

《上海博物館集刊》8，頁 148

○**黃錫全**（2002）　（編按：郘王職壺）6.烕齊之秋

“烕”字據董文采納裘錫圭先生的意見，即所謂的“水”實屬於“烕”。這樣理解，文義比較暢達。只是“烕”字兩個偏旁所占位置相當於兩個字，故有“水齊”之釋，無可厚非。其實，這一問題還可以深究。

《古文字研究》24，頁 251

○**王子今**（2003）　（編按：睡虎地·日甲 146 背）入室必烕。整理小組釋文：“入室必烕（滅）。”今按：“此日不可”“入室”，“入室必烕（滅）”的禁忌似乎過於苛嚴，或許"威"另有其他涵義。

《睡虎地秦簡〈日書〉甲種疏證》頁 506

○濮茅左（2005）　（編按：上博五·季庚 22）絨，从彳，威聲，不見於字書，讀爲"滅"。

《上海博物館藏戰國楚竹書》（五）頁 233

○李零（2005）　（編按：上博五·三德 10）威（滅）。

《上海博物館藏戰國楚竹書》（五）頁 294

熭 𤑸

集粹　　𤑸集成 10385 司馬成公權

○何琳儀（1998）　司馬成公權熭，人名。

《戰國古文字典》頁 1182

○湯餘惠等（2001）　熭。

《戰國文字編》頁 680

熙 𤋮

𤋮集成 11357 王三年鄭令韓熙戈

○何琳儀（1998）　韓兵熙，人名。

《戰國古文字典》頁 62

炙

炙集成 9734 舒蛮壺

△按　炙，"夜"字異體，參見卷七夕部"夜"字條。

氘

上博一·性情 30

△按　氘，"气"字異體，詳見卷一气部"气"字條。

炋

曾侯乙 11

○**裘錫圭、李家浩**（1989）　（編按:曾侯乙 11）炋。

《曾侯乙墓》頁 490

○**何琳儀**（1998）　隨縣簡炋，人名。

《戰國古文字典》頁 1244

○**李守奎**（2003）　炋　見《玉篇・火部》。

《楚文字編》頁 586

○**劉信芳**（2006）　（編按:曾侯乙 11）以上五種兵器僅見於簡 11 所載，就其性質來看，應是守備兵器。基於這一認識，簡文“旛”應讀爲“纊”，絮也。“炋”讀爲“燧”，有如上博二《容成氏》34“述稱疾不出而死”，述讀爲遂。纊、燧乃用以鑽燧起火的器具，燧用於鑽火，絮用於引火。

居延漢簡《守禦器簿》：“出火遂二具。”敦煌馬圈灣漢代烽燧遺址曾出土“出火燧”實物，爲柳木製成的長條形木塊，長 27.3、寬 3.3、厚 1.3 釐米，兩側鑽有圓孔，孔底呈圓弧形，有燒焦痕迹。

古代軍事守備，以烽火傳遞軍事信號，在烽火信號系統中，纊、燧是必備之物，此所以漢簡以“出火遂”歸屬於守禦器，往往與兵器同載於一簿。曾侯乙簡將“旛、炋”記在守備兵器之後，與居延漢簡同例。

《簡帛》1，頁 6

烎

上博二・昔者 1

△**按**　烎，“庶”字異體，詳見卷九广部“庶”字條。

燃

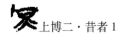上博五・姑成 9

○**李朝遠**（2005）　燃，从册从火，疑同“册”。“册”通“策”，策劃謀略。

《上海博物館藏戰國楚竹書》（五）頁 248

○李守奎、曲冰、孫偉龍（2007） 熐。

《上海博物館藏戰國楚竹書（一—五）文字編》頁 467

焅

焅 九店 621·14

○彭浩（1995） 拘（焅）。

《江陵九店東周墓》頁 512

○李家浩（2000） 焅字亦見於下一五號至一八號簡。按此字不見於字書，應該分析爲从“火”“句”聲。《説文》説“煦”从“火”“昫”聲，“昫”从“日”“句”聲。疑簡文“焅”即“煦”字的異體。簡文“焅”似是一種烹飪方法。據《方言》卷七、《説文》火部，“煦”有“熱、乾、蒸”等義。

《九店楚簡》頁 144

炰

炰 陶彙 3·628　　炰 陶彙 3·632

○李學勤（1959） 丘齊鄙：杉彫里、炰里、又炰里、平里、新里、東里。

《文物》1959-7，頁 52

○高明、葛英會（1991） 匋。

《古陶文字徵》頁 188

○王恩田（1996） 丘齊鄉中有里名，書作以下諸形：

1	2	3	4	5	6
季 76.6	鄒 3.45	季 75.6	季 39.9	季 75.11	海

《香録》入附録，《字徵》釋匋，《香録》又據殘拓誤摹作 ，釋炤，並誤。李學勤釋炰可信。

此字从火从缶，即炰。《玉篇》：“炰，音缶，火熟也。”《廣韻》：“炰，蒸炰。”《集韻》：“炰，火熟之也。或作炰，亦書作炰。”字形 5、6 火作四點，開隸書以四點表火之先河。

炰里是屬於丘齊鄉的，也有省去鄉名的，如“炰里乘”（彙 3·644），另有

"上焦里"（彙 3 · 642"上"字誤釋丘），臨淄新出一品作"下焦里"，下字上邊有一點，爲裝飾。都應是屬於丘齊鄉的。

《考古與文物》1996-4，頁 47

○**何琳儀**（1998）　炰，从火，缶聲。《集韻》："焦，火熟之也。亦書作炰。或作炮。"齊陶炰，讀炮。燒製陶器。或地名。

《戰國古文字典》頁 247

○**王恩田**（2007）　《集韻》："焦，火熟之也。或作魚。亦書作炰。"李學勤釋。高明釋陶，誤。

《陶文字典》頁 266

臭

璽彙 2995

○**羅福頤等**（1981）　臭。

《古璽文編》頁 254

○**何琳儀**（1998）　晉璽臭，人名。

《戰國古文字典》頁 1273

○**湯餘惠等**（2001）　臭。

《戰國文字編》頁 680

炻

秦陶 934

○**高明、葛英會**（1991）　炻　《説文》所無。

《古陶文字徵》頁 149

氞

陶録 2 · 750 · 1

○**王恩田**（2007）　氞。

《陶文字典》頁 267

焽

璽彙 3218

○**羅福頤等**（1981）　焽。

《古璽文編》頁 253

○**何琳儀**（1998）　焽，从火从見，會見事明徹如觀火之意。《書・盤庚》上："予若觀火"，傳："我視汝情，如視火。"《正字通》："焽，覎之訛。舊注音訓同覎。省作焽，非。"以戰國文字驗之，焽之形體遠有所本，並非覎之訛。

晉璽焽，讀廉，姓氏。顓頊孫大廉之後，以王父字爲氏。趙有廉頗。見《元和姓纂》。

《戰國古文字典》頁 1458

○**湯餘惠等**（2001）　焽。

《戰國文字編》頁 680

奐

信陽 2・11

○**中大楚簡整理小組**（1977）　宲。

《戰國楚簡研究》2，頁 26

○**郭若愚**（1994）　一□，二觘

觘，《唐韻》初教切，《集韻》楚教切。並音鈔。《玉篇》："角匕也。"

《戰國楚簡文字編》頁 78

○**商承祚**（1995）　罙。

《戰國楚竹簡匯編》頁 29

△**按**　劉國勝（《楚喪葬簡牘集釋》13 頁，科學出版社 2011 年）釋爲"奐"，董珊（《簡帛》3 輯 29 頁）釋爲"衡"。

煮

羹包山 147

○**劉彬徽、彭浩、胡雅麗、劉祖信**（1991）　（編按：包山 147）奥（具）。

《包山楚簡》頁 28

○**林澐**（1992）　（編按：包山 147）羹上部从者，4 號簡箸字作簑可證。下部之杰爲火，不煩舉證。是煮字無疑。

《江漢考古》1992-4，頁 84

○**黃錫全**（1992）　147　羹　羹　煮。

《古文字與古貨幣文集》頁 399，2009；原載《湖北出土商周文字輯證》

○**張光裕、袁國華**（1993）　"煮"字作羹。原釋文釋"奥"（具）。簡 129"臭王之奥"之"臭"亦釋"奥"（具）。按"羹、臭"二字，上半結構互異。查包山楚簡有"箸"字作"箸"（簡 1）、"簑"（簡 8）、"簑"（簡 4）等形。倘去"竹"字偏旁，其形即與"羹"字上半全同。"羹"下从火，當是煮字。

《中國文字》新 17，頁 304

○**何琳儀**（1998）　包山簡"煮盧"，讀"煮鹽"。《管子·輕重甲》："北海之衆無得聚庸而煮鹽。"

《戰國古文字典》頁 520

○**劉釗**（2004）　包山楚簡 147 號簡文作（直接隸釋，不識字加括號説明結構）：

　　　陳□（字不識，从日从己从心）、宋獻爲王煮鹽於海，受又（有）二擔之飤，金□（字不識，从金从又从土）二□（同上）。將以成收。

　　因《包山楚簡》一書對這條簡文中的幾個關鍵字不釋或誤釋，使這一重要材料尚未引起人們的重視。

　　簡文"煮"字舊誤釋爲"具"，按字上从者，下从火，者字構形乃楚文字的特有寫法，試比較簡文中的者字自然清楚。鹽字从鹵从皿，見於《五音集韻》，爲鹽字異體，由此可知這一寫法由來已久。

《出土簡帛文字叢考》頁 33

煬

火 集成 9735 中山王方壺

○ **何琳儀**(1998)　煬，从火，昜聲。《集韻》：“煬，乾皃。”

　　中山王器“寠煬”，讀“遽惕”。

《戰國古文字典》頁 760

毣

　毣 包山 269

○ **劉彬徽、彭浩、胡雅麗、劉祖信**(1991)　(編按：包山 269)毣，讀如旄。旌旗杆上的飾物，一般認爲是犛牛尾。

《包山楚簡》頁 65

○ **李家浩**(1995)　“毣中干”之“毣”，亦見於(1)的下文“一椯，冒毣之首”。在(3)的下文，與“一椯，冒毣之首”句相當的文字作“一椯，緣翌頁(首)”。“緣”从“冡”聲，“翌”从“毛”聲。“緣翌”應當讀爲“蒙旄”，指雜色的旄。徐灝《説文解字注箋》説：“‘冡’‘冒’雙聲，義亦相近，故‘冡’謂之‘冒’，‘冒’謂之‘冡’。《周禮·方相氏》‘掌蒙熊皮’，鄭注‘蒙，冒也’。[《説文》]曰部‘冒，蒙而前也’。”據此，“冒毣”顯然是“緣翌”的異文。換一句話説，“冒毣”即“蒙旄”一詞的另一種寫法。於此可見，“毣”跟“翌”字一樣，也是从“毛”聲，在此讀爲“旄”。

《第二屆國際中國古文字學研討會論文集續編》頁 378—379

○ **何琳儀**(1998)　包山簡毣，讀旄。

《戰國古文字典》頁 329

△ **按**　望山楚簡 2 有“冡毛之首”，朱德熙、裘錫圭、李家浩(《望山楚簡》121 頁注釋[62]，中華書局 1995 年)讀“毛”爲“旄”。曾侯乙簡 9、簡 68 有“白敯之首”，簡 46 有“墨毛之首”，簡 86 有“朱毛之首”，裘錫圭、李家浩(《曾侯乙墓》511 頁注釋 68，文物出版社 1989 年)讀“毛”和“敯”爲“旄”。包山簡牘 1 反下有“緣翌首”，“翌”讀爲“旄”。“毛、敯、翌、毣”應是一詞異寫。

炅　炅炅

炅_{包山 67}　炅_{包山 218}

炅_{包山 221}　炅_{望山 1 · 9}　炅_{望山 1 · 10}

炅_{璽彙 1152}　炅_{璽彙 3269}

○**羅福頤等**（1981）　炅。

《古璽文編》頁 254

○**劉彬徽、彭浩、胡雅麗、劉祖信**（1991）　（編按：包山 129）炅，爨字。《儀禮・少牢禮》“摡鼎七俎於雍爨”，注：“竈也。”

《包山楚簡》頁 48

○**曾憲通**（1996）　江陵望山楚簡有代月名“炅月”，我們曾據秦簡日書“秦楚月名對照表”考釋其音義，認爲楚簡的“炅月”，就是秦簡的“爨月”。今按炅爨二字音近義屬，古代同源當没有問題。但就炅字的結構而言，更準確地説，它應該是後代的焌字。楚簡的“炅月”在秦簡中寫作“爨月”，與楚簡的“冬柰、屈柰、遠柰、夏柰”在秦簡中分别寫作“冬夕、屈夕、援夕、夏夕”，楚簡的“䧄月”在秦簡中寫作“紡月”，屬於同類現象。它們之閒的關係，或則同音，或則同源，但未必是同字。

望山楚簡所記之炅月凡四見，其中簡47从艸作蒸。炅、蒸皆不見於字書，從結構分析，當與焌爲一字。焌字从火、夋，夋又从允得聲，畯字金文作㽙可證。望山簡文炅字从炅允聲，則炅焌同聲可知。炅所从之炅，《説文・火部》訓爲“見也”。桂馥謂：“見當爲光之誤。《廣韻》炅，光也，《類編》作熒，云火光，即此字之訛。”王筠《句讀》謂：“作光則當在熱篆之前。”徐鍇《繫傳》云：“炅，从火日聲。”按炅从火、日，當是熱的或體，《素問・舉痛論》：“卒然而痛，得炅則痛立止”；《調經論》：“乃爲炅中疏”；《五過論》：“膿積寒炅”，王冰注皆訓炅爲熱。馬王堆帛書《老子》甲本“趮勝寒，靖勝炅”，傅奕本《老子》第四十五章作“燥勝寒，靜勝熱”，足證上引諸家之卓識。望山一號楚墓竹簡之“炅月”，包山二號楚墓竹簡多省變爲“炅月”。炅之聲旁允在此省略爲厶（即已字，《説文》允字从人已聲）；義旁炅之聲符日則訛變爲田；天星觀一號楚墓竹簡作“炅”，炅之聲符不但訛日爲田，且移位在上。又古璽有“炅”（3269、2480）

“炅”(1152、2742)二文,前者與包山楚簡構形相同,後者則爲天星觀簡之省變。包山簡有一𩋾,右旁更省作𤆄,爲𤈦字最簡略的形態,已開後世焌字之先河。以上各例均爲一字之異體,其演變軌迹大致如下表:

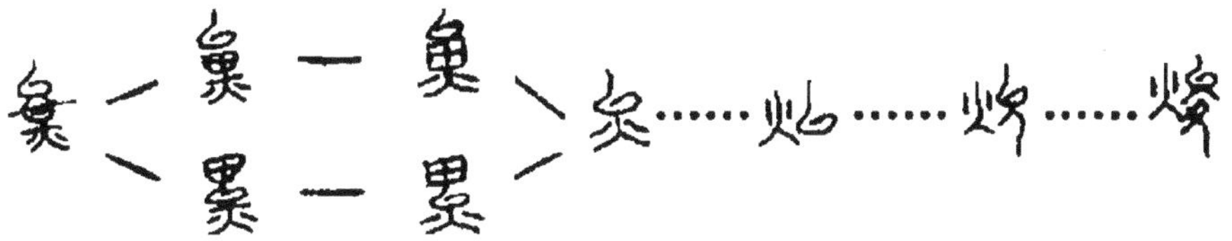

從以上的材料分析,𤈦字是個上聲下形的形聲字,聲旁“允”和形旁(灵)本身又都是上聲下形的形聲結構。這種重牀疊架式的結體在演變過程中一定要求簡化。於是,做聲旁用的形聲結構由於形符不起表音作用而容易脱落(如允—厶);同一道理,做形旁的形聲結構由於聲符不起表義作用而產生訛變和移位(如灵—炅—炅)。而上下結構進一步省變的結果,便成爲上舉最簡單的𤆄字。𤆄再變上下爲左右結構的𤆅,進而演化而爲炾和焌,遂成爲後代的焌字。這個例子在古文字形體演變中有着相當的代表性,是很值得探究的。

《説文·火部》:“焌,然火也,从火,夋聲。《周禮》曰:‘遂籥其焌’。焌火在前,以焞焯龜。”“遂籥其焌”語出《周禮·春官·菙氏》:“菙氏掌共燋契,以待卜事。凡卜,以明火爇燋,遂歈其焌契(引者注:此爲鄭玄讀法,許慎從杜子春以契字屬下讀),以授卜師,遂役之。”根據杜、鄭讀法,焌字的解釋有二:一是杜子春讀焌爲英俊之俊,意取荊樵中之英俊者爲楚焞,用之灼龜。二是鄭玄讀焌爲戈鐏之鐏,意取鋭頭以灼龜。杜、鄭讀焌雖有小異,而其用以灼龜則一。按照鄭氏的讀法,“遂歈其爲焌契”即以契樵火或吹之使熾,以授卜師。由此觀之,《説文》訓焌爲然火者,其旨在於灼龜,與《士喪禮》之楚焞用意正同。

《説文·火部》:“焞,明也,从火,享聲,《春秋傳》曰:‘焞耀天地。’”《儀禮·士喪禮》:“楚焞置於燋,在龜東。”段注云:“《士喪禮》楚焞,所以鑽灼龜者,楚,荊也;焞,蓋取明火之意。”按照段注的意思,訓明之焞乃指楚焞,明者蓋取楚焞明火之意。其主旨亦在於灼龜。

更有進者,焌、焞二字不但意義非常接近,其所指之實物也十分類同。王筠《説文句讀》對此有詳細論述。王氏於焌字下解釋説:“焌是名物,下文‘以焞焯龜’則是謂焞爲焌。”又云:“《周禮》有焌契及燋,《儀禮》有楚焞及契,則焌契爲名物可知。”並總括言之:“以焞焯龜即以焌灼龜也。以焞代焌,猶鄭君謂契爲焞矣。《集韻》以焞爲焌之或體,似即本許、鄭兩君。”考《集韻·恨韻》

在“徂悶切”的小韻中,列有焌焞二字,注“然火以灼龜,焌或作焞”。説明焌、焞二字音義完全相同。聶崇義《三禮圖》於“楚焞”下注云:“焞即焌,俱音鐏。”聶氏引《周禮·菙氏》文後指出:“然則焌、焞契,三字二名,具是一物,皆用楚爲之。楚,荊也。當灼龜之時,其菙氏以荊之焞契柱燋火之炬以吹之,其契既然,乃授卜師,灼龜開兆也。”可見焌即焞契,義同楚焞,其物由荊木或麻葦製成。朱駿聲云:“楚焞謂之契,如今之麻骨,以荊爲之。炬謂之燋,如今之火把,以葦爲之。”故望山楚簡龡字或益艸旁以足義,正可印證。要之,焌與焞同字同物,用以灼龜開兆,均與龜卜有關。

　　焌與焞既是同字同物,其與爨之關係亦有線索可尋。上古焌字屬精紐文部,爨字在清紐元部,精清同爲齒頭,文元旁轉,古音十分接近。《集韻·桓韻》在“七丸切”的小韻中收有爨字,注“炊也,《周禮》‘以火爨鼎水也’”。同一小韻又有鋑字,與爨完全同音。鋑、焌均从夋得聲,可見爨與焌(龡)讀音也應相同。古籍中並不乏爨與夋聲通假的例證。如《説文·革部》:“韇,讀若鑽,或作鞼。”《集韻》蹲、踆”同字,《山海經·大荒東經》“有一人踆其上”,郭注:“踆或作俊,皆古蹲字。”與上引鄭注《周禮》“韇讀如戈鐏之鐏”正可互證。以形義言,焌,爨二字皆从火取義。《説文》:“焌,然火也。”王筠爲“別本無火字”。《禮記·喪大記》:“甸人取所徹廟之西北厞,薪用爨之。”孔疏:“爨,然也。”是則焌、爨二字同訓爲“然”。《文選·七命》注引《漢書》韋昭注:“爨,灼也。”李善注《琴賦》引《説文》:“灼,明也。”按李善引文乃“焯”字之訓(焯灼古通)。《説文·火部》焯、灼二字相鄰,皆訓“明也”,又與“焞”字同訓。由此足證焞、焌、爨三字義正相屬。綜上所述,楚簡中的代月名“龡月”實即“焌月”,同於秦簡的“爨月”,據包山楚簡楚曆的月序,龡月所指代的具體月份,當爲楚曆十一月。

　　龡(焌)月之龡,旨在灼龜開兆,於江陵楚簡中又可得一佳證。據初步整理所得,望山一號楚墓出土的竹簡中,在“龡月”内多次出現“黄靁占”語,其中惟一得以拼復之一整簡言之尤詳。簡文云:

　　　辛未之日埜齋,以其古(故)[敓]之,無佗。占之曰吉。烟以黄靁習之,尚祝。聖王、惡王既賽禱。己未之日賽禱王孫巢。

這一簡記載辛未、己未兩天的祭禱活動。辛未賽禱聖(聲)王、惡(悼)王;己未賽禱王孫巢。内容十分重要。賽禱之前,先埜齋,次占,再次卜。“黄靁”之靁从黽靁聲。爲靁之異構。《集韻·青韻》有靁字,音靈,注:“黄靁,龜名。”《廣韻·青部》作靇。龜卜之法,複卜爲習。《周禮·龜人》:“祭祀先卜,若有祭事,則奉龜以往。”簡文於𤆍月之内記“以黄靈習之”,正可與焌契、楚焞灼龜以卜相印證。

《中山大學學報》1996-3,頁 58—60

○**何琳儀**(1998)　𤆍,从火从日(或演化爲田形),允聲。(或省作㠯形)。疑焌之異文。

晉璽𤆍,讀陖,姓氏。見筊字。

包山簡一二九𤆍,讀爨。《玉篇》:“爨,竈也。”

《戰國古文字典》頁 1343

○**白於藍**(1999)　158 頁“𤆍”字條,“”(67)、“”(218)、“”(224)、“”(221)等九例,此字亦見於江陵天星觀簡,作“”(卜筮類),其所从之“”乃允字(或作“”者又爲“”之省),允、夋古一字分化。所从之“(或)”即黑字(“”爲“”之訛),从黑、从火通。故此字可釋爲焌。《説文》:“焌,然火也。从火夋聲。”楚之“焌月”於秦簡中寫作“爨月”是由於焌、爨二字音通義同之故。焌字古音爲精母文部字,爨爲清母元部字,兩字聲紐同屬齒頭音,韻則旁轉。从夋聲的酸、狻古音亦是元部字。字書中穳字異體作穳,又作鋑。可見焌、爨二字古音確實相近。從字義上看,爨字義猶燃火燒煮之義。《集韻》:“爨,炊也。”《論衡·感虚》:“夫熯一炬火,爨一鑊水,終日不能熱也。”皆其例。(從林澐師説)《汗簡》俊字作“”,《古文四聲韻》引《義雲章》俊字作“”,俊字所从之“”、“”亦是焌字,其形體同天星觀簡之“”十分接近。焌从夋聲,故俊亦可从焌聲作。此亦可反證前引楚簡之字均是焌字不誤。同例,82 頁“韇”字條,“”(271),即《説文》韇字,偏旁韋、革可通用。184 頁“戭”(273)、“”(牘 1),即《説文》穳字,偏旁戈、矛可通用。

《中國文字》新 25,頁 194—195

○**劉信芳**(2003)　𤆍:“爨”之異構,説詳簡 269“戭”字注。本簡“𤆍”應理解爲祭名,《禮記·禮器》:“夫奥者,老婦之祭也。”鄭玄《注》:“奥當爲爨。字之誤也。”《疏》云:“奥音爨,爨以爨煮爲義也。禮,祭至尸食竟而祭爨神,言其有功於人,人得飲食,故祭報之。”

《包山楚簡解詁》頁 123

【𤆍月】

○**曾憲通**(1981)　我們從𤆍字的音義推求,發現𤆍、爂二字音近義屬,在古代互相通假是不成問題的。

先説字義,簡文爂是會意字,上部象以兩手捧置炊具於竈上,下部推火入竈口，義爲燃火燒物，故以火爲義符。小篆作🔥，於灶口增兩手推薪納火之形，隸作爨。奱是从炅允聲的形聲字，形旁炅亦从火取義，可證奱、爨二字的含義均與燃火有關。

再説字音，爨，《萬象名義》且亂反，《廣韻》七亂反，反切上字古同聲紐，下字古在元韻。奱字不見於字書，無法知道它的確切音讀。根據形聲字"同聲符必同類"的一般規律，奱字的音讀可以在"从允得聲"這一類字中求得。我們發現，奱字从允得聲，夋字亦从允得聲，以夋字爲聲符的酸、悛、朘、畯等字保留着奱字的古讀，它們和爨字聲則同類，韻則同部，是音近義屬的通假字。這是從奱、爨這兩個字音義上的關係可以得出的起碼結論。

另外，進一步來説，我們還懷疑奱、焌、爨三字在古代本來就是同一個字。從形體來説，奱、焌二字十分接近，兩者都从火从允，只是火旁一在下方，一在左方。從字音來説，奱从允得聲，焌从夋得聲，允夋古本一字，畯字金文作畯可證。從字義來説，《説文》釋焌："然火也，从火夋聲。《周禮》曰：'遂籥其焌，焌火在前，以焞焯龜。'"焌焞字通，同見於《集韻》恨韻。音祖寸切，又徂悶切。注云："然火以灼龜。"據此，知《説文》釋焌之所謂"然火"，乃旨在"灼龜"。又爨字在音義上與焌字亦極接近。《集韻》桓韻"七丸切"的小韻中，收有爨字，注："炊也。周禮，以火爨鼎水也。"同一小韻又有錢字，與爨字完全同音。錢、焌均从允得聲，可證爨字與焌、奱讀音均甚接近。《周禮·春官·龜人》有"上春釁龜"，注云："釁者，殺牲以血塗之也。"並引《月令·孟冬》云："釁祀龜策相互矣。"疑釁乃爨字因形近而誤，釁龜云者，實爲爨龜。《左傳正義》曰"今人謂瓦裂龜者皆爲釁"（宣公十二年），可證。《周禮》注者據形誤之字，謂釁龜爲"以血塗之也"，乃望文生義之説。其實釁龜就是爨龜，也就是焌龜，即奱龜以卜。望山一號楚墓之竹簡，於"奱月"内多次出現"黃靈占"語，其中唯一能够拼復之一整簡，簡文亦云："辛未之日埜齋，以其古［敓］之，藞它。占之曰吉。囡以黃靁習之，同敓。聖王、惡王既賽禱。己未之日賽禱王孫桌。"黃靁，龜名。簡文記以黃靁灼兆，正可與灼龜以卜相印證。春秋戰國時，爨龜以卜乃是一般常行的禮俗，各諸侯國舉行這一儀式在時序上不盡相同，在楚國似以行爨龜之月謂爨月，或作奱月，楚簡的奱月也就是秦簡的爨月。據"秦楚月名對照表"，爨月在夏曆八月，故楚簡"奱月"在楚曆亦當爲八月，入秦後改屬十一月。

《古文字研究》5，頁 306—308

○朱德熙、裘錫圭、李家浩（1995）　（編按：望山 1·7）奱月，九號、一○號簡作奱月,相當秦簡的爨月,即夏曆八月。馬王堆雜占書有"塞火母(毋)𬊈"語,末一字與簡文"𬊈"顯然是一字異體,據占書文義亦應讀"爨"。六國古印亦有此字,見《古璽文編》254 頁。

《望山楚簡》頁 89

○何琳儀(1998) 楚簡"𬊈月",楚代月名,八月。睡虎地簡作"爨月"。𬊈、爨均屬齒音。

《戰國古文字典》頁 1343

△按 𬊈月,望山簡作"𬊈月"(望山 1·7)、"𬊈月"(望山 1·9、1·10),包山簡作"𬊈月"(包山 67)、"𬊈月"(包山 218)、"𬊈月"(包山 224),睡虎地秦簡作"爨月"(睡虎地·答問 192)。

煬

郭店·六德 36

○荊門市博物館(1998) (編按:郭店·六德36)煬。

《郭店楚墓竹簡》頁 188

○呂浩(2001) 《六德》簡三六:"君子言信言爾,言煬言爾。詨外内皆得也。"此處"煬"字義爲遮蔽、雍蔽。《韓非子·内儲説上》:"今或者一人,有煬君者乎?"陳奇猷集釋:"此彌子暇專壅蔽君之明乎。"句中"信"與"煬"對立。

《中國文字研究》2,頁 287

○湯餘惠等(2001) 煬。

《戰國文字編》頁 681

○陳偉(2002) 6.君子言,信言爾言,煬(陽)言爾設,外内皆得也(36—37 號簡)

這句話原斷讀作"君子言信言爾,言煬言爾,設外内皆得也"。我們在先前發表的一篇論文中改用現在的讀法。信言,誠實無欺的言辭。《老子》第八十一章"信言不美",河上公注:"信言者,如其實也。不美者,樸且質也。"爾,同"也",這裏用在句中表示停頓。沈培先生曾對郭店簡中"爾"的這種詞例作過分析。如《忠信之道》7—8 號簡説:"君子其施也忠,故蠻親附也;其言爾信,故遣而可受也。""言爾"與"施也"相對,説明"爾"有跟"也"相似的用法。煬,讀爲"陽",有虛飾、假裝的意思,字亦作"佯"。《韓非子·内儲説上七術》:"子之相燕,坐而佯言曰:'走出門者何白馬也?'左右皆言不見。有一人走追之,報曰:'有。'子之以此知左右之誠信不。"《戰國策·韓策二》"楚國雍氏韓令冷向借救於秦"章:"今也其將陽言救韓,而陰善楚。"《新書·耳痹》:"陽言吉,錯之民而凶,則敗。"《老子》第八十一章接着説"美言不信",河上公注:"美言者,滋美之華辭。不信者,飾僞多空虛也。""陽(佯)言"似與《老子》所説的"美言"略同。設,從李零先生説,指施設。這裏"信言"是對仁而言,指由人的本性出發的質實之語;"陽言"對義而言,指爲了維繫社會倫理而設計的措辭。所以簡書隨即説"外内皆得也"。

《古文字研究》24,頁 397—398

○**李零**(2002)　(一五)"君子言信言爾,言誠言爾"(7:3 章:簡 36)

　　"誠",原作"煬",與《成之聞之》篇簡 24"其誠也固矣"句我們讀爲"誠"的字聲旁相同,用法也相近,舊作不破讀,這裏讀爲"誠"。按簡文於道德術語爲詳,"仁、義、忠、信、聖、智"之屬多見,而獨無"誠"。這兩句話,下句"煬"與上句"信"相對,讀爲"誠"是比較合適的。

《郭店楚簡校讀記》(增訂本)頁 137

○**劉釗**(2003)　(編按:郭店·六德36)煬字不識。

《郭店楚簡校釋》頁 119

○**李守奎**(2003)　煬。

《楚文字編》頁 587

煲

鼎火璽彙 2092

○**羅福頤等**(1981)　煲。

《古璽文編》頁 253

○**何琳儀**(1998)　煲,从火,鼎聲。疑鼎之繁文,或爛之省文。《集韻》:"爛、醸、醹、爛蠡,乾酪。"

　　晉璽煲,人名。

《戰國古文字典》頁 793

○**湯餘惠等**(2001)　煲。

《戰國文字編》頁 681

揪　榮

璽彙4002

○吳振武(1983)　　4002 其母·丌(綦)母(毋)揪。

《古文字學論集》(初編)頁520

○何琳儀(1998)　　晉璽揪,人名。

《戰國古文字典》頁229

㳺

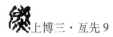璽彙3691

○何琳儀(1998)　　齊璽㳺,讀游,姓氏。

《戰國古文字典》頁215

燹

上博三·互先9

△按　　燹,"气"字異體,詳見卷一气部"气"字條。

虞

望山1·136　　　璽彙1571

○朱德熙、裘錫圭、李家浩(1995)　　(編按:望山1·136)虞。

《望山楚簡》頁79

○李守奎(2003)　　虞。

《楚文字編》頁586

○張光裕、袁國華(2004)　　虞。

《望山楚簡校録》頁203

煭

新蔡甲三 323

○**賈連敏**（2003）　煭。

《新蔡葛陵楚墓》頁 198

○**何琳儀**（2004）　△一豕（甲三：323）

　　△，原篆下從“鼎”（參甲三：342“則”所從“鼎”旁），上從“开”聲。簡文疑讀“鉶”或“鈃”。《儀禮·特牲饋食禮》“祭鉶”，注：“鉶，肉味之有菜和者。”《禮記·禮運》“鈃羹”，釋文：“鈃，本又作鉶，盛和羹器，形如小鼎。”△可能是“鉶鼎”的專用字。

《安徽大學學報》2004-3，頁 9

㷇

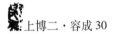上博二·容成 30

△**按**　㷇，“气”字異體。

𤇾

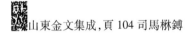山東金文集成，頁 104 司馬楸鎛　　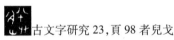古文字研究 23，頁 98 者兒戈

○**李朝遠**（2002）　𤇾滕　《説文·水部》：“滕，水超涌也，從水，朕聲。”金文中的滕均從火，如𤇾、𤇾，至今未見從水的滕字。本銘中的滕，亦從火，與上例滕侯耆戈的滕字略有不同的是，其所從的火不在下中部位，而在左下部。金文的朕字作𦩊，從火即爲滕。朕在《説文》中爲舟部，本銘的滕亦從舟。王國維首先認出此字：“滕字舊釋爲然，余謂此字從火朕聲，即滕薛之滕字也。”（中略）

　　滕，今山東滕州西南的姬姓諸侯國。《左傳·僖公二十四年》：“封建親戚以蕃屛周……滕、畢、原、酆、郇，文之昭也。”滕的首封爲文王之子錯叔銹，戰國初期爲越所滅，不久復國，前 286 年爲宋所滅。傳世 31 世，具體世系不全。

從《春秋》《左傳》上看,知名的滕君有:滕宣公嬰齊(《春秋》經、傳僖公十九年);宣公子滕昭公(《左傳》文公十二年和宣公九年);昭公子滕文公(《春秋》經、傳成公十六年);文公子滕成公子原(《春秋》經、傳襄、昭公數見);成公子滕悼公(《春秋》經昭公二十八年);悼公子滕頃公結(《春秋》經哀公四年);頃公子滕隱公虞毋(《春秋》經哀公十一年)。隱公之後的戰國時期滕尚有六世,其中考公名麋,元公名弘,定公、文公及另二公不知其名。者兒戈中的滕師公於文獻無徵。金文中有滕侯穌、滕侯耆、滕侯昊,只有滕侯昊有可能是滕隱公虞毋,其他亦於文獻無徵。者兒戈中的滕師公可補文獻之缺。

《古文字研究》23,頁 94—95

○山東省博物館(2007) 滕。

《山東金文集成》頁 108

△按 司馬枓鎛的"𣊫",陳斯鵬等(《新見金文字編》303 頁,福建人民出版社2012 年)隸定爲"𣊫",括注爲"滕"。

熸

璽彙 1423　璽彙 2739　璽彙 3761

△按 熸,"猋"字異體,詳參本卷炎部"猋"字條。

燧

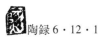
陶錄 6·12·1

○王恩田(2007) 燧。

《陶文字典》頁 266

㷭

上博二·民之 10

△按 㷭,"气"字異體,詳見卷一气部"气"字條。

熨

秦陶 628

○袁仲一（1987）　熨。

《秦代陶文》頁 461

○高明、葛英會（1991）　熨　《説文》所無。

《古陶文字徵》頁 149

窹

望山 1・139

○朱德熙、裘錫圭、李家浩（1995）　此字可分析爲从“示”从“窵”。“窵”字从“宀”从“火”，“告”聲，當即“竈”之異體（从“告”聲之“造”古音與“竈”極近，漢代簡帛文字多借“造”爲“竈”），“窹”應爲竈神之專字。

《望山楚簡》頁 103

爐　　虘

璽彙 3561　　璽彙 3665

璽彙 2208

○丁佛言（1924）　煙　□　古鉢煙□，煙古文作□，籀文作□。此从窗，下象以手執火而然之，與籀文極相似。

《説文古籀補補》頁 46，1988

○羅福頤等（1981）　（編按：璽彙 2208）虘。

《古璽文編》頁 108

○吳振武（1984）　（編按：璽彙 2208）［〇九九］107 頁，盧，璽文作□，《説文》所無。

　　今按：此字朱德熙、裘錫圭兩先生已在《戰國文字研究（六種）》一文中釋爲鑪，甚確。（中略）

　　因此,戰國時鑪字變爲从金虍聲是可以理解的。古璽中又有⿱宀(108 頁虓)、⿱宀(108 頁虔)、⿱宀(108 頁虞)等字,依⿱字之例,應分別爲櫨、爐、玈。其中櫨字見於《説文》,爐、玈二字見於《玉篇》等書。

《〈古璽文編〉校訂》頁 58,2001

○**吳振武**(1984)　(編按:璽彙 2208)[一〇二]108 頁,虔,璽文作⿱宀,《説文》所無。

　　今按:此字可釋爲爐,參本文[〇九九]條。爐字見於《玉篇》。

《〈古璽文編〉校訂》頁 59,2001

○**湯餘惠**(1986)　　⿱宀(《璽》3561)

　　此字《補補》10·3 釋"煙"。諦審字形,殆从火,虞聲,當釋爲"爐"。字見《玉篇》。

《古文字研究》15,頁 36

○**吳振武**(1992)　"濾"字識出後,下列六方齊璽中的幾個从"虞"之字也就可以隨之識出。

　　　(10)荊□⿱鉨(璽)　《璽彙》三七五五

　　　(11)王⿱訐(信)鉨(璽)　同上〇六五六

　　　(12)公孫⿱鍚　同上三九一一

　　　(13)□⿱□訐(信)鉨(璽)　同上〇三〇六

　　　(14)⿱佴　同上三六六五

　　　(15)⿱佴　同上三五六一

《説文古籀補補》將(11)(12)(14)(15)分別釋爲"醻、縵、煙"(一四·九、一三·二、一〇·三),同時又據三體石經疑後者應釋爲"震"(附録一四上)。這不僅都難以令人相信,而且自相矛盾。《古璽文編》收録(10)(12)(14)(15)皆列於附録(370 頁第三欄、408 頁第三欄、455 頁第四欄、534 頁第三欄)。其中(14)(15)誤列兩處。(11)(13)《古璽文編》未收,《古璽彙編》亦闕釋。

　　實際上,(10)應釋爲"蘆",(11)應釋爲"臚",(12)(13)應釋爲"纑",(14)(15)應釋爲"爐"。上引齊"莒邦"殘刀"簹"(簬)字所从之"虘"作⿱,正與此六字"虞"旁所从之"虘"極近。古璽"戲、處"等字所从的"虍"旁作⿱或⿱(《古璽文編》293 頁、335 頁),亦與此六字所从的⿱或⿱旁極近。"蘆、臚、纑、爐"四字除"爐"字見於《玉篇》外,餘皆見於《説文》,而且都是常用字。這也説明釋<img_char>爲“虑—盧”是可以成立的。

《古文字研究》19,頁 492—493

○何琳儀（1998）　爐,从火,虘聲。疑爐之異文。《聲類》:“爐,火所居也。”亦作鑪。《集韻》:“鑪,或从火。”

　　齊壐爐,讀鑪,姓氏。楚大夫有鑪金。見《姓苑》。

《戰國古文字典》頁 452

　　（編按:壐彙 2208）从火,虍聲。與《搜真玉鏡》:“虎音推”讀音不合,待考。楚壐虎,人名。

《戰國古文字典》頁 447

○湯餘惠等（2001）　（編按:壐彙 2208）爐。

《戰國文字編》頁 680

○李守奎（2003）　（編按:壐彙 2208）虎　疑爲鑪字省形。

《楚文字編》頁 586

暳

上博四·柬大 16

○濮茅左（2004）　（編按:上博四·柬大 16）“焂”,《類篇》:“焂,虚宜切,焂欥欲食也。”《廣韻》:“焂,焂欥乞人見食皃。”

《上海博物館藏戰國楚竹書》(四)頁 209

○孟蓬生（2005）　（編按:上博四·柬大 16）“暳”字簡文分明从日,原書隸定爲焂,非是,今予改正。頗疑此字結構當分析爲从欠,炅聲。炅即熱字,見於馬王堆漢墓帛書。《老子》乙本“或熱或硅”,甲本“熱”作“炅”。整理者注:“炅,从火,日聲,當即熱之異體字,不讀古迴（編按:當作“迥”）切或古惠切（見《廣韻》）。”如此字果从炅聲,則當讀爲“暍”,義爲“中暑”。《説文·日部》:“暍,傷暑也。”古音執聲、曷聲古音相通。古文字材料中“執（埶）”字多用作“設”,裘錫圭先生曾多次論及,而曷聲亦與設聲相通。《楚辭·九歎》:“懷椒聊之蔎蔎兮。”《考異》:“蔎一作藹。”執聲與世聲相通。《詩·鄘風·君子偕老》:“是紲袢也。”《説文·衣部》:“褻,私服也。从衣,執聲。《詩》曰:是褻袢也。”曷聲亦與世聲相通。《説文·欠部》:“歇,息也。一曰氣越泄也。

从欠,曷聲。”《廣雅·釋詁》:“歇,泄也。”《馬王堆漢墓帛書［肆］·雜療方》:“臧(藏)筒中,勿令歇。”又:“善臧(藏)筒中,勿令歇。”整理者以爲“歇”指“藥氣散泄”,其説甚是。

此簡大意是説,經過三日雩祭,楚柬王面有風塵之色,而隨從柬王留在郊外的侍從及寵臣中也有因此而中暑的。

《簡帛文獻語言研究》頁 146—147,2009

○**李守奎、曲冰、孫偉龍**(2007)　　曒　按:字形左上角偏旁當是“書”之省形。簡文中讀“暍”。

《上海博物館藏戰國楚竹書(一—五)文字編》頁 468

新蔡甲二 14、13

○**賈連敏**(2003)　鄑(鄩)。

《新蔡葛陵楚墓》頁 188

包山 265

○**劉彬徽、彭浩、胡雅麗、劉祖信**(1991)　簫。

《包山楚簡》頁 38

○**黄錫全**(1992)　265　簫　繡。

《古文字與古貨幣文集》頁 400,2009;原載《湖北出土商周文字輯證》

○**何琳儀**(1998)　簫,从焚(炘之繁文),貞聲。

包山簡簫,不詳。

《戰國古文字典》795

○**湯餘惠等**(2001)　簫。

《戰國文字編》頁 682

炎 炎

楚帛書　　炎睡虎地·答問 179

○**睡簡整理小組**(1990)　　(編按:睡虎地·答問 179)炎,用火熏。

《睡虎地秦墓竹簡》頁 135

○**何琳儀**(1998)　　炎,甲骨文作 (粹一一九〇)。从二火,會火光之意。火亦聲。炎,匣紐;火,曉紐。曉、匣均屬喉音,炎爲火之準聲首。金文作 (令簋)。戰國文字承襲商周文字。

睡虎地簡炎,見《玉篇》:"炎,焚也。"

《戰國古文字典》頁 1441

【炎帝】楚帛書

○**安志敏、陳公柔**(1963)　　"炎帝乃命祝融"(B.6.1—6)　　舊釋祝融是正確的。《呂氏春秋·十二紀》和《禮記·月令》孟夏云:"其帝炎帝,其神祝融。"《淮南子·天文訓》"南方火也,其帝炎帝,其佐朱明"。高誘注:"舊説祝融。"是祝融爲炎帝之佐。繒書所記,與文獻相合,可以反映出一部分古史傳説與信仰的内容。

《文物》1963-9,頁 56

○**商承祚**(1964)　　4."炎帝乃命祝融"(六、1—6):

《禮記·月令》凡於丙、丁日皆言"其帝炎帝,其神祝融"。按照後來五行配合,祝融爲炎帝之後,故以之配炎帝。《淮南·天文訓》:"南方火也,其帝炎帝,其佐朱明。"朱明即祝融的同音異寫。字又作"祝誦"(武梁祠畫像題字)、"祝穌"(《路史·禪通紀》)。楚人祖炎帝的傳説,於帛書益得其實。

《文物》1964-9,頁 16

○**陳邦懷**(1981)　　炎帝乃命祝融,(乙篇、六行)

商謂:"祝融爲炎帝之後。"非也。

按:《禮記·月令》"孟夏之月,其帝炎帝,其神祝融",鄭注:"炎帝,大庭氏也。祝融,顓頊氏之子曰黎,爲火官。"《周禮》鄭氏注亦謂祝融爲顓頊之子。《史記·楚世家》謂重黎爲顓頊之曾孫,云:"重黎爲帝嚳高辛居火正,甚有功,能光融天下,帝嚳命曰'祝融'。"

《古文字研究》5,頁 241—242

○**李零**（1985）　　帛書提到炎帝、祝融，這很值得注意。《左傳》昭公十七年郯子説五紀之帝，以炎帝爲火師，昭公二十九年蔡墨説五工正，《禮記·月令》和《呂氏春秋》更以炎帝爲代表南方和夏季的帝，以祝融爲代表南方和夏季的神，將二者相配。《山海經·海内經》以祝融爲炎帝之後，並稱祝融生共工，而羋姓的楚人據《國語·鄭語》記史伯之言是所謂"祝融八姓"之一。這都説明帛書所記炎帝、祝融以及下文的共工等人也是反映出楚人的傳説系統。

《長沙子彈庫戰國楚帛書研究》頁 71

○**李學勤**（1987）　　帛書中有炎帝、祝融、共工的傳説，值得重視。《呂氏春秋·孟夏紀》和《禮記·月令》云："孟夏之月，日在畢，昏翼中，旦婺女中，其日丙丁，其帝炎帝，其神祝融……"《五行傳》也説："南方之極，自北户南至炎風之野，帝炎帝、祝融司之。"炎帝、祝融爲南方之神，而羋姓的楚是祝融之後，《呂氏春秋》高誘注以爲祝融即楚的先祖吳回。帛書《四時篇》突出炎帝和祝融，證明這卷帛書是楚國人的著作。

　　　　帛書三篇各爲起迄，但其思想特點是一致的。《四時篇》論曆日四時的推步，《天象篇》講曆日有失而致的災異，《月忌篇》則記各月的避忌，其性質顯然屬於陰陽數術。

《楚文化研究論集》1，頁 19

○**蔡成鼎**（1988）　　（一）赤帝　不少注釋者把赤帝即是炎帝（編按：作者表述的是"把赤帝看成炎帝"），甚至引用《帛書》中"赤帝乃命祝融"爲"炎帝乃命祝融"。我對此認爲有商榷的必要。

　　炎帝者，先秦文獻中最早記載是在《左傳·昭公十七年》："昔者黄帝氏以雲紀，故爲雲師而雲名；炎帝氏以火紀，故爲火師而火名。"又《國語·晉語》："少典娶於有蟜氏，生黄帝、炎帝。"根據歷史上記載炎、黄阪泉之戰，綜合起來看炎帝和黄帝都是氏族長，其傳説的地點則在今陝西、山西、河南一帶，與在南楚傳説中的赤帝是不能合二爲一的，而其代表的時閒概念也是不一致的，炎帝這支氏族是被黄帝氏族合併，但其領域並未達到湖南，且赤帝是南方氏族傳説的天神，《帛書》中的赤帝是敘述古代發生地震的現象時奠三天，奠四極，而中原炎帝則没有這樣事迹的記述。且《帛書》中赤字與古赤字大致相同，如果有人釋成炎字，則未必是。即使是炎帝，也不能同中原炎帝劃等號，合二爲一，因爲自戰國以後，陰陽之術興，始以五行分配五帝，即以太皥爲木、爲春，炎帝爲火、爲夏，少皥爲金、爲秋，顓頊爲水、爲冬，黄帝爲土、爲中央；炎帝爲火師而火名,可能來源於五行説,遂至到後來爲了五德終始,劉歆就創造了"炎帝神農氏",歷代學者多附會無疑,迄今不少專家仍繼續沿用,大大混亂了是非,《史記·五帝本紀》:"軒轅氏之時,神農氏世衰,諸侯相侵伐,暴虐百姓,而神農氏弗征。"又曰:"炎帝欲侵凌諸侯,軒轅乃修德振兵,以與炎帝戰於阪泉之野。"足證神農氏與炎帝非一人耳,《封禪書》:"神農封泰山,禪云云,炎帝封泰山,禪云云。"這能説炎帝是神農氏嗎? 所以説我們理解傳説的事實,雖不能做到百分之百的正確,但也不能張冠李戴,以訛傳訛。關於赤帝,我們認爲是南方人民記載社會發展的一個符號,應該研究的是它代表的事實。

《江漢考古》1988-1,頁 71

○**連劭名**(1991)　炎帝又稱赤帝,是南方之神。《淮南子·時則》云:"南方之極,自北户孫之外,貫顓頊之國,南至委火炎風之野,赤帝、祝融之所司也。"

《文物》1991-2,頁 45

○**曾憲通**(1993)　《禮記·月令》以祝融爲炎帝帝位,與帛文言"炎帝乃命祝融"正合。

《長沙楚帛書文字編》頁 39

○**湯餘惠**(1993)　炎帝,古代南方帝王名,即神農氏。《太平御覽》卷七八引《帝王世紀》,謂神農氏"在位百二十年而崩,葬長沙"。

《戰國銘文選》頁 166

○**陳茂仁**(1996)　惢(炎),形與惢(包山楚簡 102)同。炎,即指"炎帝"。《吕氏春秋·蕩兵》:"黄、炎故用水火矣。"

《楚帛書研究》頁 176

○**何琳儀**(1998)　帛書"炎帝",見《禮記·月令》"其帝炎帝",注:"炎帝,大庭氏也。"《白虎通·五行》:"炎帝者,太陽也。"

《戰國古文字典》頁 1441

○**馮時**(2001)　炎帝乃命祝融以四神降。《吕氏春秋·孟夏紀》:"其帝炎帝,其神祝融。"《淮南子·天文訓》:"南方,火也,其帝炎帝,其佐朱明。"高誘注:"舊説云祝融。"劉文典《集解》:"《爾雅·釋天》云'夏爲朱明'。故《淮南》以爲南方之帝佐。《山海經》曰:'南方祝融,獸身人面,乘兩龍。'郭璞注:'火神也。'《楚辭·九歎》云:'絶廣都以直指兮,歷祝融於朱冥。'冥、明聲相近,是朱明即祝融也。"説是。四神即前文之四時之神。降,自天降自人閒。

《中國天文考古學》頁 37

○**陳久金**(2001)　炎帝和祝融均爲遠古傳説中的人物,而且均與南方民族有關。此處祝融是以炎帝之臣出現的,故有乃命祝融之説。

《帛書及古典天文史料注析與研究》頁 88

○**劉信芳**(2002)　炎帝、祝融,戰國時多以炎帝、祝融爲南方、夏季之帝、神,《吕氏春秋》孟夏、仲夏、季夏三紀云:"其日丙丁,其帝炎帝,其神祝融。"高誘注:"炎帝,少典之子,姓姜氏,以火德王天下,是爲炎帝,號曰神農,死托祀於南方,爲火德之帝。"《禮記·月令》記載同。《楚辭·遠遊》:"指炎神而直馳兮,吾將往乎南疑。"炎神一本作炎帝,是爲南方之神甚明。《易》以及漢代典籍如《史記·五帝本紀》《大戴禮·五帝德》等,皆謂黄帝代炎帝而興,則炎帝又被史家記爲遠古帝王。惟帛書中的炎帝、祝融既居於四神之上,則是至上神而非一方之神祇,這應是當時數術家特别尊奉炎帝與祝融的反映。包山簡217:"舉禱楚先老僮、祝融、鬻酓。"類似記載又見於《世本》《史記·楚世家》,則"祝融"又確是楚人之先祖。

《子彈庫楚墓出土文獻研究》頁 41

○**曾憲通**(2002)　炎帝乃命祝融,以四神將。奠三天,□思敦,奠四極。

　　《史記·五帝本紀》以黄帝代炎帝而興;《潛夫論·五德志》以炎帝神農氏代伏羲氏而起。戰國以後講"月令"的書,如《吕氏春秋·十二紀》《禮記·月令篇》《淮南子·天文訓》等,皆以炎帝、祝融作爲南方、夏季的帝和神,如《吕氏春秋·夏三紀》云:"其日丙丁,其帝炎帝,其神祝融。"高誘注:"丙丁,火日也。黄帝少典之子,姓姜氏,以火德王天下,是爲炎帝,號曰神農。死托祀於南方,爲火德之帝。"炎帝是戰國以後按照五行觀念以五色配五方的南方之神。亦就是後來流行的赤帝。銀雀山漢簡《孫子兵法》佚文有《黄帝伐四帝》篇,中有"赤帝","赤帝"乃"炎帝"之訛,古文炎、赤二字形近易混。帛書將炎帝、祝融與四神聯繫起來,四神爲伏羲之子,這使炎帝繼伏羲而起之説更有説服力。《楚辭·遠遊》:"指炎神而直馳兮,吾將往乎南疑。"屈原心儀炎帝而隨之南馳九疑,亦説明炎帝確是南方之神。在帛書裏,祝融似亦炎帝之佐,帛文説他受命於炎帝,遣四神把三天的軌道和四極的天柱固定下來。

《曾憲通學術文集》頁 210

○**何新**(2002)　《帝王世紀》:"炎帝神農氏……以火承木,位在南方主夏,故謂炎帝。"《左·昭十七年傳》杜預注:"祝融,高辛氏火正,居鄭。"

《宇宙的起源》頁 228

燄 燂 熖

燄璽彙 1423　　　燂璽彙 2739　　　熖璽彙 3761

○**丁佛言**（1924）　 脂 燄 古鉢宋脂，或从火。

《説文古籀補補》頁 19，1988

○**羅福頤等**（1981）　 燂 2739　 燄 1423　 熖 3761。

《古璽文編》頁 504 附録六九

○**裘錫圭**（1983）　認識了“𦣻”字，見於古印的幾個从“𦣻”之字，就都可以辨釋出來了。

我們先討論从“火”的“熖”字：

司徒 熖　　古徵附 23 下

宋 熖　　　古徵附 23 下，補補 4・7 下

盍 熖　　　尊集一 5・10

《補補》把這個字收在“脂”字條内，注曰：“（脂）或从火。”“脂”字除上引“食肉不猒”一義外，還有另外一種意義。《釋名・釋飲食》：“脂，銜也。銜炙細密肉，和以薑椒鹽豉，已，乃以肉銜裹其表而炙之也。”這一義的“脂”字有異體作“貊”。《廣韻・去聲・闞韻》：“脂，炙令熟。或作貊。”這大概是《補補》以“熖”爲“脂”字或體的根據。但是從“貊”字的意義來看，它的結構應該是“从炙，臽聲”，而古印“熖”字的結構顯然卻是“从火，脂聲”。上引古印“脂”字都用爲姓氏，“熖”字則都用爲人名。從這一點來看，它們也不像是一個字。所以《補補》把“熖”字當作“脂”的異體是不可信的。

我們認爲古印的“熖”字應該釋爲“焰”。“脂”字本从“臽”聲，“臽、脂”二字用作形聲字聲旁時當可通用。有很多形聲字，它們的聲旁在先秦古文字和小篆裏有繁簡的不同。有時候，古文字的聲旁較簡，小篆的聲旁本身就是以它爲聲旁的一個形聲字。下面僅就戰國文字的範圍舉幾個例子：

戰國文字	小篆
峕《古徵》7・1 上	時“寺”从“寸”“㞢”聲《説文》古文同
圿《古徵》13・3 下	壐“爾”从“冂”从“㸤”“尔”聲
㤾《説文》古文	恐“巩”从“丮”“工”聲
蚤《説文》古文	䢞“逢”从“辵”“夆”聲

有時候,古文字的聲旁較繁,它本身就是以小篆的聲旁爲聲旁的一個形聲字。
下面也僅就戰國文字的範圍舉幾個例子:

戰國文字	小篆
埍《古微》13・3 上	均"匀"是"旬=旬"的聲旁
斛《金文編》10・9 下	斔"臾"是"臾=腴"的聲旁
玕《説文》古文	玗"干"是"旱"的是聲旁
韅《説文》古文	靻"且"是"宣"的聲旁

小篆的"焰"字古印作"焇",正是後一類的例子。"焇"字跟"斛"字的情況顯然
是極其相似的。

《古文字研究》10,頁 80—82

○**吳振武**(1983)　1423 宋・宋焇(焰)。

《古文字學論集》(初編) 頁 498

○**何琳儀**(1998)　膘,从火,脂聲。疑焰之繁文,燄之異文。
　　晉璽膘,人名。

《戰國古文字典》頁 1444

○**湯餘惠等**(2001)　燄。

《戰國文字編》頁 681

燮　燅　烎

烎璽彙 3286

○**丁佛言**(1924)　燮　烎　古鉢燮▲梁。

《説文古籀補補》頁 46,1988

○**羅福頤等**(1981)　烎。

《古璽文編》頁 253

○**吳振武**(1984)　[二八二]253 頁,烎,璽文作烎,《説文》所無。
　　今按:此字丁佛言在《説文古籀補補》中釋爲燮(燮),可信。燮、燅古本一
字,金文或作雪(《金》144、547 頁),烎即雪之省。燮字見於《説文・又部》,燅字
見於《説文・炎部》。

《〈古璽文編〉校訂》頁 129,2011

○**何琳儀**(1998)　甲骨文作（前五・三三・四)。从焱从又持物,會燒熟之

意。西周金文作，又所持物作帀形。春秋金文作，帀形又省作丅形。戰國文字承襲春秋金文，省又旁。小篆丅形作辛旁，又繁化爲言旁，遂由燮孳乳爲變。

晉璽燮，讀變，姓氏。見《姓苑》。

《戰國古文字典》頁 1438

○湯餘惠等（2001） 燮。

《戰國文字編》頁 681

△按 清華壹《耆夜》簡 5 有字作""形，整理者（《清華大學藏戰國竹簡》[壹]153 頁注釋[一七]，中西書局 2010 年）隸定爲"燮"，注云："燮，可視爲'燮'或'變'的省文。"

黑 ![字形]

![字形]陶彙 4·8　![字形]陶彙 3·1288　![字形]璽彙 0737　![字形]璽彙 3943

![字形]侯馬 98:23　![字形]曾侯乙 174　![字形]睡虎地·日乙 158

○吳大澂（1884） 黑　![字形]　臧孫黑鉢。

《説文古籀補》頁 41,1988

○强運開（1935） 黑　![字形]　古鉢長黑。![字形]　古鉢黑鄱![字形]鉢。![字形]　古鉢鹹孫黑鉢。

《説文古籀三補》頁 51,1986

○山西省文物工作委員會（1976） 黑　宗盟類參盟人名。

《侯馬盟書》頁 334

○羅福頤等（1981） 黑。

《古璽文編》頁 254

○裘錫圭、李家浩（1989）　(編按：曾侯乙 174)"黑"，指黑色的馬，猶"黃"指黃色的馬。

《曾侯乙墓》頁 528

○高明、葛英會（1991） 黑。

《古陶文字徵》頁 272

○何琳儀（1998） 黑，甲骨文作。从天（顛之初文），頭中豎筆表示施以黑色。疑爲墨刑之墨的初文。《白虎通・五刑》：“罪者，墨其額也。”金文作𤎫(鄘伯馭簋)，⊕内加一横筆；或作𤎫(鑄子叔黑臣匜)，⊕内加四點，大側也加四斜點，均屬繁化。戰國文字承襲金文。其頭部齊系文字作𤎫，燕系文字作𤎫、晉系文字作𤎫，楚系文字作𤎫、𤎫、𤎫、𤎫，參盧、盦等偏旁，其下部或有省簡，齊系文字飾點或作𠆢。

隨縣簡黑，黑馬。

《戰國古文字典》頁 4

○**何琳儀**（1998）　　黑　齊陶三・一二八八𤎫　璽彙一三八九𤎫。

《戰國古文字典》頁 1509

○**劉信芳**（2006）　　（編按：曾侯乙 174）黑，馬名，蓋以顏色名。

《簡帛》1，頁 8

點 𤐩

印典(三)

○**劉釗**（1998）　　《印典》（三）2145 頁收有一方楚璽作：

其中“𤐩”字應隸作“點”，釋爲“點”。

《考古與文物》1998-3，頁 81

黔 𤐩

故宫 450

○**何琳儀**（1998）　　秦璽黔，人名。

《戰國古文字典》頁 1396

○**湯餘惠等**（2001）　　黔。

《戰國文字編》頁 682

點

集粹

○**湯餘惠等**（2001） 點。

《戰國文字編》頁 682

○**黃德寬等**（2007） 秦印點，人名。

《古文字譜系疏證》頁 3323

黔 黔

陶彙 5·389　陶彙 5·398

○**高明、葛英會**（1991） 黔。

《古陶文字徵》頁 273

○**湯餘惠等**（2001） 黔。

《戰國文字編》頁 683

【黔首】

○**王輝**（1990） "黔首"一詞又見於《呂氏春秋》之《振亂》《懷寵》《大樂》諸篇及李斯《諫逐客書》，這説明在秦統一之先，這一詞語已出現了，只是其時或稱民，或稱黔首，並未統一。睡虎地秦墓竹簡《語書》《爲吏之道》多次出現民字，如《語書》："古者民各有鄉俗，其所利或好惡不同，或不便於民，害於邦。是以聖王作爲法度，以矯端民心。"《爲吏之道》："審智（知）民能，善度民力"；"吏有五失，……一曰見民㑙（倨）敖（傲）……三曰興事不當，興事不當則民傷指。"《語書》發布於秦始皇廿年（前 227 年），《爲吏之道》抄寫時閒可能也較早。《秦始皇本紀》始皇二十六年"更名民曰黔首"，此後"民"即完全代以"黔首"，睡虎地秦簡中抄寫較晚的各篇（據《編年紀》，晚者可至始皇三十年，即公元前 217 年）未出現民字。

黔首的含義，《史記》集解引應劭曰："黔亦黎黑也。"《禮記·祭義》："以爲黔首則。"孔穎達疏："黔謂黑也，凡人（人即民，唐人避唐太宗李世民諱，民皆稱人）以黑巾覆頭，故謂之黔首。"兩種説法，大概以前説近是。泰山刻石："窺軌遠黎，登兹泰山，周覽東極。"《史記·秦始皇本紀》引作"親巡遠方黎

民”,“黎民”即“黔首”。秦人崇尚水德,“衣服旄旌節旗皆上黑”(《秦始皇本
紀》),正式更名民曰黔首,可能同這種理論有關。

《秦銅器銘文編年集釋》頁 109—110

○**何琳儀**(1998)　　秦器“黔首”,見《戰國策・魏策》:“先王必欲少留而扶社
稷安黔首也。”

《戰國古文字典》頁 1390

△**按**　　王子今《說“黔首”稱謂——以出土文獻爲中心的考察》(《出土文獻研
究》11 輯 174—193 頁,中西書局 2012 年)一文結合出土文獻與傳世典籍,探
討了“黔首”的名義、“黔首”稱謂的早期使用情況、張家山《奏讞書》所見“新
黔首”、“黔首”與“民”、漢代文獻“黔首”孑遺等方面的問題,可參。

默 𪐴

十鐘

○**丁佛言**(1924)　　默 𪐴　古鉢費默。

《説文古籀補補》頁 46,1988

○**湯餘惠等**(2001)　　默。

《戰國文字編》頁 682

○**黃德寬等**(2007)　　秦印默,人名。

《古文字譜系疏證》頁 3926

黨 𪏾 堂

○**睡簡整理小組**(1990)　　(編按:睡虎地・封診 69)黨,通儻,見楊樹達《詞詮》
卷二。

《睡虎地秦墓竹簡》頁 159

○**荊門市博物館**(1998)　　(編按:郭店・尊德 17)堂(黨)。

《郭店楚墓竹簡》頁 173

○**陳偉武**（2002）　《説文》：“黨，不鮮也。从黑，尚聲。”“黨”本指不鮮明，後作“曠”。《周禮・地官・大司徒》：“五族爲黨。”“黨”的古文字形體最早見於睡虎地秦簡（48.72）。《説文》：“鄧，地名。从邑，尚聲。”邵瑛《群經正字》：“鄧本古鄉黨字，自以黨爲鄉黨，而鄧字遂不見經典矣。”今按，“鄧”字後出，訓聚居、族黨義只見於《廣雅》《玉篇》之類字書。今據郭簡：“當”（10.17），知鄉黨字原當从里，尚聲，實爲初文。

《中國文字研究》3，頁 128

○**黃德寬等**（2007）　秦印黨，姓氏，見《廣韻》。秦簡黨，讀倘。

《古文字譜系疏證》頁 1862

黥　𪒿

𪒿 睡虎地・答問 5　　𪒿 睡虎地・答問 78

○**睡簡整理小組**（1990）　(編按：睡虎地・答問 5）黥（音晴），刑名，在面額上刺刻塗墨。

《睡虎地秦墓竹簡》頁 93

○**湯餘惠等**（2001）　黥。

《戰國文字編》頁 683

黭　𪒼　𪒽

𪒼 十鐘　𪒽 1：76　𪒽 近出 51 黭鐘

𪒽 曾侯乙 164

○**山西省文物工作委員會**（1976）　𪒽　宗盟類參盟人名。

《侯馬盟書》頁 356

○**李裕民**（1981）　一、𪒽《侯馬盟書》宗盟類二之一：七六。

　　字左旁爲黑，西周金文作𪒽（《鄘伯𣪊設》）、𪒽（《鑄子弔黑臣簠》），古璽作𪒽、𪒽（《古璽文字徵》十・三，下引此書簡稱《徵》）。盟書有黑字作𪒽（《侯馬盟書》宗盟類四之九八：二三），與古璽第一形同。此字左旁與古璽第二形同，是黑字較簡的寫法；右旁爲敢，與盟書之一：七六、一：七七的敢字寫法相同。

字應作黤。《説文》:"黤者,忘而息也。从黑,敢聲。"這裏是參盟人名。

《古文字研究》5,頁 291

○裘錫圭、李家浩(1989)　(編按:曾侯乙 164)黤(黤)。

《曾侯乙墓》頁 498

○趙世綱(1991)　(編按:黤鐘)《説文》中有从黑从敢的黤字。"黤"字或許即爲
"黤"字的假借字。讀音敢。

《淅川下寺春秋楚墓》頁 362

○何琳儀(1998)　侯馬盟書黤,人名。

《戰國古文字典》頁 1451

黤,从墨,敢聲。疑黤之繁文。

隨縣簡黤,讀闞,地名。《左·桓十一》:"公會宋公於闞。"在今山東汶上南。

《戰國古文字典》頁 1451

○陳雙新(2002)　(編按:近出 51 黤鐘)"黤"本从墨从敢,當即《説文》中的"黤"
字,二者應是形聲字同義意符替換形成的異體字。

《古文字研究》24,頁 258

黔　黔

黔金符 34　　黔秦代印風 170

○湯餘惠等(2001)　黔。

《戰國文字編》頁 683

○黄德寬等(2007)　秦印黔,人名。

《古文字譜系疏證》頁 2287

點　點

點璽彙 3359　　點包山 151

○丁佛言(1924)　點　點　古鉢點點。

《説文古籀補補》頁 46,1988

○劉彬徽、彭浩、胡雅麗、劉祖信(1991)　(編按:包山 151)點。

《包山楚簡》頁 28

○**湯餘惠**（1993）　　🔲151 黬・黠　右从旨，字書所無。

　　　　　　　　　　　　　　　　　　　　　《考古與文物》1993-2，頁 73

○**陳偉**（1996）　　（編按：包山151）黠。

　　　　　　　　　　　　　　　　　　　　　《包山楚簡初探》頁 229

○**何琳儀**（1998）　　黬，从墨，缶聲。或説墨爲疊加音符。
　　包山簡黬，人名。

　　　　　　　　　　　　　　　　　　　　　《戰國古文字典》頁 248

　　黠，从黑（或从墨，黑與墨一字分化），旨聲。
　　戰國文字黠，人名。

　　　　　　　　　　　　　　　　　　　　　《戰國古文字典》頁 1289

○**劉信芳**（2003）　　（編按：包山151）黠。

　　　　　　　　　　　　　　　　　　　　　《包山楚簡解詁》頁 156

黙

　　🔲陶彙 3・297　　🔲陶彙 3・296　　🔲陶録 2・176・3

○**高明、葛英會**（1991）　　黲，《古文四聲韻》引張揖《集字》黲作🔲，與此形
近似。

　　　　　　　　　　　　　　　　　　　　　《古陶文字徵》頁 273

○**李家浩**（1997）　　把"肖"旁上部寫作"米"字形，字形比較特別。不過這種寫
法的"肖"，還見於下録戰國陶文"黙"字所從的偏旁：

　　　🔲《古陶文彙編》3・296

　　　　　　　　　　　《第三屆國際中國古文字學研討會論文集》，頁 558—559

○**何琳儀**（1998）　　黙，从黑，采聲。
　　齊陶黙，人名。

　　　　　　　　　　　　　　　　　　　　　《戰國古文字典》頁 1062

○**湯餘惠**（2001）　　黙。

　　　　　　　　　　　　　　　　　　　　　《戰國文字編》頁 683

○**王恩田**（2007）　　黙。

　　　　　　　　　　　　　　　　　　　　　《陶文字典》頁 268

矛

墨

包山 107

○**劉彬徽、彭浩、胡雅麗、劉祖信**（1991）　（編按：包山 107）䩳。

《包山楚簡》頁 24

○**何琳儀**（1998）　䩳，从墨，矞聲。

包山簡䩳，人名。

《戰國古文字典》頁 1259

恩 ⊠

璽彙 1108　　集成 2243 㑥屖鼎　　睡虎地・日甲 158 背

○**安徽省博物館**（1980）　（編按：集成 2243 㑥屖鼎）銅鼎有一件帶反刻銘文，惜已殘缺，僅有一行完整，五字，初步釋讀爲“楚弩恖之鈛”，末一字當是器種名稱。

《文物》1980-8，頁 25

○**羅福頤等**（1981）　恖　1108 與鈇鐘恖字形近。

《古璽文編》頁 254

○**裘錫圭**（1988）　《説文・十下・囪部》：“恖（下文寫作“恖”），多遽恖恖也。从心、囪，囪亦聲。”金文恖字作　等形（《金文編》692 頁），不从“囪”聲。吳大澂由於毛公鼎　字當讀爲“葱”，就認爲它是“古葱字，象形”（《説文古籀補》卷一“葱”字條），顯然不可信。《金文編》“恖”字條解釋字形説：“从▲在心上，示心之多遽恖恖也。《説文》云‘从心、囪’，‘囪’當是▲之變形。又云‘囪亦聲’，乃由指事而變爲形聲矣。”（692 頁）“示心之多遽恖恖”的説法，有些難以捉摸，恐怕也有問題。

古“恖”字在“心”形的上口加點或短豎，比照“本”“末”“亦”等一般所謂指事字的構造方法看，其本義似應與心之孔竅有關。“囪”“恖”“聰”同音，蓋由一語分化。“囪”指房屋與外界相通之孔。“恖”和“聰”本來大概指心和耳的孔竅，引申而指心和耳的通徹；也有可能一開始就是指心和耳的通徹的，但由於通徹的意思比較虛，“恖”字初文的字形只能通過強調心有孔竅來表意。古人以心爲思想器官。《春秋繁露・五行五事》：“聰者能聞事而審其意也。”

"聞事"靠耳之"聰","審其意"就要靠心之"忽"了。大概由於"忽""聰"同音,在語言中無法區別,"忽"義遂爲"聰"所吞併。後來,"忽"只用來表示忽遽等義,其本來意義就不爲人所知了。

西周金文有▣字(《金文編》1251)。六國古印亦有此字,其中閒小圈中還加了一個小點(《古璽文編》286 頁)。于省吾先生曾釋此字爲"耳"(見《雙劍誃殷契駢枝三編》所附《雙劍誃古文雜釋·釋耳》),《古璽文編》也將上述印文收入"耳"字條。今按:此字在耳形的孔部加圈,與"忽"字在心形上口加點意近,疑即"聰"字初文,釋"耳"似誤。

最後,簡單談談"忽"字字形的演變。秦簡、漢印和西漢前期簡帛上的"忽"字(多見於"蔥""聰"等字偏旁),猶多襲周人之舊,作"心"上加點形(《秦漢魏晉篆隸字形表》721 頁"忽"字、56 頁"蔥"字、925 頁"聰"字。參看拙文《〈居延漢簡甲乙篇〉釋文商榷[續二]》,《人文雜志》1984 年 4 期 87 頁)。較晚的漢簡和漢碑的隸書多變點爲"△"(參看上引拙文),有時還在中閒空白處加交叉線而成"✦"形(如逢盛碑"聰"字和仲秋下旬碑"揔"字的"忽"旁),這跟漢代人寫⛰(山)字有時也作⛰⛰等形同例("山"字見《金文續編》9·3下、《漢印文字徵》9·6 下)。從"囟"聲的"忽"雖然已見於《說文》,但是其出現很可能在"忽"字的上述那些寫法之後。把"忩""忽"改作從"囟"聲的"恖",就跟把⛭改爲"琴",把"紭"改爲"弦"一樣,是把表意字字形的一部分改爲形近的音符,使表意字轉化爲形聲字的一種現象(關於這種現象,請參看拙文《釋"勿""發"》,《中國語文研究》第 2 期 43 頁)。

漢隸"忽"旁又有寫作"公"的(如嚴訢碑"蔥"字和鄭烈碑、夏堪碑"聰"字的偏旁。夏堪碑"聰"字從"蔥"聲)。這大概是由於"公""恖"二字韻部相同,所以改"△"爲"公"以就"忽"聲。但是"公""忽"二字聲母不相近,"公"長期以來被視爲俗體。今天所用的簡化字"总",就是"公"的變形。

　　　　　　《古文字論集》頁 642—643,1992;原載《北京師院學報》1988-2

○**睡簡整理小組**(1990)　　(編按:睡虎地·日甲 158 背)恖(聰)。

　　　　　　　　　　　　　　　　　　　　　《睡虎地秦墓竹簡》頁 228

○**張守中**(1994)　恖　《說文》所無　日甲一五八背　通聰。

　　　　　　　　　　　　　　　　　　　　　《睡虎地秦簡文字編》頁 168

○**何琳儀**(1998)　恖,甲骨文作♡(菁一一·四)。從心從十,會心靈明了通徹之意。《漢書·郊祀志下》"恖明上通",注:"師古曰,恖與聰同。"《廣韻》:"聰,明也,通也。"心明爲恖,耳明爲聰。《說文》:"聰,察也。從耳,恖聲。"因其从耳爲釋。西周金文作🖐（克鼎），春秋金文作🖐（蔡侯盤）。戰國文字承襲春秋金文。漢代文字作🖐（帛書《老子》甲後一八三）。小篆恖所从十旁始訛變爲🖐。

　　睡虎地簡恖，讀聰。《莊子·外物》：“耳徹爲聰。”

《戰國古文字典》頁 429

○王人聰（1999）　（編按：能原鎛）後右鼓之“恖”作🖐，上部豎筆上下二橫畫爲飾筆，此字之構形與番生簋之🖐、獣鐘之🖐相同，亦應係恖字。

《故宮博物院院刊》1999-3，頁 33

○李學勤（1999）　（編按：能原鎛）恖。

《故宮博物院院刊》1999-4，頁 2

○王恩田（2007）　从囱从心。囱，即窗的本字。象形。倉紅切，音聰。《集韻》：“怱、恖：麤叢切。《説文》：多遽怱怱也，古作恖。”今本《説文》無此字。丁佛言釋窓。

《陶文字典》頁 268

焱　𤑔

陶彙 6·57　　　　陶録 6·408·4

○吳大澂（1884）　焱　𤑔　古鉨文。

《説文古籀補》頁 41，1988

○高明、葛英會（1991）　焱。

《古陶文字徵》頁 148

○何琳儀（1998）　焱，金文作🖐（盂鼎）、🖐（衞簋），象二火炬交叉之形。戰國文字下加火旁，本義尤顯。或省一火炬。

　　秦陶焱，地名。

《戰國古文字典》頁 780

○湯餘惠等（2001）　焱。

《戰國文字編》頁 683

○王恩田（2007）　焱　通滎。从火，不从水。地名，即滎陽之“滎”。

《陶文字典》頁 267

炙 贾

 陶彙 3·1100　　　陶彙 1516　　　睡虎地·日甲 21 背肆

○羅福頤等（1981）　炙。

《古璽文編》頁 254

○高明、葛英會（1991）　炙　古璽文炙或作炙，與此相近。

《古陶文字徵》頁 147

○何琳儀（1998）　晉璽炙，人名。

《戰國古文字典》頁 526

○湯餘惠等（2001）　炙。

《戰國文字編》頁 683

赤 烾

 陶彙 3·822　　　陶彙 3·943　　　貨系 4046

貨系 4044　　　璽彙 1098　　　璽彙 2624

楚帛書　　　包山 168

包山 272　　　郭店·老甲 33　　　睡虎地·日乙 134

○丁佛言（1924）　赤　烾　古鉢，　　　　邦赤之鉢。烾　古鉢，瘍赤。

《説文古籀補補》頁 46，1988

○羅福頤等（1981）　赤。

《古璽文編》頁 254—255

○黃錫全（1990）　赤字本从大从火作羍（麥鼎）、烾（此鼎），變作烾（邾公華鐘），訛作炎（《隸續》録石經赤字古文）。衞盉赤作羍，古陶作羍（陶 10·69），《説文》古文變作羍，此形同。烾蓋大增飾筆而訛，土乃山變。

《汗簡注釋》頁 364

○高明、葛英會（1991）　赤　《説文》古文作羍。

《古陶文字徵》頁 229

○**曾憲通**（1993） （編按：楚帛書）赤。

《長沙楚帛書文字編》頁 35

○**陳茂仁**（1996） （編按：楚帛書）灸（赤），形與灸（包山楚簡 168）同。赤，紅色，爲南方之色。《説文》："赤，南方色也，从大、火。"

《楚帛書研究》頁 175

○**白於藍**（1996） 簡（102）有字作"炎"，釋文釋爲"炎"。簡（276）與牘（1）又有字作"灸、灸"，釋文又釋爲"赤"。按此三字上部从亦，下部从火，形體完全相同，當屬一字無疑，並以釋"赤"爲是。簡文中"赤"字另見，作"灸"（168）、"灸"（184），上部均从大。"赤"字原本从大从火，爲會意字，此在其大字兩側分別加一小點，使其變爲亦字，當屬"變形音化"，即使赤字由會意字轉變爲从火亦聲的形聲字。古音"亦"爲喻母鐸部字，"赤"爲昌母鐸部字，聲母同是舌音，韻則疊韻，故"赤"字可以以"亦"字作爲聲符。《説文》"赦"字或體作"赦"，可證赤、亦在用作表音偏旁時可以互換。

《簡帛研究》2，頁 40

○**何琳儀**（1998） 赤，甲骨文作卒（乙二九○八），从大从火，會大火顏色之意。西周金文作灸（頌鼎），春秋金文作灸（邾公華鐘）。戰國文字承襲兩周金文。或作灸其火旁加橫爲飾，或作灸大旁亦加橫爲飾（與炎字混同），或作灸加土旁繁化（與古文吻合）。

燕璽赤，姓氏。帝嚳赤松子之後。見《風俗通》。

包山簡、牘"赤金"，見 c。帛書"赤木"，南方神木。

《戰國古文字典》頁 539

（編按：望山 2·38）熔（編按：何文原作 2·42，實爲 2·38，故改）。

《戰國古文字典》頁 1525

○**李家浩**（2000） （編按：九店 56·4）"赤、篙"還見於下五號、六號等簡，都是量詞。

《九店楚簡》頁 60

○**晁福林**（2002） （編按：九店 56·4）簡文的第三部分包括第四號簡後半及第五至第八號簡。簡文的"赤"疑指秈稻，即今所謂的早稻。

《中原文物》2002-5，頁 53

○**李守奎**（2003） 赤 灸包山 272，訛形。

《楚文字編》頁 588

○**程燕**(2007)　(編按:望山 2·38)熔　赤　入正編魚部。

《戰國古文字典》頁 1640

【赤金】_{貨幣}

○**蔡運章**(1995)　【赤金】(1)古銅名。見於西周前期麥方鼎、录簋、叝觶銘。《山海經·南山經》:"杻陽之山其陽多赤金。"高誘注:"赤金,銅也。"《漢書·食貨志》"金有三等,黄金爲上,白金爲中,赤金爲下",孟康曰:"白金,銀也;赤金,丹陽銅也。"古人稱金屬多以顏色命名。因銅呈淡紅色,故名。(2)純金。明曹昭《格古要論·金》卷六:"古諺云:金怕石頭銀怕火。其色七青八黄九紫十赤,以赤爲足色金也。"

《中國錢幣大辭典·先秦編》頁 19

○**何琳儀**(1998)　魏國錢"赤金",見《説文》:"銅,赤金也。"《漢書·食貨志》:"金有三等,黄金爲上,白金爲中,赤金爲下。"

《戰國古文字典》頁 539

大 大 吝

○**强運開**(1935)　(編按:石鼓文)《説文·大部》:"天大地大人亦大,象人形,古文亣也。"亣部云:"籕文夳,改古文,亦象人形。"許君以大爲古文,是也。惟謂亣爲籕文,未知何據。鼓文作大,亦是古文。凡大字見於金文者,盂鼎作大、太保敦作大、太保鼎作大、散氏盤作大,均與鼓文相近。至作亣者,惟漢大官壺及新莽大泉五十範文,又秦會稽刻石大治濯俗作亣,吳禪國山作亣,天發神讖碑作亣,竊謂大字作亣,秦漢後始有此形耳。

《石鼓釋文》丙鼓,頁 11

○**劉節**(1935)　又曰:"盟客爲夳句脰官爲之。"夳,徐中舒氏釋大,以楚器有大子鼎爲證,甚是! 余以爲大亦官名,曲禮有六大之目;"胝官"即膳夫。

《古史考存》頁 115,1958;原載《楚器圖釋》

○裘錫圭(1980)　"夳"字屢見於齊國的刀幣和陶文(幣文作夳,陶文夳、夳並見)。齊刀面文有:

　　　齊夳化(編按:此字不當釋"化",參看追記。)　辭典 890 等號

　　　齊之夳化　辭典 869 等號

　　　齊近(?)邦張夳化　辭典 838 等號

　　　節膤(墨)之夳化　辭典 981 等號

　　　安易(陽)之夳化　辭典 1035 等號

齊刀的背文有

　　　夳　辭典 911 等號　　　夳昌　辭典 880 等號　　　夳行　辭典 994 等號

齊國陶器上陶工所打的印文有:

　　　夳匋(陶)里貞　季 36 上

　　　夳蔓園里匋化　季 58 下

　　　夳蔓園匋者乙　季 59 下

　　　紹遷(?)夳匋里艸　季 41 上

　　　丘齊車里邦夳心　望文生誼齋輯古陶文字第一函、又山東博物館藏陶

此類齊陶印文中,里名與上引前四例相同而人名不同之例很多,不具引。

　　　"夳"字過去一般釋作"去",讀爲"法",但是有關的幣文和陶文大都讀不通。王獻唐在《臨淄封泥文字目録》裏説:"'大''太'通用,本爲一字……一作夳,變太,又變夳(今傳齊刀文夳化,即大貨,猶言大泉,對小化言,列國布固有小化之文,其在齊國當時,則以圜金益化爲小化……"他解説"夳"字形體的變化是錯誤的,但釋此字爲"大"則很正確。古文字从"口"不从"口"往往無别,例如長沙出土楚帛書"丙"作"酉",古印"病"或作"痭"(古徵附 14 下),"邥"或作"郖"(古徵附 9 上),"邯鄲"合文有時也在丹下加"口"(古徵附 23 上夳字引)。齊國文字把"大"寫作"夳",也是這一類的例子。齊刀背文常見的"夳",有時也作"大"(辭典 912 等號);常見的"夳行",有時也作"大行"(辭典 988 等)。這也是"大""夳"一字的證據。

　　　把齊刀的"夳"讀爲"大",顯然比讀爲"法"合理。齊刀背文有"辟封、安邦"等吉語,把"夳昌、夳行"讀爲"大昌、大行"也是很合理的。大行當是貨幣大爲流行的意思。

　　　齊陶文的"大蔓園"是"大蔓園里"的省稱,同類陶文中還有中蔓園里(也

作戩圍中里)、戩圍南里、東戩圍里(也作東戩圍)等里名,可知戩圍是包括幾個里的鄉一類單位的名稱。大戩圍里當是戩圍所屬的最大的一個里。齊陶文中與上引"紹遷大匋里"類似的里名,有"紹遷中匋里"和"紹遷東匋里"。匋里當是陶工聚居之里,紹遷大匋里即紹遷所屬的最大的一個陶里。上引陶文第一條的"大匋里"也許就是"紹遷大陶里"的省稱。最後一條的"郏大心"是陶工的名字。古人喜以大心爲名,春秋時楚有成大心(《左傳》文公五年、十一年等),宋有樂大心(《春秋》定公十年、十一年等)。

由此可知"夻坲"即大市。《荀子·非相》:"俄則束乎有司而戮乎大市。"《史記·漢興以來將相年表》:"高皇帝六年……立大市。"可證大市之稱是很古的。齊陶多出臨淄一帶,陶文的大市疑當屬齊都臨淄。

《古文字論集》頁 455—457,1992;原載《考古學報》1980-3

○**羅福頤等**(1981) 大。

《古璽文編》頁 255

○**黃翔鵬**(1981) 比滔聲高一八度的,用"大"字前綴。(古文"太"字,通作"大"。)

《音樂研究》1981-1,頁 33

○**曾憲通**(1986) 角音之外,如果標音銘所在的八度位置低,那麼,樂律銘便往往在宮、商、徵、羽之前置以滔、大、珈等修飾成分,表示其爲低音區的別名,如滔宮、大羽、珈徵等。**(中略)**

所有這些表示低音和高音的別名,一般都與生律法有關,如大與小爲對,滔與珈當讀爲衍和加,含有擴大、增加的意思,意指在原弦的基礎上擴大或增加弦的長度,故其所發之音較低。

《古文字研究》14,頁 11—12

○**黃盛璋**(1989) "大斛"我原釋"六斛","大"似"六",見《金文續編》,但也似"大",以釋"大"爲近是。

《古文字研究》17,頁 6

○**嚴一萍**(1990) 大,字之中開原繪脫落,以兩側筆勢推測,似爲大字。

《甲骨古文字研究》3,頁 343

○**高明、葛英會**(1991) 大。

《古陶文字徵》頁 63—65

○**曾憲通**(1993) 大。

《長沙楚帛書文字編》頁 7

○**陳茂仁**（1996）　众（大），形與介（鄂君啟舟節）、众（鑄客鼎）、众（包山楚簡二）同。喻程度之深。《文選・報任少卿書》：“務一心營職，以求親媚於主上，而事乃有大謬不然者夫。”“非九天則大崏（衁、洫）”，意即“違背九天實則有大毀敗事生”之謂。

《楚帛書研究》頁 178

○**黄錫全**（1998）　所謂“六字刀”，就是齊國大刀中面文作“齊返邦張呑化”六字者。銘文除齊、邦、張三字釋讀目前已基本達成共識外，其餘三字，仍釋讀不一。

刀銘末尾二字，過去有釋寶化、圓化、大化、去化、大刀等者，目前主要有“去（法）化（貨）”“呑（大）朮（刀）”兩説，文義均較通順，但從文字學的角度考慮，以後説更趨合理。呑字又見於即墨二種刀，齊之大刀背文“大昌”；所從“大”形，又見於“即墨之大刀”背文“大行”。其形如下：

齊之大刀背文　即墨之大刀背文　即墨之大刀背文　即墨大刀背文　　　　各種大刀面文

顯然，上列背文釋“大昌”要比釋“去（法）昌”合理。

“朮”字從刀，毛聲，當是刀所加之音符。或疑爲“毛刀”合文，讀爲“度刀”，即合乎法度之刀。不論怎麼理解，刀尾兩字釋讀爲“大刀”也比較合理。

《吉林大學古籍整理研究所建所十五周年紀念文集》頁 123—124

○**周鳳五**（1998）　（五）夫久而不渝：夫，簡文作“大”，《郭簡》依字讀之，遂不可通。《論語・憲問》：“久要不忘平生之言。”簡文可爲注腳。

《中國文字》新 24，頁 125

○**何琳儀**（1998）　大，甲骨文作大（甲三八七），象人正面之形。借用爲“大小”之大。西周金文作大（盂鼎），春秋金文作大（申鼎）。戰國文字承襲商周文字。或變異作仌、仌、仌、穴、穴、大。

韓陶大，疑姓氏。大庭氏之後。見《風俗通》。

呑，從大，口爲增飾部件（與舍所從二相似），疑大之繁文，僅見齊系文字。呑與去結構相同，以用法有別故析爲二字。

《戰國古文字典》頁 921、922、924

○**李零**（2000）　“大峴”，疑指大動。

《古文字研究》20，頁 172

○**李家浩**（2001）　春成侯盃和少府盃銘文的“大”，當與上引《漢書》和漢簡量名前的“大”同義，指大量。

《華學》5，頁 156

○**李學勤**（2003）　鍾銘“大”字，我曾猜測是“入”，李家浩先生指出“當以釋‘大’爲是”，是正確的。下面“大半”係合文，也見於《殷周金文集成》2242 鼎：

　　　　垣上官，庚（容）大半。

該字將其中“半”上面的“八”形兩筆寫在“大”的橫筆兩端，所以不易辨識。垣在今山西垣曲東南，和在今山西夏縣西北的安邑一樣，屬於魏。“大半”以及鍾銘下文的“少半”，都不加合文符。**（中略）**

　　長期以來我們研究安邑下官鍾，總是認爲“十年”銘文記的是整件鍾的容積。現在看到滎陽上官皿，才恍然明白這是錯誤的。皿銘記“少一溢六分溢”，無論如何也不可能是整件皿的容積（3030 毫升）。這裏的“少”只能解釋爲缺少，而安邑下官鍾銘同樣位置上的“大”也須解釋爲增大。換句話説，“十年”銘文所記的，是校量時發現器物實測容積與應有容積的差異。這個認識對不對，可加驗算。

　　學者已經論定，韓國容量單位有斗和溢，係十進制，溢相當於升。根據已發現的韓國陶量，溢的範圍在 160—169 毫升之間。

　　滎陽上官皿到口沿的容積爲 3030 毫升，接近韓的二斗。設每溢合 161 毫升，則二斗爲 3220 毫升。“少一溢六分溢”，一溢 161 毫升，六分溢 27 毫升（四捨五入，下同），共 188 毫升。3220 毫升減 188 毫升，與現測密合。

　　安邑下官鍾頸部有刻劃標線，並有“至此”二字，是當時校量所用，到標線的容積爲 25090 毫升，到口沿的容積則爲 26400 毫升。前一容積接近韓的十五斗，折算每斗 1673 毫升，每溢 167 毫升。“大大半斗一溢少半溢”，大半斗 1115 毫升，一溢 167 毫升，少半溢 56 毫升，共 1338 毫升，同現測到標線與到口沿容積之差 1310 毫升也可謂相合。

　　這樣我們知道，當時皿、鍾這類容器都是有標準容積的，但實際每有差誤。上海博物館所藏的兩件韓國的盃，一件記“大二斗”，以現測容積折算，一斗合 1933 毫升，一溢 193 毫升；另一件記“大一斗二溢”，以現測容積折算，一溢 191 毫升。這樣的數值，與韓量器相比顯然偏大，超出了 160—169 毫升的範圍，可能也是容器製作不那麼精密的緣故。在古代量制研究中，學者將量器與記容器物區分開來,確實是必要的。

○**蔡運章、趙曉軍**(2005)　此鼎"三年"對其容積進行校量,得出它的實際容量爲"大十六曳(溢)"。安邑下官鍾銘"觳之,大大半斗一益(溢)少半益(溢)",是說此鍾校量後"增多"了"大半斗一溢少半溢"。故前一"大"字顯然是"增多"的意思。李學勤先生依據鍾銘測算出魏國一溢的容量爲 167 毫升。但如果將三年垣上官鼎銘"大十六曳(溢)"理解爲"增多"了"十六溢",顯然是不合適的。《周易·大壯·象傳》:"大者,正也。"《穆天子傳》卷六:"大奏廣東。"郭璞注:"大謂盛作之也。"《助字辨略》卷四:"大,盛也。""大"字的這兩種含義,在此鼎銘裏都可講通。若在"大"後斷句,"觳大"意爲校正之義;若在"大"前斷句,"大十六曳(溢)"即爲盛十六溢之義。我們通覽全篇銘文,認爲這裏的"大"字應如上海博物館藏記"大二斗"和"大一斗二溢"兩件銅盉銘文中的"大"字一樣,都當理解爲"盛"。再從此鼎銘校正後的自銘容量和實測容量推算,得知當時一溢的容積爲 166 毫升。這個數值與安邑下官鍾測得一溢的容積僅差 1 毫升。

○**李學勤**(2005)　我在小文《滎陽上官皿與安邑下官鍾》中計算過兩器的校量銘文,均屬韓人所刻,銘文記的"大""少"是實測容積比預定的容積大或小。三年垣上官鼎的校量銘文,當係魏人所刻,所記的"大"則是預定容積比實測容積大,至於校量的精密卻是一致的。

【大一】郭店·太一 1

○**荊門市博物館**(1998)　太一,在此爲道的代稱。《莊子·天下》"建之以常無有,主之以太一"成玄英疏:"太者,廣大之名,一以不二爲稱。言大道曠蕩,無不制圍,括囊萬有,通而爲一,故謂之太一也。"《呂氏春秋·大樂》:"道也者,精也,不可爲形,不可爲名,彊爲之名,謂之太一。"

○**李零**(1998)　這兩種圖,其中形狀如"大"字的人形,是象徵"大一"或"太一"。《避兵圖》在此神的旁邊題有"大(太)一將行"云,腋下標"社"字。有學者認爲,此神既題"大一",屬天神;又標"社"字,屬地神,因而稱之爲《神祇圖》。還有學者認爲,《避兵圖》的"大"字是"天"字泐去橫面,既然上述戈銘題爲"兵避太歲","太歲"於古籍又稱"天一",則此神當是天一而非太一。對此,我們已指出,帛書"社"字是指太一居中宮,當土位;原文"大"字不誤。無須填筆改作"天"。而圖中的"三龍"是什麼,學者未能解釋,我也指出,它們就是《封禪書》所説的"登龍"或"太一三星"。《漢書·郊祀志》晉灼注説"太一三星"是"一星在後,三星在前",對照《天官書》,我們不難看出,"一星"就是它開篇講的"太一","三星"就是它接下來講的"陰德"三星或"天一"。在古代器物紋飾中,像這樣可與文獻對證,找到確解的例子是極爲罕見的。

《李零自選集》頁 66

○**李學勤**(1999)　太一行九宮詳見於《易緯乾鑿度》卷下,東漢鄭玄注:

太一者,北辰之神名也。居其所曰太一;常行於八卦日辰之間,曰天一。或曰太一出入所遊息於紫宮之内外,其星因以爲名焉,故《星經》曰:"天一、太一,主氣之神。"行,猶待也。四正四維,以八卦,神所居,故亦名之曰宮。太一下行,猶天子出巡狩,省方岳之事,每率則復。太一下行八卦之宮,每四乃還於中央。中央者,北辰之所居,故因謂之九宮。天數大分以陽出,以陰入。陽起於子,陰起於午,是以太一下九宮從坎宮始……行則周矣,上遊息於天一、太一之宮,而返於紫宮。行從坎宮始,終於離宮,數自太一行之坎爲名耳……

在古人心目中,太一是北辰之神,《樂緯協圖徵》:"天宮,紫微宮也。北極,天一、太一。"紫微垣有太一星,即現代星圖天龍座10;天一星,即天龍座9。兩顆星都較暗弱,但是《史記·天官書》稱:"中宮,天極星,其一明者,太一常居也。"這是指帝星,即小熊座 β,β 是相當明亮的二等星。現在它距北極有約十五度半,兩千多年前只七度多,作爲太一常居是適宜的。《春秋緯元命苞》:"北者,極也;極者,藏也。言太一之星高居深藏,故名北極。"所云太一之星即指太一常居的帝星而言。

《道家文化研究》17,頁 298—299

○**龐樸**(1999)　所謂"太一",就是開始的開始,或最最開始的意思,別無奧秘。

《道家文化研究》17,頁 302

○**許抗生**(1999)　"大一",亦即"太一",雖説在《老子》中並没有明確提出這一概念,但《老子》中有明確的"大"和"一"的概念,而且不論是"大"還是"一"都是用來指稱"道"這一宇宙本原的。以此在《莊子·天下篇》中在概括老子的思想時明確地提出了"建之以常無有,主之以太一"的思想。這裏的"太一"就是老子的"道",亦即是"常無有"。正如《吕氏春秋·大樂》所説:"道也者,精也,不可爲形,不可爲名,彊爲之名,謂之太一。"也正如成玄英在《莊子疏》中所説:"太者,廣大之名,一以不二爲稱。言大道曠蕩,無不制圍,括囊萬有,通而爲一,故謂之太一也。"由此可見,太一生水,即是宇宙的本原"道"生"水"。

《道家文化研究》17,頁 307—308

○李零(1999) 《太一生水》講天地創闢,是推原於"太一",這點很值得注意。"太一"是什麽? 從文獻記載看,有三種含義。作爲哲學上的終極概念,它是"道"的別名(也叫"大、一、太極"等等);作爲天文學上的星官,它是天極所在,斗、歲(太歲)游行的中心;作爲祭祀崇拜的對象,它是天神中的至尊。

《道家文化研究》17,頁 320

○郭沂(2001) 其實,在《太一生水》中,"太一"和"道"完全不是一回事。"太一"是最高形上實體,而"道"爲天地或天地之道。兹舉二證。其一,從上下文看,"道亦其字也"之前正談天説地,故此"其"字當然指天地。其二,下文又説:"天地名字並立。"這個"字"當然就是"道亦其字也"的"字"。至於該篇的"太一"與其他哲學家如老聃的"道"相當,甚至"太一"可能來自老聃之"道",那是另外一回事。

《郭店竹簡與先秦學術思想》頁 143—144

○陳偉(2003) 大一,指天地形成之前的原始狀況。《禮記·禮運》云:"是故夫禮必本於大一,分而爲天地,轉而爲陰陽,變而爲四時,列而爲鬼神。"孔穎達疏:"必本於大一者,謂天地未分,混沌之元氣也。極大曰大。未分曰一。其氣既極大而未分,故曰大一也。"戰國、秦漢古書多寫作"太一"。《莊子·天下》云:"關尹、老聃聞其風而悦之,建之以常無有,主之以太一。"成玄英疏:"太者廣大之名,一以不二爲稱。言大道曠蕩,無不制圍,括囊所(**編按**:通行本多作"萬")有,通而爲一,故謂之太一也。"《吕氏春秋·大樂》云:"道也者,至精也,不可爲形,不可爲名,强爲之,謂之太一。"《老子》第二十五章云:"吾不知其名,字之曰道,强爲之名曰大。"第四十二章云:"道生一,一生二,二生三,三生萬物。""大(太)一"似是對《老子》"大(太)"和"一"的合稱。

《郭店竹書別釋》頁 25—26

○蔡運章、戴霖(2004) "太一"亦名"天一",這是因爲"大""太""天"古本通用的緣故。《鶡冠子·泰録》説:"天者,氣之所總出也。"《論衡·談天》:"天者,氣邪。"楚簡"太一生水"章也説:"上,氣也,而謂天。"這説明"天"的本質當爲氣。《淮南子·詮言訓》説："一也者,萬物之本,無敵之道也。"高誘《淮南子·精神訓》注："一者,元氣也。"故鄭玄《易緯乾鑿度》注則説："太一者,北辰之神名也。居其所曰太一,常行於八卦日神之間曰天一……故《星經》曰:天一、太一,主氣之神。"

孔穎達《禮記·禮運》疏謂:"太一者,謂天地未分,混沌之元氣也。極大曰天,未分爲一,其氣極大而未分,故曰大一。"

這説明"太一"本是指天地未分時處於混沌狀態的"元氣",也可稱之謂"主氣之神"。

《四川文物》2004-2,頁 44—45

【大人】
○**王輝、程學華**(1999)　秦漢習稱長者爲"大人",《後漢書·蘇章傳》:"祖父純,字桓公……三輔號爲大人。"李賢注:"大人,長老之稱,言尊事之也。""臺"亦當爲年長者之工。"工大人"又見十三年相邦義戈,其地位低於工師,殆爲其副手。

《秦文字集證》頁 48

【大山】秦駰玉版
○**曾憲通、楊澤生、蕭毅**(2001)　"大山",雖然在古文獻裏東嶽泰山或寫作"大山",但秦國奪得泰山之地是秦即將統一全國的時候,要比這件玉版的製作時代(詳後)晚,所以要另作考慮。我們認爲可能是山神,這裏特指華山之神。

《考古與文物》2001-1,頁 52

【大子】
○**何琳儀**(1998)　集胿太子鼎、隨縣簡"大子",讀"太子"。《左·隱元》:"惠公之薨也,太子少。"

《戰國古文字典》頁 922

○**蔡運章**(2001)　"大子左相室"。"大子","大"讀"太"。《白虎通德論·爵》:"天子之子稱太子。"《史記·周本紀》載:"西伯崩,太子發立,是爲武王。"但到戰國之世,周天子和列國諸侯之世子均可稱爲太子。

《文物》2001-6,頁 69

【大夫】
○**中大楚簡整理小組**(1977)　夫〓爲"大夫"合文。

《戰國楚簡研究》3,頁 11

○**李學勤、鄭紹宗**（1982）　“大＝”，有合文符。戰國古文常以“夫＝”爲“大夫”，此則寫作“大＝”，同於《三代》二〇、五七、五八年五大夫旗弩機，比較希見。平山中山王陵墓所出兆窆圖銅板“夫＝人堂”，讀爲“大夫人堂”，雖以“夫人”爲一辭，“大夫”二字仍作合文。

《古文字研究》7，頁 127

○**黄盛璋**（1983）　第一行年字下乃“大夫”合文，下有合文符“＝”，其下一字似是“乘”字，或爲“肖”字缺一筆，也可能爲“八月”。下二字當爲“内府”失摹，其下究爲一字或二字，結構不明，最後五字可能爲“侯恭，其寶也”。大意是記爲賞賜一類事，内府賞賜侯恭，要他寶重。第二行“王后右酉”。“酉”字可能缺去偏旁，它乃是戰國的“曹”字，説詳另考，第六字即“彀”字，見重金壘，第七字《西清》誤釋“寸”，其實它是“七”字，上述“十”字所以中閒用“○”，即和此字區別。

《内蒙古師大學報》1983-3，頁 51

○**湯餘惠**（1993）　“大夫”二字合文，寫作“大＝”，爲燕國銘刻的特點，他國多作“夫＝”。

《戰國銘文選》頁 66

○**李家浩**（1993）　右行“大夫”原文作“夫”右下側加兩點，這兩點表示此“夫”字是作爲“大夫”二字來用的。

《中國歷史博物館館刊》1993-2，頁 51

○**曹錦炎**（1994）　大夫，官名。《周禮》有鄉大夫：“掌其鄉之政教禁令。”又有朝大夫：“掌都家之國治。日朝，以聽國事故，以告其君長，國有政令，則令其朝大夫。”據《禮記·王制》，還有上大夫、下大夫。大夫的職位，在諸侯之下，士之上。越國設有大夫一職，如文種、馮同、苦成等均任大夫。

　　作爲禮器的鐘，用奏樂的方式兼有“享”“宴”兩種功能，前者對先人而言，後者對生人而説。根據銅器銘文，享、宴的對象主要有祖、考（父）、兄、大夫、諸士及賓客和朋友等，例如：

　　　　王孫遺者鐘：“用享以孝，於我皇祖、文考……用匽以喜，用樂嘉賓、父兄，及我朋友。”

　　　　邵鸞鐘：“樂我先祖。”

　　　　郑公孫班鐘：“用喜於其皇祖。”

　　　　郑公華鐘：“以祚其皇祖皇考……以樂大夫，以宴士、庶子。”

　　　　許子漣目鐘：“用匽以喜，用樂嘉賓、大夫，及我朋友。”

　　沇兒鐘:"虘以匽以喜,以樂嘉賓,及我父兄、庶士。"本銘"以樂"的對象是考,嫡祖、大夫、賓客,和上述鐘銘正相同。

《國際百越文化研究》頁 259

○**王輝**(1994)　　大夫戰國器銘習見。包山楚簡有"(枼)宯(宮)大夫(《包山楚簡》26 頁)"。古璽有"下蔡宯(宮)大夫鉨"(《璽彙》0097)、"上場(唐)行宯(宮)大夫鉨"(《璽彙》0099)、"武隊(遂)大夫璽"(《璽彙》0103)、"□成(城)邑大夫俞□"(《璽彙》104)。秦器商鞅方升:"十八年,齊遳(率)卿大夫衆來聘。"(拙著《秦銅器銘文編年集釋》34 頁)。

　　器主"富春大夫"同"武遂大夫"一樣,是縣邑大夫。又銀雀山竹簡《孫臏兵法·擒龐涓》:"孫子曰'都(諸)大夫孰爲不識事?'曰:'齊城、高唐。'""諸大夫"指齊城、高唐二縣邑大夫。

《考古與文物》1994-4,頁 60—61

○**朱德熙、裘錫圭、李家浩**(1995)　　大夫之私巫,當與考釋[九一]所引鄭大夫尹氏所主之鍾巫相相類。二二號簡言"走趣事王大夫",此簡又言"遴禱大夫之私巫",似"大夫"專指某一人而言,疑此人即恩固所事之宗子。

《望山楚簡》頁 102

○**陳偉武**(1996)　　大夫　《集成》11061 戈銘:"車大夫長(張)畫。"11339 戈銘:"十三年正月,□□乘馬大﹦(大夫)子(編按:脱"駇"字),賀。""車大夫""乘馬大夫"雖有不同,但都屬管理車馬卒乘之官,性質還是相近的。12090 馬節銘:"齊節夫﹦(大夫)□五□。""齊節大夫"疑爲"齊節(即)墨大夫"之省,《史記·田完世家》:"威王召即墨大夫而語之曰……"《集成》12104 虎符有"辟夫﹦(大夫)信節"之語,"辟大夫"當讀爲嬖大夫,相當於下大夫。《璽彙》0102"□□大夫之璽",0103 璽文是"武隊大夫"。《孫臏兵法·擒龐涓》:"孫子曰:'都大夫孰爲不識事?'曰:'齊城、高唐。'"整理小組注:"都大夫,治理都的長官。古稱大城邑爲都……戰國時,各國多行郡縣制,但齊國仍沿用都的名稱。簡文所説的'都大夫',似指率領自己都邑的軍隊跟從田忌參加戰爭的都大夫。"此説可信。簡文中的"齊城、高唐"均是齊國都邑。據《璽彙》所錄,戰國時稱爲"都"的官印不少,官名有"丞、司馬、司徒、司工"等,疑都是作爲城邑最高行政軍事長官的"都大夫"的屬官。學者多認爲這些印信是燕國官璽,其中或有齊璽亦未可知。《韓非子·内儲説》上:"吳起下令曰:'明日攻亭,有能先登者,仕之國大夫,賜之上田宅。'"銀雀山簡論政論兵之類《民之情》1039 簡:"……三曰鄉大夫,官吏士民儆(敬)節其誼(義),何其……""國大夫、都大夫、鄉大夫"都是管理一定行政區劃的長官,而其執掌範圍則有所不同。

《華學》2,頁 83

○**何琳儀**(1998) 楚璽"大夫",官名。卿之下,士之上。《論語・公冶長》："猶吾大夫崔子也。"

《戰國古文字典》頁 922

○**吳振武**(2000) 與此相同的"大夫"合文還見於侯馬盟書、古璽及秦代石刻,燕國銘刻中的"大夫"合文作🠑,較特殊。

《古文字研究》20,頁 316

【大王】

○**何琳儀**(1998) 望山簡"大王",見《戰國策・趙策》:"今大王垂拱而兩有之,是臣之所以爲大王願也。"

《戰國古文字典》頁 923

【大帀(師)】包山 46

○**劉彬徽、彭浩、胡雅麗、劉祖信**(1991) 大師,即太師,楚官名。《史記・楚世家》:"穆王[立],以其太子宫予潘崇,使爲太師,掌國事。"潘崇爲楚國太師,簡文中的太師是阤(越)異之太師,掌管地方政務。

《包山楚簡》頁 43

○**何琳儀**(1998) 包山簡"大帀",讀"大師"。樂官。《周禮・春官・大師》:"大師章六律、六同,以合陰陽之聲。"

《戰國古文字典》頁 923

○**劉信芳**(2003) 大師:《左傳》文公元年:"穆王立,以其爲大子之室與潘崇,使爲大師,且掌環列之尹。""大師",《史記・楚世家》作"太師"。簡 115 有"大師子縞"。

《包山楚簡解詁》頁 55

【大内】

○**睡簡整理小組**(1990) （編按:睡虎地・秦律 86）大内,《史記・孝景本紀》集解引韋昭云:"京師府藏。"

《睡虎地秦墓竹簡》頁 41

○**劉樂賢**(1994) （編按:睡虎地・日甲 100 正）此處"大内"並非古籍中的常用義。"内"指内室、臥室。"大内"指大臥室。《日書》甲種"相宅篇"有"小内",指小臥室。

《睡虎地秦簡日書研究》頁 127

【大父母】睡虎地·答問 78

○**睡簡整理小組**（1990）　大父母，祖父母。大父見《史記·留侯世家》，大母見《漢書·文三王傳》。

《睡虎地秦墓竹簡》頁 111

【大公】

○**何琳儀**（1998）　望山簡“大公”，讀“太公”。祖父或曾祖父。《史記·齊世家》：“西伯獲得吕尚，曰，吾太公望子久矣，故號太公望。”

《戰國古文字典》頁 922—923

【夳心】

○**何琳儀**（1998）　齊陶“夳心”，讀“大心”，習見人名。《左·文五》有“成大心”，《春秋·定十》有“樂大心”。

《戰國古文字典》頁 924

【大尹】

○**裘錫圭、李家浩**（1989）　（編按：曾侯乙 211）宋國有“大尹”之官，見《左傳》哀公二十六年和《戰國策·宋策》。

《曾侯乙墓》頁 530

○**劉信芳**（2003）　（編按：包山 187）大尹：《左傳》哀公二十六年：“因大尹以達，大尹常不告。”杜預《注》：“大尹，近君有寵者，六卿因之以自通達於君。”此“大尹”爲宋官，亦見於《戰國策·宋策》。又曾國亦有大尹，見曾侯乙簡 211。

《包山楚簡解詁》頁 180

【大水】

○**中大楚簡整理小組**（1977）　大水，神名，又見於第 120 簡。《禮記·祭法》所記次第，首先天地山川，其次祖考宗廟，再次社、祀。此簡所述，先父犬，次后土、司命，先大後小，與之相類。所不同的，是大水之神置於後，可能與其祭祀目的有關，即爲了祈求消除疾病，而先内後外。

　　袚、句土、司命、大水均爲神名，見第 25、27 簡。

《戰國楚簡研究》3，頁 18、35

○**袁仲一**（1987）　（4）大水

　　大水陶文均見於始皇陵園出土的磚瓦上，其他遺址目前尚未發現。説明大水這一燒造磚瓦的官署機構，其產品可能專供始皇陵園建築使用。大水印記目前計出土五十件。

《秦代陶文》頁 42

○**劉彬徽、彭浩、胡雅麗、劉祖信**（1991） （編按：包山 213）大水，即天水。大、天二字通。《史記·封禪書》："梁巫祠天地、天社、天水、房中、堂上之屬。"

《包山楚簡》頁 56

○**林泊**（1991） "大水沈"印文 2 件。小篆體（圖一，28、29）。陰文，無邊框。位於大型的長條磚的頂端。磚規格爲 9×18×43 釐米。

圖 28　　圖 29

《考古》1991-5，頁 409

○**李零**（1993） 大水（簡 213、215、237、243、248）。大川。《楚辭·九歌》有"河伯"掌"九河"。

《中國典籍與文化論叢》1，頁 438

○**湯餘惠**（1993） 大水，自然神，未詳；古人祭不過望，疑指長江。

《戰國銘文選》頁 153

○**朱德熙、裘錫圭、李家浩**（1995） 《史記·封禪書》謂梁巫"祠天地、天社、天水、房中、堂上之屬"。疑大水即天水。或謂大水指大江之神。大水又爲星名。《左傳·昭公十七年》："衛，顓頊之虛也，故爲帝丘，其星爲大水。"

《望山楚簡》頁 97

○**陳偉**（1996） 依簡文記列順序，太（蝕太）爲天神，位置最前；后土即社，居第二；五祀諸神在中；大水、二天子、峗山在後。二天子、峗山爲地祇，大水似不能例外。《大戴禮記·夏小正》有"玄雉入於淮爲蜃"的記載。《禮記·月令》《呂氏春秋·孟冬紀》述此事並作"雉入大水爲蜃"，鄭玄、高誘注均云："大水，淮也。"由此可知大水爲淮水別名。《史記·封禪書》記述西周制度說："天子祭天下名山大川，五嶽視三公，四瀆視諸侯，諸侯祭其疆内名山大川。四瀆者，江、河、淮、濟也。"又述秦制說："於是自殽以東，名山五，大川祠二。曰太室……恆山、泰山、會稽、湘山。水曰濟、曰淮。"可見淮水在先秦已受到祭祀。簡書大水似即指此。

《包山楚簡初探》頁 169

○**吳郁芳**（1996） 六、釋"大水"

　　據《包山楚簡》載，楚巫們在舉禱后土及山川諸神時常並祀"大水"。《考釋 417》謂"大水即天水，大、天二字古通"，並引《史記·封禪書》"梁巫祠天、地、天社、天水、房中、堂上之屬"爲據。但是梁巫所祠的"天水"又爲何物？亦未見其説。拙見以爲《包山楚簡》中的"大水"應爲洪水,今猶稱洪水爲大水。簡中禱"大水"凡四見,三在楚曆荊尸之月,即今農曆暮春三月,一在楚曆夏夷之月,即今農曆初夏四月,正是春夏水漲,洪水氾濫之時,是可爲證。古人視洪水如猛獸,故春夏之際必祭"大水",簡 246 謂"攻解於水上與没人,"就是祠禱大水及水死者的記載。古代上巳之日的水上祓禊及端午競渡,也是舉禱大水的遺俗。人格化的大水之神有陽侯,《楚辭‧哀郢》曰"淩陽侯之氾濫兮",王逸注謂:"陽侯,大波之神。"楚簡中的"大水"當即陽侯之流的神靈。

《考古與文物》1996-2,頁 77

○**劉樂賢**(1997)　　七　釋望山楚簡的"大水"

望山一號楚墓 130、131 號都是殘簡,《望山楚簡》的釋文爲:

□勹備(佩)玉一環□(130 號)

□大勹□(131 號)

釋文中的勹字,是據原形照描的,顯然是當作不識字處理。《楚系簡帛文字編》則將它收於"公"字之下。試以《楚系簡帛文字編》公字條的其它字形對比,可以看出,釋爲"公"是不對的。

《望山楚簡》的照片印得很不清楚,但此字在第 131 號的形狀還可以看明白。《江陵望山沙冢楚墓》所附照片的效果要好一些,這兩支簡的未釋字都能看清楚。對照照片,可知《望山楚簡》和《楚系簡帛文字編》對該字的摹寫稍有走形。二字分別作⺌、勹,分明就是"水"字。第 131 號所存的字爲"大水",據此,可以將第 130 號補釋爲:

□〔大〕水備(佩)玉一環□

包山楚簡和望山楚簡中都有用"佩玉一環"祭祀"大水"的説法,如:

賽禱太,備(佩)玉一環;厌(后)土、司命、司禍,各一少(小)環;大水,備(佩)玉一環。(包山楚簡第 213 號)

遝禱太,備(佩)玉一環;厌(后)土、司命,各一少(小)環,大水,備(佩)玉一環。(望山楚簡一號墓第 54 號)

看來,上論兩支殘簡,原來也應是講,用佩玉一環祭禱"大水"。

《第三屆國際中國古文字學研討會論文集》頁 631—633

○**徐在國**(1997)　　三、釋"大水"

湖北省文物考古研究所、北京大學中文系合編的《望山楚簡》一書中有如下一字:

□公備(佩)玉一環☒　　M1·130

大公　　M1·131

"公"字原書未釋。《楚系簡帛文字編》將此釋爲"公",放在"公"字條下。

今按:此字釋爲"公"殊誤。M1·130中"公"字原書摹作"公"是不對的。細審原簡此字應作:公,與M1·131中的"公"是一字。

《楚系簡帛文字編》將這兩個字分別摹作:公、公,顯然是受《望山楚簡》原書摹本的影響,這也是導致作者誤釋的癥結所在。我們認爲此字應釋爲"水"。楚簡中"水"字多次出現,形體如下:

《望山楚簡》M1·54　　　　《包山楚簡》簡237　　　　同上簡248

"公"與上述形體相較只是筆勢略有不同,此字釋爲"水"應没問題。

"大水"一詞,多見於楚卜筮祭禱類簡,如:

……遡禱公備(佩)玉一環,厎土、司命各一少(小)環,大水備(佩)玉一環。《望山楚簡》M1·54

……賽禱公備(佩)玉一環,厎土、司禓各一少(小)環,大水備(佩)玉一環,二天子各一少(小)環,峗山一羘。　《包山楚簡》簡213—214

《望山楚簡》注(五九)説:"《史記·封禪書》謂梁巫'祠天地、天社、天水、房中、堂上之屬'。疑大水即天水。或謂大水指大江之神。大水又爲星名。《左傳·昭公十七年》:'衛,顓頊之虛也,故爲帝丘,其星爲大水。'""大水"是指楚人賽禱的神名之一,似以指大江之神爲宜。

《江漢考古》1997-2,頁82—83

○李零(1998)　川澤之神。簡文有"大水"。《九歌》有"河伯",或即此神。

《李零自選集》頁63

○何琳儀(1998)　楚簡"大水",見《釋名·釋水》:"天下大水四,謂之四瀆,江、河、淮、濟,是也。"楚簡中似指長江。或説,星名。《左·昭十七》:"其星爲大水,水火之牡也。"

《戰國古文字典》頁923

○連劭名(2001)　"大水"是道神,即《周易》中的"大川",《論語·子罕》云:"子在川上曰:逝者如斯夫,不舍晝夜。"朱熹《集注》云:"程子曰:此道體也。天運而不已,日往則月來,寒往則暑來,水流而不見,物生而不窮,皆與道爲體,運乎晝夜,未嘗已也。"

《考古》2001-6,頁63—64

○**胡雅麗**（2001）　　其實,探本求源,還是應該回到《老子》這部書上來。年代在戰國中晚期以前的郭店楚簡中,有迄今爲止最早的《老子》傳抄本,其中的一篇佚文談到了"太一"與水的關係,曰:"太一生水,水反輔太一,是以成天。""是固（編按:"固"爲"故"字之誤）太一藏於水,行於時……"在這裏,水與"太一",水與天、時的關係,已經説的再清楚不過了。傳世本《老子》第八章又説:"上善若水。水善利萬物而不爭,處衆人之所惡,故幾於道。"原來在楚人的眼裏,水在宇宙的生成過程中,所起的作用是舉足輕重的,幾乎與道相同,那麼在其祀典裏,水神的位置僅次於"太"神,就不足爲怪了。所以"大水"應該就是元水,即最初形態的水,其神即爲一切水之總神,或可徑讀爲"太水"。

《江漢考古》2001-3,頁 61

○**劉信芳**（2003）　　大水:水神。應指天漢之神。"漢"之古文从水从或从大,謂域中大水（參《説文》段注及朱駿聲通訓定聲）。楚簡中記"大水"之禮頗耐人尋味,從祭祀系譜看,"大水"居於太、后土、司命、司骨之後,"二天子、坐山"之前,但從祭祀禮品看,則"大水"與"太"同尊,如 213 簡僅"太"與"大水"享受供品"一環",后土、司命、司骨、二天子各一小環,坐山一鈕;簡文中僅"太、大水"有特祀之例,以先祖配祀（相當於甲骨文之"賓"）（參 221、248 諸簡）。這些情況説明,在楚人所祀諸神中,"大水"的地位是很崇高的,幾乎與太一相匹,此種神格,自非"天漢"莫屬。天漢爲古人崇拜、占吉凶的對象,《左傳》昭公十七年:"星孛天漢。漢,水祥也。"《詩·小雅·大東》:"維天有漢。"天漢又稱"雲漢",《大雅·雲漢》:"倬彼雲漢,昭回于天。王曰於乎,何辜今之人。天降喪亂,饑饉薦臻。靡神不舉,靡愛斯牲。圭璧既卒,寧莫我聽。"此詩"靡神不舉"與楚簡"舉禱"（210 簡）禮同,"圭璧"即楚簡"環"之類。《史記·天官書》:"漢者,亦金之散氣,其本四水。漢星多,多水;少,則旱,此大經也。"《漢書·郊祀志》:"其梁巫祠天、地、天社、天水、房中、堂上之屬。"天水即天漢也。

《包山楚簡解詁》頁 229

○**王澤强**（2005）　　楚墓出土竹簡所見神靈"大水"不是星雲,也不是淮河,而是楚國貴族祭祀的水神。從就近原則和"祭不越望"的禮制來看,它當是楚國第一大河——長江的水神。楚國都城長期建在長江邊上,江水是楚國的命脈,又時常對楚國人構成巨大的威脅,所以自春秋起,楚國貴族就把長江列爲首要的祭祀對象。望山竹簡整理小組疑其爲"大江之神",已接近事實真相,只是語焉不詳。傳世文獻中未見這樣的材料,楚墓出土竹簡正好彌補了這一缺憾。

《湖北教育學院》2005-6,頁 17

○**晏昌貴**（2006）　“大水”亦見殷卜辭：“辛酉［卜］：禦大水於土（社），窐。”（《遺珠》835）是説在社中“禦”祭“大水”神，用一羊。可見“大水”是來歷甚古的神靈，並不限於楚地楚人之信仰。楚簡“大水”也可能指海神。《墨子・三辯》“湯放桀於大水”，孫詒讓《閒詁》：“蘇（時學《墨子刊誤》）云：‘案《列女傳》云：流於海，死於南巢之山。《尚書大傳》云：國君之國也，吾聞海外有人，與其屬五百人去。’與此言合。”《禮記・月令》“季秋之月（九月）”條“爵（雀）入大水爲蛤”，鄭玄注：“大水，海也。”《吕氏春秋・季秋紀》“賓爵（雀）入大水爲蛤”，高誘注：“大水，海也。《傳》曰：‘雀入於海爲蛤。’”《大戴禮記・夏小正》“九月”條：“雀入於海爲蛤。”又《易本命》：“魚游於水，鳥飛於雲，故冬燕雀入於海，化而爲蚧。”王聘珍《大戴禮記解詁》謂：“‘蚧’當爲‘蛤’。”《國語・晉語九》：“雀入於海爲蛤，雉入於淮爲蜃。”《搜神記》卷十二：“千歲之雉，入海爲蜃；百年之雀，入江爲蛤。”是大水可指海。

《簡帛》1，頁 230—231

○**楊華**（2007）　秦漢時期祭五嶽、四瀆，四瀆指江、河、淮、濟，這是帝國大一統時期的大川之祀，鄭玄、高誘注解“大水”，蓋出於漢人理念，至於戰國時期江陵楚郢是否遠祭淮河，尚不能確定。

另，在江蘇邗江胡場 5 號漢墓（漢宣帝本始四年）所出之《神靈名位牘》中，淮河不稱“大水”，而專有“淮河”之名。所以，頗疑楚人所祀之“大水”仍是長江或漢水的專名。

《古禮新研》頁 290，2012

○**蔣瑞**（2008）　如此，楚簡所祀大水，就是顓頊。因爲是楚人所知道的最早的祖先，並且是五帝之一，所以祀格至高並普遍信仰；因爲是遠祖，所以雖然有請求，卻没有近祖及相對的近祖頻繁；因爲是祖先，所以雖然其主管爲大水，當然也可保佑身體；因爲是水帝水神，當然可稱爲“大水”；既主管大水洪水，“大”也可以兼含敬意。一切都得到合理的解釋。

那麽講到“大水”與楚辭的關係，顯然就不能與《九歌》“河伯”對應，而應是《離騷》的“高陽”。原來屈原所念念不忘的遠祖，在如今出土的楚簡中又以“大水”的名義得到了新的印證。

《湖北大學學報》2008-3，頁 121

【大右】

○**曹錦炎**（1986）　（編按：集成 2241 東陵鼎蓋）大右秦，當是鼎的原置用之處，其義可能與洛陽金村出土銅壺銘中的"左佰"之類相同。

《古文字研究》14,頁 45

○**李零**(1992)　　(編按:集成 10287 大右鑑)大右,例同東陵廁鼎之"大右秦","大右"是職官名,"人"與"秦"都是人名。

《古文字研究》19,頁 152

○**劉彬徽**(1995)　　(編按:集成 2241 東陵鼎蓋)大右秦,或認爲地名,或認爲人名。東陵,地名,在包山楚簡裏有"東陵連敖"之稱,可知東陵應爲縣名。東陵肴,即東陵縣主管製作祭祀用菜肴的機構。大右秦,也許就是此機構之主管官名。

《楚系青銅器研究》頁 356

○**何琳儀**(1998)　　(編按:集成 10287 大右鑑)大右鑑"大右",又見 d 東陵鼎,官名。其職待考。大右鑑疑楚器。

《戰國古文字典》頁 923

【大田】睡虎地·秦律 11

○**睡簡整理小組**(1990)　　大田,官名,主管農事。《吕氏春秋·勿躬》:"墾田大邑,闢土藝粟,盡地力之利,臣不若寧遬,請置以爲大田。"又見《晏子·内篇問下第四》。

《睡虎地秦墓竹簡》頁 22

○**何琳儀**(1998)　　秦陶"大田",農官。《晏子·問·下》:"桓公聞寧戚歌,舉以爲大田。"注:"大田,農官。"

《戰國古文字典》頁 923

【大田佐】《秦代陶文》頁 75,秦宗邑瓦書

○**袁仲一**(1987)　　"大田佐敖童曰末、史曰初、卜蟄史,羈手;司御心,志。是霾封。"

　　這段文字的斷句和釋讀較難,陳直先生的釋文是:"大田佐敖童,曰末史,曰初□,卜蟄史罵手,司御心志,是□封。"有的學者已指出此段釋文,在"初"字下誤增一"□"符,在"封"字前缺釋一"霾"字,把"羈"字誤釋成"罵"字。此説至確。另外,如此斷句,文義難通。把末史、初都作爲大田佐敖童的名字,那麼"大田佐敖童"如何解釋? 仍然不明。再者,認爲"卜蟄史"爲職名,"羈(原釋爲罵)手"爲人名。可是"卜蟄史"一名不見於文獻記載,也不見於其它銘刻,也很難確定就是職名。我初步認爲此段文字應讀成"大田佐敖童曰末、史曰初、卜蟄史,羈手;司御心,志,是霾封"。大田佐、史、卜、司御等爲職名;末、初、蟄史、心等爲人名,敖童爲末之字。羈手讀爲寄手;志即誌。

“大田佐敖童曰末”，“大田”是主管農業的官吏，《吕氏春秋·勿躬》：“墾田大邑，辟土藝粟，盡地利之利，臣不若寧遨，請置以爲大田。”“大田”一職還見於《睡虎地秦墓竹簡》《田律》及《晏子·内篇問下》第四。“大田佐”是協助“大田”的農官。“敖童”是大田佐之字，末爲其名。古人名與字多相對應，這點西周金文中例子很多（參見郭沫若《兩周金文辭大系圖録考釋》）。“敖童”，秦簡中有“匿敖童”（《傅律》）及“敖童弗傅”（《法律答問》），是指未傅籍的成童。“末，木上曰末”（《説文》），含有幼小的意思，與敖童的意義相符。古人把名與字連稱時，是先字後名，如春秋時宋國的司徒“皇父充石”，孔穎達疏：“古人連言名字者，皆先字後名；且此人子孫以皇爲氏，知皇父字，充石名。”（《春秋左傳正義·文公十一年》）由此可知“敖童”當爲大田佐之字，“末”爲其名。

《秦代陶文》頁 79

【大央】

○**何琳儀**（1998）　天星觀簡“大央”，疑讀“大英”，蓍草。

《戰國古文字典》頁 923

【大主】睡虎地·日甲 102 正 1

○**劉樂賢**（1994）　“大主”即“帝篇”中的“大人”，指房屋的成年主人。

《睡虎地秦簡日書研究》頁 137

【大市】

○**陳直**（1981）　秦井器陶蓋

1946 年出於鳳翔，三器蓋同文，皆余舊藏。以花紋、文字色澤觀之，皆決爲秦器，沿邊八格，每格二字，每句有韻，文云：“獻□、井器，大利、大□，日利、千萬，大市、中四。”共十六字。井爲造器之人名，大市爲陶廠之市名，中四爲中等陶器之第四種形式，千萬之萬讀如厲。

《摹廬叢著七種》頁 395

○**何琳儀**（1998）　齊陶“大坿”，讀“大市”。《周禮·地官·司市》：“大市日昃而市。”

齊陶“吞坿”，讀“大市”。

《戰國古文字典》頁 922、924

○**唐友波**（2000）　本器既然銘“爲大市鑄模甗＝”，則稱之爲“大市量”應是適宜的。下面先談“大市”。“大市”之稱還見於齊陶文，有單純市名的“大市”,也有帶量名的“大市豆饌、大市區饌”,及記月的“大市九月、大市□月”等。一般認爲“大市”應爲國都之市,據本銘來看似不盡然。按“燕客量”是羅地有司所鑄,本銘雖未具莫敖、連敖之名,但從工佐兢之及上以二人均參與,且二器時代相近來看,本器亦應爲羅地所鑄,則似乎楚地方上也可能有“大市”的。

《古文字研究》22,頁 131

【大半斗】睡虎地・秦律 38
○**睡簡整理小組**(1990)　大半斗,三分之二斗。

《睡虎地秦墓竹簡》頁 29

【大司馬】
○**羅運環**(1991)　三、大司馬

　　1.鄂君啟節銘文:“大司馬邵(昭)陽敗晉(魏)帀(師)於襄陵之歲(歲),夏层之月,乙亥之日,王處於茈郢之游宫。”銘文摹本見《商周青銅器銘文選》659 號。

　　2.包山 2 號墓竹簡:

　　　　大司馬邵(昭)易(陽)敗晉(魏)帀(師)於襄陵之歲(歲)。

　　　　大司馬悡(悼)愲以迲(將)楚邦之帀(師)徒以救郙之歲(歲)。

　　這 3 條資料,均屬大事紀年性質,爲兩個內容。“昭陽敗晉師”事,發生在楚懷王六年(前 323 年),見於《史記》的《楚世家》《六國年表》及《戰國策・齊策二》。“悼愲救郙”事,不見於文獻記載。悼愲其人,《戰國策》的《楚策四》作“卓滑”,《趙策三》作“淖滑”,《韓非子・内儲説下》、《史記》的《樗里子甘茂列傳》和《秦始皇本紀》混昭悼 2 字爲 1 字,分別作“邵滑、召滑、昭滑”,均實指一人,即悼愲。知悼愲主要生活在楚懷王之世,“救郙”事當發生在楚懷王時。

　　古文獻記載,大司馬(或稱司馬)爲“令尹之偏,而王之四體”(《左傳》襄三十年),職掌武事。節銘、簡文云昭陽、悼愲以大司馬身份,先後率軍“敗晉師”,“救郙”。正可與古文獻相互印證。

　　《史記・楚世家》:“(懷王)六年,楚使柱國昭陽將兵而攻魏,破之於襄陵,得八邑。”“柱國昭陽”,簡文、節文作“大司馬昭陽”。“柱國”與“大司馬”之間究竟是什麼關係,没有明確的記載。研究者有不同的看法:郭沫若認爲,“大司馬乃昭陽將兵攻魏時舊職,而柱國則是破魏得邑之後的新職”。繆文遠則認爲,“以鄂君啟節銘文與《史記・楚世家》文互證,可知柱國即大司馬”。

“大司馬總軍政,與柱國當是一官之異名”。從出土文字材料來看,昭陽任大司馬不僅見於《鄂君啟節》,而且也見於包山竹簡;悼愲在昭陽之後仍然任大司馬;大司馬仍然有左右司馬。種種迹象表明:大司馬是職務官,柱國或大柱國可能是“勳官”。楚國之法,破軍殺將者,才能任“上柱國”(《史記·楚世家》)。這就是説,任大司馬者可以同時任上柱國,但任大司馬者不一定都是上柱國。

包山竹簡所記楚國中央王朝的官名有左、右司馬。曾侯乙墓竹簡記載曾侯乙死後贈車者有左、右司馬。曾侯乙墓簡文中的左、右司馬不可確考,有可能是楚中央王朝的左、右司馬,也可能是曾侯乙的屬官。

天星觀竹簡記録爲邸陽君番乘贈物助喪的人有“小司馬逗”。《周禮·夏官》裏的小司馬爲大司馬的副職。楚大司馬的副職有左、右司馬,則此小司馬很可能與邸陽君的封邑有關。

《楚文化研究論集》2,頁 273—275

○**何琳儀**(1998)　鄂君啟節“大司馬”,官名。見《周禮·夏官·大司馬》。參“司馬”。

包山簡“大司馬”,見鄂君啟節。

《戰國古文字典》頁 922、923

【大司徒】
○**何琳儀**(1998)　燕璽“大司徒”,官名,見《周禮·地官·大司徒》。參“司徒”。

《戰國古文字典》頁 922

【大厎】
○**何琳儀**(1998)　齊刀“夻厎”,讀“大厎”,大型刀幣。

《戰國古文字典》頁 924

【大吉】
○**何琳儀**(1998)　b 燕璽“大吉”,見《易·家人》:“富家,大吉。”

楚璽“大吉”,見 b。

《戰國古文字典》頁 922

【大匠】
○**袁仲一**(1987)　大字類陶文在一號兵馬俑坑的陶俑上僅發現二件。一件見於 T1 方開間部分出土的一件陶俑的頭部,印文爲大“大琞”二字;一件見於

T19 方九過洞 6 號俑的面頰上，印文爲一“匠”字。另外，二號俑坑 T2 方出土的一陶俑上刻有“大遬”二字。

　　“大羪”和“匠”字印記較小，約爲每邊 1 釐米的正方形，字的筆畫纖細。“大羪”二字寫作“⿰人羪羪”。第一字爲大字，在始皇陵出土的瓦文中習見。第二個字左旁从羊，右旁似爲基字，此文不識。和此相同的印記，在一號兵馬俑坑西端的鋪地磚上曾發現六件。“匠”字和“大遬”兩種陶文，在秦始皇陵出土的磚瓦上也都有發現。另外，還發現有大匠、大、大瓦、大顛等瓦文（拓片 783、784、787、790）。秦阿房宫遺址曾發現帶有“大匠”印記的板瓦；西安市三橋鎮高窰村附近的漢代建築遺址内，曾出土過大匠、大四、大廿九、大廿等瓦文；漢高祖劉邦的長陵建築遺址内出土了大四、大二十、大三十一、大四十二等瓦文。上述陶文中的“大”和“匠”應是“大匠”的省文。“大匠”，本爲手藝高超的木工或木工之長。《孟子·盡心》説：“大匠不爲拙工改廢繩墨。”漢代有“東園大匠”亦掌木工之事。但木工與燒造磚瓦無關。因而，此處的大匠似即將作大匠。漢代將作大匠統轄下的製陶作坊燒製的磚瓦上的印文一般省稱爲“大匠”或“大”，可爲佐證。《漢書·百官公卿表》記載：“將作少府，秦官，掌治宫室，有兩丞、左右中候。景帝中六年更名將作大匠。”從秦的陶文可知，將作大匠在秦代似已存在。將作大匠負責土木工程，統轄製磚瓦的作坊是順情合理的。秦俑身上的大羪、大遬、匠等陶文，同時也見於秦代的磚瓦上，從而可以證明由大匠這一官署控制的製陶作坊内亦抽調陶工，參加了秦始皇陵兵馬俑的製作。

　　　　　　　　　　　　　　　　　　　　《秦代陶文》頁 20

　（3）大匠

　　大匠類的陶文戳記，計十三件，見於秦始皇陵園出土的磚瓦上者有大匠、匠、大、大瓦、大羪、大顛等（拓片 783—801）。秦阿房宫和林光宫遺址亦有少量的“大匠”陶文戳記發現。

　　“匠、大”是大匠之省文。羪和顛爲工匠名。據《西安三橋鎮高窰村出土的西漢銅器群》一文報導，在銅器出土坑位以北的一漢代建築遺址内，采集有大匠、大廿九、大四、大廿等陶文戳記的陶片。這後面三個戳記中的大，顯然是“大匠”的省文，這可作爲始皇陵出土的諸帶大字戳記的陶文是大匠省文的佐證。

　　《漢書·百官公卿表》記載：“將作少府，秦官，掌治宫室，有兩丞、左右中候。景帝中六年更名將作大匠。屬官有石庫、東園主章、左右前後中校七令丞,又主章長丞。"顏師古注:"東園主章掌大材,以供東園大匠也。"秦代磚瓦上的"大匠"印文,不是"東園大匠"的省稱,因爲東園大匠是木工之長,武帝太初元年曾更名爲"木工",與燒造磚瓦没有關係。而將作大匠掌治宫室,主管燒造磚瓦是順情合理的。由此可知,"將作大匠"這個官署機構在秦代似已存在,漢之"將作大匠"之名實因襲秦制而來。另外,在秦都咸陽遺址采集到的一件瓦上有"右校"二字(拓片 680)。將作大匠的屬官有"左右前後中校"令丞。《後漢書·百官志》記載,將作大匠的屬官有左校令一人,"掌左工徒";右校令一人,"掌右工徒"。使用工徒修作"宗廟、路寢、宫室、陵園木土之功",這裏自然也包括着燒造磚瓦。所以"右校"陶文印記的發現,進一步證明了上述印記中的大匠似即將作大匠,燒造磚瓦是其職責之一。

　　大匠陶文既見於宫殿遺址,又見於始皇陵園出土的磚瓦上,説明其燒造的磚瓦是供宫殿建築和陵園建築二者兼用的。但大匠陶文發現的數量相對説來較少,説明其生産磚瓦的規模較左、右司空類製陶業的規模小。

《秦代陶文》頁 41—42

○**陳曉捷**(1996)　　"大匠"。以前在秦始皇陵出土有"匠、大瓦、大羵、大顛"陶文。《漢書·百官公卿表》:"將作少府……秦官,掌治宫室。有兩丞左右中候。景帝中六年更名將作大匠。"據陶文等看,大匠在秦代已經設置。

《考古與文物》1996-4,頁 2

○**何琳儀**(1998)　　秦陶"大匠",掌宗廟土木之官,或名"將作大匠",見《漢書·百官公卿表》。

《戰國古文字典》頁 923

【大成】

○**何琳儀**(1998)　　晉璽"大成",複姓。禹師大成執之後。見《新序·雜事五》。
《戰國古文字典》頁 922

【大成若詘】郭店·老乙 14

○**裘錫圭**(1999)　　現在我們可以來解釋簡文的"大成若詘"了。這一句顯然與帛書本的"大贏如絀"相當。"成"和"贏"都是耕部字。"成"屬禪母,"贏"屬余母。余母即喻母四等,上古音與定母相近,故曾運乾有"喻四歸定"之説。與"禪"同从"單"聲的"憚、彈"等字古屬定母,可見禪母原來也跟定母相近。所以"成、贏"二字的上古音一定是很相近的。簡文"成"字應是"贏"的音近詘字。簡文"詘"字應讀爲"绌",與易順鼎所引《道德指歸論》"詘"字同例。總之,"大成若詘"就是"大贏若绌",簡文此句與帛書本和《指歸》所據本基本相合。

《道家文化研究》17,頁 60—61

【大倅尹】包山 67

○**劉釗**(1998)　簡 5、67 有字作"**伂**、**侔**",字表分別隸作"伄"和"氊"。按字既不從"屯",也不從"毛",而從"丰"。簡文"邦"作"**𨛜**"(236),"奉"作"**奉**"(140),所從之"丰"可證。字從人從"丰",可釋爲"伴","伴"字見於《集韻》《廣韻》等書。簡 5 曰"伴大令",疑讀爲"邦大令"。簡 67"大倅尹"疑讀爲"大邦尹"。

《東方文化》1998-1、2,頁 48

○**劉信芳**(2003)　大倅尹:"倅"讀爲"封",《説文》"封"之籀文從半、土。楚職官有"封人",《左傳》宣公十一年:"令尹蒍艾獵城沂,使封人慮事。"《周禮·地官·封人》:"掌詔王之社壝,爲畿封而樹之。凡封國設其社稷之壝。封其四疆,造都邑之封域者亦如之。"

《包山楚簡解詁》頁 67

【大㸇尹】包山 87

○**劉信芳**(2003)　大㸇尹:職官名,簡 116 有"㸇尹"。按字從"于"聲,應即簡 44 之"仟尹"。曾侯乙簡 178 有"貯公",亦是"仟尹"之類,㸇、于一音之轉。

《包山楚簡解詁》頁 84

【大行】睡虎地·編年 44

○**睡簡整理小組**(1990)　太行,指韓國境内的太行,今河南、山西交界處的太行山區。

《睡虎地秦墓竹簡》頁 9

○**何琳儀**(1998)　齊刀"大行",易《易·姤》:"剛遇中正,天下大行也。"注:"化乃大行也。"

　　齊刀"夻行",讀"大行"。

《戰國古文字典》頁 922、924

【大后】

○**黄盛璋**(1984)　"大后秦"與前三字不同,雖非同時所刻,但壽縣楚器多見壽客爲"王后×室或×府爲之"的字樣,"后"皆作"句",與此同,此太后可能即前時之王后,楚懷王與頃襄王取婦於秦,"太后秦"可能爲兩王之后中一后。

《安徽史學》1984-1,頁43

○**何琳儀**(1998) 鑄客爲太后鼎"大句",讀"太后"。《戰國策·趙策》:"趙太后新用事。"

《戰國古文字典》頁922

○**王輝、程學華**(1999) "大后"二字商氏隸作"六月",不過從黃氏照片看,商氏之誤甚明顯。裘錫圭《從馬王堆一號漢墓遣策談關於古隸的一些問題》指出此爲秦器(商氏原定楚器,時代在懷王或頃襄王時)。李學勤《秦國文物的新認識》指出器作於昭王二十九年,太后即宣太后,她是楚人,和楚國有一定聯繫,甚是。拙著《秦銅集釋》也指出:"宣太后是一位聽政的女主,權力又極大,故以太后的名義製造器物,或爲她專造器物,都是合乎情理的。宣太后之後的其他太后,恐怕就沒有這種特權了。"

《秦文字集證》頁47

【大妃】集成4646 十四年陳侯午敦

○**何琳儀**(1998) 陳侯午錞"大妃",讀"太妃"。《晉書·汝南王亮傳》:"太妃伏氏。"

《戰國古文字典》頁921—922

【大邦】

○**何琳儀**(1998) 中山王鼎"大邦",見《詩·小雅·采芑》:"蠢爾蠻荊,大邦爲讎。"

《戰國古文字典》頁922

【大攻尹】

○**于省吾**(1963) (四)"大攻(工)尹脽、棄尹恳樗、戴尹逆、戴敊(令)阢(阭)"。以上各官名也見車節。大工尹相當於司工之職。楚官以尹爲名的習見於《左傳》。《左傳》昭二十七年稱"左尹郤宛、工尹壽帥師至於潛",工尹即大工尹的省稱,是工尹也有時帥師出征。

《考古》1963-8,頁443

○**裘錫圭**(1979) 大攻(工)尹——見於"鄂君啟節",《左傳》亦數見工尹。

《文物》1979-7,頁26

○**李零**(1986) "大工尹",在楚官制系統中地位很高,僅次於司馬。

《古文字研究》13,頁369

○**何琳儀**(1998) 陽君安鈹"大攻君",讀"大工尹",官名。參"攻君"。

鄂君車節"大攻尹",讀"大工尹"。

《戰國古文字典》頁 922

【大車】睡虎地·秦律 89

○**睡簡整理小組**（1990） 大車,用牛牽引的載重的車,《易·大有》:"大車以載。"正義:"大車,謂牛車也。"

《睡虎地秦墓竹簡》頁 41

【大牢】

○**何琳儀**（1998） 天星觀簡"大牢",祭社稷所用牛、羊、豕三牲。《禮記·王制》:"天子社稷皆大牢,諸侯社稷皆少牢。"

《戰國古文字典》頁 923

【大良造】

○**袁仲一**（1987） 《瓦書》中的"大良造、庶長游",把"大良造"與"庶長"連稱。此種稱謂還見於"商鞅鐏",鐏銘:"十六年,大良造、庶長鞅之造,雕戈"（《三代吉金文存》卷二十）。《史記·秦本紀》記載:孝公三年"乃拜鞅爲左庶長","十年衛鞅爲大良造","二十二年……封鞅爲列侯,號商君"。《史記·六國年表》和"商鞅戟、商鞅量"銘,皆言商鞅爲大良造。而"大良造、庶長鞅"和"大良造、庶長游"的大良造和庶長二者不可能都是爵名。大良造似爲官名,庶長爲爵名。《瓦書》中有"卑司御、不更顝封之"。司御爲官職名,不更爲爵名,官職名位於爵名前。此可作爲大良造爲官職名的佐證。

秦爵二十等,第十六等爲大良造,庶長有左庶長（十等爵）、右庶長（十一等爵）、馹車庶長（十七等爵）、大庶長（十八等爵）之分。秦國爲大良造者計有四人,即商鞅、犀首、白起和《瓦書》中的游。《史記·秦本紀》記載:"（孝公）十年,衛鞅爲大良造,將兵圍衛安邑","（惠文君）五年,陰晉人犀首爲大良造","（昭襄王）十五年,大良造白起攻魏……二十八年,大良造白起攻楚"。《瓦書》:"（惠文君四年）,大良造、庶長游"出命賜右庶長歂宗邑。商鞅方升、商鞅戟和鐏上的銘文亦稱"大良造鞅"。這説明"大良造"似始出現於孝公時。在"相邦"這一官職出現前,大良造的地位甚尊貴,輔佐國君,出納君命,地位相當於相邦。待相邦這一官職出現後（即惠文君十年張儀相秦）,大良造的職權爲相邦代替,變成純爲武人的爵號,如大良造白起即是如此。

《秦代陶文》頁 77—78

○**王輝**（1990） 《史記·秦本紀》記秦孝公六年:"乃拜鞅爲左庶長。""十年,衛鞅爲大良造。"同樣記載又見於《商君列傳》。前人以爲大良造及庶長皆爲秦之封爵。大良造爲秦爵之第十六級,戰國時秦之大良造有商鞅及惠王時之犀首、昭王時之白起,《漢書·百官公卿表》作大上造。良,善也;上,高也,引申亦有良義。上與尚通,漢時少府屬官有尚方令丞,尚方亦主"作御刀劍諸好器物"。傳世多漢之尚方鏡、鍾,可見上造即良造。

《秦銅器銘文編年集釋》頁 32

○**陳偉武**(1996) 大良造,秦國爵名。漢代典籍稱"大上造"。《史記·商君列傳》:"於是以鞅爲大良造。"裴駰《索隱》:"即大上造也,秦之第十六爵名也。"《漢書·百官公卿表》即作"大上造"。《商周青銅器銘文選》922 戟銘:"十三年,大良造鞅之造戟。"注:"此戟是商鞅任大良造時所頒發。大良造兼任武職相當於將軍,故得頒發兵器。""大良造"亦見於商鞅方升等秦器。《說文》"造"字下引譚長説"造,上士也","大良造"之"造"即用此義。

《華學》2 頁,75—76

○**何琳儀**(1998) 十六年大良造戈鏃"大良造",爵名。《史記·商君傳》"於是以鞅爲大良造",索隱:"即太上造,秦之第十六爵名也。"

《戰國古文字典》頁 923

【大良造庶長】

○**王輝**(1996) 大良造是秦爵第十六級,《漢書·百官公卿表》又稱"大上造"。《史記·商君列傳》:"有軍功者,各以率受上爵;爲私鬥者,各以輕重被刑。"秦爵是商鞅創立的,他本人也曾"將兵圍安邑,降之",戰功卓著,所以被秦孝公授以上爵。《後漢書·百官志五》注引劉劭《爵制》説秦爵"自左庶長以上至大庶長,九卿之義也",楊寬也認爲這九級是庶長之爵。"大良造庶長"又見秦封宗邑瓦書,杜正勝以爲秦爵"大良造"爲"大良造庶長"之省。

商鞅一人而兼任兩種爵位,其地位是很高的。《商君列傳》云:"(孝公)以衞鞅爲左庶長,遂定變法之令。"任左庶長而變祖宗成法,非專國柄、位極人臣者不能爲。故鞅之地位,約與相邦相當。《商君列傳》又云:"商君相秦十年"(馬非百《秦集史》於"十"後補一"八"字),可見司馬遷認爲"大良造庶長"即事實上的相邦。商鞅是否有相邦之名,目前無法肯定,但他權同相邦,則是肯定無疑的。目前能肯定的秦相邦最早的是惠文君前元四年(前334年)的相邦樛斿,他同時兼有"大良造庶長"的爵位和"相邦"的官職。

《考古與文物》1996-5,頁 22

【大事】

○**李零**(1985) (編按:楚帛書)第一行"余"字僅存左半,下面的"不可"二字是在一塊碎帛片上，裝裱時被錯植在第二行上端，並且方向是橫過來的。大事，《禮記·月令》：“毋作大事，以妨農之事。”鄭玄注：“大事，兵役之屬。”

《長沙子彈庫戰國楚帛書研究》頁 76

○**何琳儀**（1986）　“大事”，範圍甚廣。如《左傳》成公十三年“國之大事在祀與戎”。《禮記·月令》“季夏之月，毋舉大事”，注：“興徭役以有爲。”帛書孟夏之月云：“不可以作大事。”《呂覽》於是月云：“無起土功，無發大眾，無伐大樹，無大田獵。”凡此均屬“大事”之列。

《江漢考古》1986-2，頁 84

○**李學勤**（1987）　（編按：楚帛書）第四章，“大事”，據《禮記·月令》及《淮南子·時則》注，指徭役、征伐一類動員人眾的事。

《湖南考古輯刊》4，頁 113

○**嚴一萍**（1990）　（編按：楚帛書）古所謂大事，皆指非常有之事，如喪祭、兵戎、土功等。《禮·月令》季夏之月：“毋舉大事。”注：“大事，興徭役以有爲。”仲秋之月“凡舉大事”，注：“事謂興土功，合諸侯舉兵眾也。”《淮南·時則訓》“毋作大事，以妨農功”，高注：“大事戎旅征伐之事，故害農民之功也。”又公羊文二年傳：“大事于大廟。”注以爲“大祫”，則指祭祀。繒書所稱大事，相當孟夏之月。《呂氏春秋》於是月曰：“無起土功，無發大眾，無伐大樹。”又曰：“無大田獵。”當可爲繒書作注解。

《甲骨古文字研究》3，頁 328—329

○**睡簡整理小組**（1990）　（編按：睡虎地·日甲 22 正貳）大事，《左傳·成公十三年》：“國之大事，在祀與戎。”《國語·周語上》：“民之所急在大事。”注：“大事，戎、祀也。”

《睡虎地秦墓竹簡》頁 183

○**湯餘惠**（1993）　（編按：楚帛書）四月爲農忙時節，不宜興師動眾。《呂氏春秋·孟夏季》謂四月“無有壞隳，無起土功，無發大眾，無伐大樹”。與帛書相符合。

《戰國銘文選》頁 170—171

○**何琳儀**（1998）　（編按：楚帛書）帛書“大事”，見《禮記·月令》：“季夏之曰，毋舉大事。”注：“興徭役以有爲。”《呂覽·季夏》於是月：“無起土功，無發大眾，無伐大樹，無大田獵。”均在“大事”之列。

《戰國古文字典》頁 923

○**李家浩**（2000）　（編按：九店 56·28）《禮記·月令》“仲春之月……毋作大事，

以妨農之事”,鄭玄注:“大事,兵役之屬。”

《九店楚簡》頁 85

○**陳久金**（2001） （編按:楚帛書）“不可以作大事”。《月令》仲春之月有“毋作大事,以妨農之事”,也正與四月餘月相對應,由此進一步説明帛書行周正。

《帛書及古典天文史料注析與研究》頁 95

○**劉信芳**（2002） （編按:楚帛書）不可以作大事:《左傳》成公十三年:“國之大事,在祀與戎。”《春秋》文公三年:“大事于大廟。”此大事即祭祀也。《禮記·月令》季夏之月“毋舉大事”,《注》:“大事,興徭役以有爲。”仲秋之月:“凡舉大事,毋逆天數。”《注》:“事謂興土功,合諸侯,舉兵衆也。”《淮南子·時則》:“毋作大事,以妨農功。”高《注》:“大事,戎旅征伐之事,妨害農民之功也。”嚴一萍先生（A1968）:“古所謂大事,皆指非常有之事,如喪祭、兵戎、土功等。”其説是。《吕氏春秋·孟夏紀》:“是月也,繼長增高,無有壞隳,無起土功,無發大衆,無伐大樹。”説與帛書略合。

《子彈庫楚墓出土文獻研究》頁 107

△按 施謝捷《古璽彙考》（345 頁）著録一方燕璽,釋爲“大敢”。田煒（《古璽探研》127—130 頁,華東師範大學出版社 2010 年）改釋爲“大事”,讀爲“大史”,可參。

【大昌】

○**何琳儀**（1998） 齊刀“呑昌”,讀“大昌”。京房《易傳》:“此謂滅强,其君大昌。”

《戰國古文字典》頁 924

【大逆】

○**何琳儀**（1998） 齊璽“大逆”,讀“太史”。複姓。齊太史子余之後。見《元和姓纂》。

《戰國古文字典》頁 922

【大命】

○**劉釗**（2005） “大命”是對縣級最高長官的稱呼。“大命”即“太令”,稱縣級最高長官爲“太令”,與稱郡級最高長官爲“太守”相似（蔡運章、楊海欽《十一年皋落戈及其相關問題》,《考古》1991 年第 5 期）。

《考古》2005-6,頁 96

【大明】郭店·唐虞 27—28

○**周鳳五**（1999） （35）大明不出:大明,《郭簡》無説。按《禮記·禮器》:“大明生於東,月生於西。"注:"大明,日也。"餘詳下文。

《史語所集刊》70 本 3 分,頁 755

○**饒宗頤**(2000)　大明指日月,有天地閉、萬物潛藏之意。

《郭店楚簡國際學術研討會論文集》頁 9

○**廖名春**(2000)　《唐虞之道》簡 27、28 有"吳邿曰:大明不出,萬勿虗旬。聖者不才上,天下北壞。幻之,至羖不皋;亂之,至滅叞"。"大明",指太陽。《禮記·禮器》:"大明生於東,月生於西。"

《郭店楚簡國際學術研討會論文集》頁 122

○**彭裕商**(2002)　"大明不出,萬物皆暗。"此句原釋文未加引號,學者或將引號括至"天下必壞",意謂所引《虞詩》當至"天下必壞"爲止。筆者認爲,"聖者不在上,天下必壞",與全篇強調禪讓之意相合,當爲記者之言,所引逸詩應只有兩句。"大明",已有學者指出當爲日月,此句的大明當指日,與《禮記·禮器》"大明生於東,月生於西"同意。《荀子·榮辱》謂君子"窮則不隱,通則大明"。可知古時以聖賢在上位而德施天下爲大明,有如太陽普照大地。

《古文字研究》24,頁 393

【大咎】

○**何琳儀**(1998)　望山簡"大咎",見《國語·晉語》八:"非死逮之,必有大咎。"注:"大咎,非常之禍。"

《戰國古文字典》頁 923

【大享】

○**何琳儀**(1998)　古陶"大亯"讀"大享"。《書·盤庚》上"茲予大享於先王",傳:"大享,烝嘗也。"疏:"此大享於先王,謂天子祭宗廟也。"

《戰國古文字典》頁 924

【大宗】集成 4096 陳逆殷

○**何琳儀**(1998)　陳逆器"大宗",見《禮記·大傳》:"有百世不遷之宗,有五世則遷之宗。"疏:"百世不遷之宗,謂大宗也。五世則遷之宗,謂小宗也。"

《戰國古文字典》頁 921

【大宛】

○**趙平安**(2003)　例(10)中"大宛"和"大駐尹"並列,是官名。例(18)中的"少宛",是與"大宛"相對的概念。《梁書》卷五十三《列傳》第四十七"良吏":"溉等居官並以廉潔著,又著令小縣有能遷爲大縣,大縣有能遷爲二千石。於是山陰令丘仲孚治有異績,以爲長沙內史,武康令何遠清公以爲宣城太守,剖符爲吏者往往承風焉。"《資治通鑑》卷一百四十五作"又著令小縣有能遷大縣,大縣有能遷二千石"。"大縣"指大縣的長吏,"小縣"指小縣的長吏。"少宛、大宛"與"小縣、大縣"用法相同。

《第四屆國際中國古文字學研討會論文集》頁 537

【大官】

○睡簡整理小組(1990)　太官,見《漢書・百官表》,屬少府,注:"太官主膳食。"漢印及封泥都作"大官"與簡文同,參看陳直《漢書新證》卷一。

《睡虎地秦墓竹簡》頁 85

○王輝(1990)　按大官或作太官。《後漢書・皇后紀上》記和熹鄧皇后"咸大官、尊者、尚方、内者服御珍膳靡麗難成之物"。李賢注:"《漢官儀》曰:'大官,主膳羞也。'"《漢書・百官公卿表》:"少府,秦官……屬官有……太官七丞。"《通典・職官七》:"秦爲太官令丞,屬少府,兩漢因之。"秦有太官,又有私官,猶戰國府既有大府,又有私府。太官、私官皆主膳羞,唯服務對象略異。

《秦銅器銘文編年集釋》頁 172

○何琳儀(1998)　隨縣簡"大官",讀"太官"。《漢書・百官公卿表》:"少府屬官有太醫、太官。"注:"太官,主膳食。"

大宮盂"大官",讀"太官"。

《戰國古文字典》頁 923

○吳振武(2007)　(編按:十八年冢子韓矰戈)"大官",古書多作"太官",是掌王室膳食及燕享事務的機構。

《古文字與古代史》1,頁 310

【大房】望山 2・45

○張吟午(1994)　Ⅲ式:長方立板足,俎體正視"H"形,一塊面板與兩塊立板榫接,立板上端内捲或外捲。一般周沿繪絢紋,周側繪 S 紋,立板中部繪雲紋,有的鑲嵌玉石。包山簡記"大房",疑指此式。最早見於戰國早期。

《楚文化研究論集》4,頁 616

○朱德熙、裘錫圭、李家浩(1995)　簡文"房"字作"𢊄",漢隸"房"字尚多如此作。《詩・魯頌・閟宮》"籩豆大房",毛傳:"大房,半體之俎也。"此墓所出大"立板俎"(邊箱二八號),疑指大房。

《望山楚簡》頁 123

【大草】

○何琳儀(1998)　青川牘"大草",見《吕覽・任地》:"大草不生",注:"草,穢也。"

《戰國古文字典》頁 923

【大差】

○**曹錦炎**（1989）　大差，即夫差，闔閭子。闔閭十九年，吳伐越，越子大敗之，"靈姑浮以戈擊闔廬，闔廬傷將指，取其一屨。還卒於陘"（《左傳》定公十四年）。太子夫差繼立爲王。三年，乃報越仇。

《古文字研究》17，頁 80

【大室】包山 177

○**劉信芳**（2003）　大室：太室。《左傳》昭公十三年："（楚恭王）乃與巴姬密埋璧於大室之庭。"杜預《注》："大室，祖廟。"《釋文》："大室，音泰。"

《包山楚簡解詁》頁 204

【大祝】

○**何琳儀**（1998）　石鼓"大祝"，官名。《周禮・春官・大祝》："大祝掌六祝之辭，以事見神，求福祥，求永貞。"

《戰國古文字典》頁 923

【大屄】

○**裘錫圭**（1979）　大屄即大殿。

《文物》1979-7 頁 27

○**何琳儀**（1998）　隨縣簡"大屄"，讀"大殿"。《左・襄二三》："大殿，商子游御夏之御寇，崔如爲右。"注："大殿，後軍。"

《戰國古文字典》頁 923

【大哭】

○**馮勝君**（1999）　大哭；哭，即器之省寫。大器，典籍習見。如《左傳・哀公十一年》"以爲己大器"杜注："大器，鐘鼎之屬。"

《中國古文字研究》1，頁 188

【大倉】睡虎地・秦律 20

○**睡簡整理小組**（1990）　太倉，朝廷收儲糧食的機構。

《睡虎地秦墓竹簡》頁 25

【大冢】

○**何琳儀**（1998）　盟書"大冢"，或作"大塚"，大墓。《越絶書・越絶外傳記地傳》："獨山大冢者，句踐自治以爲冢。"引申爲宗廟。

《戰國古文字典》頁 922

【大宰】

○**裘錫圭**（1979） 大（太）宰——見於《左傳》成十年。

《文物》1979-7，頁26

○**何琳儀**（1998） 包山簡"大宰"，官名。《左・隱十一》"將以求大宰"，注："大宰，官名也。"

隨縣簡"大宰"，見包山簡。

《戰國古文字典》頁923

○**劉信芳**（2003） 大宰：職官名，曾侯乙簡175、211亦有"大宰"。《左傳》成公十六年："子重使大宰伯州犁侍於王後。"《周禮・天官・大宰》："掌建邦之六典，以佐王治邦國。"

《包山楚簡解詁》頁96

【大宫】包山12

○**劉信芳**（2003） 大宫：職官名。又見簡13、67、126、127。簡62有"少宫"，亦職官名。《左傳》襄公三十一年："子皮欲使尹何爲邑。"杜預《注》："爲邑大夫。"

《包山楚簡解詁》頁21

【大宮】

○**何琳儀**（1998） 平宮鼎"大宮"，見《左・隱十一》"授兵於大宮"，注："大宮，鄭祖廟也。"

《戰國古文字典》頁923

【大野王】睡虎地・編年45

○**睡簡整理小組**（1990） 大野王，即野王，韓地，今河南沁陽。一說，"大"下面脱"行"字，應爲"太行、野王"。

《睡虎地秦墓竹簡》頁9

【大祭】九店56・36

○**李家浩**（2000） "以祭，小大吉"，是說小祭、大祭皆吉。"大祭"見於下三六號簡。《周禮・天官・酒正》"凡祭祀，以灋（法）共五齊三酒，以實八尊。大祭三貳，中祭再貳，小祭壹貳，皆有酌數"，鄭玄注："鄭司農云：三貳，三益副之也。大祭，天地；中祭，宗廟；小祭，五祀……玄謂大祭者，王服大裘、衮冕所祭也；中祭者，王服鷩冕、毳冕所祭也；小祭者，王服希冕、玄冕所祭也。""大祭、小祭"又稱"大祀、小祀"。《周禮・春官・肆師》："立大祀，用玉帛牲牷；立次祀，用牲幣；立小祀，用牲。"鄭玄注："鄭司農云：大祀，天地；次祀，日月星辰;小祀,司命以下。玄謂大祀又有宗廟,次祀又有社稷、五祀、五嶽,小祀又有司中、風師、雨師、山川、百物。"兩鄭注説不同,參看孫詒讓《周禮正義》卷九《酒正》、卷三七《肆師》疏。秦簡《日書》甲種楚除達日占辭此句作"以祭上下,皆吉"。"上下"指天地。參看上考釋[七八][七九]。

《九店楚簡》頁 88

【大族】

○**馬承源**(1961)　"乍"字非常異樣,是繁體,筆畫的分歧處,國差繪"佐"字有此寫法。"乍左(佐)大侯",與虢季子白盤"是用左(佐)王"的意義相類,大侯即陽生。

《文物》1961-2,頁 46

○**陳邦懷**(1961)　按"陳侯午鐘"及"陳侯因脊鐘"並有"保有齊邦"之句,依上舉之例,此壺銘文似應謂"爲佐齊邦";其作"爲佐大族"者,正可得見陳喜之政治思想面貌如何。陳喜當齊景公時欲作亂,樹黨於諸侯,逮景公卒,立公子陽生爲齊君而己爲相,專齊政(見《史記·田敬仲完世家》),統治齊國人民。當此時,陳喜妄自尊大,蔑視齊邦,已於壺銘"大族"二字泄露無遺。

《文物》1961-10,頁 36

○**裘錫圭、李家浩**(1981)　(24)夫族　見封四圖①
　　"大族"(太簇)作"夫族",見中二 11、中三 9、中三 10 等鐘。古文字"夫""大"相通(這是以形通,而不是以音通),如甲骨卜辭"大甲"或作"夫甲",金文"夫差"或作"大差"。

《音樂研究》1981-1,頁 21

○**李純一**(1981)　大族即太簇。

《音樂研究》1981-1,頁 58

○**何琳儀**(1998)　陳喜壺"大族",豪門。《左·成十七》:"去大族不偪。"
　　曾樂律鐘"大族",讀"太簇",樂律名。《吕覽·孟春》:"律中太簇,其數八。"

《戰國古文字典》頁 922、923

【大梁】

○**周世榮**(1983)　"大梁"係戰國時魏地。《史記·魏世家》説。魏惠王三十一年(公元前 340 年)秦趙齊攻魏。魏敗,失去了大片土地。魏都安邑改遷大梁,一直到公元前 227 年魏被秦國吞滅以前,大梁一直是魏的都城。

《古文字研究》10,頁 251

○**韓自强、馮耀堂**(1991)　大梁,戰國時期魏國都城,今河南開封市。魏國原都安邑(今山西夏縣西北)。梁惠王九年(前 361 年)遷都大梁。此戈上限不能超過惠王後元的七年,可能是惠王後元七年所鑄造的戈。

《東南文化》1991-2,頁 259

○**陳偉武**(1996)　大梁,《集成》11330 號銘云:"卅三年大梁(梁)左庫工帀(師)丑,冶入。"大梁或省稱"梁",可指代魏國,如《孫臏兵法·擒龐涓》:"孫子曰:'請遣輕車西馳梁(編按:"梁"當爲"梁"之誤)(梁)郊,以怒其氣,分卒而從之,示之寡。'"又:"昔者,梁(梁)君將攻邯鄲。"整理小組注:"梁君,指魏惠王(公元前 369 至公元前 319 在位)。魏國在惠王時遷都大梁(今河南開封),故魏又稱梁。"《孫臏兵法》以追述形式講到梁惠王,寫成年代當晚於大梁戈。

《華學》2,頁 84

○**何琳儀**(1998)　包山簡"大秒",讀"大梁",魏都城。

廿七年大梁司寇鼎"大郯",讀"大梁",魏都城。《史記·魏世家》惠王三一年:"安邑近秦,於是徙居大梁。"在今河南開封。

《戰國古文字典》頁 923、922

【大啟邦洿】中山圓壺
○**朱德熙、裘錫圭**(1979)　"洿"字從"水""吁"聲,銘文讀爲"宇"。《詩·魯頌·閟宮》:"大啟爾宇。"

《文物》1979-1,頁 50

○**李學勤、李零**(1979)　"大啟邦宇",襲用《詩·閟宮》:"大啟爾宇。"

《考古學報》1979-2,頁 161

○**于豪亮**(1979)　"大啟邦洿","洿"讀爲宇,《詩·閟宮》:"大啟爾宇。"

《考古學報》1979-2,頁 182

【大陰】
○**湯餘惠**(1986)　尖足布"大陰"省作"大阜"(《古大》359)。

《古文字研究》15,頁 10

○**石永士**(1995)　【大陰·平襠方足平首布】戰國晚期青銅鑄幣。流通於燕、趙兩國。屬小型布。面文"大陰",形體多變,或直讀。背平素,或鑄有五、六、七、十等數字。"大陰",古地名,地望待考。一説在山西霍縣境,爲

趙國貨幣。1957 年以來北京、山西原平、河北易縣燕下都遺址、内蒙古赤峰
等地有出土。一般通長 4.5、身長 3.1—3.2、肩寬 2.3、足寬 2.4—2.5 釐米,重
4.4—6.4 克。

《中國錢幣大辭典·先秦編》頁 238

○**何琳儀**(1998)　趙尖足布"大陘",讀"大陰",地名。疑即陰。《左·僖十
五》"晉陰飴甥會秦伯",注:"陰飴生即吕甥也,食采於陰。"在今山西霍縣南。

《戰國古文字典》頁 922

【大牁宫】兆域圖
○**朱德熙、裘錫圭**(1979)　中山國故城内大墓附近所出刻字卵石上有"守丘
亓臼牁(將)曼"之名。大牁宫疑守丘墓之將所居之宫。

《文物》1979-1,頁 52
○**徐中舒、伍仕謙**(1979)　此大牁(將)宫,當是保衛王宫的大將所居。

《中國史研究》1979-4,頁 97

【大將】
○**何琳儀**(1998)　陳璋壺"大燮",讀"大將"。《管子·輕重》二:"誠大將。"
　　兆域圖"大牁",讀"大將"。

《戰國古文字典》頁 922

【大將軍】秦駰玉版
○**曾憲通、楊澤生、蕭毅**(2001)　"大將軍",原指開始於戰國時候設置的武官
名,如《史記·楚世家》:"虜我大將軍屈匄、裨將軍逢侯丑等七十餘人。"這裏
可能是神名,《漢書·郊祀志》:"杜主,故周之右將軍,其在秦中最小鬼之神
者,各以歲時奉祠。"右將軍可爲神名,則大將軍也可爲神名。

《考古與文物》2001-1,頁 53
○**王輝**(2001)　大將軍本戰國時武官名。《史記·楚世家》提到楚懷王時屈
匄爲大將軍,《廉頗藺相如列傳》提到李牧、廉頗爲趙之大將軍,《新唐書·宰
相世系表》提到竇經、杜赫爲秦大將軍,不過最後一條不見於早期文獻。簡銘
"大將軍"不知是生人還是神名,但似以星神名最爲可能。《史記·天官書》:
"北斗七星……魁枕參首,用昏建者杓。杓,自華以西南。"張守節《正義》:
"參主斬刈,又爲天獄,主殺罰。其中三星横列者,三將軍。東北曰左肩,主左
將;西北曰右肩,主右將;東南曰左足,主後將;西南曰右足,主偏將。故軒轅
氏占參應七將也。"又云:"杓,東北第七星也。華,華山也。言北斗昏建用斗
杓,星指寅也。杓,華山西南之地也。"《天官書》又云:"斗魁戴匡六星,曰文昌

宫。一曰上將,二曰次將,三曰貴相,四曰司命,五曰司中,六曰司禄。”司馬貞《索隱》:“《春秋元命包》曰:‘上將建威武,次將正左右……司命主災咎。’”星名無大將軍,不知是否即“上將”? 上將“建威武”,而後代大將軍或加“建威”之名。如後漢名將耿弇征戰有功,“光武即位,拜弇爲建威大將軍”。簡銘開頭提到駰“欲事天地四極三光”,至此蒙神賜福,“駰之病日復”,故告太一及與華山有關之星神,或有可能。只是簡銘已殘,我們只能作此推測,其詳已無法確知。

《考古學報》2001-2,頁 152

【大陵】

○**何琳儀**(1998) 平都矛“大陵”,地名。《史記・趙世家》:“王遊大陵。”在今山西文水東北。

《戰國古文字典》頁 923

【大虛】

○**何琳儀**(1998) 楚璽“大虛”,讀“太虛”,宇宙真元之氣。宋玉《小言賦》:“超於太虛之域。”吉語。

《戰國古文字典》頁 922

【大廄】【大廄尹】

○**朱德熙**(1985) “大廄”是宫廷御廄,《漢舊儀》:“天子六廄:未央廄、承華廄、騊駼廄、路軨廄、騎馬廄、大廄。馬皆萬匹。”(孫星衍輯本卷下)《漢書・百官公卿表》:“太僕,秦官,掌輿馬。有兩丞。屬官有大廄、未央、家馬三令。各五丞一尉。”雲夢睡虎地秦墓竹簡《廄苑律》:“其大廄、中廄、宫廄馬牛殹(也),以其筋、革、角及其賈(價)錢效。”《漢書・武五子傳》“發中廄車”,顔師古注:“中廄,皇后車馬所在。”秦簡以中廄與大廄並舉,亦可見大廄是御廄。楚國的大廄當是楚王御廄。

《出土文獻研究》頁 245—246

○**羅運環**(1991) 十、大廄(尹)、廄佐、廄右馬

1.《古璽彙編》5590 號:

“大廄(廄)……”

2.天星觀 1 號墓竹簡:

“廄差(佐)夏臣馭乘”

3.《古璽彙編》0268 號:

“敀(廄)右馬鉩”

　　“大廄”璽,係湖南長沙沙湖橋一帶 E10 號戰國楚墓出土。該璽是 1 枚二合璽,即由兩個半邊組合。墓中只出土了 1 個半邊,就是有“大廄”2 字的半邊。

　　“大廄”或釋“大飤”。李家浩先生根據《汗簡》引《尚書》古文篆字作🅐,釋爲“大廄”。可信。

　　《左傳》載,楚國職官有“中廄尹、宮廄尹”。大廄或大廄尹不見記載,此正補文獻之缺。《睡虎地秦墓竹簡·廄苑律》云:

　　　　將牧公馬牛,馬牛死者……其大廄、中廄、宮廄馬牛也,以其筋、革、角及其價錢效,其人詣其官。

楚國諸廄職官序列,當與秦簡“大廄、中廄、宮廄”序列同,即爲:“大廄(尹)、中廄尹、宮廄尹”。《漢書·武五子傳》“發中廄車載射士”,顏師古注:“中廄,皇后車馬所在也。”在諸廄的序列中,大廄列於中廄之前,“大廄是御廄。楚國的大廄當是楚王御廄”。大廄二合璽當是掌管楚王馬廄長吏,即大廄尹所用的璽。

　　“廄佐、廄右馬”當爲大廄尹或中廄尹、宮廄尹的屬官。

《楚文化研究論集》2,頁 282—283

○**何琳儀**(1998)　　包山簡“大廐”,讀“大廄”,官名。《史記·酷吏·減宣傳》:“徵爲大廄丞。”《漢書·百官公卿表》:“太僕,秦官,掌輿馬,有兩丞,屬官有大廄、未央、家馬三令。”

《戰國古文字典》頁 923

【大富】

○**何琳儀**(1998)　　晉吉語璽“大畐”,讀“大富”。《列子·天瑞》:“齊之國氏大富,宋之向氏大貧。”

《戰國古文字典》頁 922

【夻夒圜里】

○**何琳儀**(1998)　　齊陶“夻夒圜里”,讀“大畫陽里”,地名。

《戰國古文字典》頁 924

【大虘】

○**馮時**(2000)　　大虘,作器者名。以諸樊至季札時代吳宗室人物與銘文比勘,唯餘祭可當之。《左傳·襄公三十一年》:“閽戕戴吳。”杜預《集解》:“戴吳,餘祭。”知餘祭又名戴吳。今據銘文,知戴吳本作“大虘”。古音戴、大同屬歌部入聲,戴聲在端紐,大聲在定紐,同屬舌頭,音同可通。《史記·高祖功臣侯者年表》:“平皋,功比戴侯彭祖。”《漢書·高惠高后孝文功臣表》戴作軹,是戴、大相通之證。吳、歔同屬魚部字,也可通假。《説文·又部》:"歔,又取也。"字又作攄,《方言十》:"攄,取也。"《廣雅·釋詁一》:"攄,取也。"是"大歔"意即大取。而"戴吳"之"吳"讀作虞,也有取義。吳王夫差盉銘:"敔王夫差吳吉金鑄女子之器。""吳吉金",他銘則作"擇吉金"。《廣雅·釋詁一》:"虞,擇也。"故"吳吉金"讀作"虞吉金",也擇取吉金之意。歔、吳(虞)俱有擇取之意,是大歔或爲戴吳,義同而字異。猶吳公子掩餘(《左傳·昭公二十三年》),《史記·吳太伯世家》並作蓋餘,也義同而字異之例。

　　大歔似爲餘祭之字。馬王堆帛書《春秋事語》載餘祭作"余蔡","蔡"乃"祭"之訛,然"余"應係本字,故餘祭本名應作"余祭"。《説苑·權謀》:"祭之爲言索也。索也者,盡也。"《廣雅·釋言》:"祭,薦也。"《穀梁傳·成公十七年》:"祭者,薦其時也,薦其敬也,薦其美也,非享味也。"知祭也求取以盡而薦之義。故餘祭本名余祭,字大歔,名字正相應也。

《古文字研究》22,頁 112—113

【大歲】

○**俞偉超、李家浩**(1985)　　(編按:兵避太歲戈)戈銘"大歲"即"太歲"。"太"是"大"的後起的分化字,故在古文字裏"太"均寫作"大",直到唐末五代韓鄂的《四時纂要》(日本影印朝鮮刊本)還把"太歲"寫作"大歲"。

　　太歲又叫做太陰、天一、青龍(或作蒼龍),見《淮南子·天文》《廣雅·釋天》等書,是古人設想的一顆與歲星運行方向相反的星。歲星即木星。這顆星在星空自西向東繞行一周是十二年(實際是 11.86 年),因此古人把周天劃分爲十二次,歲星是每年行經一次。十二次的名稱,自西至東爲玄枵、娵訾、降婁、大梁、實沈、鶉首、鶉火、鶉尾、壽星、大火、析木、星紀。在古代還有一種把周天自東至西劃分爲十二辰的説法,它的方向正好與十二次相反。這就是古人所設想的那個與歲星運行方向相反的"太歲"。它在天體運行,每年行經一辰:如歲星在玄枵,太歲在丑;歲星在娵訾,太歲在寅;餘此類推。不過古代的太歲紀年並不用子、丑、寅、卯等十二支來作爲年名,而是對每個年名使用一個專用名稱,即《爾雅·釋天》所云:"太歲在寅曰攝提格,在卯曰單閼,在辰曰執徐,在巳曰大荒落,在午曰敦牂,在未曰協洽,在申曰涒灘,在酉曰作噩,在戌曰閹茂,在亥曰大淵獻,在子曰困敦,在丑曰赤奮若。"

《出土文獻研究》頁 140

○**何琳儀**(1998)　　(編按:兵避太歲戈)大武避兵戈"大武",見《周禮·春官·大司樂》:"以樂舞教國子,舞雲門、大卷、大咸、大磬、大夏、大濩、大武。"注:"大武,武王樂也。武王伐紂,以除其害,言其德能成武功。"引申爲武德。《管子·執》:"大武三層,而偃武與力。"

《戰國古文字典》頁 922

○李家浩(2000)　(編按:九店 56·72)本組僅發現一支殘簡,記的是"太歲"一年每月所在的四方位置。雲夢秦簡《日書》甲種《歲》篇所記"太歲"一年每月所在的四方位置與之相同,唯"太歲"運行的四方的順序有所不同而已。本簡所記"太歲"運行四方的順序是自西而北、而東、而南,秦簡所記"太歲"運行四方的順序是自東而南、而西、而北。清代學者孫星衍在《月太歲旬中太歲考》一文裏指出,古代的太歲有三。一、年太歲,即左行二十八宿,十二年一周天的太歲。二、月太歲,即《淮南子·天文》所説的"月從右行四仲,終而復始"的太歲。三、旬中太歲,即一旬而徙的太歲(見《問字堂集》卷一)。本簡的太歲和秦簡的太歲,即屬於月太歲(參看下考釋[二七三])。秦簡所記太歲每月所在方位之後,皆有占辭,爲本組簡所無。有可能本組簡占辭位於文末,總的説明太歲所在四方位置的吉凶,現在没有見到占辭的簡文,當是殘損所致。秦簡《日書》甲種《歲》篇見附録三(四)。

《九店楚簡》頁 125—126

【大嗇夫】

○裘錫圭(1981)　整理小組綫裝本注説大嗇夫是"令、長之類官員",大概認爲縣令、長以外的各種令、長也可以稱爲大嗇夫。從"大嗇夫"字面上的意義看,這種解釋是合理的。不過在已發現的秦律裏,大嗇夫專指縣令、長的例子是可以找到的,上引平裝本給"大嗇夫"加的第一個注就指出了一個實例。但是能够確鑿地斷定爲其他官吏的大嗇夫,或是包括縣令、長以外令、長在内的大嗇夫,似乎還找不出來。所以"大嗇夫"的範圍究竟等於"縣嗇夫",還是大於"縣嗇夫",是一個需要繼續研究的問題。

　　秦簡《法律答問》有如下一條:

　　　"僑(矯)丞令"可(何)殹(也)?爲有秩僞寫其印爲大嗇夫。(175 頁)整理小組注説這一條的大嗇夫"即指令、丞",是可信的。但是在秦律正式條文裏經常以大嗇夫與丞並提(84、100、108、117 等頁),可見作爲比較正式的官名的"大嗇夫",僅僅指令、長而不包括丞。上引那條答問好像把大嗇夫跟長吏等同了起來,大概是非正式的習慣用法。

《雲夢秦簡研究》頁 228—229

【大義】
○何琳儀(1998)　中山王方壺"大宜",讀"大義"。《易·家人》:"男女正,天地之大義也。"

《戰國古文字典》頁 922

【大辟】中山圓壺
○李學勤、李零(1979)　廿行臂字,寫法見《古籀》第四。"大辟",義爲大罪。

《考古學報》1979-2,頁 161

【大臺】
○李學勤(1998)　刻銘"大臺"二字(圖 9.3),第二字拓本不清,細看下半从至。由文字風格看,無疑係戰國時物,不會晚到漢代。"大"字寫法近於楚文字。

圖9　海外藏中國文物上的戰國文字

《四海尋珍》頁 85

【大慕】
○何琳儀(1998)　因脊錞"大慕",讀"大謀"。《論語·衛靈公》:"小不忍,則亂大謀。"

《戰國古文字典》頁 922

【大臧】包山 72
○陳偉(1996)　簡 72、80 分別記有"大臧之州、少臧之州"。《周禮·春官·宰夫》"五曰府,掌官契以治藏",鄭玄注:"治藏,藏文書及器物。"《史記·老子列傳》"周守藏室之史也",《索隱》云:"藏室史,周藏書室之史也。"簡文"大臧、少臧",或許是掌管這些收藏的官員。這樣的話,屬於官員俸邑的州,在全部所記州中占有的比重就更大了。

《包山楚簡初探》頁 93

○劉信芳(2003)　大臧:職官名,又見簡 182,簡 80 有"少臧"。"臧"讀爲"藏",大藏、少藏疑即大府、少府之職官。《周禮·天官·大府》:"頒其貨於受藏之府。"大藏、少藏身份不低,均有自己的食邑(私州)。

《包山楚簡解詁》頁 71

【大箕】
○何琳儀(1998)　趙尖足布"大亓",讀"大箕",地名,疑即箕。《春秋·僖卅三》:"晉人敗狄于箕。"在今山西太谷東。

《戰國古文字典》頁 922

【大曽】(編按:器屬春秋,本不在討論範圍,然涉及"太守"一詞,則可爲參考。故此條暫存)

○**徐在國**（1998）　《殷周金文集成》17·10892（中華書局 1992 年 4 月 1 版，以下簡稱《集成》）著録一件春秋時代的戈，有銘文 2 字，以前從未見著録。戈銘拓片藏中國社科院考古研究所（《集成》17“戈戟類銘文説明”32 頁）。銘文參見附圖一。

附圖一

　　這兩個字又見於《集成》17·11334 號戈。此戈時代屬於春秋早期，有銘文 13 字，清末陳介祺舊藏。曾著録於劉心源《奇觚室吉金文述》10·24·2 和鄒安《周金文存》6·9·1，現藏上海博物館（《集成》17“戈戟類銘文説明”81 頁）。戈銘參見附圖二。

　　我們認爲二字應該隸作“大嘼”，讀爲“太守”。第一個字釋爲“大”没什麽問題。關鍵是第二個字。此字與《金文編》（中華書局 1995 年 7 月 1 版）959 頁“嘼”字條下引散盤“嘼”字形體基本相同，應該釋爲“嘼”。“嘼”字在此疑讀爲“守”，因爲“嘼、守”古音同屬書紐幽部。典籍中也有“嘼”與“獸”、“守”與“獸”、“狩”與“獸”相通的例子。如：《書·序》：“往伐歸獸。”《釋文》：“獸本或作嘼。”《戰國策·魏策三》：“若禽獸耳。”漢帛書本獸作守。《詩·小雅·車攻》：“搏獸于敖。”《文選·東京賦》薛注引狩作獸。《水經注·濟水》、《後漢書·安帝紀》李注、《班固傳》李注引獸作狩（詳高亨《古字通假會典》，齊魯書社 1989 年 7 月 1 版，755—756 頁）。甲骨文中的“獸”字從“單”從“犬”，用爲狩獵之“狩”，用作動詞。羅振玉認爲：“古獸、狩實一字……禽與獸初誼皆訓田獵，此獸狩一字之證。引申之而二足而羽爲禽，四足而毛爲獸。”（于省吾主編《甲骨文字詁林》，中華書局 1996 年 5 月 1 版，3083 頁）其説可從。盂鼎“易（賜）乃且（祖）南公旂，用遵”之“遵”讀爲“狩”。

　　如上所述，“嘼”字可以讀爲“守”。“大嘼”似應讀爲“太守”。“太”作“大”，與江陵張家山漢簡《奏讞書》第十六件太守作“大守”同（《江陵張家山漢簡〈奏讞書〉釋文》，《文物》1993 年 8 期）。太守，是官名。《漢書·百官公卿表》：“郡守，秦官，掌治其郡，秩二千石。有丞，邊郡又有長史，掌兵馬，秩皆六百石。景帝中二年，更名太守。”“太守”又見於《墨子·號令》《戰國策·趙策一》《史記·趙世家》《風俗通義》等書，與《漢書》所記景帝始見相悖。李學勤先生説“有人以爲只有到漢代才有‘太守’的稱號，是不合史實的。現在從《封診式》簡找到‘太守’，足證秦併吞六國以前已有‘太守’職名”（《秦簡與〈墨子〉城守各篇》，《雲夢秦簡研究》，中華書局 1981 年版，330 頁）。張全民先生《“太守”官名昉見考》（《吉大社科學報》1996 年 3

期)亦辨之甚詳。張文詳引出土文字資料,結合傳世文獻資料,以證"太守"始見景帝說絕難成立。二說極是。夢齋所藏秦代封泥中,有一方封泥雖殘,但"太守"二字依稀可辨(周曉陸等《秦代封泥的重大發現》,《考古與文物》1997年1期,47頁圖115)。秦時"太守"已見,已經没有什麼疑問。我們對"太守"戈銘的釋讀,則更進一步證明"太守"作爲官名應始見於春秋時期。

《山東師大學報》1998-1,頁78

【大斂尹】包山121

○**劉信芳**(2003)　大斂尹:劉釗認爲"斂"讀爲"虞",金文"虞"或從"魚"作"鸕"。其說是。斂尹如《周禮・地官》"山虞、澤虞"之類。

《包山楚簡解詁》頁112

【大賡】

○**殷滌非**(1959)　"仌"字屢見於朱家集楚王墓出土銅器的銘文,"鮮胆大子鼎、大子鼎"和"鑄客爲大句胆官爲之"諸器。大字都作"仌"形。劉節、朱德熙等都以爲"大"是官名,並以《禮記・曲禮》有六大之目爲證。這似乎還有待進一步研究。

　"大賡"二字相連,應是一個名詞,但《春秋》《左傳》《國策》《國語》《史記》諸書記載楚國的事,都没有談到"大府"之名。朱家集楚王墓出土的"王子齊鎬"銘,則有"大賡"二字。《周禮・天官上》說:"大府下大夫二人,上士四人……"注:"大府爲王治藏之長。"疏云:"掌大貢九賦受賄之人,頒其貨賄於諸府之事。"釋曰:"大府與下諸府爲長,故以大夫爲之。"《周禮》這部書,當然不是周公作的,大約是戰國秦漢閒人的手筆,梁啓超氏認爲把它"拿一部分來分別看做春秋戰國一度通行的制度,其餘一部分爲政治學上的理想的建國制度,那是再好不過"是公平合理的評論。因此,見於楚器銘文的"大府"應和《周禮・天官》所記的大府一樣,是楚國職官名,爲楚王"治藏之長",如僅以一"大"字爲官名,以(編按:"以"爲"似"字之誤)乎不很合適。所以這只銅牛銘文上的"大賡之器"也就是爲楚王"治藏之長"的大府官所藏或所鑄的寶器了。

《文物》1959-4,頁2

○**于省吾**(1963)　大賡也見楚器"鑄客鼎",《吕氏春秋・分職》稱楚葉公"發太府之貨予衆"。楚之有大府,猶魯之有長府(見《論語・先進》)。《禮記・曲禮》稱"在府言府",鄭注謂府爲"寶藏貨賄之外"。節文是說如果載馬牛羊以出入關,則不能免稅,而且稅徵有別,蓋大府之徵以給王用,關市之徵以給國用。

《考古》1963-8,頁 444—445

○**胡悦謙**(1982) "大賸"爲國家的政府機構,"府"下从"貝",示爲辦理徵收賦稅頒發度量衡器具的財務機構。"大賸"二字之前冠一"郢"字,即爲楚國的國家一級財務機構。

《中國考古學會第二次年會論文集》(1980) 頁 91

○**王輝**(1987) 大府諸器凡經科學發掘出土者,均出自安徽。郢當指楚後期的都城壽春。楚於楚考烈王十年(前 253 年)由陳南徙鉅陽(即今安徽太和縣東),二十二年(前 241 年)與諸侯共伐秦,不利而去。東徙壽春,命回郢(即今壽縣)。至負芻五年,前後十九年,更不徙都。大府,當是楚王之府。

《中國考古學研究論集》頁 348

○**郝本性**(1987) 楚器銘文中常見的大府,是楚國中央的府庫。而且是由國王控制的。**(中略)**

　　楚國制度,太府設於郢都。以上諸器都出土於安徽省壽縣境内。而壽縣是楚國最後一個國都。可見太府是設在國都内的。

　　太府是春秋時期楚國設立的官府。在"白公勝之亂"時,便反映出太府在政治鬥爭中的重要作用。

　　"白公勝得荊國,不能以其府庫分人。七日,石乞曰:'患至矣。不能分人則焚之,毋令人以害我。'白公又不能。九日,葉公入,乃發太府之貨予衆,出高庫之兵以賦民,因攻之。十有九日而白公死。"(見《吕氏春秋·分職》,《淮南子·道應訓》所記與此略同)。由此可見,楚國的府庫不僅是貯藏財貨和軍械的重要處所,而且這些財貨與軍械,在楚國宗室内部爭奪王位的鬥爭中,還有舉足輕重的作用。白公勝之所以不肯把它分人或燒掉,是因爲"焚庫,無聚",無法守衛(詳見《左傳》哀公十六年傳文)。

　　府庫本來便是靠"徵斂於百姓"才得以充實的(見《大戴禮記·主言》)。從楚懷王發給鄂君啟的銅節銘文也可以看到,太府是徵收馬牛羊的商業稅的機構。儘管有人主張"六畜有徵,閉貨之門也"(《管子·八觀篇》),從而反對對六畜徵稅,但實際上楚國卻用太府來徵收馬牛羊稅的。楚國有兩個稅收系統,即太府之徵與門關之徵,這與《管子·治國篇》所舉的"府庫之徵"與"關市之租"相仿,稅務是由兩個稅收系統分別負責徵斂的。

　　太府所得稅收,屬於國君私人收入,而關市的稅收則屬於政府的財政收入。

　　不僅楚國有太府的設置，據《戰國策・魏策》記載有"太府之憲"，可見魏國也有太府，並用以藏文書。在戰國時期，韓國與秦國等還有中府與少府。少者小也。上述太府、中府、少府的名稱，到漢代仍被襲用。《漢官儀》（見《北堂書鈔》所引）便記載有這些府名。

《楚文化研究論集》1，頁 313—316

○**黃盛璋**(1989)　《漢書・百官公卿表》："少府秦官，掌山海池澤之稅，以給供養。"注引應劭曰："名曰禁錢，以給私養，自別爲藏。少者小也，故曰少府。"師古曰："大司農供軍國之用，少府以供天子也。"大司農等於《周禮》之大府，戰國銘刻僅見於楚，有壽縣所出之大府銅牛，大府鎬，與鳳臺所出之郢大府銅量等。

《古文字研究》17，頁 48—49

○**李零**(1992)　《周禮・天官冢宰》有大府，秦漢不置大府，與大府相當的是司農，故鄭玄注説："大府爲王治藏之長，若今司農矣。"

《古文字研究》19，頁 152

○**湯餘惠**(1993)　太府，王室府庫，主管聚斂財貨，徵收賦稅等事。戰國時期，楚有太府之設。"太府"之名，又見於楚璽和鄂君啟節。

《戰國銘文選》頁 21

○**何琳儀**(1998)　楚器"大賡"，讀"大府"。《周禮・天官・大府》："大府掌九貢、九賦、九功之貳，以受其貨賄之入，頒其貨于受藏之府，頒其賄于受用之府，凡官府都鄙之吏及執事者，受財用焉。"

　　太府鎬"太賡"，楚器多作"大賡"，均讀"大府"。

《戰國古文字典》頁 922、924

○**周曉陸、陳曉捷**(2002)　大府丞印。《通典・職官八》記："《周官》有太府下大夫，掌貢賦之貳，受其貸賄人，頒其貨賄于受藏之府。歷代不置，然其職在司農、少府。""（太府）丞，於《周官》爲太府上士之任，自後無聞。"由封泥見，秦仍有大（太）府之設，主貨藏，是否隸屬少府待考。

《秦文化論叢》9，頁 265—266

【**大駐尹**】包山 12

○**劉釗**(1998)　簡 126 有官名"大駐尹"。按"駐"字从馬从坴，社字古文作"祍"（中山器），中山器"于彼新土"之土作"𡉈"，可見"坴"同"土"。中山器牡字从馬作"𩣑"，則"駐"可隸作"牡"，釋爲"牡"。"大牡尹"疑讀爲"大社尹"。

社指私社,即“二十五家爲一社”之“社”。《史記·孔子世家》:“楚昭王將以書社地封孔子。”注:“二十五家爲里,里各立社,書社者,書其社之人名於籍。”簡文大牡尹參與整理户籍之事,應爲管理社之官吏。

《東方文化》1998-1、2,頁 60—61

○**劉信芳**(2003)　大駐尹:職官名。“駐”字又見簡 73、132 反、157。或釋爲“社”,未妥。曾簡 52 有“馬尹”,153 有“㰟馬尹”(㰟地馬尹)。《左傳》昭公三十年有“監馬尹”,是楚官。包簡職官名至多,未見“馬尹”,因疑“駐尹”即“馬尹”。簡 73“不量駐奉”,其字作“駈”,字从“立”聲,讀與“駔”近。《説文》:“駔,傳也。”俗字用“駔”爲“驛”(參段《注》)。知“駐尹”乃管理驛站馬匹的官員,或徑稱爲“馬尹”,乃一官之異名也。

《包山楚簡解詁》頁 22

【**大騩**】大騩權,秦銅器銘文編年集釋頁 129

○**王輝**(1990)　大騩,山名,在河南禹縣與密縣之間,亦名具茨山,《國語·鄭語》:“史伯謂鄭桓公曰:主芣騩山而食溱洧。”注:“芣騩,山名,即大騩也。”《莊子·徐無鬼》:“黄帝將見大騩乎具茨之山。”今密縣東南有大隗鎮,隗即騩。

《秦銅器銘文編年集釋》頁 123

△**按**　清華壹《楚居》有“郇山”,見於簡 1“季繈(連)初降於郇山”,整理者(《清華大學藏戰國竹簡》[壹]182 頁,中西書局 2010 年)注:“郇山,疑即騩山。《山海經》中有楚先世居騩山之説,《西山經·西次三經》云三危之山‘又西一百九十里,曰騩山,其上多玉而無石,神耆童居之’,郭璞注:‘耆童,老童,顓頊之子。’”李學勤(《論清華簡〈楚居〉中的古史傳説》,《中國史研究》2011年第 1 期)認爲“郇山應是《山海經·中山經》内《中次三經》的騩山,也即《中次七經》的大騩之山,就是今河南新鄭、密縣一帶的具茨山。《左傳》昭公十七年云:‘鄭,祝融之虚也。’季連降於騩山,當與其爲祝融之子的傳説有關”。隨後關於“郇山”學者多有討論,詳參《清華簡〈楚居〉集釋》一文(復旦網 2011年 9 月 23 日)。

太

　　陶彙 3·410　　　　　集成 4476 大府簠　　　古陶文字徵,頁 65

○**湯餘惠**(1986)　晚周文字裏的“太”也頗耐人尋味。古文字大、太本來是一個字,都寫作"大"。甲骨文的"大牢"即"太牢",智鼎的"穆王大室"即"穆王太室",字形初無分別。晚周文字出現了一種不同的寫法,字作:

a 大"太厭"二合璽

b 太太府鎬

c 太太室填

a、b 兩例舊釋"大",c 例或釋"太"。按三者構形略同理應同釋。字下加"一"或變爲"〜",當即隸書"太"(《漢隸辨體》4·8 張休崖涘銘)、古(《漢印分韻合編》去聲"泰"隴東太守章)之所從出,也就是今天"太"字的初形。在戰國文字裏,"大"和"太"開始走向分化。

《古文字研究》15,頁 43—44

○何琳儀(1998)　　太,春秋文字作太(陶彙二·四)。从大,其下加人形爲分化符號,大亦聲。大、太爲一字之分化。戰國文字大旁之下加一或二,亦爲分化符號。《説文》:"泰,滑也。从収从水,大聲。古文泰。"(十一上二十六)《廣韻》:"泰,大也。"典籍之中大、太、泰三字往往通用。大爲象形,太爲分化,泰爲假借。至於《正字通》"按《説文》泰,古文作太,篆文作,省作太,並與大同",分析三字之關係尚欠精確。

《戰國古文字典》頁 924

奎　奎

集粹　集成 10478 中山兆域圖　睡虎地·日甲 1 正壹　睡虎地·日甲 152 正貳

○張克忠(1979)　　(編按:集成 10478 中山兆域圖)內宮垣外有四宮:"大牀(將)宮、鞁(藝)旦宮、正奎宮、疓宗宮",疓字有蝕缺。《史記·律書》:"奎者主毒螫萬物也,奎而藏之。"《後漢書·蘇竟傳》:"奎爲毒螫,主庫兵。"

《故宮博物院院刊》1979-1,頁 48

○徐中舒、伍仕謙(1979)　　(編按:集成 10478 中山兆域圖)奎,同魁。奎魁支微合韻。魁,首也,北斗星之首(《漢書·天文志》注)。魁魏並从鬼聲。魏,人或以鬼爲諱,故省魏爲伃(説見方壺銘釋文)。正奎宮,當爲中山朝會之所,政令所自出,故曰正奎。

《中國史研究》1979-4,頁 97

○**睡簡整理小組**（1990）　（編按：睡虎地·日甲 1 正壹）奎，二十八宿之一。《開元占經·西方七宿占》引《石氏星經》曰："奎十六星。"

《睡虎地秦墓竹簡》頁 180

○**睡簡整理小組**（1990）　（編按：睡虎地·日甲 152 正貳）奎，《説文》："兩髀之間也。"

《睡虎地秦墓竹簡》頁 206

○**劉樂賢**（1994）　（編按：睡虎地·日甲 152 正貳）奎，《説文》："兩髀之間也。"按：髀，《説文》云"股也"，就是大腿。可見奎是指兩條大腿之間。在《日書》人字圖中，代表奎的地支是左圖的"亥"和右圖的"酉"。

《睡虎地秦簡日書研究》頁 187

○**何琳儀**（1998）　兆域圖奎，奎宿。《史記·天官書》："奎曰封豕，爲溝瀆。"正義："王者宗祀不潔，則奎動搖。"疑"正奎宮"與"宗祀"有關。

《戰國古文字典》頁 739

○**吳小强**（2000）　（編按：睡虎地·日甲 1）奎，二十八宿之一。《開元占經·西方七宿占》引《石氏星經》曰："奎十六星。"《史記·天官書》："奎曰封豕，爲溝瀆。"《史記正義》："奎，苦圭反，十六星……奎，天之府庫，一曰天豕，亦曰封豕，主溝瀆。"

（編按：睡虎地·日甲 152 正貳）奎，《説文》："兩髀之間也。"即大腿中間。

《秦簡日書集釋》頁 21、107

○**王子今**（2003）　（編按：睡虎地·日甲 1）今按：張守節《正義》在"奎，天之府庫，一曰天豕，亦曰封豕，主溝瀆"之後還有一段話："西南大星，所謂天豕目。占以明爲吉。星不欲團圓，團圓則兵起。暗則臣干命之咎，亦不欲開闊無常，當有白衣稱命於山谷者。五星犯奎，人主爽德，權臣擅命，不可禁者。王者宗祀不潔，則奎動搖。若焰焰有光，則近臣謀上之應，亦庶人饑饉之厄。太白守奎，胡、貊之憂，可以伐之。熒惑星守之，則有水之憂，連以三年。填星、歲星守之，中國之利，外國不利，可以興師動衆，斬斷無道。"

《睡虎地秦簡〈日書〉甲種疏證》頁 10—11

○**黃德寬等**（2007）　兆域圖奎，奎宿，《史記·天官書》："奎曰封豕，爲溝瀆。"正義："王者宗祀不潔，則奎動搖。"秦簡奎，奎宿。秦印奎，姓氏。

《古文字譜系疏證》頁 2005

夾 夾

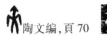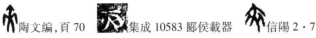陶文編,頁70　　集成 10583 郾侯載器　　信陽 2·7

上博二·容成 25　　上博三·周易 27　　上博六·競公 8　　睡虎地·日甲 151 正

○丁佛言（1924）　夾　　古匋。

《説文古籀補補》頁 46,1988

○高明、葛英會（1991）　夾。

《古陶文字徵》頁 66

○陳建梁（1993）　(編按:信陽 2·7)"紅緅之夾"則爲用布帛及緅所造之夾裏（衣裏）。仰天湖第十九簡有"紫綊"一詞,據《説文》:"綊,組綊也。"又云:"組,乘輿馬飾也。"則綊爲"馬飾縷索";而信陽簡"夾",亦可釋爲"用緅及布帛造成之馬繩"（據《玉篇》釋"緅"爲"緒",雖亦爲"馬紃"之器,然"紃"乃皮帶,與綊所指"縷索"有大小之別,是否可釋緅爲字書中之"馬紃",尚須驗證,姑存待考）。

《第二屆國際中國古文字學研討會論文集》頁 452

○劉信芳（1997）　信陽簡二·七:"一緟緅衣。綕繏之夾,純悳,組緣,叀績。""緅衣"即"緅衣",《説文》:"緅,絺之細者。""夾"讀如"袷",《説文》:"袷,衣無絮,从衣合聲。"異體作"袷"。《廣雅·釋詁》:"袷,重也。"《急就篇》卷二:"襜褕袷複褶袴褌。"師古注:"衣裳施裏曰袷。"

《中國文字》新 23,頁 99

○何琳儀（1998）　夾,甲骨文作（佚七九二）,从大从二人,會二人夾持一人之意。金文作（盂鼎）。戰國文字承襲商周文字。

燕侯載簋夾,讀恋。《説文》:"恋,思皃。从心,夾聲。"

信陽簡夾,讀袷。《集韻》:"袷,衼也。"

《戰國古文字典》頁 1428

○濮茅左（2003）　(編按:上博三·周易 27)"夾",《説文·大部》:"持也。从大夾二人。"段玉裁引《左傳》曰:"夾輔成王。""夾輔"同"輔夾"。今本作"頰",《釋名》:"頰,夾也,兩旁稱也,亦取挾斂食物也。"

《上海博物館藏戰國楚竹書》(三)頁 174

○李守奎、曲冰、孫偉龍（2007）　(編按:上博三·周易 27)夾　按:帛本作"陜",今

本作"頰"。

《上海博物館藏戰國楚竹書(一——五)文字編》頁 471

○**濮茅左**(2007)　(編按:上博六·競公 8)"約",古通"要"。"夾",同"挾"。"約夾",即"要挾"。

《上海博物館藏戰國楚竹書》(六)頁 182

【夾州】上博二·容成 25

○**李零**(2002)　夾州,《書·禹貢》所無,但與下"潃州"臨近,疑相當《禹貢》等書的"兗州"。

《上海博物館藏戰國楚竹書》(二)頁 269

○**蘇建洲**(2003)　《吕氏春秋·有始覽·有始》:"河、濟之閒爲兗州,衛也。"又曰:"泗上爲徐州,魯也。""兗",古音余紐元部;"夾",見紐葉部。見余二紐相通並不少見,如"與",余紐魚部,而从與的"擧",見紐魚部。"瓜",見紐魚部;"瓟",余紐魚部。又如"皋"(余鐸),古有"皋"(見幽)音。《左傳·哀公二十六年》所記越大夫皋如,《春秋繁露》卷九作"大夫皋";《荀子·大略》:"望其壙,皋如也……""皋如",《列子·天瑞》《家語·困誓》皆作"皋如"(裘錫圭先生《談談地下材料在先秦秦漢古籍整理工作中的作用》,《古代文史研究新探》54—56 頁)。而韻部元、葉爲通轉,《説文·弦部》:"竭,不成遂急戾也。从弦省,曷聲,讀若瘞。"上古音"曷"在月部,與元部陽入對轉;瘞,从"夾"聲,古音影紐葉部,可見元、葉的確可通。《儀禮·士昏禮》"面葉",鄭玄注:"古文葉爲擖。"亦爲一證(參馮時《柞伯簋銘文剩義》,《古文字研究》24 輯227 頁)。今從李零先生將"夾州"釋爲"兗州"。

《〈上海博物館藏戰國楚竹書(二)〉讀本》頁 139

○**陳偉**(2003)　夾州,確有可能如同李零先生的推測,相當於《禹貢》兗州。夾、寅形近,或生混淆。包山 168 號簡的"寅"字右側,便與"夾"字類似。《汗簡》卷中之二所錄《古尚書》"夾"字和《古文四聲韻》卷五所錄《古老子》"狹"字,則與"寅"字相混。因而,此字或許是"寅"字誤寫。寅、兗二字爲喻紐雙聲,真、元旁轉,上古時讀音相近,或相通假。

《新出楚簡研讀》頁 156—157,2010;原載《中國史研究》2003-3

○**晏昌貴**(2004)　"夾"意爲夾持、夾輔,夾州當得名於兩河夾持其閒地,此與古書釋冀州正同。《釋地》:"兩河閒曰冀州。"《有始》:"兩河之閒爲冀州,晉也。"《職方》:"河内曰冀州。"《爾雅釋文》引馬融説:"在東河之西,西河之東,南河之北。"《禹貢》雖未明言冀州之界,但據孔穎達《正義》,其説與馬融相同。冀州三面臨河,諸書只説兩河閒,《禹貢指南》(卷一)云:“舉其二則三可知也。”

○**朱淵清**(2004)　把夾州看成兗州,源自《禹貢》:“濟、河惟兗州。九河既道,雷夏既澤。”九河與兗州相關。九河是指黄河下游的衆多岔流,《爾雅·釋水》已將九河實指爲徒駭、太史、馬頰、覆鬴、胡蘇、簡、絜、鉤盤、鬲津九條河。九河下游多在兗州入海,並不説明“決九河之阻”地在兗州。《容成氏》“決九河之阻”,目的只能是爲黄河幹流的分流泄洪。北流黄河過河北平原在天津附近入渤海,所以夾州只能是在河北而不會是兗州。晏昌貴先生認爲夾州之“夾”意爲夾持、夾輔,與冀州得名之意相同。晏氏所釋有其道理。《爾雅·釋地》“兩河閒曰冀州”,郭璞注:“自東河至西河。”孔疏引馬融曰:“在東河之西,西河之東,南河之北。”《禹貢》孔疏:“兗州云濟河,自東河以東也,豫州云荆、河,自南河以南也,雍州云西河,自西河以西也。明東河之西、西河之東、南河之北是冀州之境也。”夾州確應以黄河東西兩河所夾而得名。但《禹貢》冀州顯然包括了今山西、河北,《禹貢》:“冀州,既載壺口,治梁及岐。既修太原,至於岳陽。覃懷底績,至於衡、漳。”北上黄河沿太行山脈東麓而行,故黄河下游水患斷不至影響山西,不然,山西地方的汜濫洪水無法翻越太行山而勢必在山西形成瀉湖。因此洪水汜濫的夾州地方也決不會在山西。《禹貢》九州不僅是按順時針版圖的序列,而且其冀州内容也確有可疑處。所以筆者淺見不宜將夾州徑釋爲冀州。

○**沈建華**(2004)　例如簡中列舉九州的兗州名:

……呂波(陂)明者(都)之澤,決九河　(第二十四簡)

之洨(阻),於是虖(乎)夾州、滄(徐)州訂(始)可屍(處)……　(第二十五簡)

李零在釋文中説:“夾州,《書·禹貢》所無,但與下‘滄州’臨近,疑相當《禹貢》等書的‘兗州’。”“兗州”在楚簡中爲何稱之“夾州”？疑源於卜辭地名“夾”字。而“夾”與晚期繁體“𡨄(寅)”字形相近故而混爲同字。《汗簡》夾字在古文《尚書》作“𡩟”形,黄錫全認爲:“此誤變从𠂤。薛本作夾。郭見本似作夷。三體石經刺(刺)字古文作𠨦,郭蓋誤認。”實際古人並没有寫錯,“夾”字過去誤認从“𠂤”殊不知“夾”字是从“𡨄(寅)”字訛變分化而來,應讀作“寅”聲。如卜辭中“𡨆”(燕)字从寅聲(《文編》附 4700、4715),與“𡩟”(夾)形近。

信陽楚簡“夾”，讀裌。《集韻》：“夾，袨也。”“兗”古音余母元部與“寅”古音余母真部，兩字聲部相同通假，故楚簡“夾州”假借作“兗州”。卜辭“南方曰因風”的“因”字形與“夾”字也相近，故過去學者們都釋作“夾風”，後來裘錫圭釋讀作“因”。基本上被學界公認接受。因此，不能排除另一種可能性，即“因”與“兗”音通形近而導致訛字。

　　卜辭田獵地名“沇”字，其字从允，上部兩側从水作公或ハ。對“沇”字于省吾先生考釋曰：“允字上部兩側从水而以允爲聲符的形聲字，後來變爲左形右聲的沇字。典籍和漢碑沇字也作兗或兖，又與台或袞通用，兩者既爲音通又形近致偽（編按：偽當爲訛之誤）。晚周人所作的禹貢，其中九州之名可徵於甲骨文者，只有沇州由沇水得名而已。”從卜辭的“沇”地來看，是商時主要田獵區域，多見於廩辛卜辭如：

　　（1）王其藝沇迺麓，王于東立，犬出，擒。　　　（《合集》28799）

　　（2）翌日戊王更沇田，亡灾，擒。　　　　　　　（《合集》29243）

　　（3）更沇鹿射，弗悔。　　　　　　　　　　　　（《合集》28353）

　　（4）王更沇田亡灾。　　　　　　　　　　　　　（《屯南》4451）

　　（5）更沇……麓戉……　　　　　　　　　　　　（《合集》27898）

《周禮·職方氏》曰：“河東曰兗州。”“兗州”在冀州之東，位於商邑東部靠近濟寧一帶，自然劃分區應該地屬今山東省西部。按（1）辭中“立”字通作“位”，意指商王出獵於沇，位於東面；又第（5）辭“戉”與“沇”同版，“戉”地屬山東曹縣（詳見下文），均説明“沇”的地理位置在東面。另外，面（編按：疑面爲衍字）我們從卜辭“沇田”多見與牢、斿、阤、穆、虘等地存在同版關係來推測，這些地名絕大多數都是靠近商王邑的田獵區域，既符合田獵實際情況，也與典籍相合，可見于省吾先生對“沇”地的考釋，爲不移之説。

　　　　　　　　　　　　　　　　　　　　《古文字研究》25，頁 328—329

○黃人二（2005）　“夾州”，按，“夾”疑讀“郟”。名“郟”之古地名有兩處，其一爲《左傳·昭公元年》“楚公子圍使公子黑肱、伯州犁城犨、櫟、郟”，杜注云：“郟縣屬襄城，（中略）三邑本鄭地”；《國語·鄭語》“唯謝、郟之間，其冢君侈驕”，韋注云：“郟，後屬鄭，鄭衰，楚取之。”知其爲春秋鄭邑，後屬楚。《説文》云：“郟，潁川縣。”知漢置郟縣，其地疑今河南郟縣。其二指東都洛陽，《左傳·桓公七年》“秋，鄭人、齊人、衛人伐盟、向，王遷盟、向之民于郟”，杜注云：“郟，王城。”《國語·晉語四》“王入于成周，遂定之于郟”，韋注云：“郟，王城。”若以簡文云“禹乃通伊、洛（雒），並里【澶】、干（澗），東注之河，於是乎敍

(舒)州始可處也"，洛陽之地屬豫州看，則"郯"爲郯縣較有可能。

○**易德生**(2006)　1.夾州

有兩種看法，除晏昌貴先生認爲是冀州外，其他學者皆認爲應是兗州，並各説出了自己的理由。筆者遵從晏昌貴先生的看法，即冀州的可能性比較大。兩河之閒，也即夾輔之意，《爾雅·釋地》"兩河閒曰冀州"，郭注："自東河至西河。"《吕氏春秋·有始覽》："兩河之閒爲冀州，晉也。"另外，綜觀《禹貢》《周禮·職方氏》《爾雅·釋地》《吕氏春秋·有始覽》等古籍中所載"九州"，雖各有差異，但無一例外都有冀州，這並不是故意的，恰恰也説明此州的重要性。如果解釋爲兗州，簡文中就會缺少冀州，換言之，至少現今山西中南部和河北中西部則無法納入某一州而成爲空白之地。而這於史於理都講不通。因爲這一地區，在夏商周三代及春秋戰國或京都或京畿之地，其重要性不言而喻。《禹貢》僞孔傳認爲冀州"堯所都也。此州帝都，不説境界，以餘州所至則可知"。孔穎達疏："冀州帝都，於九州近北，故首從冀起。"《説文》云："冀，北方州也。"《釋名·釋州國》云："冀州，取地以爲名也。其地有險有易，帝王所都。"陳偉先生也注意到缺少冀州所帶來的問題，只好推測"或許竹書藕州(蕬州)雖在名義上與并州相通，而地域則與《禹貢》冀州相當"。

○**朱淵清**(2006)　夾州，其地當在河北。

○**蘇建洲**(2006)　簡文字作 ![字], 亦見於《信陽》2.07 作 ![字]。至於陳偉先生説"夾、寅形近，或生混淆"，這是對的。比如《郭店·成之聞之》30"槁木三年，不必爲邦罞(旗)。言 ![字]之也"。張光裕先生隸"![字]"作"寊"，从"寅"。周鳳五則以爲字从夾，字見於《汗簡》(按：見於中之二五十六引《尚書》作 ![字])及《古文四聲韻》(按：入聲二十"狹"引《古老子》作 ![字]、"夾"引《古尚書》作 ![字])。《方言》："挾斯，敗也。南楚凡人貧，衣被醜弊，或謂之挾斯；器物弊，亦謂之挾斯。"是"挾斯"爲楚方言，緩言之爲挾斯，疾言之則爲夾，意指破敗、朽敗。簡文謂三年的槁木不能取以爲邦旗，因已經朽敗，不堪使用了。可見"夾""寅"二字的確有相混的現象。"兗"，古音余紐元部；"夾"，見紐葉部；"寅"，余紐真部。見余二紐相通並不少見，如"與"，余紐魚部，而从與的"舉"，見紐魚部。"瓜"，見紐魚部；"瓠"，余紐魚部。又如"翟"(余鐸)，古有"皋"(見幽)音。

《左傳·哀公二十六年》所記越大夫皋如，《春秋繁露》卷九作“大夫羃”；《荀子·大略》：“望其壙，皋（見）如也……”“皋如”，《列子·天瑞》《家語·困誓》皆作“羃（餘）如”。而韻部元、葉爲通轉，《説文·弦部》：“竭，不成遂急戾也。从弦省，曷聲，讀若瘞。”上古音“曷”在月部，與元部陽入對轉；瘞，从“夾”聲，古音影紐葉部，可見元、葉的確可通。《儀禮·士昏禮》“面葉”，鄭玄注：“古文葉爲擖。”亦是。而“夽、寅”二者聲韻俱近，亦得相通。可見李零、陳偉二先生將“夾州”釋爲“夽州”就文字、聲韻條件來說是可以的。至於晏昌貴、朱淵清二先生將“夾州”釋爲“冀州”牽涉到古地理的問題，非筆者能力所及，今並存其說。附帶一提，沈長雲先生認爲：“實際上，古代洪水最易發生的地區只有一個，那就是古河濟之閒的夽州。”存此備參。

　　　　　　　　　　《〈上海博物館藏戰國楚竹書（二）〉校釋》頁 139—140

○**史傑鵬**（2007）　我們贊同晏昌貴先生的看法，認爲“夾州”就是文獻裏的“冀州”，但是覺得晏先生的考釋理由值得懷疑。如果説“夾州”得名於“兩河夾持”，那“夽州”也同樣是被濟、河二水夾持中，豈不是也可以稱“夾州”。《爾雅·釋地》：“濟、河閒曰夽州。”又《吕氏春秋·有始》：“河、漢之閒爲豫州，周也；兩河之閒爲冀州，晉也；河、濟之閒爲夽州。”如果依《吕氏春秋》，再按照晏昌貴先生的理由，那麼豈不是“豫州”也可以稱“夾州”嗎？所以晏先生的理由不可信。

　　我們認爲“冀”和“夾”古音可以相通，它們的上古音聲母都是見母。至於韻部，“冀”在微部，“夾”在葉部，看似相隔。但據《説文》的訓釋，“冀”和“翼”是同聲旁的字，都从“異”得聲。“翼”古音一般歸爲職部（之部入聲），和“冀”歸爲微部不同，這並沒有什麼不妥，現在的古韻分部主要依據《詩經》的押韻情況，可能“冀、翼”兩個字在《詩經》時代讀音已經分化。況且同一個聲符的字在《詩經》時代歸爲兩個韻部的情況也不是很鮮見的，比如“每”爲之部字，而从“每”得聲的“侮”卻在侯部，就是證據。

　　“翼”在古書上和“昱”經常通用。“翼日”就是“昱日”，金文的“昱”字就寫作“翼”的象形字加聲符“立”。而“昱”和“翌”是異體字。《大盂鼎》“故天異臨子”的“異臨”，郭沫若先生讀爲“翼臨”，我們懷疑，大概也相當於後世的“蒞臨”或者“涖臨”。古代从“立”得聲的字歸部很複雜，闌入幾個韻部，比如“蒞”从“位”得聲，而“位”又从“立”得聲，“位”古音在物部，“立”在緝部。而“昱、翌”，一般則歸爲職部。古代緝部字和葉部字同收-p尾，關係極爲密切，通假例子很多。从“立”得聲的字有和从“夾”得聲的字閒接通假的例子。考慮到這一點,所以,我們認爲"夾"和"翼"通假是完全可能的。何况有的古音學家還認爲,古代之、蒸的字和脣音-p、-m收尾的字關係密切。兩者也有通假的例子,比如"財"和"纔"古通,《史記·孝文本紀》:"太僕見馬遺財足。"司馬貞《索隱》:"財字古音與纔同。"而"財"在之部,"纔"在談部,可以爲證。總之,簡文的"夾"和"冀"古音相近,有可能通假,簡文的"夾州"就是傳世文獻中的"冀州"。

《江漢考古》2007-1,頁 94

○**凡國棟**(2007)　我們曾經推測《容成氏》之"夾州"大致和傳世文獻"冀州"相對應。晏昌貴先生認爲"'夾'意爲夾持、夾輔,夾州當得名於兩河夾持其間地,此與古書釋冀州正同"。此説用來解釋"兩河之間"的冀州當無問題,但是當冀州指代"中國、中土"這一概念時又難以講通。因此我們懷疑"夾州"之"夾"或許有更古的來源。"夾州"之稱呼恐怕亦與夏人有關。"夾"古音在見母,"夏"古音在匣母,見匣旁紐疊韻,應該可以通假。如此則"夾州"這一稱呼來源亦不會很晚。

《楚地簡帛思想研究》3,頁 214—215

○**尹宏兵**(2007)　由此而視夾州,當指濟、河之間地區。晏昌貴先生釋夾州之得名:"'夾'意爲夾持、夾輔,夾州當得名於兩河夾持其間地。"此説甚是,按河北平安大部分以及今豫北、魯西北地區,正在《禹貢》河與古濟水之間,所謂兩水夾持,正得其意。又河、濟之間,《容成氏》與《禹貢》《有始》《釋地》,均將之視爲一個單獨的地理單元,只是州名有異,惟《容成氏》稱之爲"夾州",《禹貢》等三家則稱之爲"兗州"。

《楚地簡帛思想研究》3,頁 224

△**按**　夾州,單育辰(《〈容成氏〉文本集釋及相關問題研究》101 頁)認爲:"夾州"相當於"冀州"是正確的,從《容成氏》所述的這九州的名稱看,此中一些九州名與傳世典籍的九州名有意義上的聯繫而不是音韻上的聯繫(詳下)。其他學者或從音韻上考慮,但兩者多不具備通假條件。同時又指出"依據諸家的考釋,我們在此列出《容成氏》中的九州名和傳世文獻的九州名的關聯。此兩者在意義上有關聯的三個:夾州(冀州)、藕州(并州)、虘州(雍州);在意義上可能有關聯的一個:敍州(豫州);在語音上有關聯的四個:滄州(徐州)、競(青州)、䣕(荊州)、鄅(揚州);其關聯還有待進一步研究者一個:簹(莒州)"。

奄 

睡虎地・秦律 181

○**睡簡整理小組**(1990) (**編按**:睡虎地・秦律 181)奄,即閹。

《睡虎地秦墓竹簡》頁 60

○**何琳儀**(1998) 奄,金文作(應公鼎)。从大从申,會廣大伸展有所覆蓋之意。戰國文字大旁移於申旁之上,申旁整齊對稱作形。

齊璽奄,姓氏。周成王即伐奄,其子孫以國爲氏。奄,國號,即商奄也。見《風俗通》。

睡虎地簡奄,讀閹。《説文》:"閹,豎也。宫中奄,閽閉門者。从門,奄聲。"

《戰國古文字典》頁 1440—1441

夸 

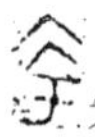先秦貨幣通論,頁 144 陶彙 5・33 十鐘 睡虎地・爲吏 14 貳

○**睡簡整理小組**(1990) (**編按**:睡虎地・爲吏 14)夸以泄,奢侈超過限度。

《睡虎地秦墓竹簡》頁 169

○**高明、葛英會**(1991) 夸。

《古陶文字徵》頁 66

○**張守中**(1994) (**編按**:睡虎地・爲吏 14)夸 通誇。

《睡虎地秦簡文字編》頁 161

○**何琳儀**(1998) 夸,商代金文作(夸甗)。从大,于聲。西周金文作(白夸父盨)。秦國文字承襲西周金文,六國文字則演變爲从丂。其形體演變序列爲、、、、,或加飾筆作、、、(參丂、考、雩)。《説文》丂下云"丂古文以爲亏(于)",可資佐證。又夸、丂均屬溪紐,故周秦文字夸爲于之準聲首,六國文字夸爲丂之準聲首。六國文字是周秦文字的形變兼音變。

《戰國古文字典》頁 462

○**黄德寬等**(2007) 秦簡夸,奢侈。《荀子・仲尼》"貴而不爲夸",注:"夸,

奢侈也。"

《古文字譜系疏證》頁 1287

○王恩田（2007）　夸。

《陶文字典》頁 270

契 栔

甲 陶彙 4·127　　栔 睡虎地·日甲 35 背壹

○**睡簡整理小組**（1990）　（編按：睡虎地·日甲 35 背壹）栔（潔）。

《睡虎地秦墓竹簡》頁 212

○**高明、葛英會**（1991）　栔。

《古陶文字徵》頁 66

○**張守中**（1994）　栔　通潔。

《睡虎地秦簡文字編》頁 161

○**何琳儀**（1998）　丯，甲骨文作丯（京津五二〇）。从木，彡表示在木上契刻。借體象形。栔之初文。《説文》：“栔，刻也。从韧从木。（苦計切）。”（四下二十）典籍亦作契。丯，甲骨文或作丯（乙六五三三），木已省簡。卜辭中丯爲四方風之一，讀若衛。（丯，見紐月部；衛，匣紐月部；匣、見爲喉、牙通轉。）又音轉讀若韋（匣紐脂部）。金文作丯（乙亥簋）。戰國文字承襲金文。《説文》：“丯，艸蔡也。象艸生之散亂也。讀若介。（古拜切）。”（四下二十）

　　刉，甲骨文作丯（甲一一七〇）。从刀从丯，會契刻之意。丯亦聲。金文作丯（師同鼎）。戰國文字承襲金文。《説文》：“韧，巧栔也。从刀，丯聲。（恪入切）。”（四下二十）

　　《説文》：“栔，大約也。从大从韧。《易》曰曰（編按：衍一“曰”），後代聖人易之以書契。（苦計切）。”（十下三）實則丯、刉、栔、契爲一字之分化。

　　枨氏壺契，讀罄。《廣雅·釋器》：“罄，瓶也。”

　　睡虎地簡契，讀喫。《説文新附》：“喫，食也。从口，契聲。”亦作吃。

《戰國古文字典》頁 903—904

○**袁仲一、劉鈺**（1999）　契讀爲潔

　　睡虎地秦簡《日書甲·詰》：“人毋（無）故而鬼取爲膠，是是哀鬼，毋（無）家［三四背壹］，與人爲徒，令人色柏（白）然毋（無）氣，喜契清［三五背壹］，不

飲食。［三六背壹］。"

契（溪母月部）、潔（見母月部），溪見旁紐，月部疊韻。

《秦文字通假集釋》頁 647

○王恩田（2007）　契。

《陶文字典》頁 271

夷　夷　塦

官印 0031　　侯馬 156：6　　睡虎地・日甲 67 貳

璽彙 3901　　集成 2498 郳子蒷塦鼎　　包山 65　　曾侯乙 131　　侯馬 156：1

○丁佛言（1924）　夷　塦　古匋，□酷里夷□邑□。古夷字从土，許氏説平也。

《説文古籀補補》頁 46,1988

○羅福頤等（1980）　夷　與郳子蒷夷鼎夷字略同。

《古璽文編》頁 255

○李裕民（1983）　塦，陳夢家引《廣雅・釋詁》云："夷，滅也。"盟書中此字也寫作殐（共五例），从歹，其義與死有關。釋滅是可行的。

《古文字研究》10,頁 119—120

○裘錫圭、李家浩（1989）　(編按：曾侯乙 131)"塦䚕"二字 137 號簡作"纞帀"。

《曾侯乙墓》頁 523

○劉彬徽、彭浩、胡雅麗、劉祖信（1991）　(編按：包山 28)塦。

《包山楚簡》頁 18

○湯餘惠（1993）　塦 28 塦 124,原釋文釋"塦"是,書後《字表》十二畫作"塦"非。塦、夷古通用,侯馬盟書成語"麻夷非是"亦作"塦"。

《考古與文物》1993-2,頁 69

○何琳儀（1998）　夷,金文作夷(柳鼎)。疑从矢从己,會夷人善製矢繳之意。矢亦聲。甲骨文尚未見夷。茲暫從舊説以夷爲獨立聲首。戰國文字承襲金文。或加土旁繁化(見塦字),故凡从塦得聲字亦可直接隸定夷。

侯馬盟書"麻夷非是",讀"摩夷彼氏"。《方言》十三:"摩,滅也。"《廣雅・釋詁》三:"夷,滅也。"

睡虎地簡夷,讀痍。《説文》:"痍,傷也。"

《戰國古文字典》頁 1239

塞,从土,夷聲。疑夷之繁文。

盟書塞,見夷字 c。

隨縣簡塞,讀夷,姓氏。春秋塞詭諸之裔。杜預云,在城陽莊武縣所治,夷安縣是其地,子孫以國爲氏。見《通志·氏族略·以國爲氏》。

《戰國古文字典》頁 1239

○**施謝捷**(2002) 通過對楚簡文字"鸄"的考察,我們有可能對下列古文字材料做出新的解釋。

一、包山簡 28:"八月甲戌之日,贅尹之司敗邠夲塞受鼌。"

其中人名"邠夲塞",舊無説。包山簡 109 地名"塞昜",簡 118 作"鄿昜",通常讀爲"夷陽",當是。"塞"即"夷"字。"夲""皋"通用,則此處人名字"夲塞"應該讀爲"皋夷"。春秋時晉臣就有名"皋夷"的,見於《左傳·定公十三年》:"范皋夷無寵於范吉射,而欲爲亂於范氏……逐范吉射,而以范皋代之。"《哀公三年》:"十一月,趙鞅殺士皋夷,惡范氏也。"是其徵。又《左傳·襄公三年》:"三年,春,楚子重伐吳,爲簡之師。克鳩兹,至於衡山。"杜預注:"鳩兹,吳邑,在丹陽蕪湖縣東,今皋夷也。"若此,則人名"皋夷"或即取自地名。

《語文研究》2002-4,頁 31

○**陳秉新**(2003) 此字从屮,塞聲,當是鬏之異文。屮指古代男童剪髮束爲角。

(中略)鬏字本義爲小兒剃髮,从屮更切合字義,塞字不見於字書,當是《説文》訓"平"也之"夷"的本字。弟與夷定喻旁紐,脂部疊韻,作聲旁可互代。《易·渙》:"匪夷所思。"《釋文》:"夷,荀作弟。"

《楚文化研究論集》5,頁 358

△**按** 清華簡壹《楚居》簡 5 有"塞屯"一詞,整理者(《清華大學藏戰國竹簡》[壹]185 頁注釋[二六],中西書局 2010 年)注:"塞屯,地名,當即史書中的丹陽,近於郢。"李家浩《談清華戰國竹簡〈楚居〉的"夷屯"及其他——兼談包山楚簡的"坉人"等》(《出土文獻》2 輯 55—66 頁,中西書局 2011 年)一文詳細探討了"塞屯"的相關問題,可參。

大

璽彙 1570　　 望山 1·54　　 望山 1·78　　 新蔡甲三 3　　 包山 227

集成 11376 十八年戈　　近出 1200 廿七年安陽令戈

新蔡乙二 20　　包山 213　　包山 215

○**黄茂琳**（1973）　　郝表中 14、15 號戈"司寇吳裕"，吳字銘文作"𢦏"，字見甲骨文，作人手持一物，與"吳"從口者有原則區別，隸定爲吳姓之"吳"是不妥的。

《考古》1973-6，頁 380

○**湯餘惠**（1993）　　𢦏 237　𢦏 227，原摹未釋，疑即夭字。夭，商周古文多作𢆶、𢆶，爲古歪字（詳拙作《夭、矢、吳辨》，《説文解字研究》第 1 輯）。晚周形訛多寫作𢦏，簡文與之形近。237 簡"墾禱～一牂"，227 簡"墾禱飤～一全豢"，似皆可讀爲妖孽之"妖"。《説文》妖孽字作祅，"地反物爲祅也"。簡文與經傳也寫作祅。

《考古與文物》1993-2，頁 75

○**李零**（1993）　　（1）太（簡 210、213、215、219、227、237、243）。原作𢦏、𢦏，有時還加有示旁（其中簡 219、243 從示從大）。這裏釋爲"太"。簡 210、227 也稱"蝕太"（"蝕"字原從飤從蟲）。此神在簡文中是列於衆神之首，從地位看，應即太一。《楚辭·九歌》所祝者首爲"東皇太一"，《史記·封禪書》和《漢書·郊祀志》記漢代禱祠也以"太一"最尊。"太一"居斗極，爲衆星所拱，《史記·天官書》開篇就是講它，式法中的太乙術也是以"太一"爲核心，都可説明它的重要性。

《中國典籍與文化論叢》1，頁 438

○**朱德熙、裘錫圭、李家浩**（1995）　　（編按：望山 1·54）五六號簡有"祴"，五五號、七九號簡有"祅"，七八號簡有"父𢦏"，與此簡之"𢦏"皆當指同一鬼神。

《望山楚簡》頁 96

○**李零**（1995）　　（三）太

包山占卜簡記禱祠神物，首祭之神名𢦏（簡 210、213、215、227、237、243，亦作𢦏、祅）。從祭祀順序看，其地位在"侯（后）土"和"司命、司禍（過）"之上，我們把它釋爲太，理解爲太一。

按古人有時把"道"稱爲"一"或"大"，或"大（太）一"，用之天象則指極星。《老子》第二十五章："有物混成，先天地生。寂兮寥兮，獨立而不殆，可以爲天下母，吾不知其名，字之曰'道'，强爲之名曰'大'。"《吕氏春秋·大樂》：

"道也者,至精也,不可爲形,不可爲名,謂之'太一'。"漢武帝甘泉宮太一壇也稱"太畤",湖北荊門出土的"兵避太歲"戈和馬王堆帛書《避兵圖》,其圖中的"大(太)一"皆以形如"大"字的人形表示。可見"太一"可省稱爲"大"或"太"。

"太"是從"大"分化,古音爲透母月部,與"大"字形、讀音都很相近,不同處只是把刑具加於左手(但夨似是加於左足)。

上面三個字的關係可示意如下:

$$\text{夳(大)}\begin{cases}\text{夨(太)}\\\text{夳、夨、夳(鈦—蔡)}\\\text{夳、夳(夰)}\end{cases}$$

《國學研究》3,頁 270—271

○**滕壬生**(1995)　如楚簡中的夨(包二・二二九)和祆(包二・二一○)字,疑釋作太,似爲太陽神的專字。從文意看,塈禱蝕一(編按:"一"指"夨")一全豢,詞句完全相同。大概因爲出現日蝕而對太陽神塈禱一全豬。古文字大、太本來是一個字,而在戰國文字裏,大和太開始走向分化。夨字加"丿"正是將大和太區別開來的標志。

《楚系簡帛文字編》序言,頁 45

○**李零**(1998)　太(也叫蝕太),疑即《楚辭・九歌》中的"東皇太一"。按漢武帝於甘泉宮立時祠太一號稱"太畤"(《史記・封禪書》)或"泰畤"(《漢書・郊祀志》),似"太一"可省稱"太"或"泰"。太一爲星神,居中宮,爲天神中之最尊者。

《李零自選集》頁 62

○**何琳儀**(1998)　大。

《戰國古文字典》頁 1545

○**連劭名**(2001)　"策",簡文原字寫作"夾"。整理者未釋。該字有四種不同寫法:(1)見簡(213、215),是最標準的形體,字從"大",右側有一"人",左側相應位置亦當有一"人",但是省略了。(2)見簡(227、237),字從"大",右側加一點,是簡省寫法。(3)見簡(210、218),左側從"示",右側同(2)右側。(4)見簡(243),左側從"示",右側從"大"。

四者表示的概念完全相同。"夾",讀爲筴,字又作策。

《考古》2001-6,頁 63

○**劉信芳**（2003）　祋:字從示,太聲,或從示,大聲（簡 243）,字或作"太"（簡 213、227）。"太"作爲神名,應即楚人所祀"太一"。《九歌》有"東皇太一",就其神格而言,"太一"是至上神,屈原《九歌》以"太一"列於篇首,居諸神之上。

《包山楚簡解詁》頁 226

○**賈連敏**（2003）　（編按:新蔡甲三 3）**夨**（太）。

《新蔡葛陵楚墓》頁 188

○**李守奎**（2003）　太　神祇名。又作祋、祋。

《楚文字編》頁 591

○**李家浩**（2005）　二"夰"字試釋

"夰"是楚墓卜筮簡裏常見的一個神祇,原文有如下 A、B 兩類寫法,而 A 類又有三種寫法,B 類又有兩類寫法:

A1 **夨**《望山》M1.54　　A2 **夰**《包山》213　　A3 **夰**《楚系》29 頁秦家嘴 M99.14

B1 **祋**《包山》218　　B2 **祋**《包山》243

爲了稱引方便,將 A 類寫法的字以 A 表示,B 類寫法的字以 B 表示。（中略）

在 A 的三種寫法中,只有 A2 分析出來的兩個偏旁能獨立成字,而 A1 和 A3 分析出來的兩個偏旁之一都不能獨立成字,可見 A2 是正體,A1 和 A3 是異體。因此,我們在考釋此字的時候,應該從 A2 入手。A2 應該分析爲從"大"從"卜"。

（中略）

"夰"是文獻上所説的什麽神呢? 我在這裏提出一種推測,供大家參考。古代有一種神名"醋"。《周禮·地官·族師》説:"春秋祭醋,亦如之。"

鄭玄注:

醋者,爲人物烖害之神也。故書"醋"或爲"步",杜子春云"當爲醋"。玄謂《校人》職又有"冬祭馬步",則未知此世所云,蟓螟之醋與? 人鬼之步與? 蓋亦爲壇位如雩禜云。

按鄭玄所説的"校人"見於《周禮·夏官》,"冬祭馬步"鄭玄注:"馬步,神爲災害馬者。"

"醋、步"古音相近,按照杜子春和鄭玄的説法,是同一種烖害神名的不同寫法。

古代還有一種神名"布"。《史記·封禪書》説:

及秦并天下,令祠官所常奉天地名山大川鬼神可得而序也……而雍有日、月、參、辰……諸布、諸嚴、諸逑之屬,百有餘廟……各以歲時奉祠。
司馬貞《索隱》:"按:《爾雅》'祭星曰布'。或諸布是祭星之處。"

《淮南子·氾論》説:"羿除天下之害,而死爲宗布。"高誘注:"羿,古之諸
侯。河伯溺殺人,羿射其左目;風伯壞人屋室,羿射中其膝;又誅九嬰、窫窳之
屬,有功於天下,故死托於宗布。祭田爲宗布謂出也。一曰今人室中所祀之
宗布是也。或曰司命傍布也。"

高注"祭田爲宗布謂出也"句不好懂,孫詒讓認爲文字有訛誤,他説:"以
意求之……當作'祭星爲布,宗布謂此也'。《爾雅·釋天》云'祭星爲布',即
高所本。"其説近似。

惠士奇對上引《周禮》的"醡"、《史記》的"布"和《淮南子》的"宗布"有很
好的意見,我把他的話抄寫在下面:

> 《封禪書》有諸布,《索隱》引《爾雅》"祭星爲布",非也。大祝六號,
> 二曰鬼號。布者,鬼號也。秦漢之布,即《周禮》之醡。《淮南子·氾論
> 訓》曰:"羿除天下之害,而死爲宗布。"布,猶醡也,步也。族師祭醡,校人
> 祭步,所謂布也。醡、步、布,音相近而通。

孫詒讓贊成惠氏的説法,並且還認爲"宗布"之"宗"是雩禜之"禜"。從《淮
南子》高注所説漢代的"宗布"與"布"有別來看,"宗布"就是"宗布",似非
"禜布"。

上古音"醡、步"都是並母字,"醡"所從聲旁"甫"和"布、卜"都是幫母字。
幫、並二母都是脣音。如果簡文"夽"確實像前面所分析的那樣從"卜"聲,頗
疑"夽"與《周禮》等的"醡、步、布"爲一聲之轉。值得注意的是,簡文的"夽"
多與后土、司命等同祭,這跟《淮南子》高注所説漢代的"布"位於司命傍同祭
的情況基本上相同。從這一點來説,把簡文的"夽"讀爲"醡"或"布"是合理
的。孫詒讓對上引《周禮·地官·族師》"則未知世所云蝝螟之醡與,人鬼之
步與"作疏證時説:

> 此據漢時民間有此二祭。蝝螟之醡,即爲物裁害之神;人鬼之步,
> 即爲人裁害之神也。賈疏云:"但此經云醡,不知何神,故舉漢法以況
> 之。但漢時有蝝螟之醡神,又有人鬼之步神,未審此經醡定當何醡,故
> 兩言之。"

從包山218—219號簡所説的"夽"附於佩玉琥上爲害病人(詳下)和"蝕"字的
本義爲蠹蟲食物來看,我認爲簡文的"夽"和"蝕夽",分別相當漢代的"人鬼之

步”和“蠖螟之醋”。

　　總之,上揭簡文 A 可能是一個从“大”从“卜”聲的字,疑讀爲《周禮·地官·族師》“春秋祭醋”的“醋”。“醋”或作“步、布”,簡文的“衤”和“蝕衤”,分別相當鄭玄所說漢代的“人鬼之步”和“蠖螟之醋”兩種栽害之神。

《長沙三國吳簡暨百年來簡帛發現與研究國際學術
研討會論文集》頁 185—191

△按　董珊(《楚簡中从“大”聲之字讀法》[二],簡帛網 2007 年 7 月 8 日)認爲“‘袄’或‘袄’字均應从‘大’聲讀爲‘厲’”,可備一説。“大”字亦見於上博九《成王爲城濮之行》乙本簡 2,其字形作“**壮**”。陳峻志《關於楚地至上神“大”的評議》(簡帛網 2011 年 7 月 15 日)一文可參。李家浩《戰國楚簡“衤”字補釋》(紀念何琳儀先生誕辰七十周年暨古文字學國際學術研討會會議論文集 154—157 頁,2013 年 8 月合肥)對於此類形體續有討論,可參。

大

集成 9735 中山王方壺

○朱德熙、裘錫圭(1979)　(2)下文言“明大之於壺”,與屬羌鐘“用明則之於銘”語相當,疑“大”是“矢”字異體,假借爲“則”。此處“邵矢”疑當讀爲“紹則”或“昭則”。

《文物》1979–1,頁 47

○張政烺(1979)　夶又見下文“明夶之于壺而時觀焉”,與屬羌鐘“用明則之于銘”句法相同,依則字聲韻求之,疑是仄字。《説文》:“仄,側傾也。”《逸周書·周祝》“故日之中也仄”,注:“仄,跌也。”《漢書·天文志》:“食至日跌爲稷,跌至哺爲黍。”徑以跌爲仄。疑夶是指事字,表示一隻腳有毛病,容易傾跌。字在此壺讀爲廁,《倉頡篇》注:“廁,次也。”次是等第或陳列之義,文義可通。又按:西周金文有夰,除人名外皆讀爲黃,亦即《毛詩》之珩。盠尊、盠方彝“赤市幽夰”凡五見,皆寫作夶。慧琳《一切經音義》卷十七引《通俗文》:“拘罪人曰桁械,謂穿木加足曰械,大械曰桁。”夶疑即桁之異體字。夶與夰形近,果是一字,依聲韻求之,此處則讀爲廣。

《古文字研究》1,頁 210—211

○趙誠（1979）　友，《説文》作犮，从犬。林義光謂古印有犮字，"當即友，象人（大人形）足下有物越而過之之形"，並謂"从犬乃形之訛"（《説文解字詁林》四四〇四下）。此壺正作犮，林説是也。疑此即後世通行之跋，這裏是刻寫的意思。

《古文字研究》1，頁 248

○孫稚雛（1979）　犬，壺銘（三十五行）"明犬之於壺"；（五行）"邵犬皇工"。這是一個新造的指事字。《説文》："矢，傾頭也，从大象形。"此亦从大，下加一點指其一側，當讀爲側，假作則。"明則之於壺"與鷹羌鐘銘"明則之於銘"文例相同。則字金文从鼎从刀，有刻的意思，這是它的本義；壺銘（三十四行）"迲斂中則庶民服"的則用作連詞，從則字的不同用法可以看出，戰國中後期則字用作連詞已相當普遍，以致它的本義反而不爲人們所注意了，所以壺銘在用則的本義時，反而用了一個假借字。

《古文字研究》1，頁 284—285

○張克忠（1979）　"邵大皇工"，"邵大"與下文"明大"同意，大，象足著刑具，是釱的本字，於此文意爲著。《説文》："釱，鐵鉗也，从金，大聲。"段注："《平準書》：釱左趾，鐵踏腳鉗也，狀如跟衣，著足下，重六斤。以代刖。"又"軑，車轄也，从車大生"。則大義之引申。皇，大也，工、功。此句可譯爲明著大功。

《故宫博物院院刊》1979-1，頁 44

○李學勤、李零（1979）　銘文第五行大字，最早見於西周前期的一件簋（《錄遺》117），于省吾先生等釋希，按即正始石經蔡字古文。《補補》附錄 14 頁私名璽"大諫"即蔡諫。壺銘此字當讀爲肆，義爲陳。"昭肆皇功"意思是明陳大功。

《考古學報》1979-2，頁 151

○于豪亮（1979）　"邵（昭）大（达）皇工（功）"，大象人釱足之形，當係釱字之初文，在此以音近讀爲达（同爲祭部字），《廣雅·釋詁一》："皇，美也。"工讀爲功。故"邵（昭）龙（編按："龙"當是"大"之誤）（达）皇工（功）"意思是表彰先王的豐功偉績。

《考古學報》1979-2，頁 177—178

○徐中舒、伍仕謙（1979）　犬，當釋爲矢。矢，甲骨文作𣇵（乙·18），象大人在日下側影。鈢文作犬，此作犬，皆指其側影。在六書中爲指事。矢、則、刻、勒，同在職部，古通。此處作"則"字解。

夫，即矢，同則。詳注（2）。此處當作刻或勒字解。金文屬羌鐘："賞於韓宗，命於晉公，昭於天子，用明則之於銘。"即刻之於銘也。

○**李裕民**（1982）　　一、釋夫

中山王壺銘云："因載所美，邵夫皇工"，"明夫之於壺而時觀焉"。

字亦見古印及簠銘（《商周金文錄遺》117），林義光釋友，趙誠從之。按友字，《説文》作犮，从犬，金文髮字也从犬作（見《金文編》9·6），與此从大不同。或釋達，或疑仄，亦與字形不合，于省吾釋希，可從。按蔡字在甲骨文、金文中有兩種字形，一作祭、祟，隸定爲希，一作夫（叔鐘、伯作蔡姬尊），从大，象人形，與希本非一字，因二者形近，其後混而爲一，唐蘭《殷虚文字記·釋友》指出二者字形不同，是正確的，但他讀友爲處則不可從，夫仍應釋蔡，解放後大量出土的蔡國器蔡字均作夫，唐蘭也釋蔡（見《五省出土重要文物展覽圖錄序》），則讀夫爲處之説已經放棄。

中山王壺銘之夫，與上舉蔡字第二形同从大，右下部作∫，略呈弧形，與夫字的∫形位置和形狀相同，僅將相同的兩筆省作一筆而已。省略重複的筆畫，是古文字中常見的現象，如穆字，召鼎作穋，中山王壺作穋，左下部"彡"簡省一筆作"彐"。夫，從字形看，象以物斷其下肢之形，故其義與契、割相近。壺銘之蔡正通丯、栔。《説文》："丯，艸蔡也，象艸生之散亂也，讀若介。"朱駿聲按："介畫竹木爲識也，刻之爲韧，上古未有書契，刻齒於竹木以記事。∣象竹木，彡象齒形。"《楚辭》："匪機著蔡兮踊躍。"朱駿聲云："疑蔡者燋契契字之假借，實即栔字，不言龜而言契，猶不言卦而言著也。"《説文》："栔，刻也。"《詩》"爰契我龜"，龜甲上刻字稱栔，銅器上鑄銘須在範上刻字，故亦稱蔡（契）。中山王壺銘"因載所美，邵蔡皇工"，也即"因記所美，明刻大功"。"明蔡之於壺而時觀焉"，就是"明刻之於壺而時觀焉"。

屬羌鐘有"用明則之於銘"之句，句法與中山王壺"明蔡之於壺"相同，此則字可有兩種解釋：一、從字形上考察，則字從鼎從刀，象用刀在鼎上刻銘文的形狀，其本意應爲刻，"用明則之於銘"，即"用明刻之於銘"。二、從聲音通假角度考察，則字在此應讀作載。則、載聲近，則可假作財、才。《荀子·勸學》"口耳之閒則四寸耳"，注："則當爲財，與纔同。"載從車㦰聲，㦰從戈才聲，故載可通則。《詩·七月》"春日載陽"，箋："載之言則也。"《國語·周語》：

“載戢干戈”，注：“則也。”“用明則之於銘”即“因明載之於銘”。鐘銘大意是說屬羌立了大功，受到王公主子的贊賞，因而將這一切記載到銘辭中去。二説均可讀通。

○**商承祚**（1982） 友字不識，與明爲聯詞，殆將那可信的話明白刻於壺上之意。

○**陳邦懷**（1983） 按，友字从大从丿，與《説文》犮字結構相同，友字从大，大，人也；从丿，爲人足之義符。犮从犬从丿，指犬足之義符，二字皆从丿爲指事。

友當是跋字初文，蓋謂人足躓跋。許書説犮从丿爲犬足剌友，犬足剌友與人足躓跋則不同也。按壺銘友字讀爲袚。其義爲飾。《漢書》司馬相如封禪書“袚飾厥文”，顏師古注：“袚飾者除去舊事，更飾新文。”相如之文與師古之注，可爲壺銘作注解。“邵友皇工”，即昭飾皇工，“明友之于壺”，即明飾之于壺。

○**李零**（1995） （二）叕

《説文解字》卷十四下叕部解釋此字曰：“叕，綴聯也。象形，凡叕之屬皆从叕。”釋義是據訛變的字形。古文字中的叕字，現在我們已知是作 ，從西周到秦漢一直如此。字形皆象人形而鉗其雙手雙足。叕，古音爲端母月部字，與蔡、大等字亦相近。另外，叕也有省形作友者，如中山王𧊒鼎銘：“邵（昭）友（編按：原文以～代替，這裏徑出原形）皇工（功）”，中山王𧊒壺銘：“明友（編按：原文以～代替，這裏徑出原形）之於堂”，從文義看皆讀爲綴。後者字形與蔡字也相近。

○**張亞初**（1999） 一五五、第 258 頁晨字條，第三欄所收中山王壺銘文與旃並非同字，應删。此字亦見於西周銘文，作友（《熱河凌原縣海島營子村發現的古代青銅器》，《文參》1955 年 8 期 16—21 頁；録遺 117 蔡簋），應爲友字。《説文》：“犮，犬走皃，从犬而丿之。曳其足則剌犮也。”所从之犬實爲人之形訛，林義光《文源》卷五友字條云：“古印有作友諫二字者，友當即友，象人（大象人形），足下有物越而過之之形……从犬乃形之訛。”此説極是。可見，中山王壺之友是友，而不是旃字，如果是旃字，那麼西周時期的銘文也應該收録。中山王方壺的辭例是“邵友皇工”，“明友之於壺”，有的同志認爲友是矢形，假爲則。

我們認爲字形與友字相近應釋友。友即拔、跋,訓引,訓移,或題跋之跋,"邵友皇工"即明引大功、明載大功。"明友之於壺"即明白移録於壺上。釋友於意也正合。

《中國古文字研究》1,頁 302—303

夳

集粹

坌

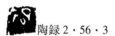古璽彙考,頁 31

△按　施謝捷(《古璽彙考》31 頁,安徽大學 2006 年博士學位論文)隸定爲"坌"。

枸

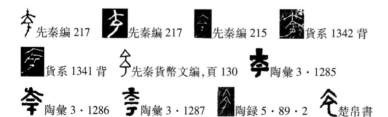陶録 2・56・3

○王恩田(2007)　枸。

《陶文字典》頁 270

夲

李先秦編 217　　夲先秦編 217　　夲先秦編 215　　夲貨系 1342 背

夲貨系 1341 背　　夲先秦貨幣文編,頁 130　　夲陶彙 3・1285

夲陶彙 3・1286　　夲陶彙 3・1287　　夲陶録 5・89・2　　夲楚帛書

○吳大澂(1884)　夲　夲　古夲字,小篆作夲,古陶器。

《説文古籀補》頁 41,1988

○丁佛言（1924）　夸　夅　古匋，夅　古匋。

《説文古籀補補》頁 46,1988

○商承祚（1964）　（編按:楚帛書）數字殘泐矢字偏旁。金文梁伯戈鬼方作"夅方"，金文畏亦有從攴作敡，據下行與"攼"連文，其爲鬼字別構或無疑問。

《文物》1964-9,頁 16

○商承祚、王貴忱、譚棣華（1983）　夰。

《先秦貨幣文編》頁 129

○饒宗頤（1985）　（編按:楚帛書）其言共工夸步，夅字似從大從亏，可能爲夸字。《説文》:"夸，奢也，從大，亏聲。"《廣雅・釋詁》:"夸，大也。"夸步釋爲大步，義亦通。

《楚帛書》頁 32—33

○濟寧市博物館（1987）　一型 I 式　270 枚。通長 6.5、足寬 4.1、厚 0.15 釐米，重 26.7988 克。面文爲"安邑二釿"，背面"安"，上方爲"夸"字。（中略）

　　一型 III 式　87 枚。通長 5.3、足寬 3.4、厚 0.05 釐米，重 13.061 克。面文爲"梁夸釿金當寽"，背面爲"夸"字。（中略）

　　一型 V 式　71 枚。通長 6.1、足寬 3.9、厚 0.15 釐米，重 31.2505 克。面文爲"梁夸釿五、二十當寽"，背面爲"夸"字。

《考古》1987-2,頁 183

○何琳儀（1989）　（編按:楚帛書）共攻（工）☐步十日

　　第三字原篆作"夅"，饒釋"夸"，近是。"夸"，疑讀"郐"。《説文》:"剨，判也。""剨步"似即"推步"。帛書"共工剨步，十日四時"與《山海經・海內經》"共工生后土，后土生噎鳴，噎鳴生歲十有二"可能有關。（"夸步"讀"夸父"亦備一解，待考。）上下文句讀應更正爲"共攻（工）夸（剨）步，十日四時。☐☐☐剚（則）閏，四☐母（毋）息"。其中"時"與"息"叶韻，屬之部。

《江漢考古》1989-4,頁 52

○嚴一萍（1990）　7☐　不明。商氏釋"數"，讀作鬼。不足信。

《甲骨古文字研究》3,頁 312

○吳振武（1991）　1929 年河南省方城縣北山曾出土第一組梁布一百五十枚，關百益精選了其中的五十枚拓印成《方城幣譜》。下面我們就以該書爲主，同時參考其他譜録來摘録這個字的各種典型形體。

　　A 夅 夅　　B 夅 夅　　C 夅 夅　　D 夅

　　關於這個字，舊有釋"去"，釋"夰"、釋"流"、釋"半"、釋"京"、釋"率"、釋

“戟”、釋“親”、釋“充”、釋“夸”、釋“奇”等説。其中以釋“充”、釋“夸”、釋“奇”三説影響最大,從者最多。其餘諸説則信者寥寥,如今也已没有再批評的必要了。近年新出版的商承祚先生等編《先秦貨幣文編》也將此字釋爲“充”(129頁);張頷先生編纂的《古幣文編》則將此字列於附録(263頁)。

其實從字形上看,影響較大的釋“充”説是根本不能成立的。“充”字小篆作🔸,《説文》謂从“儿”,“育”省聲。所謂“育”省聲,也就是説它的上半部分是从“厶”的,即倒子形。然而此字上部作🔸或🔸,跟戰國文字中“棄”字所从的“厶”旁作🔸或🔸形者不類。戰國文字“厶”旁的特點是中間的豎畫呈彎曲狀。至於下部則無論如何也不能視爲“儿”。因此釋“充”説絶不可信。

時下,古文字學者多傾向於釋“夸”説和釋“奇”説。從字形上看,這兩種釋法都有其合理的部分,不過仔細推敲起來,亦大有問題。

先談釋“夸”説。

《説文》謂“夸”字从“大”,“于”聲。金文“夸”字作🔸或🔸,戰國齊陶文作🔸,楚鄂君啟節“胯”字所从之“夸”作🔸,皆可證《説文》所説可信。雖然此字C形下部作🔸或🔸,跟“于”旁相近,但仔細考察一下即可發現,其豎畫中間的那一筆絶大多數是點而非橫畫。古文字中“于”及从“于”之字疊出繁見,似未見有如此作者。因此釋“于”顯然是十分勉强的。至於A、B兩形从🔸或🔸,那就更不能視爲“于”旁了。

再看釋“奇”説。

《説文》謂“奇”字从“大”从“可”。戰國文字中“奇”字習見,皆从“可”作,尚未見有省作从“丂”的例子。特別應該注意的是,魏“奇氏”布上的“奇”字亦从“可”而不从“丂”。舊時主張釋“奇”者,在很大程度上是因爲幣文(3)中有一個“正”字,認爲“奇”和“正”對言。但是,現在我們已經很清楚地知道,幣文(3)中的“正”實際上是和同組幣文(4)中的“🔸(半)”對言,讀作“整”,跟第一組幣文所謂的“奇”字是毫不相干的。

因此,釋“夸”説和釋“奇”説同樣是令人懷疑的。

從字形上分析入手,並參照有關的古文字資料,我們認爲此字應釋爲“塚”(即“冢”字),讀作“重”。

爲了説明問題,我們暫且先把此字分析成🔸、🔸兩部分來討論。

上部🔸可以釋爲“立”應該是毫無問題的。但是在戰國文字中,“立”旁往往用作“土”旁。如古璽中下列从“土”之字即从“立”作:

坤▨《古璽文編》317 頁　　坡▨同上　　　　均▨同上

塊▨同上 318 頁　　堂▨同上 319 頁　　堵▨同上 326 頁　　坨▨同上

此外,楚鄂君啟車節"屯十以堂(當)一車""屯二十檐以堂(當)一車"中的"堂"字亦从"立"作▨。當然,從戰國文字形體奇譎多變考慮,把▨旁直接看成是"土"旁的變體也未嘗不可。

下部刁或丁、孑、币等形應是"冢"字的省體。關於戰國文字中的"冢"字,過去學者們在研究侯馬盟書和平山中山王銅器時已作過一些很好的考釋,奠定了基礎。近年來,李學勤先生和李家浩先生又在此基礎上,進一步對其他戰國文字資料中的"冢"(或作"塚")字作出不少精彩的考證。(中略)

《説文》謂"冢"字从"勹""豕"聲。很顯然,如果將這些"冢"字所从的"豕"旁省去,剩下的也就只有相當於"勹"旁的刁或丁、孑、币等形了。那麼這樣的省法能不能得到證明呢? 看看下面所舉的合文例子就清楚了。

"之冢(重)"合文

▨中山王銅燈"冢(重)一石三百五十五刀之冢(重)"　《中山王嚳器文字編》79 頁

▨魏(一説衛)二十八年平安君鼎蓋"一益(鎰)十鈈夲(半)鈈四分鈈之冢(重)"、器"六益(鎰)夲(半)鈈之冢(重)"　《文物》1980 年 9 期 18 頁

▨魏三十二年平安君鼎器"五益(鎰)六鈈夲(半)鈈四分鈈之冢(重)"　《文物》1972 年 6 期23 頁

"冢子"合文

▨魏二十八年平安君鼎器"單父上官冢子愭所受平安君者也"

▨同上,蓋

▨魏三十三年平安君鼎器"單父上官冢子愭所受平安君者也"

▨魏梁上官鼎器"宜諰(信)冢子"《三代吉金文存》2・53 下

▨古璽"栖冢子"《古璽彙編》3102

這些合文中的"冢"字皆用簡省的寫法。其中省作刁、刁、孑、孑、刁等形的,就跟幣文下部所从的刁或孑、孑、币等旁完全一致。因此,把幣文下部刁看作是"冢"字的省體應該是可以成立的。

《中國錢幣》1991-2,頁 21—24

○吳振武(1993)　（三）關於梁布中的▨字。筆者後來發現,這個字常在稱"▨鈈"的那一組梁布和"安邑二鈈""安邑一鈈"布的背面單獨出現(均後刻),字或作▨、▨形(《中國歷代貨幣大系・[1]・先秦貨幣》1339—1342、1349、1279—1283、1303—1305,《考古》1987 年 2 期 184 頁。可注意的是,在稱"幣"

的那一組梁布和“安邑半釿”布的背面，似未見有單刻此字的情況）。在河南登封陽城遺址出土的韓刻劃陶文中，此字則作〔《古文字研究》第 7 輯［中華書局 1982 年，北京］230 頁圖叄伍·4，單字）。從這些寫法看，字不應分析爲從“土”（坔）從“冢”省（冖），而應分析爲從“大”從“冢”省。也就是說，這個字不存在借筆的問題。但是，字仍應釋爲“冢”（在布銘中皆讀作“重”）。“冢”古有大義。《爾雅·釋詁》：“冢，大也。”《尚書·舜典》孔疏引舍人注：“冢，封之大也。”《周禮·天官·敘官》鄭注：“冢，大之上也。”故字或從“大”作。齊［系］私璽中有名“敖（𤞤）冢”者（《上海博物館藏印選》［上海書畫出版社 1979 年］21·2“王敖冢信鉨”，《古璽彙編》［羅福頤主編，文物出版社 1981 年］0643“王敖冢”、3725“命（令）魚（狐）敖𤞤”，“敖”字舊誤釋爲“牧”），“敖”下一字亦從“大”從“冢”省（冖即“冢”字所從的聲符“冢”，參拙作《試說齊國陶文中的“鍾”和“溢”》，《考古與文物》［西安］1991 年 1 期），也應釋爲“冢”。古從“敖”得聲之字多有高大義（參《廣雅·釋詁》“𩣡，大也”“顤顟，高也”王氏疏證），可知名“敖冢（冢）”者，是取高大之意。筆者對字的釋讀，最初是從借筆中得到啟發的，今看法雖變，但結論未變，所以正文第貳部分第十節仍予保留，算是留下一點認識的曲折痕迹。

　　高明先生《古陶文彙編》（《中華書局》1990 年，北京）329 頁 3·1285—3·1287 著録的三件齊系單字陶文作李或李，過去大家（包括筆者在內）多把作李者釋爲“夸”。其實，這幾個字跟梁布上的李也是同一個字。這種從“大”從“冢”省的“冢”字，可以隸定成“夸”。如果不求精確的話，也可以隸作“豪”。

　　把字釋爲“豪（冢）”，從字形上說，關鍵是要找出準備的例子來證明“冢”字可以省成冖、𠄐、丁、冂等形。在《說梁重釿布》一文中，我們曾舉過一些“冢”字省寫的例子。其中最重要的三個是：

　　（1）“之冢（重）”合文作李。魏二十八年平安君鼎蓋“一益（鎰）十釿伞（半）釿四分（“四分”原作合文）釿之冢（重）”、器“六益（鎰）伞（半）釿之冢（重）”、器“六益（鎰）伞（半）釿之冢（重）”，《文物》（北京）1980 年 9 期 18 頁圖七·1、3；魏三十二年平安君鼎器“五益（鎰）六釿伞（半）釿四分（“四分”原作合文）釿之冢（重）”，《文物》1972 年 6 期 23 頁圖八。李學勤先生釋。

　　（2）“塚（冢）子”合文作𡉵。魏梁上官鼎器“宜詢（信）塚（冢）子”，《三代吉金文存》2·53 下。李家浩先生釋。

　　（3）“塚（冢）子”合文作𡉵。古璽“栖塚（冢）子”，《古璽彙編》292·

3102。李家浩先生釋。

這裏還可以再補充兩個例子：

（4）“賟”字作𬋁。楚郏陵君豆（一）豆盤外底“郯□寶（府）所敬（造），賟（重）十圀四圀全朱；□𣪘賟（重）三朱二全朱四□”，《文物》1980 年 8 期 30 頁、《商周青銅器銘文選》第二卷 438 頁 680（2）號。

（5）“塚（冢）”字作𠨚。韓十八年戈“十八年，塚（冢）子𣪘（韓）矰（?），邦軍（庫）嗇夫犬湯，冶舒敬（造）戈”，《湖南考古輯刊》第 1 集（嶽麓書社 1982 年，長沙）88 頁圖一·5、《古文字研究》第 10 輯（中華書局 1983 年，北京）274 頁圖三十。

這兩個例子需要作一點説明。（4）中的𬋁字出現在記重銘文中，李家浩先生和李學勤先生都釋爲“冢”，讀作“重”。這個讀法無疑是正確的，但細審拓本，把這個字所從的𬋁看成是“冢”字所從的“豕”，恐怕是有問題的。比較同銘“寶”字“貝”旁的寫法，可知最早研究此器的李零、劉雨兩位先生把這個偏旁看作“貝”是不錯的。“賟”字不見於字書。趙國銘刻中有一個寫作𬋁形的字（《文物》1980 年 7 期 2 頁圖二·2—7），湯餘惠先生認爲“字殆從貝省冢聲”，可資參校。（5）中的“塚（冢）”字係李家浩先生釋。這是一種從“卜”的“塚（冢）”字。魏六年寧鼎中的“塚（冢）子”之“塚（冢）”作𠨚（《三代吉金文存》3·24 下），與此同例。

上面這些例子都足以證明戰國時期的“冢”字可以省寫成𠂔、𠂇、丁、𠃌等形。因此，把梁布中的𠂔字看做是一個從“大”的“冢”字，並不是一種猜想，而是有相當根據的。

《第二屆國際中國古文字學研討會論文集》頁 278—283

○**曾憲通**（1993）　（編按：楚帛書）選堂先生謂此字似从大从亏，可能爲夸字。《説文》：“夸，奢也，从大，亏聲。”《廣雅·釋詁》：“夸，大也。”夸步釋爲大步，義亦通。

《長沙楚帛書文字編》頁 28

○**何琳儀**（1993）　（編按：楚帛書）“刳”，楚文字作�（《璽彙》2552），人名。楚帛書“�（刳）步”讀“跨步”。《説文》：“刳，判也。從刀，夸聲。”

《第二屆國際中國古文字學研討會論文集》頁 259

○**吳振武**（1996）　長沙子彈庫楚帛書“八行”篇（饒宗頤等稱“甲篇”，李零等稱“乙篇”，李學勤稱“四時篇”）共分三章。第二章的最後一句話是“帝夋（俊）乃爲日月之行”，接下來是第三章。第三章字數不多，但有多處缺文，不過經過各家考釋,大概的意思還是可以知道的。下面鈔録這一章,並按我們的理解施加標點。

共攻(工)夸步,十日四寺(時)□;□神則閏四□,毋(毋)思百神,風雨䨓禕亂乍(作)。乃逆日月,以傳相□思,又(有)宵又(有)朝,又(有)晝又(有)夕。

這一章開頭第一句話是:"共攻(工)夸步,十日四寺(時)□。""步"前一字,過去有"鬼"(商承祚,1964)、"行"(林巳奈夫,1964)、"夸"(饒宗頤,1968、1985)、"刳"(何琳儀,1993)等釋法。細察巴納《楚帛書譯注》(澳大利亞國立大學1973年)和饒宗頤、曾憲通《楚帛書》(中華書局香港分局1985年)兩書所附紅外線照片,可知饒、曾《楚帛書》和曾憲通《長沙楚帛書文字編》(中華書局1993年)摹作夸是正確的,而其他學者所摹則多不可信。特别需要指出的是,從同行上下字看,此字左側不應該再有其他偏旁,有些學者之所以會多摹出一個"刀"旁來,顯然是將兩行閒的污痕誤看成筆畫了。

從字形上看,如果不計較是否多摹出一個"刀"旁的話,舊釋"夸"或"刳"似乎要比其他釋法好。"夸(刳)步"怎麽講?饒宗頤先生認爲"夸"訓大,"夸步"可解釋爲"大步"(《楚帛書》31—33頁);何琳儀先生則認爲"刳步"應讀作"跨步"(《句吴王劍補釋——兼釋冢、主、幵、丂》,《第二屆國際中國古文字學研討會論文集》259頁,香港中文大學中國語言及文學系1993年)。但是從帛書上下文看,這兩種説法顯然是不大容易講通的。此外,李零先生在《長沙子彈庫戰國楚帛書研究》(中華書局1985年)一書中也討論過這句話。李氏雖然將"步"前一字按殘字處理,但他在"四寺(時)"後斷句,認爲"這裏大約是説共工推步十日四時"(72頁)。李學勤先生在《楚帛書中的古史與宇宙觀》(《楚史論叢》初集,湖北人民出版社1984年)和《長沙楚帛書通論》(《楚文化研究論集》第一集,荊楚書社1987年)兩文中亦持有類似的看法。我們認爲,"推步"説在帛書解釋上似乎可通,但在字形上卻得不到絲毫支持,所以這一説法同樣是有問題的。

實際上,仔細觀察照片可知,"步"前一字下部並不从"于",要釋爲"夸"是有困難的。饒宗頤先生在考釋此字時説:"字似从大从亏,可能爲夸字。"語氣顯然也很猶豫。那麽這個字究竟是什麽字呢?我認爲,此字應分析爲从"大"从"冢"省,即"冢"字的異體。在戰國文字(包括楚文字)資料中,這樣寫法的"冢"字並不少見,過去大家多釋爲"夸",不僅字形上没有根據,有關資料也都講不通。這個問題我在《説梁重釿布》(《中國錢幣》1991年2期)和《鄂君啟節"胇"字解》(《第二屆國際中國古文字學研討會論文集》)兩文中已作詳細討論(前一文中的一些錯誤推斷已在後一文中更正)。讀者可以參看。根據戰國文字的資料中"冢"字(包括這種从"大"从"冢"省的"冢"字)經常借作"重"的情況來看,帛書中的"夸(冢)步"很可能應該讀作"踵步"。"踵步"一詞後世習見,用喻效法或繼續前人之事,相當於"踵武"(《楚辭·離騷》王逸注:"踵,繼也;武,迹也。")、"踵迹"等詞。本篇第二章最後既説"帝夋(俊)乃爲日月之行",接下來第三章説"共工踵步","十日四時"和"日月"如何如何,正是説明共工所爲乃承續帝俊之業。熟悉帛書的學者都知道,本篇三章無論在內容上還是在文氣上,都具有明顯的連貫性。

　　由此可見,這樣解釋,不僅在字形上有所根據,在文意上亦毫無扞格之弊。

　　又,第二章"帝夋乃爲日月之行"一句中的"帝夋",研究者多認爲即見於《山海經》中的"帝俊",惟李學勤先生持有不同意見。李先生認爲此句當讀作"帝允,乃爲日月之行","帝"是指本章前面出現過的"炎帝","帝允"是"炎帝表示允可"的意思(見李著《楚帛書中的古史與宇宙觀》)。按從第二章的內容看,李先生説若可信,對本文關於"夸步"的解釋亦無大的影響,特附記於此。

《簡帛研究》2,頁 56—58

○陳茂仁(1996)　(編按:楚帛書)夸(夸),左行稍殘。與夸(古陶)、夸(伯夸父盨)近似。《説文》:"夸,奢也。从大,亏聲。"《方言》:"于,大也。"是以《廣雅·釋詁》云:"夸,大也。"

　　步(步),形稍殘,猶可識爲"步"字,訓同上文"乃步以爲歲"之"步"。"夸步",當亦爲推步之意。

《楚帛書研究》頁 185

○徐在國(1998)　按:此字釋爲"夸",誤。吳振武先生曰:"此字應分析爲从'大'从'冢'省,即'冢'字的異體。"並認爲"冢步"應讀爲"踵步"。其説甚確。

《安徽大學學報》1998-5,頁 83

○何琳儀(1998)　《説文》:"剨,判也。从刀,夸聲。"帛書剨,讀跨。《説文》:"跨,渡也。"

　　趙三孔布"王夸",讀"望都",地名。《戰國策·西周策》"樗里疾",《史記·樗里子甘茂列傳》索隱引《紀年》作"楮里疾"。《莊子·讓王》"原憲華冠",《韓詩外傳》華一作褚,是其佐證。魏橋形布夸,讀胯。指橋形布胯足。

《説文》:“胯,股也。从肉,夸聲。”胯亦作跨。或説魏橋形布“夸鈘”相當新莽布“大布”。參《廣雅·釋詁》夸訓大。

　　　　　　　　　　　　　　　　　　　　　　　　　　《戰國古文字典》頁462

○**李零**(2000)　(編按:楚帛書)“仐”,饒文釋“夸”。此句是指共工推步十日四時。十日指分一月爲三旬。四時,既可指一年分爲春、夏、秋、冬四時,也可指一日分爲宵、朝、晝、夕四時。據馬王堆帛書《禹藏圖》,月亦可四分。

　　　　　　　　　　　　　　　　　　　　　　　　　《古文字研究》20,頁172

○**劉信芳**(2002)　(編按:楚帛書)“夸”,或釋“鬼”(商承祚先生A1964);或釋“行”(林巳奈夫先生A1964);或釋“刳”(何琳儀先生《句吳王劍補釋》,《第二屆國際中國古文字學研討會論文集》,香港中文大學1993);或釋“夸”(饒宗頤先生H1985);或釋“豖”,讀“豖步”爲“踵步”(吳振武先生A1996)。

　　按:據帛書字形看,釋“夸”不誤。“夸步”讀爲“跨步”,謂推步曆法也。《山海經·大荒北經》所記夸父“追日景”之神話,應源自“夸步”,“追日景”者,以晷儀跟踪觀測日影也。

　　　　　　　　　　　　　　　　　　　《子彈庫楚墓出土文獻研究》頁49—50

○**曾憲通**(2002)　(編按:楚帛書)“夸步”,劉信芳讀爲“跨步”,謂推步曆法。他指出:《山海經·大荒北經》所記“夸父追日景”之神話應源於“夸步”,追日影者,以晷儀跟踪觀測日影也。劉氏所説極是。但以夸父追日影源於“夸步”,不如將“夸步”直接讀爲“夸父”。考“步”爲魚部(一説爲鐸部)並母字,與魚部並母字的“父”字聲紐相同,韻部亦同(或爲陰入對轉),例可通假。很可能夸父之名即來源於夸步。若將帛文讀爲“夸父”,則追日影之事不言而自明。如此,帛書群神譜中又多了一位“夸父”的成員。據《山海經·大荒北經》記載,共工、夸父均爲祝融之裔脈,帛書將二者並提,亦在情理之中。

　　　　　　　　　　　　　　　　　　　　　　《曾憲通學術文集》頁211—212

○**何新**(2002)　(編按:楚帛書)共工禹步:《山海經》:“帝命鑒亥步,自東極至於西極,五億十選,九千八百步。”鑒亥,即殷視王亥。

　　　　　　　　　　　　　　　　　　　　　　　　　　《宇宙的起源》頁229

○**楊澤生**(2003)　⑤此字也可分析爲从“大”,“主”聲(參看何琳儀《句吳王劍補釋——兼釋豖、主、开、丂》,香港中文大學中國語言及文學系編《第二屆國際中國古文字學研討會論文集》1993年,249—263頁),但“主”古音在章母侯部,並不影響將其讀爲古音章母東部的“踵”。

　　　　　　　　　　　　　　　　　　　　　　　　　　《古墓新知》頁243

○**李守奎**（2008）　一、釋从“奎”諸字

楚國文字中有一個“𡗕”字,構字很多,應當是一個常用字,但對其字形和釋讀至今都没有統一的認識。

𡗕：楚帛書

舟：𦩲鄂君啟節　　　　　　𦨕上博六·藏王既成 3　　　𦨐上博六·藏王既成 4

阜：𨸏包山 86

土：𡎖上博五·三德 10

木：𣚊望山 M 二·15　　　𣛛上博五·三德 14

言：𧦦上博六·用曰 3

力：𠟼包山 163　　　　　　𠠀包山 180　　　　　　　𠠀古璽彙編 1331

缶：𦉢包山 85

“𡗕”上部所从爲“大”,逐漸取得大家的共識。關鍵是其下部所从是什麽? 大家意見不一。爲了便於討論,我們依其筆畫,暫隸作“夲”。對於“夲”的釋讀主要有如下三種觀點。

第一種觀點是釋爲“夸”。這一觀點提出早,影響大。于省吾先生把鄂君啟節从舟之字隸作“舿”,讀爲“舸”。朱德熙、裘錫圭、李家浩等先生釋“𦨕”爲“桴”。新出上博簡中相關諸字中的“夲”旁,整理者大都隸作“夸”。

第二種觀點是隸作“夯”或“豪”。吳振武先生將三晉貨幣中讀爲“重”的字隸作“夯”,認爲該字从大,家省聲,也可隸作“豪”。把楚文字中的“夲”旁也釋爲“夯”。从“夯”諸字分別釋爲“動、陲、鍾、䑸”等。

第三種意見是隸作“奎”。參筆者拙字編《楚文字編》的隸定。另外,楊澤生先生在分析帛書之“夲”字時説:“也可以分析爲从大,主聲。”與筆者意見相合。

另外,吳良寶先生把三晉幣文隸定爲“夯”,對字形和釋讀均未作解釋,疑是造字有誤。

从“夲”的字雖然已經發現不少,但没有一個可以與傳世文獻對讀。其字形結構和音義釋讀都有進一步討論的必要。

釋“夸”有一定依據,但主要問題是字形證據不足,辭例讀得也不够順暢。“夸”在早期金文、戰國秦文字和小篆中都从“于”聲。正如吳振武先生所説:

> 《包山楚簡》一書作者把這三個字隸釋成“舿、陓、缻”肯定是有問題的。因爲只要看看同批簡中的“于”及从“于”的“竽、雩、䍏、邘”等字即可知道,上揭三字的右旁決不會是“从大于聲”的“夸”。

　　楚文字中的"于"字是個常用字,構字能力也很强,除了吳振武先生指出包山簡中的"竿、雩、琴、邘"之外,另外還有"芋、吁"等等皆作"干",無一例外。

　　從字形上看,"夲"字的下部釋"丂"、釋"主"皆有可能,但釋"于"的可能性最小。

　　"于"與"干"之間的區别很明顯,主要有以下三點:

　　1."于"上下兩橫等長,"干"下部是一點,或一短橫。

　　2."于"只有兩橫,上部從來没有第三橫。

　　3.从"于"諸字從來没有"阝"這種豎上加點的形體。

　　何琳儀先生也討論過"夲"及以其爲聲符的字,將其釋爲"夸"。理由是"六國文字'于'與'丂'形體易混",但證據非常薄弱,所舉例證都不可靠。"丂"與"主"在楚簡中基本上已經訛混同形了。但是,"丂"或"主"和"于"有明顯區别,很少相混。據我們統計,只有《古璽彙編》1331 號中的"榦"字下部與"于"有些形近,除此之外,再無"于"和"丂"相混的確證。

　　吳振武先生將楚文字中的"夲"釋爲从"大""豖"省聲之説,字形有一定的依據,文義順暢,顯然比釋"夸"可信。但筆者注意到,三晉貨幣上的"夸"與楚文字的"夲"並不完全相同。前者"大"下的偏旁中間的豎筆一律向左彎曲,與戰國文字中常見的"豖"字所从的所謂"勹"相近。這種形體源自西周金文"豖"的省形。吳先生對它的隸定、釋讀應當是可信的。楚文字中的"夲"字下部較直,頂上多有一橫,與楚文字的"主"同形。也就是説,三晉中的"夸"和楚文字中的"夲"可能是來源不同的兩個字。

　　筆者把楚文字中的"夲"隸定爲"奎",是基於如下考慮。

　　1.楚文字的"夸"與它系戰國文字的"奎"來源不同,不是一個字。

　　2."干"的字形與楚文字"主"字的字形相合。例多不煩舉證。

　　3."重"與"主"皆音近可通。郭店簡《老子》甲篇 10 號簡"迲"字今本作"動"。楚文字之"壵"就是楚之"重"字,可以充分證明"主"聲與"重"在楚文字中相通無礙。

《古文字學論稿》頁 344—346

△按　陳劍(《試説戰國文字中寫法特殊的"亢"和从"亢"諸字》,《出土文獻與古文字研究》3 輯 152—182 頁,2010 年)將此類形體釋爲"亢",可參。

　　上博八《李頌》簡 1 背亦有此類形體,作"夲"形。

夽

璽彙 3290

○**何琳儀**（1998）　夽。

《戰國古文字典》頁 1515

昦

珍秦金吳 229 韓少夫戠

㖆

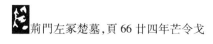荆門左冢楚墓,頁 66 廿四年芒令戈

△**按**　陳斯鵬等(《新見金文字編》307 頁,福建人民出版社 2012 年)指出:字從"大"從"受",《左冢》疑"逃"字,《通鑑》隸作"㖆",均未確。

夆

天星觀

○**何琳儀**（1998）　夆,从大,爭聲。
　　天星觀簡夆,不詳。

《戰國古文字典》頁 820

奭

包山 186　　奭郭店·緇衣 45

○**劉彬徽、彭浩、胡雅麗、劉祖信**（1991）　（編按:包山 186）奭。

《包山楚簡》頁 31

○**何琳儀**（1998）　　奰，从大，聶省聲。疑儑之異文。《説文》：“儑，心服也。从人，聶聲。”

　　包山簡奰，人名。

《戰國古文字典》頁 1433

○**裘錫圭**（1998）　（編按：郭店·緇衣 45）奰，字从“聑”聲。“聑”“攝”古音相近。

《郭店楚墓竹簡》頁 137

○**陳佩芬**（2001）　　“囡”字下有重文符。兩字分屬前後兩句，“塱𪅂卣囡，囡曰威義。”《説文》：“囡，下取物縮藏之。从又从口，讀若聶。”段玉裁注：“謂攝取也”，“下取，故从又”，“縮藏之，故从口。”《玉篇》：“囡，手取物也。”《廣韻》釋同。郭店簡作“奰”，今本作“攝”。

《上海博物館藏戰國楚竹書》（一）頁 198—199

○**劉信芳**（2003）　（編按：包山 186）奰：讀爲“攝”，郭店簡《緇衣》簡 45“倗友卣奰”，今本作“朋友攸攝”。

《包山楚簡解詁》頁 178

鶷

包山 88

○**劉彬徽、彭浩、胡雅麗、劉祖信**（1991）　（編按：包山 88）鶷。

《包山楚簡》頁 22

○**何琳儀**（1993）　　鶷（編按：原文以△代替）原篆作鶷，應釋“鶷”。楚帛書“敬”作敬，可資比照。（朱德熙《長沙帛書考釋》，中國古文字研究會第六次年會論文，1986。）

《江漢考古》1993-4，頁 61

○**何琳儀**（1998）　　鶷，从夷，曷聲。

　　包山簡鶷，人名。

《戰國古文字典》頁 902

○**白於藍**（2002）　　另外，包山楚簡中有一人名用字作“鶷”（簡 88），當隸作“鶷”，待考。

《古文字研究》24，頁 358

○**劉釗**（2004）　　［61］簡 88 有字作“鶷”，字表隸作“鶷”。按字从“夷”從

"<img id='a'/>","<img id='b'/>"乃"曷"字。楚帛書"敭"字作""（從朱德熙先生釋），所从之"曷"旁與此相同。"齃"字不見於字書,待考。

《出土簡帛文字叢考》頁 14

△按　清華貳《繫年》簡 3 有字作"",辭例爲"乃歸東（屬）王于猷（嶢）,龍（共）白（伯）和立"。《左傳・昭公二十六年》作:"至于屬王,王心戾虐,萬民弗忍,居王于嶢。"整理者（《清華大學藏戰國竹簡》[貳]137 頁,中西書局 2011 年）注:"猷,即'徹'字,與'嶢'字同在月部,聲母相近通假。"馮勝君認爲"將''釋爲'猷'在字形演變序列還存在明顯缺環"。其傾向於將""右旁所从釋爲"曷",但又認爲"從文義上看,將讀爲'轍'仍然是目前對相關簡文解釋得最爲通順的一種讀法",詳參《郭店簡與上博簡對比研究》(172—175 頁,線裝書局 2007 年)。此字暫從舊隸定。

夷蜀

天星觀

○**何琳儀**(1998)　夷蜀,从夷,蜀聲。

天星觀夷蜀,不詳。

《戰國古文字典》頁 377

夷鼻

包山 58

○**劉彬徽、彭浩、胡雅麗、劉祖信**(1991)　(編按:包山 58)。

《包山楚簡》頁 20

○**何琳儀**(1998)　夷鼻,从夷,鼻聲。

包山簡夷鼻,人名。

《戰國古文字典》頁 1075

○**陳偉等**(2009)　(編按:包山 58),原釋文隸作從"夷"從"鼻"之字。今按:左旁與"夷"字不類,待考。

《楚地出土戰國簡册》(十四種)頁 32

亦

亦 秦陶 373　　亦 集粹　　亦 郭店・老甲 29　　亦 上博一・詩論 9

亦 上博一・緇衣 6　　亦 上博一・緇衣 10　　亦 上博二・民之 4　　亦 睡虎地・秦律 64

○丁佛言（1924）　亦 **亦** 古鉢冰亦□。

《説文古籀補補》頁 46，1988

○顧廷龍（1936）　亦。

《古匋文㕈録》卷 10，頁 1，2004

○高明、葛英會（1991）　亦。

《古陶文字徵》，頁 14

○何琳儀（1998）　亦，甲骨文作亦（前七・四・二）。从大（人形），兩點表示腋之部位。腋之初文。指事。金文作亦（毛公鼎）。戰國文字承襲金文。指事符号或加飾筆作亦、亦。

　　哀成叔鼎亦，語助詞。

　　楚簡（編按：簡字當爲璽之訛）亦，姓氏。奕姓所改。見《姓苑》。包山簡亦，疑讀夜。者汈鐘亦，語助詞。

　　詛楚文亦，語助詞。

《戰國古文字典》頁 551—552

○蔡運章（2001）　“樂取”。“樂”字不識。它的構形與北魏義橋石像碑“亦”字相類，或可讀爲亦字。亦，通作易。《列子・黃帝》：“二人亦知。”《經典釋文》：“亦，本作易。”《素問・氣厥論》：“謂之食亦。”王冰注：“亦，易也。”《漢書・晁錯傳》集注：“易，平也。”“取”，《漢書・賈誼傳》集注：“取謂所擇用也。”《儀禮・鄉飲酒禮》孔穎達《疏》：“尊者得卑者物言取。”故此銘“亦取”似應與洛陽西郊漢墓出土陶瓮腹部所刻“平用”2 字的含義相同，乃是便於享用之義。

《文物》2001-6，頁 71

○李守奎、曲冰、孫偉龍（2007）　亦 **亦** 一・緇 10・38　按：與“火”訛混。

　　亦 **亦** 二・民 4・22　按：右側多一斜點。

《上海博物館藏戰國楚竹書（一—五）文字編》頁 471、472

夾 夾

陶彙 6・55

○**何琳儀**(1998)　秦陶夾,讀陝,地名。《史記・秦本紀》惠文君十三年"使張儀代取陝,出其人與魏"。在河南三門峽西。

《戰國古文字典》頁 1377

○**湯餘惠等**(2001)　夾。

《戰國文字編》頁 686

奊 奊

鐵續　**奊**睡虎地・日甲 8 背貳

○**湯餘惠等**(2001)　奊。

《戰國文字編》頁 687

【奊詢】睡虎地・日甲 8 背
○**睡簡整理小組**(1990)　(編按:睡虎地・日甲 8 背)謑詢,《荀子・非十二子》注:"詈辱也。"

《睡虎地秦墓竹簡》頁 209

○**黃德寬等**(2007)　秦簡"奊詢",讀"謑詢"。《説文》:"謑,恥也,從言,奚聲。譤,謑或從奊。""詬,謑詬恥也。從言,后聲。詢,詬或從句。"《荀子・非十二子》:"無廉恥而忍謑詢,是學者之嵬也。"楊倞注:"謑詢,詈辱也。""謑詢"亦作謑詬、謑詢,義爲辱罵。

《古文字譜系疏證》頁 2009

△**按**　秦簡"奊詢"讀"謑詢",意爲辱罵。"謑詢"在典籍中又作"謑詢、奊詬、謑詬、譙詬、奚吾、謑髁"等形式。《梁書・王僧儒傳》:"愍茲奊詬,憐其觳觫。"《吕氏春秋・誣徒》:"草木雞狗牛馬,不可譙詬遇之,譙詬遇之,則亦譙詬報人。"《墨子・節葬下》:"是以僻淫邪行之民,出則無衣也,入則無食也,内續奚吾,並爲淫暴,而不可勝禁也。""奊詢"一詞又見於北大藏秦簡《公子從軍》,詳參朱鳳瀚《北大秦簡〈公子從軍〉的編連與初讀》(《簡帛》8 輯 6 頁,上海古籍出版社 2013 年)。

吳 吳

　　石鼓文·吳人　　　陶錄 5·31·3　　　珍秦 92　　　璽彙 1166

　　曾侯乙 138　　　包山 98　　　上博二·子羔 1　　　上博四·昭王 9

○**吳大澂**（1884）　吳　　空首幣，　　古陶器，　　皆古鉢文。

《説文古籀補》頁 41，1988

○**丁佛言**（1924）　吳　　石鼓，　　古鉢吳沽，　　古鉢吳□，　　古鉢吳貴，　　古鉢吳易，　　古鉢，吳愙齋以爲古吳字。

《説文古籀補補》頁 46，1988

○**金祥恆**（1964）　吳　大言也。从矢、口，五呼切。　古文如此。

《金文編》10，頁 70

○**羅福頤等**（1981）　吳。

《古璽文編》頁 255—256

○**沙孟海**（1983）　吳國國名，見於史籍者，或稱吳，或稱句吳。見於器物銘者，者減鐘作工䳌，吳王元劍、夫差戟皆作工敔，吳王光戈、吳王光劍皆作攻敔，夫差戈作工敔，夫差鑑作攻吳，吳王光鑑夫差鑑另一器，叔繁簠、無土鼎皆單稱吳。連此器，知單稱吳的正不少。

《考古》1983-4，頁 340

○**荊門市博物館**（1998）　（編按：郭店·唐虞 1）湯，借作“唐”。吳，借作“虞”。《史記·五帝本紀》：“帝堯爲陶唐，帝舜爲有虞。”集解引韋昭曰：“陶唐皆國名。張晏曰：‘堯爲唐侯，國於中山唐縣是也。’皇甫謐曰：‘舜嬪于虞國以爲氏。今河東太陽西上虞城是也。’”簡文的“湯吳之道”即“唐虞之道”，亦即堯舜之道。

《郭店楚墓竹簡》頁 158

○**裘錫圭**（1998）　（編按：郭店·唐虞 27）“吳時”疑當讀爲“虞詩”。

《郭店楚墓竹簡》頁 160

○**何琳儀**（1998）　吳，金文作　（師酉簋）。从矢从口，會大言之意。戰國文字承襲金文。矢或演化爲大形，口或下移至右臂中閒。

　　齊璽吳，姓氏。泰伯封干吳，子孫以國爲姓。見《通志·氏族略》。

　　右廩宮鼎吳，見《方言》十三“吳，大也”。晉璽、中山雜器、趙兵吳，姓氏。

中山王鼎吳,國名。盟書吳,讀吾。

　　包山簡吳,姓氏。隨縣簡、吳越諸器吳,國名。

《戰國古文字典》頁 500

○**馬承源**(2002)　(編按:上博二・子羔 1)又吳是,文獻作"有虞氏"。"吳""虞"古字通假。《公羊傳・定公四年》:"晉士鞅衛孔圉帥師伐鮮虞。"陸德明釋文:"虞本或作吳。"《史記・孝武本紀》"不虞不驚",索隱:"此作虞者,與吳聲相近,故假借也。"

《上海博物館藏戰國楚竹書》(二)頁 184

○**李零**(2002)　(編按:上博二・容成 5)吳(無)。

　　(編按:上博二・容成 32)亦。

《上海博物館藏戰國楚竹書》(二)頁 254、275

○**何琳儀**(2004)　五簡"又吳",何讀作"有虞",馬承源先生在《子羔》篇中已提及。

《上博館藏戰國楚竹書研究續編》頁 432

○**王志平**(2004)　2."有虞同"(簡五)

　　原作"又(有)吳(無)通",今按"吳""無"音韻有別。

《上博館藏戰國楚竹書研究續編》頁 501

○**濮茅左**(2007)　(編按:上博六・競公 8)"吳",通"虞",官名。《春秋左傳・昭公二十年》:"藪之薪蒸,虞候守之。"杜預注:"衡鹿、舟鮫、虞候、祈望,皆官名也。言公專守山澤之利,不與民共。"孔穎達疏:"《周禮》山澤之官皆名爲虞,'每大澤大藪,中士四人'。鄭玄云:'虞,度也。度知山之大小及所生者。澤,水所鍾也,水希曰藪。則藪是少水之澤,立官使之候望,故以虞候爲名也。'"

《上海博物館藏戰國楚竹書》(六)頁 181

○**郭永秉**(2008)　上引《容成氏》簡 5、6 是敘述堯之前的一位遠古帝王的事迹,簡文有如下的話:

　　　禽獸朝,魚鱉獻,又(有)吳(無)迵(通)。匡天下之政十有九年而王天下,三十有七$_5$年而☐終……$_6$

李零先生在整理簡文時已把"又吳迵"讀爲"有無通"。研究者多信從其説。但也有少數學者反對。何琳儀先生指出,"又吳""讀作'有虞',馬承源先生在《子羔》篇中已提及"。王志平先生也認爲"'吳''無'音韻有別。'同'原爲从辵、同聲之字,讀爲可(秉按,"可"字當在"讀"字上)同"。

　　我們認爲,何、王兩先生的懷疑是有道理的。"吳"是疑母魚部字,"無"

是明母魚部字,雖然韻部相同,但聲紐遠隔,是很難相通的。我們找不出古書和古文字材料中二字通假的證據。所以從音理上講,李零先生的讀法是不能成立的。

從文意上看,這種讀法也有很不好解釋的問題。雖然采取這種讀法,上文的"禽獸朝""魚鱉獻"和"有無通"都是描述這位帝王統治下的盛況,且都是三字句,句式相當工整(這似乎也是研究者多信從此説的原因),但如果把"又吳迵"解釋成"有無通","匡天下之政十有九年而王天下,三十有七年而$\mathbf{S}$終"的主語是什麽呢? 這和《容成氏》的行文特點是不相符合的。"匡政""$\mathbf{S}$終"的動作發出者承上省略的可能性幾乎不存在(因爲實在不能想象主語承上省可以承到幾支簡以前)。所以要解決這個問題,最直接簡單的方法就是把"又吳迵"三個字看成這句話的主語。

前引何琳儀先生説認爲"又吳"當讀作"有虞"是一個非常值得重視的意見,我們認爲從楚文字的用字習慣上看,"又吳"可讀爲"有虞"是没有任何疑問的。這對我們主張"又吳迵"爲此句主語的看法是一個有力的佐證。但是"有虞"之後爲什麽要加上"迵"字,何先生没有解釋。王志平先生把"迵"讀爲"同",但没有解釋其意義,似乎是把它看做副詞的。如果我們把兩位先生的看法綜合起來,"有虞同匡天下之政十有九年而王天下"的意思似乎可以勉強解釋爲有虞部族一同匡天下之政並且王天下,但"三十有七年而$\mathbf{S}$終"卻顯然説的是一個人,所以把主語解釋爲"有虞部族"恐怕也是不行的,也就是説"迵"讀爲"同"的看法似乎也不能成立。(中略)

我們經過仔細觀察竹簡的放大照片後認爲,簡32"迵"字上的兩字其實就是簡5中出現過的"又吳"。從右圖(編按:此圖參見文末)看,把第一個字讀作"來",實際上毫無根據,此字很清楚是"又"字,對比五號簡的"又"字就可以知道,它們都寫作中閒斜筆末端向左偏的形狀。第二字釋作"亦",看似很有道理,其實此字所從的"大"的左邊兩道斜畫中閒並没有點畫,釋作"亦"是没有根據的。此字已經泐損得比較嚴重,但從字形上看還是可以看出其輪廓與"吳"字極爲接近;考慮到簡5中已經出現過很可能就是"匡天下之政而王天下"一句主語的"又吳迵",簡32作爲主語、賓語的"又□迵"除了是"又吳迵"以外,不存在其他可能。因此我認爲,所謂的"亦"字亦應釋爲"吳"。簡32的相關文字應當釋讀爲:

以讓於又吳迵,又吳迵曰:"德速衰……"

從文義看,這裏的"又吳迵"和簡5的"又吳迵"一樣,無疑都應解釋成人名。

因爲只有這樣才能很好地解決研究者都没有講清楚的相關簡文中主語不明的問題。陳劍先生曾指出，簡6"𠂤終"以上"講堯以前的古帝王"，這是非常正確的。所以我們認爲這個"又吳週"無疑就是堯之前的一位古代帝王。下面就來討論有關這位古帝王的問題。（中略）

我們認爲，"週"只能作此人的私名解。古書記載的古史傳説的人名形式中，在部族名稱後加上部族首領私名的例子是極爲常見的，比如"有窮后羿"（見《左傳·襄公四年》、《昭公二十八年》；亦稱"夷羿"，見《左傳·襄公四年》，"夷"爲種族名），"有窮"爲部族名，"后"義爲"君"，"羿"，私名；"寒浞"（見《左傳·襄公四年》），"寒"，部族名，"浞"，私名；"夏后相"（相□啓之孫（編按：《左傳》注：夏后相，啓孫也），見《左傳·哀公元年》）。而形式與"有虞週"最爲接近的（即在國族名前面還加上"有"字的），古書中的例子有"有過澆"（《左傳·哀公元年》）和"有夏孔甲"（《左傳·昭公二十九年》）等。寒浞殺弈"因羿室"而生"澆"，後又"處澆於過"（《左傳·襄公四年》）。因爲"過"是一個古代部落名稱，故稱寒浞此字爲"有過澆"；"有夏孔甲"也稱"孔甲"，據杜預注，他是"少康之後九世君"。可見"有虞週"的命名是完全符合古代人名通則的。我們知道，《左傳·襄公四年》和《哀公元年》所記羿浞篡夏、少康中興之文，前人頗多疑之者。童書業先生指出，"其文字頗古，不類漢人之作。且其中多有神話殘迹……可能此類故事本爲楚地傳説，有神話及史事流傳於楚地而爲《左傳》作者所采，加以增飾，而成今左氏中此兩段文字"。僅從"有過澆"等人名與戰國楚簡中的古史傳説人名構成相合這一點來看，童氏此説也是相當有見地的。

值得注意的是，除了前文我們曾經提到過的"虞幕"外，古文獻中還有不少以"虞某"命名的虞君。《左傳·哀公元年》敘述少康爲躲避澆的追殺而"逃奔有虞"，而把二姚嫁給少康的有虞酋長是"虞思"。《左傳·昭公三年》、《昭公八年》還記載有虞舜的後人"虞遂"。舜以後的有虞部族首領可以稱"虞思"，其後人可稱"虞遂"，那麼舜之前的有虞部族首領稱"有虞週"是很好理解的，"週"應該就是這位部族首領的私名。所以"有虞週"就是指有虞部族名週的酋長。

簡5（左）和簡32"又吳週"三字的比較

《帝系新研——楚地出土戰國文獻中的傳説時代古帝王系統研究》頁48—54

【吳人】石鼓文

〇**强運開**（1935） 薛、趙、楊均釋作吳。運開按：此吳字非吳越之吳，乃古虞字。吳人即虞人也。虞人,掌山澤之官,亦主苑囿田獵。《禮》:"乃命虞人,入山行木,毋有斬伐。"《孟子》:"招虞人以皮冠。"是也。周師西敦:王在吳,格吳太廟。阮文達公按云:"古籍周王無適吳事。此吳字乃古虞字。"《詩·周頌》:"不吳不敖。"《史記·孝武紀》引作"不虞不驚"。《左·僖五年傳》虞仲,《吳越春秋》作吳仲。《漢書·地理志》云:"武王封周章弟中於河北,是北吳,後世謂之虞。"又《史記·吳世家》每以中國之虞,蠻夷之吳分別言之,亦以吳虞同字也。均可爲此吳字當讀若虞之確證。

《石鼓釋文》癸鼓,頁 1

○**何琳儀**(1998) 石鼓"吳人",讀"虞人",掌山澤苑囿之官。《禮記·王制》:"然後虞人入澤梁。"

《戰國古文字典》頁 500

【吳王】

○**容庚**(1964) 西周銅器銘文有矢王,余疑爲吳王,吳字省口,猶周字省口作甹。此戈余初釋爲大王,但吳字在春秋、戰國間,如吳王光鑑、攻吳王夫差鑑,吳字皆从口从大,則大王疑亦省口爲吳王。

《中山大學學報》1964-1,頁 81

○**殷滌非**(1984) 2.蔡昭侯五年,吳王光即位,蔡昭侯二十三年,吳王光爲越所敗卒,可見吳王光與蔡昭侯同時,墓內蔡昭侯爲大孟姬作的盧、尊等四器與吳王光爲叔姬所作的鑑同出,是可以理解的。問題在大孟姬"敬配吳王",此"吳王"爲誰? 叔姬"虔敬乃后",此"乃后"又是誰? 學者對此論及的不多。郭沫若先生考訂此蔡侯爲蔡侯産,所以他把"敬配吳王"的吳王,也誤爲夫差。後來我們又在淮南蔡家崗發現蔡侯産墓,證明郭老的考證,確是失誤。竊意此吳王不是夫差,而是他的父親吳王光(即闔廬)。蔡大孟姬出嫁時,光可能還是吳公子,蔡昭侯也還沒有稱侯。大孟姬與悼侯東國亦係兄妹或是弟妹關係。郭老説,屬大孟姬的四件媵器,銘文中均無"媵"字,"知非初嫁時媵器,乃已嫁之後爲器以贈之"。據此,因而鑄器時不以贈器時間爲紀年,仍以大孟姬出嫁的時間銘記於盧與尊器內。蔡尊奉周天子,銘中則自稱"肇轇天子",因用周敬王紀年,故銘"元年正月初吉辛亥"。又因補贈媵器時,光已爲吳王,蔡侯已稱侯,故盧、尊均自稱"蔡侯驪虔其大命",用作大孟姬盧、尊"敬配吳王"。

《考古與文物》1984-4,頁 62

【吳金】

○**陳佩芬**(1996) 吳金,吳在此當不是國名,在同一篇銘文中,國名一般不會用兩個不同字形來表示,如鄧公簋蓋銘:“隹夒(鄧)九月初吉,不故屯夫人們作夒(鄧)公,用爲夫人尊誃簋。”所以這吳金不能單純地理解爲吳國的吉金。在東周時代的青銅器上,鑄器作銘常稱“擇其吉金”,王孫遺者鐘銘“王孫遺者擇其吉金,自作龢鐘”。邾公牼鐘銘:“邾公牼擇其吉金,玄鏐膚呂,自作龢鐘。”姑馮勾鑃銘:“姑馮昏同之子擇其吉金,自作商勾鑃。”其吉金之上一字皆爲動詞,而没有作名詞的,因而這個吳也應當是動詞,字當假借爲御,御和吳古爲疑紐魚部,雙聲疊韻字,字音可以通假。御是進獻的意思,凡是奉於天子皆曰御。《詩・小雅・六月》:“飲御諸友。”毛亨傳:“御,進也。”《獨斷》上:“天子所進曰御,御者進也,凡衣服加於身、飲食入於口、妃妾接於寢,皆曰御。”《廣雅・釋詁》:“供、奉、獻、御……進也。”吳金即御金,可解釋爲吳王夫差以臣工或諸侯所獻之金鑄爲器用。十四年陳侯午敦銘:“陳侯午以群諸侯獻金,作皇妣孝大妃祐器釴敦。”此稱獻金,盉銘稱吳金,其意義相同,只是吳王夫差盉表達較爲簡潔而已。這是一種可能的解釋。御字在這裏還可作爲“用”字解,《楚辭・九章・涉江》“腥臊並御”,王逸注:“御,用也。”《荀子・禮論》“時舉而代御”,注:“御,進用也。”從銘文辭句來解釋,爲後者可能性較大。吳器銘習慣,如吳王夫差鑑銘:“攻吳王夫差擇其吉金,自作御鑑。”攻吳王光劍銘:“攻敔王光自作用劍。”大王光戈銘:“大王光趕(爰)自作用戈。”御與用義同,御金即用吉金。

《上海博物館集刊》7,頁 20—21

【吳𢓶】郭店・唐虞 27

○**荆門市博物館**(1998) 吳𢓶,似爲古書篇名。它與下引文句不見於今本古籍。

《郭店楚墓竹簡》頁 160

○**裘錫圭**(1998) “吳𢓶”疑當讀爲“虞詩”。

《郭店楚墓竹簡》頁 160

○**廖名春**(2000) 《郭店楚墓竹簡》的整理者以爲“吳𢓶”“似爲古書篇名。它與下引文句不見於今本古籍”。裘錫圭認爲“吳𢓶”疑當讀爲“虞詩”。從引文看,似爲散文,不像詩。因此,“吳𢓶”可讀爲“虞志”。郭店楚簡《語叢一》第 38、39 簡有“詩所以會古含之惹也者”句,其“惹”字,即志。信陽楚簡“戈人剛惹”,“惹”字釋作“𢓶”,實際也應讀作志。“志”可作“惹”,也可作“𢓶”。《左傳・成公四年》:“《史佚之志》有之曰:‘非我族類,其心必異。’”杜預注:“周文王大史。”《左傳・襄公三十年》:“《仲虺之志》曰:亂者取之,亡者侮之。"《仲虺之志》即《仲虺之誥》。《左傳・文公二年》:"《周志》有之:勇則害上,不登於明堂。"此二句又見於《逸周書・大匡》。可見《周志》即《周書》,先秦《尚書》亦可稱之爲"志"。《左傳・文公十八年》又載:"魯季文子使大史克對魯公曰……故《虞書》數舜之功曰:'慎徽五典,五典克從',無違教也;曰:'納於百揆,百揆時序',無廢事也;曰:'賓於四門,四門穆穆',無凶人也。"孔穎達疏:"此《虞書・舜典》之篇也。"在今文中,則屬《堯典》。這是春秋時已有《虞書》名稱之證。因此,楚簡有《虞志》之稱,自屬必然。其所引不見於今傳《尚書・虞書》,當爲《虞書》佚文。楚簡《唐虞之道》是對堯舜禪讓之道的論述,其説當有所本。而記載堯舜禪讓事迹的文獻,最原始的文獻爲《尚書・虞書》。從這一背景看,《虞志》爲《尚書・虞書》而不爲《虞詩》,可能更令人信服。

《郭店楚簡國際學術研討會論文集》,頁122—123

夭 

璽彙0911 楚帛書 郭店・唐虞11 睡虎地・日甲32背叁

○**陳槃**(1953) (**編按**:楚帛書)宎。

《史語所集刊》24本,頁193

○**商承祚**(1964) (**編按**:楚帛書)金文柳鼎夷作,此作,夷有平義,平則安於行。

《文物》1964-9,頁13

○**饒宗頤**(1968) (**編按**:楚帛書)曰……天乍羕。天�damage(棓)酒(將)乍(作)湯(蕩),降於其方。

字上缺,疑是芺,即祅,《説文》:"地反物爲祅。"下文屢見,即此字。《尚書大傳・洪範五行》,妖有服妖、詩妖、草妖、脂夜之妖等。(**中略**)

爲宎,即妖字。所見各句均可通讀。此處宎上一字似,上缺一筆,蔡季襄初摹本釋爲五,似可從。五妖,疑即《尚書大傳》所言服妖、詩妖、草妖、鼓妖之類,以配五行,故稱五妖,猶木之有五木也。

此句意謂戌歲有側匿月遲之象。如在亥歲,於邦家則有五妖並至之咎。

《史語所集刊》40本上,頁12—16

○**羅福頤等**(1981) (**編按**:璽彙0911、1965)矢。

《古璽文編》頁115

○**吳振武**(1983)　　0911 肖矢·肖(趙)□。

1965 郾矢·郾(燕)□。

《古文字學論集》(初編)頁 495、502

○**李零**(1985)　　下二字,首字殘泐,似爲"是"字的上半,下字缺,疑爲"是謂"二字。実,此字是經紅外線照相才辨認清楚,帛書実字舊多釋爲灾,台灣學者龍宇純始爲更正(見嚴一萍文後語引用),將此字隸定爲実,讀爲妖。按実字兩見於《莊子》:(1)《齊物論》"実者";(2)《徐無鬼》"未嘗好田而鶉生於実",《釋文》:"於実,字又作宎。"又《楚辭·招魂》"冬有突廈",王逸注:"突,複室也。"突與実是同一個字,皆假借爲突,這裏帛書則假借実字爲妖。妖字,除一般的災異外,古人還有一些特定的解釋,如《左傳》宣公十五年:"天反時爲災,地反物爲妖。"《説文》引以釋祆(即妖)字,又《説文》蟹字下引《衣服歌謠》"艸木之怪謂之祆,禽獸蟲蝗之怪謂之蟹"。這裏帛書説"卉木亡常,是謂妖",與《衣服歌謠》的説法正相吻合。這段話的意思大約是説,既有上述種種天變,則草木的生長也隨之出現種種怪異,而這些怪異也就叫作妖。

《長沙子彈庫戰國楚帛書研究》頁 52

○**高明**(1985)　(編按:楚帛書)夭字過去釋夷或実,按金文走字从夭寫作"夭",當釋実爲宜,通作妖或夭。《國語·魯語》"澤不伐夭",韋昭注"草木未成曰夭。"夭前二字殘壞,據其它詞例推測,當爲"是謂"二字,全詞則謂:"經絀達亂,草木不長,是謂夭。"

《古文字研究》12,頁 384

○**饒宗頤**(1985)　(編按:楚帛書)古代德與祆常對言,《史記·殷本紀》引伊陟云:"祆不勝德。"夭字上缺,即下文之夭,疑是芺,即祆,《説文》:"地反物爲祆。"下文屢見夭,即此字。《尚書大傳·洪範五行》,妖有服妖、詩妖、草妖、脂夜之妖等。《釋名·釋天》:"妖,夭也。妖害物也。"此處之妖似專指妖星,即下文之天棓。《開元占經·彗星占篇》引《荊州占》云:"歲星逆行過度宿者則生彗星。一曰天棓,二曰天槍,三曰天欃,四曰蚩星。"是也。

《楚帛書》頁 41

○**吳九龍**(1985)　　長沙子彈庫戰國帛書中數見夭字。例如:

　"□夭之行。"

　"佳天作夭,神則惠之。"

以上二例的夭字,過去有人釋作"灾"字,也有人釋作"夷"字,饒宗頤釋作"祆"字,各家所釋很不一致。

✦字也見於戰國古璽文字中,例如:

鮮于✦(《鐵云藏印》)　　　侯✦(同上)　　　司馬✦(《伏廬藏印》)

肖(趙)✦(《徐氏印譜》)　　　史✦(《浙江省博物館藏印》)

以上五例有人釋作"矢"字。

銀雀山漢簡有✦字。例如:

秋三月:一不時,多✦言。　　(《不時之應篇》)

此古之亡德之✦也。　　(《占書篇》)

✦恙(祥)見于天。"　　(同上)

此字又見於馬王堆漢墓帛書,例如:

如文王之它(施)者(諸)弘✦、散宜生也。　　(《老子甲本及卷後古佚書》)

"言所它(施)之者,不得如散宜生、弘✦者也。"　　(同上)

《尚書·君奭》曰:"惟文王尚克修和我有夏,亦惟有若虢叔、有若閎夭、有若散宜生、有若泰顛、有若南宮括。"《史記·周本紀》也記載着閎夭、散宜生歸附文王的故事。參照文獻證明✦即夭字。銀雀山漢簡的✦字,讀爲"妖",其舉例從文義上也都講得通順。

長沙子彈庫戰國帛書和古璽文字的✦字與銀雀山漢簡、馬王堆漢墓帛書的✦字結構相同。根據後者可以確定前者也是夭字。當戰國文字✦字轉化爲早期隸書✦字時,弧形的筆畫被拉直,正中一筆直寫,兩端彎曲的斜筆也寫成一斜畫。這些變化在古璽文字中是有所反映的,如古璽"侯✦",✦字原來兩端彎曲的斜筆已經拉直,與早期隸書✦字寫法很接近了。

夭字在甲骨文中寫作:

✦《殷虛書契後編》二·四·一三　　✦《殷虛文字甲編》二八一〇

✦《殷虛文字乙編》七八六

在金文中寫作:

✦《金文編》

戰國文字的✦字从"大",是✦字的繁體。《説文》夭字寫作"✦",與甲骨文、金文、古璽和漢簡的夭字寫法都不同,可能《説文》夭字是傳寫走樣了。

通過對銀雀山漢簡、馬王堆帛書夭字的認識,並與甲骨文、金文、戰國文字比較,使我們瞭解夭字的發展演變過程,大致如下:

$$✦→✦→✦$$

《出土文獻研究》頁 250—251

〇**何琳儀**(1986)　(編按:楚帛書)"実",陳槃《先秦兩漢帛書考》(《史語所集刊》

二十四本,1954 年)釋"灾",商承祚《戰國楚帛書述略》(《文物》1964 年 9 期)釋"夷",嚴引龍宇純、李棪齋隸定爲"実",讀"妖"。按原篆作"実",从宀从夭,至爲明晰。《古璽彙編》"史実"5621,"弗袄(祆)"3126、3865,"脂(闇)袄(訴)"0911 均从"実",《莊子·徐無鬼》"鶉生於実",疏:"実,東南隅。"帛書"実"凡四見均應讀"妖"。《左傳·宣公十五年》:"天反時爲災,地反物爲妖。"《説文》作袄。

《江漢考古》1986-1,頁 52

○睡簡整理小組(1990)　(編按:睡虎地·日甲 59 背)夭(妖)。

《睡虎地秦墓竹簡》頁 213

○嚴一萍(1990)　(編按:楚帛書)灾　商釋"夷"。説:"金文柳鼎夷作実,此作実,夷有平義,平則安於行。"按此亦灾字。

　(編按:楚帛書)灾,此字李棪齋先生釋"実"。

《甲骨古文字研究》3,頁 256、340

○曾憲通(1993)　此字或釋夷,或釋灾,嚴一萍氏引龍宇純始釋実而讀爲妖。古璽文"趙実"字作実,與帛文同。帛文解釋実的意思是"卉木亡常",與《説文》訓地反物爲袄同意,因知帛文実《説文》作袄。吳九龍據銀雀山漢簡和馬王堆帛書之夭字作夭,確定此亦夭字。

《長沙楚帛書文字編》頁 33

○朱德熙、裘錫圭、李家浩(1995)　(編按:望山 2·61)紙字所从"夭"旁原文作実,古璽印、長沙帛書"夭"字寫法與此同。馬王堆漢墓帛書和臨沂銀雀山漢墓竹簡"夭"字寫作夭,即由此演變而成。

《望山楚簡》頁 130

○劉信芳(1996)　(編按:楚帛書)実,讀如"袄",或作"妖";下文"兼"讀爲"祥",袄、祥互文見義。《戰國策·楚策四》:"將以爲楚國袄祥乎?"《左傳·宣公十五年》:"天反時爲災,地反時爲妖。"《荀子·王制》:"吉凶妖祥。"按:該句應是四字爲句,其上闕文應有重文或合文。

《中國文字》新 21,頁 85—86

○鄭剛(1996)　(編按:楚帛書)妖星數見,在篇首有"□……妖",文義似指妖星出現;"凡歲德匿,如□佳邦所,五妖之行",指的是歲星失次側匿,則在某邦國的位置上生出五個天妖;"□……上妖,三寺是行",三時指的是三個月(見下文),全句義爲歲星失次後三個月内有天妖運行,與《漢書》引甘氏所謂三月内化爲流星正同。

《簡帛研究》2,頁 63—64

○**陳茂仁**(1996)　(編按:楚帛書)犬(夭),夭字上形殘,或釋"災",或釋"実",據殘形知爲宎(《天象篇》五·23)。當釋作"夭",吳九龍論述甚詳,其舉地下出土之《老子甲本及卷後古佚書》,與流傳之古籍《尚書·君奭》等對照,論證得出戰國文字"宎"即今"夭"字,吳説可從。夭,作"災禍"解。《詩經·小雅·正月》:"天夭是椓。"鄭箋:"夭,災也。"

《楚帛書研究》頁 196

○**荊門市博物館**(1998)　(編按:郭店·唐虞11)実,讀作"夭"。《釋名·釋喪制》:"少壯而死曰夭。"

《郭店楚墓竹簡》頁 159

○**何琳儀**(1998)　夭,甲骨文作犬(甲二八一〇),象人搖擺雙臂奔走之形。奔走臂必屈,故夭引申義爲屈。金文作犬(亞毀爵)。戰國文字承襲商周文字,或反向作犬形。

　　晉璽夭,人名。

　　帛書実,讀祆。《説文》:"祆,地反物爲祆。从示,芺聲。"典籍通作妖。

《戰國古文字典》頁 281

○**李零**(2000)　(編按:楚帛書)"夭",龍宇純釋"実",其實此字並不从宀,乃是夭字的變體,詳見吳文考證。

《古文字研究》20,頁 165

○**陳久金**(2001)　(編按:楚帛書)當天體運行出現反常時,草木的生長也出現反常,由此古人便認爲有妖氣發生了。《左傳·宣公十五年》説:"天反時爲災,地反物爲妖。"與帛書卉木亡常是謂妖的説法相吻合。

《帛書及古典天文史料注析與研究》頁 77

○**劉信芳**(2002)　(編按:楚帛書)□□夭,天地乍羕:

　　"夭",董作賓先生(A1955)、嚴一萍先生(A1968)釋"災"。龍宇純、李棪(編按:此處脱"齋"字)先生釋"実"(龍宇純1967年4月17日致嚴一萍函,轉引自嚴A)。饒宗頤先生(E1968)謂字讀爲"祆"。吳九龍先生(A1985)、李零先生(B1988)隸作"夭"。按字又見於郭店簡《唐虞之道》11"安命而弗夭",其字形从大而有曲畫在腰,戰國文字"夭"多如是作。字讀爲"祆",或作"妖"。

《子彈庫楚墓出土文獻研究》頁 59

○**劉信芳**(2002)　(編按:楚帛書)"妖"謂妖星。《開元占經》卷八十五引《黄帝

占》："妖星者，五行之氣，五星之變。如見其方，以爲災殃。各以其日五色占
知，何國吉凶決矣。"如《河圖》所記：

歲星之精，流爲天棓（又天槍、天猾、天沖、國皇、反登等）

熒惑之精，流爲析旦（又蚩尤旗、昭明、司危、天欃等）

填星之精，流爲五殘（又六賊、獄漢、大賁、照星、紬流等）

太白之精，散爲天樹（又天杵、伏靈、大敗、司奸、天狗、天殘等）

辰星之精，散爲枉矢（又破女、扶樞、滅寶、繞綖、驚悝等）

所記與《史記・天官書》索隱引孟康注多結合。

就歲星之"生、散"而言，《史記・天官書》："（歲星）其失次以下，進而東北，
三月生天棓，長四丈，末兑。進而東南，三月生彗星，長二丈，類彗。退而西北，
三月生天欃，長四丈，末兑。退而西南，三月生天槍，長數丈，兩頭兑。"《正義》：
"歲星之精散而爲天槍、天棓、天沖、天猾、國皇、天欃、登天、荊真、若天猿、天垣、
蒼彗，皆以廣凶災也。"則"五妖"泛指妖星，與"五星"相對而成辭。

《子彈庫楚墓出土文獻研究》頁74—75

喬　喬

陶録6·451·6　璽彙1237　侯馬156:21　侯馬156:19　侯馬156:23

包山49　包山265　郭店·老甲7　上博三·彭祖2

集成2794楚王酓忎鼎　包山141　郭店·唐虞17

○吳大澂（1884）　喬　喬　古鉢文。

《説文古籀補》頁41，1988

○山西省文物工作委員會（1976）　喬　委質類被誅討人名趙喬。

《侯馬盟書》頁334

○朱德熙、裘錫圭（1979）　（編按：集成2840中山王鼎）喬（驕）。

《文物》1979-1，頁49

○張政烺（1979）　（編按：集成2840中山王鼎）母（毋）富而喬（驕），喬，讀爲驕。

《古文字研究》1，頁231

○趙誠（1979）　（編按：集成2840中山王鼎）勖（驕）。

《古文字研究》1，頁259

○**李學勤、李零**（1979）　（編按:集成 2840 中山王鼎）喬（驕）。

《考古學報》1979-2,頁 155

○**于豪亮**（1979）　（編按:集成 2840 中山王鼎）喬即驕之本字。《禮記·坊記》:"小人貧斯約,富斯驕。"《論語·學而》:"貧而無諂,富而無驕。"與銘文意同。

《考古學報》1979-2,頁 176

○**羅福頤**（1979）　（編按:集成 2840 中山王鼎）鼎未又深戒以爾毋大而泰,毋富而喬（憍）,毋衆而囂（傲）,以期子孫永定保之,毋爲人所并。

《故宮博物院院刊》1979-2,頁 82

○**羅福頤等**（1981）　喬。

《古璽文編》頁 256—257

○**商承祚**（1982）　（編按:集成 2840 中山王鼎）楚王酓肯鼎作喬,形近似。此用爲驕字。

《古文字研究》7,頁 60

○**吳振武**（1982）　喬（喬）:喬字金文《邵鐘》作喬或喬,于省吾先生認爲"喬字的造字本義,係於高字上部附加一個曲畫,作爲指事字的標志,以別於高,而仍因高字以爲聲",當屬"附畫因聲指事字"（《釋林·釋古文字中附畫因聲指事字的一例》）。古璽文中喬字或作喬,是在喬上加注音符"九"。古陶文又有喬,當是在高（高）上加注音符"九",也是喬字,《侯馬盟書》中喬字或作喬,喬等形,從高聲,可證。

《吉林大學研究生論文集刊》1982-1,頁 59

○**吳振武**（1983）　1237 喬驕·喬（喬）驕。

《古文字學論集》（初編）頁 497

○**陳邦懷**（1983）　（編按:集成 2840 中山王鼎）按,喬字《説文》夭部作喬,許説:"從夭,從高省。"鼎銘喬字,從力從高,非喬字。《集韻》藥韻:"劢,舉足高也。"極虐切,音噱。喬字從高,疑爲劢字或體。而借爲驕。鼎銘"毋富而驕",用《論語》"富而無驕"句。

《天津社會科學》1983-1,頁 69

○**胡光煒**（1995）　喬從又從高,蓋即喬之異文。喬從高省聲,亦有不省者。邵鐘喬,説者釋喬喬。古鉢喬詰,即喬詰。喬釋爲喬,而讀爲鐈。《説文·金部》:"鐈,似鼎而長足。從金,喬聲。"此鼎云高尺六寸。按圖,足之高殆過其半,形制異於他鼎,故得稱鐈鼎,猶言高鼎矣。

《胡小石論文集三編》頁 175

○**何琳儀**（1998） 喬,春秋金文作❀(邵鐘)。从高,高亦聲。其上彎筆表示"高而曲"之意,指事。或作❀(齊喬父鬲匜作❀),从八與从∩指事符號單複無別。或作❀(喬君鉦),上从止,下从高,會足行高處之意。蹻之初文。《説文》:"蹻,舉足行高也。从足,喬聲。"指事字與會意字混而爲一。或作❀(邵鐘),上从❀形由止旁譌變。戰國文字承襲春秋文字。或作❀,上从又形由❀形譌變。或作❀,止形下移。楚文字上从九,乃又形之變,九亦聲。喬,溪紐宵部;九,見紐幽部。見、溪均屬牙音,幽、宵旁轉。晚周文字喬,既有指事,亦有會意、形(編按:疑脱"聲"字)。

淳于公戈喬,姓氏。係出姬姓,本橋氏,其後去木爲喬氏。見《唐書・宰相世系表》。由古璽驗之,喬姓字本不从木。

燕璽喬,姓氏。

晉璽喬,姓氏。

楚金喬,讀鐈。《説文》:"鐈,似鼎而長足。从金,喬聲。"楚式鼎鼎足高而曲,與喬之本意"高而曲"吻合,故稱"喬(鐈)鼎"。

包山簡喬,姓氏。包山簡"喬鼎",見上。

古陶喬,姓氏。

《戰國古文字典》頁 294

○**李零**（2002） (編按:上博二・容成 29)喬能䢺㣇,即"驕態始作",指訟獄之事起。

(編按:上博二・容成 47)喬(鎬)。

《上海博物館藏戰國楚竹書》(二)頁 273、287

○**劉信芳**（2003） (編按:包山 265)喬:讀爲鐈,《説文》:"鐈,似鼎而長足。"《急就篇》:"釭鐗鍵鉆冶固鐈。"師古《注》:"鐈者,以鐵有所輔助。"出土實物有鐵足環鈕鼎二件(標本 2:250、2:152)。

《包山楚簡解詁》頁 285

○**濮茅左**（2005） (編按:上博五・季庚 4)"喬",《經典釋文》:"喬,其驕反。喬,高也。"又:"喬,音驕。本亦作驕。""驕",矜肆、放縱。

《上海博物館藏戰國楚竹書》(五)頁 208

○**王恩田**（2007） 喬。

《陶文字典》頁 271

○**李守奎、曲冰、孫偉龍**（2007） 喬 ~~犇~~三・彭2・39 按：借筆。

《上海博物館藏戰國楚竹書（一—五）文字編》頁472

【喬尹】包山49

○**何琳儀**（1993） 郍左喬尹49（包山）

“喬尹”又見107，疑讀“囂尹”。楚國官名。《左・昭十二》：“囂尹午。”

《江漢考古》1993-4，頁56

○**石泉**（1996） 喬尹，楚地方官名。包山楚簡107、117有漾陵喬尹爲漾陵借貸越異之金的記載。具體職掌未詳。

《楚國歷史文化辭典》頁142

○**何琳儀**（1998） 包山簡“喬尹”，讀“囂尹”。楚國官名。《左・昭十二年》：“囂尹午。”

《戰國古文字典》頁294

【喬差】包山49、108

○**石泉**（1996） 喬佐，楚地方官名，包山楚簡49、108等簡有鄼喬差、株陽喬差的記載。“差”即佐。喬差當即喬尹之佐，爲喬尹的副職。具體職掌不明。

《楚國歷史文化辭典》頁142

○**劉信芳**（2003） 喬差：職官名，“差”讀“佐”。“喬差”又見簡108、128反，下文有“左喬尹”，117有“喬尹”，107有“與喬尹”，108有“與喬差”，128、141諸簡有“少里喬與尹”，曾156有“憄與尹”。“憄”同“喬”。“喬”讀爲“矯”，假也。《史記・項羽本紀》：“相與共立羽爲假上將軍。”《正義》：“假，攝也。”諸以“喬”爲名之職官並爲攝行代理之職。

《包山楚簡解詁》頁57

○**陳偉等**（2009） 今按：“差”讀爲“佐”，當是。喬差爲下文左喬尹之佐，屬於以“喬”爲名的官系，職掌待考。

《楚地出土戰國簡册》（十四種）頁30

㝃 㝃 狨

㝃上博四・昭王3 矯上博五・姑成3 㝃睡虎地・秦律5

○**睡簡整理小組**（1990） （編按：睡虎地・秦律5）不幸死，秦漢時習語，《漢書・高帝紀》：“漢王下令，軍士不幸死者，吏爲衣食棺斂，轉送其家。”

《睡虎地秦墓竹簡》頁 20

〇何琳儀（1998）　睡虎地簡“不幸”，見《論語·雍也》“不幸短命死矣”，皇疏：“凡應死而生曰幸，應生而死曰不幸。”

《戰國古文字典》頁 780

〇陳佩芬（2004）　(編按：上博四·昭王 3)“狀”，從犬，屰聲，讀爲“逆”。“不逆”是君子的謙稱；“不逆之君”即有道之君，《晏子問下》：“君子懷不逆之君。”

《上海博物館藏戰國楚竹書》（四）頁 184

〇李朝遠（2005）　(編按：上博五·姑成 3) 狀，從芉從犬，不識，待考。可能是“成、就、果、濟、獲”等一類意思。

《上海博物館藏戰國楚竹書》（五）頁 242

〇陳劍（2005）　(編按：上博四·昭王 3)前舉《昭王毀室》之字左半所從其實是“倒矢”形。楚系文字作“倒矢”形和從“倒矢”形的字很多，今將字形比較清晰的列舉如下：

矢：**曾侯乙墓簡 3**　**曾侯乙墓簡 37**　**上博簡《孔子詩論》22**　**上博簡《容成氏》2**

　　　上博簡《容成氏》18

弡（射）：**鄂君啟舟節**　**包山簡 38**　**包山簡 38**　**包山簡 138**

　　　　郭店簡《窮達以時》8

矦：**包山簡 190**　**包山簡 36**　**包山簡 60**

矰：**包山簡 165**

由以上諸形可以清楚地看出“倒矢”形在“矢鏃”形的前端加飾筆小點，小點又演變爲小短橫或一長橫的軌迹。現在大家已經知道，楚系文字作“倒矢”形的字就是“矢”字。今本《詩經·齊風·猗嗟》“四矢反兮，以御亂兮”，《上海博物館藏戰國楚竹書(一)·孔子詩論》簡 22“矢”字正作“倒矢”之形，可證。如果説這類“倒矢”形跟其它國家和地域文字中的“屰”旁還算相近的話，跟楚系文字中的“屰”旁則可説截然有別。

　　由上文的分析可知，簡文此字實爲左從“倒矢”右從“犬”，仿照“函”字中的“倒矢”形演變爲“芉”形，此字可隸定作“狀”。我們認爲“狀”就是“幸”字。
（中略）

　　由此可見，秦漢文字中的“幸”字較爲原始的寫法實當分析爲上從“犬”下從“倒矢”形。古文字的偏旁作左右平列和作上下重疊沒有區別是常見的現

象,所以我們認爲,從字形上看《昭王毀室》的“狀”字就是“幸”字。“幸”字從
“矢”從“犬”,其形體結構及造字本義還有待進一步研究。

《漢字研究》1,頁 458—461

○**林素清**(2007)　陳劍雖釋爲幸字,但對其形體結構及造字本義仍無法釐清,
表示這樣釋讀並不完美。董珊釋爲“犾”,讀爲“佞”,於字形隸定是可取的,但
我認爲此字應讀如“憖”本義,“願也”即可,其用法近於《詩經》“不憖遺一老”和
《左傳》魯哀公誄孔子“昊天不憖遺一老”。之後,“天不憖遺”已成爲天子哀大
臣的挽詞,以後更爲一般士人所套用。如《漢平輿令薛君碑》《高陽令楊著碑》
“不憖遺君”、《齊竟陵文宣王行狀》“天不憖遺,梁岳頹峻”等。隸變後憖字出現
多種寫法,或從夾、從支、從夂,或從犬從未等。“不憖”是一種感傷用語。《昭王毀
室》簡文“不憖”之用法,尤其和《包山楚簡》對訴訟案件結果感到“不憖”的用法更
相近,是一種士大夫對上屬或君王(視日)表達“不甘願”的含蓄説詞。(中略)

　　同於《昭王毀室》之“不憖”,我認爲《姑成家父》**㦂**字也當釋爲憖。“憖,
肯也,願也”,簡文意思是“願意”與“不願意”。是可經由主觀判斷而選擇的,
與操之在天的“幸”與“不幸”語意不同。

《古文字與古代史》1,頁 524—526

△**按**　上博四《昭王毀室》3 的“犾”字,董珊(《讀〈上博藏戰國楚竹書[四]〉
札记》,簡帛網 2005 年 2 月 20 日)釋爲“犾”,讀爲“佞”。可參。上博五《姑成
家父》3 的“犾”字,季旭昇(《上博五芻議》[下],簡帛網 2006 年 2 月 18)依循
陳劍釋“幸”,何有祖(《〈季庚子問於孔子〉與〈姑成家父〉試讀》,簡帛網 2006
年 2 月 19 日)同意陳、季之説,但認爲其字右部與“犬”不類,似更接近“虎”
字。高佑仁(《〈姑成家父〉札記一則》,簡帛網 2006 年 2 月 24)以爲右旁釋作
“犬”應當還在可以被接受的範圍,陳偉(《〈苦成家父〉通釋》,簡帛網 2006 年
2 月 26)也從季説。清華叁《芮良夫毖》簡 9“幸”字作“**㚲**”,可參。

奔 犇 犇

璽彙 3693　　集成 2840 中山王鼎　　包山 6

石鼓文·田車　石鼓文·霝雨　　睡虎地·日甲 152 正叁

○**吳大澂**(1884)　奔　犇　石鼓文,類小篆。變屮爲屮自此始。

《説文古籀補》頁 41,1988

○**羅振玉**(1916) (**編按**:石鼓文)𧾷𧾷𧾷,《音訓》,𧾷𧾷𧾷今作奔。箋曰,𧾷𧾷𧾷即奔字,从三夭,象衆奔之形。盂鼎奔作[glyph],即省𧾷𧾷𧾷之三夭爲一夭,由𧾷𧾷𧾷省作𡴘。又由三止變爲三屮,古文止、屮形最相近易致混也。然戊鼓奔字已作[glyph],克鼎亦然。知[glyph]之變[glyph],固已古矣。又𧾷𧾷𧾷下應有重文,諸本皆缺,顧研本獨有之,足證顧刻主本必爲北宋善本矣。

《羅振玉學術論著集》1,頁 523,2010

○**張政烺**(1934) (**編按**:石鼓文)字从三"夭",何有於奔意? 謂"𧾷𧾷𧾷"省作"𡴘"訛作"奔",尤覺牽强。盂鼎乃範沙或剔治者之誤,不能據孤證以爲故實。《説文》:"奔,从夭,卉聲。"段《注》:"大徐作'賁省聲',非。此十三部、十五部合音。"羅氏蓋驟見"奔"與"卉"聲不相類而有其説歟。碣文"𧾷𧾷𧾷"與"旃"爲韻(旃,从㫃申聲)。三"走"並列,有衆走蹸𨅬踐踏之意,當與"蹸"音義同。《説文》:"蹸,轢也。从足,粦聲。"殆後起之形聲字。《詩·車鄰》傳:"鄰鄰,衆車聲也。"碣義近之。

《張政烺文史論集》頁 19,2004

○**强運開**(1935) (**編按**:石鼓文)鄭漁仲、趙古則、楊升庵均釋作奔。張德容云:"鄭説非也。第五鼓有奔字,此是走字,籀文从三作。凡籀文多从三作之字,如宍作𡿭、乃作𠄎、卤作𠧪皆是。"羅振玉云:"𧾷𧾷𧾷即奔字,从三夭,象衆奔之形。盂鼎奔作[glyph],即省𧾷𧾷𧾷之三夭爲一夭,由𧾷𧾷𧾷省作𡴘。又由三止變爲三屮,古文止、屮形最相近易致混也。戊鼓奔字已作[glyph],克鼎亦然。知[glyph]之變[glyph],固已古矣。"運開按:張、羅二氏之説均甚近理。但戊鼓既有奔字,辛鼓亦有夭字,則作奔作夭俱未可定也。竊考《説文》:"走,趨也。"又赴篆下亦曰:"趨也。"而"赴疾"之"赴"則作"䨲","䨲,疾也。从三兔"。段注云:"《玉篇》《廣韻》皆曰:'急疾也。'今作趕。《少儀》曰:'毋拔來,毋報往。'注云:'報讀爲赴疾之赴。拔、赴皆疾也。'按赴、趕皆即䨲字。今字䨲、趕皆廢矣。"又云"从三兔與三馬、三鹿、三犬、三羊、三魚取義相同。兔善走,三之則更疾矣"等語。此篆从三走作𧾷𧾷𧾷,亦有急疾意,與从三兔同義。當即籀文赴字,小篆則作䨲也。上文言"麋豕孔庶,麀鹿雉兔"讀𧾷𧾷𧾷爲赴,則"庶、兔、赴"於韻亦叶。按其句法,當有重文。

《石鼓釋文》丙鼓,頁 10—11

○**劉彬徽、彭浩、胡雅麗、劉祖信**(1991) (**編按**:包山 6)犇(奔)。

《包山楚簡》頁 17

○**劉釗**(1991) "訛混"有時會産生新的構形因素,這些構形因素又成爲新的構字成分。如以大家熟知的"止—屮"訛混爲例,金文"奔"字作:

　　盂鼎　　　　　井侯簋　　　　效卣　　　　克鼎

　　以上字本從三"止"以會快速奔跑之意,後來字所從之三"止"有訛爲三"中"者,此三"中"又從"奔"字中分離出來,仍然保留着"奔"的讀音並成爲一個新的聲符。

《古文字構形學》頁 141,2006

○**何琳儀**(1998)　奔,金文作光(盂鼎)。從夭從三止,會人搖臂奔跑如飛之意。或作光(克鼎),三止訛作三中形,小篆遂誤以從卉(賁聲)。戰國文字承襲金文。或加一横爲飾,或從三走會意,應屬繁化。

《戰國古文字典》頁 1361

　　犇,從三牛,會衆牛奔跑之意。《説文》未收,奔之異文。《集韻》:"奔,古作犇。"

　　包山簡犇,讀奔,姓氏。神農娶奔水女,後有奔氏。見《世本》。

《戰國古文字典》頁 1361

△**按**　甲骨文有字作↯、↯、↯、↯、同等形(《新甲骨文編》578 頁),《新甲骨文編》隸定爲"旌",置於"奔"字之下。《甲骨文字編》(1184—1185 頁)直接隸定爲"奔"字。《甲骨文字詁林》認爲"字可隸作'旌',與'旋'當同字,並當釋'旋'。説見 3020'旋'字條"(《甲骨文字詁林》3056—3057 頁)。花東卜辭 295.1 和 381.1 有字分別作↯、↯形,姚萱(《殷墟花園莊東地甲骨卜辭的初步研究》99—114 頁,線裝書局 2006 年)隸定爲"徔",釋爲"奔",並認爲金文中的↯(召卣)、↯(麥盂)、↯(麥方尊)之形也當釋爲"奔"。

【奔走】集成 2840 中山王鼎

○**張政烺**(1979)　奔走,見西周金文盂鼎、井侯簋、效卣,《詩·周頌·清廟》,《尚書·多士、君奭、多方》等篇,皆言大臣供事廟堂之上,此處義同。

《古文字研究》1,頁 228

○**湯餘惠**(1993)　司馬賈不接受王䝔的賜命而奔走在外,因此下文有"寡人懼其忽然不可得"的話。或解"奔走"爲大臣供事於廟堂,和下文"不聽命"齟齬不合,恐非。

《戰國銘文選》頁 36

○**何琳儀**(1998)　中山王鼎"奔走",見《詩·周頌·清廟》:"駿奔走在廟。"《左·昭卅一》"攻難之士,將奔走之",注:"奔走,猶赴趣也。"

《戰國古文字典》頁 1361

【奔命】睡虎地・爲吏 28

○**睡簡整理小組**（1990）　奔命，一種軍隊的名稱。《漢書・昭帝紀》注：“舊時郡國皆有材官騎士，以赴急難……聞名奔走，故謂之奔命。”

《睡虎地秦墓竹簡》頁 175

△**按**　“奔命”一詞又見於張家山漢簡，張家山漢簡《二年律令・興律》399：“當奔命而逋不行，完爲城旦。”陳松長《嶽麓書院所藏秦簡綜述》（《文物》2009 年 3 期 75—88 頁）一文指出“嶽麓書院所藏秦簡中第一次見到‘奉敬律’”，陳偉（《“奔警律”小考》，簡帛網 2009 年 4 月 22 日）將“奉”改釋爲“奔”，讀“敬”爲“警”，並指出“秦《奔敬律》與魏《奔命律》也許存在某種關聯”。曹旅寧在陳偉考釋的基礎上對“奔警律”補論，詳參《嶽麓秦簡“奔警律”補考》（簡帛網 2009 年 4 月 25 日）。張家山漢簡《奏讞書》簡 137“及屯卒□敬”，大丙（網名）（《“奔警律”補例》，復旦網 2009 年 4 月 27 日）將簡 137 闕釋之字釋爲“奔”，認爲“奔敬（警）”一詞亦見於漢簡。

交

秦陶 1181　　陶録 3・615・3　　璽彙 0669　　睡虎地・答問 74

包山 146　　上博一・詩論 20　　上博四・逸詩・交交 3

郭店・性自 10

○**丁佛言**（1924）　交　　古鉢，王交。　　古鉢，必可交仁。

《説文古籀補補》頁 46，1988

○**史樹青**（1955）　（編按：仰天湖 7）骨交就是結交起來，“鈁骨交”可能就是銅鈁用絲帶纏繞起來的意思。

《長沙仰天湖出土楚簡研究》頁 26

○**中大楚簡整理小組**（1977）　第四十一簡　　☐紫㠯，白金之交，黃☐組☐
　　第四十二簡　　☐黃生角之交，白金之阞哉☐

“☐黃生角之交”，不明究指何物。或謂上簡及此簡之“交”應讀爲“絞”，乃斂尸所用收束衣服之帶。《儀禮・士喪禮》“緇絞，橫三縮一”，注：“緇，屈也；絞，所以收束衣服爲堅急者也，以布爲之。”《禮記・喪大記》“小斂布絞”，注：“絞，既斂所用束堅之者。”然絞帶而云“紫㠯白金”“☐黃生角”,亦頗費解。

《戰國楚簡研究》3,頁 57

○**羅福頤等**(1981)　交。

《古璽文編》頁 257

○**睡簡整理小組**(1990)　(編按:睡虎地·答問 74)交,俱,見《孟子·梁惠王上》注。

《睡虎地秦墓竹簡》頁 111

○**高明、葛英會**(1991)　交。

《古陶文字徵》頁 13

○**郭若愚**(1994)　(編按:仰天湖 7)交,通鉸。《文選》顔延之《赭白馬賦》:“寶鉸星纏。”注:“鉸,裝飾也。”“骨交”即骨飾,謂龍嫛以骨製爲飾物也。

《戰國楚簡文字編》頁 125

○**朱德熙、裘錫圭、李家浩**(1995)　(編按:望山 2·6)仰天湖七號簡有“骨交”,與“骨玟”當爲同語的異寫。此墓一八號簡又有“黃生角之交”,一九號簡又有“白金之交”。“交”當是器物上的一種飾物或附件。

《望山楚簡》頁 117

○**何琳儀**(1998)　交,甲骨文作𡗥(甲八〇六),構形不明。金文作𡥀(交鼎)。戰國文字承襲商周文字。或作𡙽形。頗具特點。

仰天湖簡、望山簡交,讀骹。《説文》:“骹,脛也。”引申爲物之末端。包山簡交,交付。

秦璽“交仁”,接交仁人。

《戰國古文字典》頁 296

○**陳寧**(1998)　(編按:郭店·性自 11)《郭店》釋文小組没有解釋“交、出”二字。交可訓爲“更”。《小爾雅·廣詁》:“交,更也。”《吕氏春秋·務大》高誘注“交相爲贊”曰:“交,更也。”交性即易性。

《中國哲學史》1998-4,頁 41

○**向世陵**(1999)　(編按:郭店·性自 11)3.“交性者,故也。”不論是動性還是奉性,都屬於性與外物之間的相互交流,但這種交流由於以“美情、性善”爲本,尚處於原始質樸的階段,故可以在“未爲、未言”的情況下予以實現。但是,隨着性與外界的交流進一步加深和多向性的擴展,這種交流便脱離了原始質樸的階段而表現爲積極有爲的有目的性的活動,“有爲也者之謂故也”(《性自命出》)。

《孔子研究》1999-1,頁 74

○**黃人二**（1999）　（編按：郭店・魯穆 6）效（要）：裘錫圭先生據文義於缺文有補，注釋（二）：“夫爲其君之古（故）殺其身者，嘗又（有）之矣。亙（亟）禹（稱）其君之亞（惡）者，未之有也。夫爲其［君］之古（故）殺其身者，效（要）录（禄）雀（爵）者也。亙（亟）［稱］［其］［君］之亞（惡）［者］，［遠］录（禄）雀（爵）者［也］。［爲］義而遠录（禄）雀（爵），非（微）子思，虚（吾）亞（烏）昏（聞）之矣。”效，要也。“要”在《論語・憲問》“見利思義，見危授命，久要不忘平生之言，亦可以爲成人矣”中作“約”講，義同《唐虞之道》“約而不悁”之“約”；《論語・憲問》：“雖曰不要君，吾不信也。”“要”，干求也。簡文意思同後者。《孟子・公孫丑上》：“非所以内交於孺子之父母也，非所以要譽於鄉黨朋友也，非惡其聲而然也。”一要譽，一要禄爵也。

　　　　　　　　　　　　　　　《張以仁先生七秩壽慶論文集》頁 399—400

○**劉昕嵐**（2000）　（編按：郭店・性自 11）此處“交”字應作動詞用，然確義不明，考之下文曰“交性者，故也”“有爲也者之謂故”（爲一特定目的而有所作爲稱之曰“故”，詳見本文箋注㉓及㉗），則其義疑同“教”，即“使”也。

　　　　　　　　　　　　　　　《郭店楚簡國際學術研討會論文集》頁 334

○**陳偉**（2000）　（編按：郭店・性自 11）交，交接，會合，與逆義近。

　　　　　　　　　　　　　　　《中國哲學史》2000-4，頁 7

○**濮茅左**（2001）　（編按：上博一・性情 25）交，接交。接交有其原則，《法言・重黎》：“或問‘交’，曰：‘仁。’”上交，指賤者與貴者接交。下交，指尊者與微賤者接交。

　　（編按：上博一・性情 30）交，交往。

　　　　　　　　　　　　　　　《上海博物館藏戰國楚竹書》（一）頁 256、264

○**孟蓬生**（2002）　（編按：郭店・魯穆 6）“效”當讀爲“徼”或“要”，義爲“追求、求取”，與“遠禄爵”相對。古音交聲、敫聲或要聲相通，故“效”可以通“徼、要”。《論語・陽貨》：“惡徼以爲智者。”《經典釋文》：“鄭本作絞。”《文選・西京賦》：“微行要屈。”薛注：“要或爲徼。”《吕氏春秋・順民》：“願一與吴徼天下之衷。”高注：“徼，求也。”《左傳・文公二年》：“寡人願徼福於周公、魯公以事君。”杜注：“徼，要也。”《孟子章句・告子下》：“今之人，修其天爵以要人爵。”趙注：“要，求也。”《吕氏春秋・直諫》：“將以要利也。”高注：“要，求也。”《淮南子・主術》：“是故臣盡力死節以與君，君計功垂爵以與臣。是故君不能賞無功之臣，臣亦不能死無德之君。”臣下“盡力死節”即“爲其［君］之故殺其身”，目的是換取國君的“計功垂爵”，亦即“效（徼、要）禄爵”。

《簡帛語言文字研究》1，頁 30

○陳偉（2003）　（編按：郭店·性自 10、11）室，原釋爲“交”，裘錫圭先生釋爲“室”，讀爲“實”。今從之，動、逆、室等字的訓釋，詳下文。

[二]動，觸動，感應。“動性”句與前文“待物而後作”相關。逆，通迎，爲迎逢、迎合之意。“逆性”句與前文“待悦而後行”相關。室，讀爲“實”，充實義。

《郭店竹書别釋》頁 183—184

○濮茅左（2003）　（編按：上博三·周易 33）“交孚”，交往誠信無疑。

《上海博物館藏戰國楚竹書》（三）頁 181

○裘錫圭（2003）　郭 9—11：“凡性……或爻之……爻性者古（故）也……”上引按原形摹出之字，《郭簡》釋爲“交”。上 4、上 5 的相應之字作𢙢，《上博》釋爲“忞”，讀爲“交”。上博簡此字“心”旁之上所從之字，顯然不是“交”，《上博》對此字的釋讀受了《郭簡》的誤導。其實上舉郭店簡之字本非“交”字。此字上部確與楚簡“交”字上部同形（楚簡“交”字見《滕編》第 784 頁，《張編》第 48 頁，《上博》的《孔子詩論》20、23），但其下部形近於“又”，則與“交”字截然有别。上博簡與此字相當之字，實應分析爲从“心”“室”聲。楚簡“室”字或作𡩟、𡨢等形（《滕編》第 603 頁第 4 行、7 行），與其上部相近。同屬上博簡《性情論》的 25 號簡的“至”字作𡊁，35 號簡“至”字略同。上舉見於上 4、上 5 之字的“室”旁所從之“至”，就是這種“至”字減省下面的横畫而成的。所以要加以減省，當是由於下面還要加“心”旁。根據上博簡的“憲”字，可以斷定郭店簡的相應之字就是“室”字的誤摹。《性情論》18 號簡的“至”字作𡊀，如果“室”字所從之“至”作此形而又没有加最下面的小短畫，就有可能被誤摹成那種樣子。

在上引簡文中，“室”和“憲”似應讀爲“實”。“室”和“實”上古音都屬質部，聲母也很相近。《就（編按：“就”當是“説”字之誤）文》：“室，實也。”以“實”爲“室”的聲訓字。此二字應該可以相通。古以心實爲美德，可參閲《説文》“憲，實也”段注。“憲”字在古書中多作“塞”，如《詩·邶風·燕燕》：“秉心塞淵。”“室”和“憲”的關係跟“塞”和“憲”的關係相類。“實心者古也”之“古”，各家都讀爲“故”。《左傳》定公十年：“齊魯之故，吾子何不聞焉。”杜注：“故，舊典。”《公羊傳》昭公三十一年：“公扈子者，邾婁之父兄也，習乎邾婁之故。”何

注:"故,事也。"據文義,此"故"實指故事。《禮記・曲禮下》:"君子行禮,不求變俗。祭祀之禮、居喪之服、哭泣之位,皆如其國之故,謹修其法而審行之。"《正義》:"皆如其國之故者,謂故俗也。"簡文之"故",義當與上引諸"故"相類。《性自命出》篇下文說:"有爲也者謂之故。"(郭 13)又說:"詩,有爲爲之也。書,有爲言之也。禮樂,有爲舉之也。"(郭 16)這說明《性自命出》的作者是把"故"跟"詩書禮樂"聯繫在一起的。《荀子・勸學》:"詩書故而不切。"也反映出詩書和故的關係。

　　一說"室(宨)"不必讀爲"實",其義近於"窒"("室、窒"皆从"至"聲,應爲同源詞)。也可以說這個"室"是名詞用作動詞,"室性"的意思近於爲性築室,也就是給性一個框架。規定這個框架的根據就是故。

《華學》6,頁 51—52

○**裘錫圭**(2003)　　馬王堆帛書《老子乙本卷前古佚書》中的《十大經・觀》這一篇,有不少語句與《國語・越語下》所記范蠡語相同或相似。其中的"時挃三樂"一句,《越語下》作"時節三樂"。馬王堆帛書整理小組所作的注釋說:"挃疑與挃爲一字,讀爲室,室、節音義相近。"此注據文義讀帛書从"手""室"聲之字爲"室",《錯別字》也據文義懷疑楚簡可加"心"旁的"室"字之義應近於"窒",這兩個字所代表的無疑是同一個詞。但是把它們釋讀爲"室",是有問題的。"時室三樂"和"時節三樂"的意義頗有距離,"室性"的意思更與相關簡文的文義明顯不合。"室"是書母質部字,"節"是精母質部字,上古音的確相當接近。帛書从"手""室"聲的字和楚簡可加"心"旁的"室"字,它們所代表的那個詞,有可能是音、義都跟節制的"節"非常接近的一個詞,也有可能就是節制的"節"。由於在古漢語中找不出一個真正符合前者的條件的詞,並考慮到"挃"和"節"有異文關係,"節性"之語又見於古書,我們認爲把上舉這兩個字釋讀爲節制的"節",應該是合理的。所以"室(或加"心"旁)性"就是"節性"。

《第四屆國際中國古文字學研討會論文集》頁 43—44

○**劉釗**(2003)　(編按:郭店・魯穆6)"交"疑讀爲"徼",乃"求取"意。

《郭店楚簡校釋》頁 94

○**顧史考**(2007)　(編按:郭店・性自10)其中"室"字,原釋文隸定爲"交",然裘錫圭據上博楚竹書相應之字,指出郭店此字"就是'室'字的誤摹"。裘氏乃讀此"室"爲"實"(或讀如本字,即給框架的意思),而以"實性者,故也"之"故"則解爲"故事",其內容即"詩、書、禮、樂"等傳統。裘氏讀"室"爲"實"或本字,皆可通,然今依其隸定而提出另一種可能,即讀"室"爲"砥"。"室"爲書紐質部（其聲符“至”則章紐質部），“砥”乃章紐脂部，聲母爲旁紐，韻部則對轉，聲音極近。且“至、氏”二聲系經常相通，如“至”與“砥”，“窒”與“底”，“鵄”與“鴟”，“莖”與“柢”等，則二字之可通假無疑。“砥性者，故也；礪性者，義也”，“砥、礪”相互爲文，其相配極順，而儘管二者涵義幾乎相同，然其間或有細微區别，亦未可知。《荀子·强國》曰：“刑範正，金錫美，工冶巧，火齊得，剖刑而莫邪已。然而不剥脱，不砥厲，則不可以斷繩；剥脱之，砥厲之，則劙盤盂，刎牛馬忽然耳……彼國者亦有砥厲，禮義、節奏是也。”《性惡》篇亦以“良劍”之“砥厲”爲喻而言“人雖有性質美而心辯知，必將求賢而事之，擇良友而友之”之理。此皆以“砥礪”爲以禮義等良好模範爲師而對人之心性乃至國性的某種熏染與修煉功夫，與簡文之以“故、義”爲“砥性、礪性”者，正好相應，故可録以備一説。

《清華大學學報》2006-1，頁 87—88

○**李鋭**（2007）　（編按：郭店·性自 10）所以，筆者傾向於將“室性”讀爲“實性”，即是充實、擴充、完成性，是誠性、成性、盡性。“實性者，故也”，是用聖人有爲而製作的人倫規範來充實性。這裏的充實、擴充，需要和礪性的義、長性的道等結合，與孟子認爲人固有仁義禮智的善性這種預設不同。

《楚地簡帛思想研究》3，頁 446

△**按**　郭店《性自命出》簡 10、11 的“**𡧛**”形，裘錫圭指出“其爲‘室’之誤摹，讀爲‘節’”，裘説可從。

【交交】上博四·逸詩·交交 2

○**馬承源**（2004）　“交交”，重文，形容鷙飛翔往來。

《上海博物館藏戰國楚竹書》（四）頁 175

○**廖名春**（2005）　鳥兒往來鳴叫。

《中國文化研究》2005-1，頁 15

○**季旭昇**（2007）　《詩經》“交交”一詞，根據向熹《詩經詞典》，其用法有三：《毛詩·秦風·黃鳥》“交交黃鳥”毛《傳》：“小貌。”鄭《箋》：“飛往來貌。”馬瑞辰《毛詩傳箋通釋》：“交交，通作咬咬，鳥聲也。”俞樾《群經平議》：“詩人言鳥，如‘關關雎鳩、雝雝鳴雁’，以聲言者多，交交亦當以聲言。”本詩之“交交”，原考釋采用鄭《箋》説，謂“形容鷙飛翔往來”。（中略）

　　這些看法看似有理，其實是對本詩的詩旨不够瞭解所產生的誤釋。首先，我們要思考“交交鳴烏，集于中梁”在本詩中有什麼作用？以《詩經》類似的句法來看,本詩各章起首二句應屬於"興",《詩經》的"興"往往是"興而帶比",各家也確實有以"交交鳴烏"的"鳴相和聲"比喻君子互相友好的意思。但是,"鶯(烏)"這種鳥,並不具備可以比擬君子的德性,以"鶯(烏)"來比喻君子,實爲不倫。《詩經》中的"烏"見《邶風·北風》:"莫赤匪狐,莫黑匪烏。"毛《傳》:"狐赤、烏黑,莫能別也。"鄭《箋》:"赤則狐也,黑則烏也,猶今君臣相承爲惡如一。"蓋今語"天下烏鴉一般黑"之意。又,《小雅·正月》:"瞻烏爰止,于誰之屋?"毛《傳》:"富人之屋,烏所集也。"鄭《箋》:"視烏集於富人之室,以言今民亦當求明君而歸之。"以"烏"比喻人民。又同篇:"具曰予聖,誰知烏之雌雄。"鄭《箋》:"時君臣賢愚適同,如烏雌雄相似,誰能別異之乎?"也是諷刺"天下烏鴉一般黑"之意。其它先秦文獻中找不到任何對"烏"友善的記載。相反地,在《管子·形勢》篇中,卻明白地說"烏鳥之狡,雖善不親",《形勢解》又說:"與人交,多詐僞無情實,偷取一切,謂之烏集之交。烏集之交,初雖相歡,後必相咄。故曰:'烏集之交,雖善不親。'"對烏鳥的印象,可以說非常不好。(中略)

　　據此,《白鳩篇》是三國末年,吳人苦孫皓虐政,希望歸向晉。其詩先說"翩翩白鳩,載飛載鳴。懷我君德,來集君庭",又說"交交鳴鳩,或丹或黃。樂我君惠,振羽來翔",很明顯地,《白鳩篇》是以"翩翩白鳩、交交鳴鳩"來"興"吳人"懷我君德,來集君庭""樂我君惠,振羽來翔"。這樣的手法,和《詩經·秦風·黃鳥》以"交交黃鳥,止于棘"來興"誰從穆公"不是一樣的嗎?只不過"交交鳴烏"是表達楚人對領導人的贊美,而《詩經·秦風·黃鳥》是秦人哀傷子車氏從穆公而殉死。二詩所要表達的情感雖然不一樣,但是所用的比興手法卻是一脈相承的。因此,"交交"一詞,自是以鄭《箋》釋爲"飛往來貌"最爲妥適。《上博》本詩中,鳴烏往來飛翔,集於中梁,不正象徵人民心向"豈弟君子"嗎?

《古文字與古代史》1,頁484—488

【交塦】上博四·曹沫17

○**李零**(2004)　交塦,讀"交地",兩國接壤之地。

《上海博物館藏戰國楚竹書》(四)頁254

○**高佑仁**(2008)　"交地"一詞於《孫子》共出現四次,皆出現於《九地》。分別是"孫子曰:用兵之法,有散地,有輕地,有爭地,有交地……我可以往,彼可以來者,爲交地"。又"交地則無絕",又"交地,吾將謹其守",杜牧以爲"川廣地平,可來可往,足以交戰對壘"。陳皞以爲"交錯是也,言其道路交橫,彼我可以來往。如此之地，則須兵士首尾不絶，切宜備之”。杜佑：“交地，有數道往來，交通無可絶。”李零《吳孫子發微》九地篇下云：“交地：兩國接壤之地。”可見“交地”乃是敵邦與我邦之交界地帶，也是軍事衝突的場地。

《〈上海博物館藏戰國楚竹書（四）·曹沫之陣〉研究》頁 118

△按　陳劍（《上博竹書〈曹沫之陳〉新編釋文》，《戰國竹書論集》117 頁，上海古籍出版社 2013 年）認爲“‘交地’當理解爲動賓結構，指土地接壤”。淺野裕一（《上博楚簡〈曹沫之陳〉的兵學思想》，簡帛研究網 2005 年 9 月 25 日）認爲“‘交地’可能是指，歸屬國常變而兩國勢力交叉的土地”。包山簡 154 有“執疆”一詞，不知“執疆”與“交堅”一詞是否有關聯。

壺 

珍秦 63　集成 9710 曾姬無卹壺

集成 9700 陳喜壺　集成 9735 中山王方壺　睡虎地·秦律 47

○**顧廷龍**（1936）　壺。

《古匋文孴録》卷 10，頁 1，2004

○**金祥恆**（1964）　壺　昆吾圜器也。象形，从大象其蓋也。

《匋文編》10，頁 70

○**吳蒙**（1982）　口沿上刻的銘文共十一字，是：

廿五，重金絡壺，受一言五紨。

《文物》1982-11，頁 13

○**李家浩**（1985）　盱眙銅壺（以下稱廿二壺）口沿有刻銘十一字，釋寫如下：

廿二，重金絡壺，受一言（觳）五叚（鵤）。

“壺”字原文作

吳蒙同志釋爲“壺”，甚是。此“壺”字寫法特别，與古文字中常見的“壺”很不一樣，因此有必要説明一下。古文字“壺”作：

頌壺　《金文編》555 頁　　齊侯壺　同上 556 頁

子姪壺　同上　　東周左官壺　同上　　華母壺　同上 557 頁

從上録文字可以看出，“壺”本來是壺的象形字，到了春秋戰國已把壺身部分

變爲从"豆"了;華母壺則省去了象徵壺蓋的"大",字形變化更甚。根據有關古文字參互比較,廿二壺銘文"壺"當是由華母壺銘文"壺"這種寫法演變而成。華母壺銘文"壺"的上部與古文字"𣪊"的上部相似,而燕國从"𣪊"之字作:

　　𦓡 "襄平"布　《戰國古代貨幣的起源和發展》圖版貳拾·1。

　　𡩨 "襄平右丞"印　《古璽彙編》21·0125。

這兩個字所从"𣪊"旁的上部與廿二壺銘文"壺"的上部相同。華母壺銘文"壺"的下部从"豆",而燕國文字从"豆"之字或作:

　　𦎍喜　郾王喜劍　《金文編》262頁。

　　𤿤登　"匋攻登"陶文　《古匋文𪝵録》附16頁上。

這兩個字所从"豆"旁與廿二壺銘文"壺"的下部相同。所以説廿二壺銘文"壺"是由華母壺銘文"壺"這種寫法演變而成。

　　　　　　　　　　　　　　　　《古文字研究》12,頁355—356

○睡簡整理小組(1990)　(編按:睡虎地·秦律47)壺〈壹〉。

　　　　　　　　　　　　　　　　《睡虎地秦墓竹簡》頁31

○高明、葛英會(1991)　壺。

　　　　　　　　　　　　　　　　《古陶文字徵》頁62

○何琳儀(1998)　壺,甲骨文作𤼝(前五·五·五),象壺之形。西周金文作𤼞(三年㿜壺),春秋金文作𤼟(齊侯壺)。戰國文字承襲兩周金文。

　　秦璽壺,姓氏。晉大夫邑也,因以爲氏,其地今潞州黎城東壺口關是也。見《通志·氏族略·以邑爲氏》。

　　　　　　　　　　　　　　　　《戰國古文字典》頁470

壹　畫

陶彙5·395　　集成10372商鞅量　　詛楚文　　睡虎地·日甲59背叁

○丁佛言(1924)　壹　𡕛　古鉢中壹,𡕛　古鉢壹心慎事。

　　　　　　　　　　　　　　　　《説文古籀補補》頁46,1988

○强運開(1935)　壹　𡕛　秦詛楚文,兩邦以壹。

　　　　　　　　　　　　　　　　《説文古籀三補》頁52,1986

○馬承源(1972)　(編按:集成10372商鞅量)"壹"本是專一或統一的意思,用法如

“歟疑者皆明壹之”的壹，但在這裏借用爲序數的一。以前據説用“劉歆銅斛尺”實測容量爲：5.4×3×1 等於 16.2 立方寸，這當然是完全理想的計數，但實際情況稍有出入，如一寸以 2.3 釐米計，則縱横的尺度都略微超過 3 寸和 5.4 寸。這種微小的差别可能是反映了手工鑄造中諸如造模和澆製及修整過程的出入。公元前 4 世紀中葉能够達到如此的精確度，在當時可算作相當的水平了。我們測量了一件秦始皇方升（圖二）（編按：圖略），容積爲 6.9×12.4×2.33 釐米，等於 199.58 立方釐米，它的縱横和深度的比例，也有微小的差異，一寸略大於 2.3 釐米，然而總的容積還是相當準確的，與商鞅方升相比，誤差不到百分之一。始皇廿六年距孝公十八年時閒相隔一二二年，商鞅規定的量制仍然爲秦始皇所采用，所謂統一度量衡，乃是秦始皇命令丞相隗狀和王綰，把商鞅既定的制度推行到全國。

《文物》1972-6，頁 17—18

○**高明、葛英會**（1991）　　壹。

《古陶文字徵》頁 62

○**商承祚**（1996）　　（編按：集成 10372 商鞅量）秦權：“皆明壹之。”《説文》：“壹，專壹也。从壺，吉聲。”又壹，“壹壹也。从凶从壺。壺（編按：衍壺字），不得泄（編按：泄字後脱凶字）也，《易》曰：‘天地壹壹。’”今本《易·繫辭》作“天地絪緼”，釋文：絪，“本又作氤”；緼，“本又作氲”。《集韻》：“絪緼，天地合氣也。”與《玉篇》“氤氲，元氣也”義同。又作煙緼，班固《東都賦》：“降煙緼，調元氣。”段玉裁《説文》注：“許據《易》孟氏作壹壹乃其本字，他皆俗字也。許釋之曰不得渫也者，謂元氣渾然，吉凶未分。”故壹从吉，壹从凶，“在壺中，會意”。《易》疏引虞翻注：“是蓋天陽主吉，地陰主凶，壹壹吉凶，已藏於内。”皆以陽吉陰凶論之。祚按，凡一字禮經皆以壹爲之，《儀禮·士相見禮》：“主人答壹拜。”鄭玄注：“古文壹爲一。”又“君答壹拜”，《公食大夫禮》：“公壹揖壹讓。”鄭注均曰：“古文壹皆作一。”又“一以授賓，賓受兼壹祭之”，鄭注：“壹壹授之而兼一祭之。”賈公彦疏：“正義曰：‘案釋文壹壹作一一，兼一作兼壹，與經合。’”一與壹，古今文雖互用，然從所引文知一乃本字，壹乃借字，由於此因，《儀禮》乃互爲混淆使用。《漢書》亦多以壹爲一，《張敞傳》：“願得壹切比三輔尤異。”《翟方進傳》：“奏請一切增賦税。”注引如淳曰“壹切，權時也”與“張晏曰：一切，權時也”同。又《翟方進傳》“專心壹意毋怠”，另文作“同心一意”。其實壹壹乃晚周道家字，與氣之作氘同，而爲吉凶字之别構。《説文》所據《周易》及經典之壹皆是借字，壺閉則氣蘊結，故壹鬱字用之。《漢書·賈誼傳》引賈誼《弔屈原賦》:"子獨壹鬱其誰語。"顏師古注:"壹鬱,猶怫鬱。"史遷引作"壹鬱"。由於道家貴養氣,說吉凶,故壹壹字从吉凶在壺中,譬元氣渾然而吉凶未分也。秦併天下,防奸易,故以壹爲一,後世相承,凡由一至十紀數字皆用借字矣。

《石刻篆文編·石刻篆文編字説》頁 43—44

○**何琳儀**(1998)　壹,與壺爲一字分化(參壺字)。壺,匣紐;壹,影紐。影、匣均屬喉音,壹爲壺之準聲。古文字以壺爲壹,秦統一之後始疊加吉爲音符。壹、吉均屬至部。《説文》:"壹,專一也。从壺,吉聲。(於悉切)。"(十下五)典籍或以一爲壹。壺爲象形,壹爲分化,壹爲形聲,一爲假借。

秦器壹,典籍亦作一。

《戰國古文字典》頁 1079

○**李零**(1999)　(編按:秦駰玉版)第二十一句。"太壹",下字不够清晰,如所釋不誤,應讀"太一",《史記·封禪書》説"天神貴者太一",《天官書》講星官,首先也是"太一"。楚占卜簡述禱病之神首稱"太",即太一。

《國學研究》6,頁 536

○**曾憲通、楊澤生、蕭毅**(2001)　(編按:秦駰玉版)"人壹口口",人指民、百姓,壹當皆、一律講,全句説百姓一律如何如何。

《考古與文物》2001-1,頁 53

○**陳昭容**(2003)　壹:小篆作壹,《説文》曰:"專壹也,从壹,吉聲。"這個寫法的"壹"字最早出現於始皇刻石及詔書中。戰國晚期秦文字資料中的"壹"字寫法,秦封宗邑瓦書兩見"十壹月"皆作壹,《睡虎地秦墓竹簡·秦律十八種·工律》簡100"毋過歲壹"作壹,《倉律》簡47"駕縣馬勞,又益壹禾之"(再加喂一次糧食)亦作壹。這與《廄苑律》"賜田嗇夫壺酒束脯"之"壺"字作壺,非常近似。另有一種寫法,如秦駰禱病玉版"壹家""壹璧"字作壹,秦印"中壹"字作壹,《日書》甲"壹歲"字作壹(簡59背3),始皇詔中的"皆明壹之"之"壹",也有簡率作壹者(北私府楕量壹壹並見)。商鞅方升左壁"積十六尊(寸)五分尊壹爲升"之"壹"雖有些模糊,但與始皇常見壹字絕不相同,與前述壹較近。漢初簡帛中作壹(《老子》甲後445)、壺(《老子》乙前49下)、壹(《縱橫家書》30),與"壺"字近似的寫法就不見了。《詛楚文》"兩邦若壹"的"壹"字正作"壺",與戰國時期秦系文字之其他材料寫法正同,這無疑是很具有時代及地域特色的。

《秦系文字研究》頁 237

○**黃德寬等**(2007)　秦器壹,典籍亦作一。商鞅方升壹,齊一、統一。《史記·秦始皇本紀》："一法度衡石丈尺。"秦箴言璽"中壹"，謂内心專一。"壹心"，謂專心。

《古文字譜系疏證》頁 3303

懿 懿

集成 3939 禾簋　　　　山東金文集成，頁 105 司馬楙編鎛

○何琳儀（1998）　懿，西周金文作 (穆父鼎)。从欠从壺，會人張口飲壺中之酒之意，引申有甘美之意。《爾雅·釋詁》："懿，美也。"壺(壹)亦聲。本應隸定歟。《集韻》："懿，或不省。古作懥、歆。"西周金文或作 (禹鼎)，下加心旁，表示品德之美。春秋金文作 (曩中壺)。戰國文字承襲兩周金文从欠从心者。

禾簋"懿龏"，讀"懿恭"。《書·無逸》："徽柔懿恭，懷保小民。"傳："以美道和民，故民懷之；以美政恭民，故民安之。"《隸釋》十四引《尚書》殘碑作"徽柔懿共"。龏、恭、共一音之轉。

《戰國古文字典》頁 1079

○湯餘惠等（2001）　懿。

《戰國文字編》頁 689

△按　陳斯鵬等（《新見金文字編》310 頁，福建人民出版社 2012 年）指出："'懿'字初以人張口對壺會'美'意，後加'心'旁以足義。小篆'壺'旁變作'壹'（'壺、壹'爲一字之分化，古文字或以'壺'爲'壹'），兼表聲。《説文》解爲'从壹、从恣省聲'，不可從。"

幸 幸

幸 璽彙 0393　│ 集成 9735 中山王方壺　　幸 集成 11305 郾王詈戈　　集成 11543 郾王戎人矛

○朱德熙、裘錫圭（1979）　（編按：集成 9735 中山王方壺）"幸"象梏形，即"梏"之表意初文，古音與"皋"字相近。"睪、皋"古通。跟"皋"字相通的"睪"就是從"幸"演變出來的。小盂鼎銘以"畫輓一"與"貝胄一"並舉，孫詒讓謂"輓"爲"皋"之古文，"皋胄"猶言"甲胄"，甚是(參看《兩周金文辭大系》38 頁)。但孫以"皋胄"之"皋"爲包甲之"橐"則非，"皋"字本當有"甲"義。

《文物》1979-1，頁 47—48

○**張政烺**（1979）　（編按：集成 9735 中山王方壺）夽，讀爲虣。小盂鼎記載賜物有
“畫虣一、貝胄一”，伯晨鼎賜物中有“虣、胄”。虣虣皆从虎，以夽或柔爲聲符，
孫詒讓云：“蓋即皋字，謂以虎皮包甲。”字亦以櫜爲之，《禮記·少儀》：“甲若
有以前之，則執以將命；無以前之，則袒櫜奉胄。”注：“甲，鎧也。有以前之，謂
他摯幣也。櫜，弢鎧衣也。胄，兜鍪也。袒其衣，出兜鍪以致命。”夽即櫜，是
弢甲衣，故可代甲之稱，夽胄即甲胄。

《古文字研究》1，頁 218

○**趙誠**（1979）　（編按：集成 9735 中山王方壺）夽，《説文》从大从羊，讀若瓠，此借作
介，音近而通。《禮記·曲禮》：“介胄則有不可犯之色。”介爲兵甲。或讀爲
皋，音近而借。《左傳》莊公十年：“蒙皋比而先犯之。”皋比爲虎皮。單言皋，
從本銘看，應爲虎皮製作的鎧甲，與言介胄同。讀介、讀皋皆可通。

《古文字研究》1，頁 251—252

○**李學勤、李零**（1979）　（編按：集成 9735 中山王方壺）第廿六行夽，即小盂鼎等器的
虣字，孫詒讓《古籀餘論》釋皋。壺銘“身蒙皋胄”，正與《左傳》莊十年“蒙皋
比而先犯之”語意相合。

《考古學報》1979-2，頁 152

○**于豪亮**（1979）　（編按：集成 9735 中山王方壺）夽讀爲甲。爲緝部字夽（編按：“夽”當
在“爲”字前），甲爲葉部字，以音近相通。古从夽得聲之字常與葉部之字相通假。
如《老子·五十章》：“蓋聞善攝生者。”馬王堆帛書《老子》甲、乙本“攝”均作
“執”，“攝”是葉部字。又如《左氏春秋·昭公二十年》：“盜殺衛侯之兄縶。”
《公羊》《穀梁》“縶”均作“輒”，“輒”也是葉部字。因此夽可讀爲甲。

《考古學報》1979-2，頁 179—180

○**徐中舒、伍仕謙**（1979）　（編按：集成 9735 中山王方壺）幸冕，《説文》：“幸，吉而免
凶也。”“冕，大夫以上冠也。”幸冕，指甲胄言。

《中國史研究》1979-4，頁 88

○**羅福頤等**（1981）　幸。

《古璽文編》頁 257

○**商承祚**（1982）　（編按：集成 9735 中山王方壺）“夽胄”殆甲胄意，或爲一種胄名。

《古文字研究》7，頁 68

○**河北省文物管理處**（1982）　郾王喜造行義自夽司馬鈇。

《文物》1982-8，頁 49

○**張亞初**（1989）　（編按：集成 9735 中山王方壺）戰國晚期中山王壺“身蒙幸胄”，假

幸爲皋。

《慶祝蘇秉琦考古五十五年周年論文集》頁 342

○**李零**(1996)　一、釋"夆"、"虢"、"虡"、"虢"

西周金文講古代册賞,所述賞賜之物有時會涉及弓矢、干戈(即盾戈)、甲冑等戎器,如:

(1)小盂鼎:"王令(命)賞盂……弓一百矢,畫虢一,貝冑一,金干一,戜戈一……"(《三代》4.44—45)(按:金文常見"戈瑂(雕)戜",從這一銘例來看,"戜"似與"瑂"含義相近,而並非戈上的某個部位)

(2)伯晨鼎:"王命鄅侯白(伯)辰曰:'訇(嗣)乃且(祖)考,侯于鄅。易(賜)女(汝)……旂五旂,弜(彤弓)矤(彤矢),旅弓旅矢,夬戈虢冑……'"(《三代》4.36.1)

(3)虡簋:"虡頪(拜)頴首,休朕匋君公白(伯)易(賜)氒臣弟虡井五量(糧),易(賜)神(甲)冑干戈……"(《三代》6.52.3)(按:"神"原作命)

這三個例子中標有圓圈的字是與弓矢、干戈並列(編按:標有圓圈的三個字爲"虢、虢、神",此處省略圓圈)而與甲冑有關,顯然應指甲,但學者只把最後一例的"神"釋爲"甲",而把前兩例中的"虢"和"虢"釋爲皋。

按上述釋讀,追溯起來,都是受清代學者孫詒讓影響。在《名原》和《古籀餘論》中,孫詒讓説:"審校文義,甲、冑二物相將,不宜偏舉,白晨鼎以虢與冑同錫,盂鼎以畫虢與貝冑同錫,則亦與甲同物矣。"這是很有見地的。但他在分析這個與"甲"相當的字時卻拐了一個彎。盂鼎中的這個字,他未做隸定。而伯晨鼎中的這個字,他隸定作"虢",以爲左半是皋字之誤,右半是虎,讀爲"皋比"之"皋"或"建皋"之"皋"。同樣,在《古籀拾遺》中,從文義推求,他把例(3)中標有圓圈的字(編按:例[3]標有圓圈的字爲"神")也釋爲"神",讀爲"甲"。學者對孫氏考釋的第三字倒還有人懷疑,但對他考釋的前兩字卻並無異辭,看來孫氏之説似乎已成定論。

現在,在古文字材料中,比上述銘文年代晚,我們還碰到下述三個例子:

(1)中山王嚳方壺:"氏(是)已身蒙夆冑,已戜(誅)不恂(順)。"

(2)望山楚簡:"……虢占之曰吉。"(M1:簡 95)

(3)包山楚簡:"周賜訟郊之兵虡鞋(執)事人宫(邑)司馬競丁,已丌政(征)丌田。"(簡 81)(按:"郊"字從邑從ஜ,後者是安字的省體,不是女字)

這三個例子中標有圓圈的字(編按:此三個例子中標有圓圈的字分別爲"夆、虢、虡",此處省略圓圈),除例(2)是人名,其他兩例是類似銘例。學者把這幾個字也讀爲皋,没人懷疑。其實這一考釋是值得重新考慮的。

首先,從字形看,上述夲、韢、虤和虩四字用法相同,並且都含有夲旁或徑以夲出之。經典从夲之字皆作幸,與"不幸"之"幸"(《説文》作"夻")無別,其實是兩個字。孫氏所釋,小盂鼎銘中模糊不清的那個字,從好的拓片看,顯然是从虎从夲,郭沫若、陳夢家都已指出這一點。而伯晨鼎銘中孫氏隸定爲"虩"的那個字其實也與皋字無關,對比史牆盤的"螯"字,我們認爲,他的正確隸定應作"虩",所有這些字都不从皋。

其次,從讀音看,《説文》卷十下:"夲,所以驚人也,从大从羊。一曰大聲也。凡夲之屬皆从夲。一曰讀若瓠。一曰俗語以盜不止爲夲。夲讀若爾。"鉉音"尼輒切"。我們無論從許氏"讀若"還是該字的唐代切音,都得不出夲讀皋音的結論。顯然《説文》夲部所隸六字,其中螯、報是幽部字,籋是覺部字,與皋音近,郭沫若曾把虩字解釋成"从虎報省聲",但現在我們知道,虩字在中山王嚳方壺的銘文中是寫成"夲",而夲字的讀音從唐代切音看,上古音應屬泥母葉部,可見"報省聲"一類説法也是不足爲據的。

最後,從文義看,古書雖有"皋比",是指虎皮,也有"建皋"(亦作"鍵櫜"),是指用虎皮包裹的弓韜戈囊一類東西。但虎皮可以示武,卻不是鎧甲;弓韜戈囊可以容兵,卻非護身之物,恐無相代之理。況且"皋冑"或"兵皋"這樣的辭例,我們在古書中也從未發現。關於孫氏之説在辭例上的破綻,日本學者白川靜似有所察覺。他指出,虩見於盂鼎還有弓衣、甲衣兩屬可能(因爲是一物一句),這是對的。但可惜的是,他仍把這個字當成皋字。

對學者公認爲皋的上述各字,現在我們的看法是,它們根本就不是皋字,而是甲字,即"甲冑"之"甲"的本來寫法(有別於干支之甲)。夲字,甲骨文作 ![字形1]、![字形2]、![字形3]、![字形4] 等形,學者以爲桎梏之形。讀音,于省吾先生以爲許氏諸説應"以讀若爾爲是","《説文》爾與鉗互訓","夲爲爾的本字"。周法高先生也引桂馥《義證》,指出《説文》"讀若瓠"乃"讀若瓠讘"之誤,其音如讘,夲、甲同屬古葉部字,唯前者爲泥母,後者爲見母,聲紐不近,"不知'夲'是否可讀爲'甲'"。爾、讘都是古葉部字,可見即使按漢代讀音,它與甲字也是比較接近的。《説文》从夲之字皆與刑獄拘禁之事有關,如"睪"是監視犯人,"執"是拘捕犯人,"圉"是關押犯人,"螯"是抽打犯人,"報"是論罪定刑,"籋"是審訊犯人。我們懷疑,夲字古音原同於甲,乃關押之押的本字;虩字从之,則是柙的本字。《説文》卷六上:"柙,檻也,以藏虎兕。"《論語・季氏》:"虎兕出於柙。"柙是老虎籠子,所以从虎从夲。虤、虩皆其變形。早期的"甲冑"之"甲"本來就是假古押字或枒字爲之（按：斂尸玉衣古稱“玉枒”，正象甲）。

　　另外，順便説一句，古文字中的“夲”字雖象桎梏之形，但本身並不是梏字。

《于省吾教授百年誕辰紀念文集》頁 270—271

○**何琳儀**（1998）　夲，甲骨文作𡊨（甲二八〇九），象手梏之形。金文作𡊨（師同鼎執作𢿛），下部已有訛變。戰國文字承襲金文。或作𡊨、𡊨，上部亦有訛變。

　　中山王方壺“夲胄”，讀“甲胄”。《禮記·儒行》：“儒有忠信以爲甲胄。”

《戰國古文字典》頁 1380

○**林志強**（2002）　關於“夲”字的用法，還有兩個例子值得注意。

　　一是在出土文獻中，中山王𦥑壺銘文有“氏（是）以身蒙夲胄，以誅不順”之語。此中“夲”字，諸家多有考證，且都在試圖證明“夲”通“甲”，“夲胄”即“甲胄”。雖然各家考釋途徑、立説證據各不相同，但此結論應該是可信的。因爲《中山王𦥑壺方壺》《伯晨鼎》分別是“夲胄、虠胄”連言，《小盂鼎》則“虠、胄”並舉，包山簡 18 還有從夲之字作“虜”，辭謂“兵虜”，郭店簡《窮達以時》有從木從虜之字，或讀爲械枒之“枒”。這些“夲”或從“夲”之字皆與兵胄器械相連屬，以義言之，讀爲甲（或枒）是合乎情理的。

《古文字研究》24，頁 150

睪　睪　臭

𡊨陶彙 9·60　𡊨璽彙 1065　𡊨包山 218　𡊨郭店·語三 38　𡊨上博五·姑成 10

𡊨郭店·語一 87　𡊨集成 2098 無臭鼎　𡊨集成 9735 中山王方壺

𡊨璽彙 1065“睪之”合文

○**吳大澂**（1884）　睪　𡊨古睪字，玉鉢文。

《説文古籀補》頁 42，1988

○**丁佛言**（1924）　睪　𡊨古鉢革睪𡊨，𡊨古匋。

《説文古籀補補》頁 46，1988

○**朱德熙、裘錫圭**（1979）　（編按：集成 9735 中山王方壺）毛公鼎“亡斁”之“斁”與此形近。《説文》“臭”下謂“古文以爲澤字”。“澤、斁”皆從“睪”聲，故釋此字爲“臭”，讀爲“斁”，厭惡也。

《文物》1979-1，頁 47

○**張政烺**(1979) （編按：集成 9735 中山王方壺）《説文》：“臭，古文以爲澤字。”《尚書・洛誥》：“我惟無斁其康年。”孔氏傳訓斁爲厭。

《古文字研究》1，頁 213

○**趙誠**(1979) （編按：集成 9735 中山王方壺）罘，即小篆斁，厭也。

《古文字研究》1，頁 249

○**李學勤、李零**(1979) （編按：集成 9735 中山王方壺）第九行臭當即毛公鼎臭字，讀爲斁，義爲厭。

《考古學報》1979-2，頁 151

○**于豪亮**(1979) （編按：集成 9735 中山王方壺）“天不臭其有忎(愿)”，臭疑即《説文・大部》之臭字，臭或爲臭字之訛誤。《説文》云：“古文以爲澤字。”臭既爲澤之古文，當以音近讀爲逆(古同爲魚部入聲字)。

《考古學報》1979-2，頁 178

○**張克忠**(1979) （編按：集成 9735 中山王方壺）“天不臭(斁)其右(有)忎(愿)”。臭，原文作𢖻。毛公鼎：“肄皇天亡斁。”斁作罘，靜段：“靜斁亡斁。”斁作𦊝，《詩經・葛覃》“服之亡斁”，毛傳：“斁，厭也。”

《故宫博物院院刊》1979-1，頁 44

○**商承祚**(1982) （編按：集成 9735 中山王方壺）臭即斁，毛公𢉖鼎作罘，此“天不斁”與鼎文“肄皇天無斁”同。《書・太甲下》：“朕承王之無斁。”傳：“則我承之美無斁。”《詩・周南・葛覃》：“服之無斁。”箋：“尚能整治之無厭倦。”“無斁”與“不斁”，爲古之成語。

《古文字研究》7，頁 64

○**高明、葛英會**(1991) 罜。

《古陶文字徵》頁 170

○**劉彬徽、彭浩、胡雅麗、劉祖信**(1991) （編按：包山 218）罜，借作擇。

（編按：包山 259）罜，讀如皋，訓爲甲(參見注[128])，或指披在衣外之服。

《包山楚簡》頁 56、61

○**劉信芳**(1992) 三、“二瓝罜”(259 號簡)。原釋：瓝，狐字。罜，讀如皋，訓爲甲，或指披在衣外之服。

按：此罜實在無必要輾轉訓“甲”，謂“或指披在衣外之服”，亦無據。《説文》：“襗，絝也，从衣，睪聲。”此説音義皆備，似無須另外求解。所謂絝即脛衣。

《江漢考古》1992-3，頁 72

○荊門市博物館（1998）　（編按:郭店‧六德 44）睪（擇）。

（編按:郭店‧語三 38）不膳（善）睪（擇），不爲智。

《郭店楚墓竹簡》頁 188、211

○裘錫圭（1998）　（編按:郭店‧六德 44）疑"其睪之也六"當作一句讀，"睪"當讀爲"繹"或"釋"。

（編按:郭店‧語一 52）"臭"下一字似"睪"之簡體，但從文義看則應是"鼻"字訛省之體，《窮達以時》篇一三號簡有	字，右旁疑亦是"鼻"字訛省之體，參看彼篇注一六。又疑此字是"畀"之變體，讀爲"鼻"。

《郭店楚墓竹簡》頁 190、200

○何琳儀（1998）　睪，西周金文作	（牆盤）。从日从矢，會意不明。或作	（毛公鼎）、	（南宮乎鐘）。偏旁已有訛變。春秋金文作	（曾子斿鼎叡作	）、	（鄦子佤叡作	），上訛作目形，下訛作夆形。戰國文字多承襲春秋金文。或下从矢，仍遠承西周金文。或上从	、	、	，乃西周金文	、	之變。目形或演變爲	、	、	，或訛變爲	。

齊璽睪，讀繹。《左‧文十二年》："邾文公卜遷於繹。"在今山東鄒縣東。

侯馬盟書睪，或作繹。見繹字 c。晉璽睪，讀釋。"釋之"爲習見人名。中山王方壺睪，讀斁。《詩‧周南‧葛覃》"服之無斁"，傳："斁，厭也。"

無斁鼎"無斁"，讀"無斁"，見 c。

天星觀簡睪，讀擇。《禮記‧曾子問》："擇日而祭於禰。"包山簡二五九睪，讀襗。《說文》："襗，絝也，从衣，睪聲。"曾樂律鐘"無睪"，讀"無射"，樂律名。《周禮‧春官‧大司樂》："乃奏無射。"

《戰國古文字典》頁 554

○李零（1999）　（編按:郭店‧性自 64）"懌"原無心旁。

《道家文化研究》17，頁 511

○趙建偉（1999）　（編按:郭店‧性自 64）"睪"當讀爲"斁"，古"度"字（《後漢書‧張衡傳》注"斁，古度字"）。

《中國哲學史》1999-2，頁 39

○陳偉（1999）　其睪（釋、繹）之也六，其覜（从竹）十又二　六德 44—45

罩，釋文讀爲“擇”，又將“也”“六”斷開。裘錫圭先生云：“疑‘其覞之也六’當作一句讀，‘罩’當讀爲‘繹’或‘釋’。”似以讀“釋”爲長。覞（從竹），疑即《説文》訓作“並視”的“覞”字。並視，蓋指合並觀之。簡文三句講了三層意思。“君子所以立身大法三”，是指男女辨、父子親、君臣義。“其釋之也六”，是説把三者分開來看，則有君義、臣忠、夫智、婦信、父聖、子仁六個方面。“其覞十又二”，大概是説君義、臣忠等六個方面均是兩兩相輔相存，從相互角度看構成十二個因素。這些訓釋和斷句可以互證。

《武漢大學學報》1999-5，頁 32—33

○劉釗（2000） （編按：郭店·性自 64）“樂欲罩而有志”之“罩”應讀作“釋”。

《郭店楚簡國際學術研討會論文集》頁 89

○劉昕嵐（2000） （編按：郭店·性自 64）“罩”，李零《校讀》讀作“懌”。昕嵐按：“懌”，悦樂也。《爾雅·釋詁上》：“懌，樂也。”《詩·大雅·板》：“辭之懌也，民之莫矣。”毛傳：“懌，説也。”

《郭店楚簡國際學術研討會論文集》頁 352

○吕浩（2001） （3）《郭簡·性自命出》簡六三至六四：

　　憙（喜）谷（欲）智而亡末，樂谷（欲）罩而又有志，慐（憂）谷（欲）僉（儉）而毋惛。

　　此處“有”字漏加括號。這幾句講的是人的喜樂憂怒等性情特點，疑“罩”讀爲“懌”。《説文》：“懌，説也。”即喜悦之義。喜悦而有志，似不易理解。察諸簡文圖版，發現所謂“志”字實作“㞢”，即“止”字。“樂欲懌而有止”與爲人所熟知的“樂極生悲”含義相仿，且“有止”與上句的“無末”相對，文理義理皆順也。

《中國文字研究》2，頁 280

○郭沂（2001） （編按：郭店·性自 64）“擇”原無才旁，李校讀爲“懌”，今讀爲“擇”。“樂欲擇”謂快樂要有選擇。孔子説：“益者三樂，損者三樂。樂節禮樂，樂道人之善，樂多賢友，益矣；樂驕樂，樂佚游，樂宴樂，損矣。”（《論語·季氏》）依作者立場，當然要選擇“益者三樂”，摒棄“損者三樂”。

《郭店竹簡與先秦學術思想》頁 263

○陳佩芬（2001） （編按：上博一·緇衣 21）“臭”字金文從白從矢，或從曰從矢，與“斁”同爲一字，《牆盤》銘文“亡斁”即“無斁”。郭店簡作“亡懌”，今本作“無斁”。

《上海博物館藏戰國楚竹書》（一）頁 196

○濮茅左（2001）　（編按：上博一·性情13）洴睪，讀爲“薄澤”。

《上海博物館藏戰國楚竹書》（一）頁 239

○李零（2002）　（編按：郭店·六德 44）“其繹之也六”，疑指夫、婦、父、子、君、臣“六位”。

《郭店楚簡校讀記》（增訂本）頁 138

○劉釗（2003）　（編按：郭店·六德 44）“睪”讀爲“繹”，意爲解析。

《郭店楚簡校釋》頁 120

○劉信芳（2003）　（編按：包山 259）“睪”讀爲“襗”，《説文》：“襗，绔也，从衣，睪聲。”《詩·秦風·無衣》：“與子同澤。”“澤”一本作“襗”，鄭玄《箋》：“襗，褻衣近污垢。”鄭玄所釋是依上下文意而得，然簡文“狐睪”應據《説文》釋爲狐皮脛衣。

《包山楚簡解詁》頁 271

○李守奎（2003）　臬　𦥑郭·語一·87　《説文》古文以爲澤字。臬當爲睪之異體。

《楚文字編》頁 596

○周鳳五（2004）　（編按：郭店·性自 64）其次解釋“樂欲繹而有志”。繹，簡文作“睪”，整理者無説；或讀爲“懌”，但《禮記·射義》：“射之爲言者，繹也。繹者，各繹己之志也。”其用語與簡文相關，可以參照。按，《説文解字》：“繹，抽絲也。”《釋名》：“紬，抽也，抽引絲端出細緒也。”《禮記·射義》孔《疏》也解“各繹己之志”爲“君臣、父子各舒陳己之志意”。所謂“抽絲”“抽引絲端出細緒”，都指循序整理，也就是有條理地加以推展；至於“舒陳”，則是發抒、表現之意。簡文可以理解爲：心中的快樂要合理地表現出來，但應把握心志，不可放逸。

《新出土文獻與古代文明研究》頁 188

○李守奎、曲冰、孫偉龍（2007）　臬　𦥑一·緇21·10　按：“備之亡臬”，今本作“服之無射”。

《上海博物館藏戰國楚竹書（一——五）文字編》頁 473

【睪之】合文，璽彙 1065、2676、3184

○羅福頤等（1981）　（編按：璽彙 1065）睪之。

《古璽彙編》頁 122

○吳振武（1984）　一〇六五號璽文𦥑和三一八四號璽文𦥑原璽全文分別作“肖（趙）𦥑、酏（熙）𦥑”，很顯然，𦥑是“睪（數）之”二字合文，右下方尚有合文符號二,編者將它們割裂是不妥當的(左側🅰入 257 頁罢字條下)。《古璽彙編》二六七六號"戀🅰"璽中的🅰本書編入 363 頁"斁之"合文條下是正確的。故此🅰、🅰二字應復原成🅰、🅰後入 363 頁"斁之"合文條下。

《〈古璽文編〉校訂》頁 69—70,2011

○**何琳儀**(1998)　罢之,讀"釋之",習見人名。

《戰國古文字典》頁 1487

執 靮 蟄 敦

靮 集成 10478 中山兆域圖　　靮 侯馬 67:4　　靮 曾侯乙 1　　靮 包山 120

靮 包山 188　　靮 上博三·周易 8　　靮 石鼓文·田車　　靮 睡虎地·答問 102

○**吳大澂**(1884)　執　靮　石鼓。

《説文古籀補》頁 42,1988

○**強運開**(1935)　《説文》:"捕辠人也。从丮从夲,夲亦聲。"段注云:"手部曰:'捕者,取也。'引申爲凡持守之稱。"考兮甲盤作靮,父甲鼎作靮,散氏盤作靮,虢季子白盤作靮,均與鼓文可資印證。

《石鼓釋文》丙鼓,頁 13

○**劉彬徽、彭浩、胡雅麗、劉祖信**(1991)　(編按:包山 120)敦(執)。

《包山楚簡》頁 25

○**何琳儀**(1998)　敦,甲骨文作靮(類纂二五九九),从攴从夲,會抽擊罪人之意。金文作靮(史頌鼎),或增皿旁繁化作蟄(史頌簋)。又牆盤"斁龢",同墓所出瘋鐘(丙)作"蟄龢"。凡此可證,蟄爲敦之繁文。敦之古音應據蟄(張流切)歸入幽部,即抽字初文。《吕氏春秋·節喪》"蹈白刃涉血蟄肝",注:"蟄,古抽字。"至於《一切經音義》卷二:"撻,古文敦同,他達反,筆也。"應是變音。撻,透紐;蟄,端紐;均屬舌音。戰國文字承襲商周文字,或易攴爲殳。敦从夲,夲亦聲。敦爲夲之準聲首。

　　包山簡敦,執之誤字。上引《吕氏春秋》蟄或訛作墊,《山海經·中山經》"墊蟪"之墊亦蟄之訛。《正字通》:"墊,蟄字之訛。"西周金文習見"蟄龢",即《逸周書·祭公》"執和"。均可資參證。

《戰國古文字典》頁 189

執,甲骨文作𡎣(前五・三六・四)。从幸从𡴋。會拘捕罪人之意。𡴋亦聲。金文作𡎣(師同鼎),或突出幸旁之足趾(訛變爲女形)作𡎣(不期簋)。戰國文字承襲金文。幸旁之足趾(女形)或與幸脱節,則其下誤作女旁。

石鼓執,見《詩・周頌・執競》箋"執,持也"。

《戰國古文字典》頁 1380—1381

○**白於藍**(1999)　　[四三]49 頁"敖"字條,"𢿃"(120),从幸(《説文》作𡴋)从攵,即《説文》撻字。《集韻・曷韻》:"撻,古作敖。"《正字通・攴部》有"敖"字,云:"古文撻。"

《中國文字》新 25,頁 179

○**陳佩芬**(2001)　(編按:上博一・緇衣 10)𡎣,从𡴋从幸从女。《包山楚簡》常見,作"執"。

《上海博物館藏戰國楚竹書》(一)頁 185

○**濮茅左**(2001)　(編按:上博一・性情 28)𡎣,讀爲"執"。

《上海博物館藏戰國楚竹書》(一)頁 261

○**李守奎**(2003)　(編按:包山 120)敖　敖事人與執事人異文,疑爲執之異體。

《楚文字編》頁 596

○**濮茅左**(2003)　(編按:上博三・周易 8)"𡎣",《九經辨字瀆蒙・尚書》:"'大命不摯',摯本又作𡎣。"又《集韻》:"通作摯。"讀爲"執"。

　　(編按:上博三・周易 26)"𡎣",讀爲"勢"。

《上海博物館藏戰國楚竹書》(三)頁 147、172

○**濮茅左**(2004)　(編按:上博四・柬 15)"𡎣",《説文・女部》:"𡎣,至也。从女,執聲。"又作"摯"。"母(毋)敢執",不敢承擔自己的責任,意"莫敢執咎"。《詩・小雅・小旻》:"發言盈庭,誰敢執其咎。"鄭玄箋:"謀事者衆,訩訩滿庭,而無敢決當是非,事若不成,誰云己當其咎責者? 言小人爭知而讓過。"

《上海博物館藏戰國楚竹書》(四)頁 208

○**濮茅左**(2005)　(編按:上博五・季庚 3)"𡎣",讀爲"執",實行,執行。

《上海博物館藏戰國楚竹書》(五)頁 204

○**徐寶貴**(2008)　(編按:石鼓文)執而勿射:吳東發説:"執而勿射,故獲者少,而佚者多。趯趯然任其奔逸,而君子之心乃以爲樂。此可見宣王之仁焉,即湯祝網之意。"羅君惕説:"'亞□□昊,□執而勿射',蓋謂日已西傾,執弓不射也。"按:吳氏之説是錯誤的,羅氏不但斷句有誤,而且其説亦誤。此句是緊縮轉折複句。是説以"執"的方法,而不是以"射"的方法擒獲獵物。由此可見，“執”與“射”是相對的兩種狩獵方式。這兩種狩獵方式均見於殷代有關田獵的甲骨刻辭。關於“執”的刻辭：“執麋，隻十。”（《合集》一〇三七三）“甲午卜，古貞：令戎執麞？”（《合集》一〇三八九）“……令畫執兕，若？”（《合集》一〇四三六）“……執兕。”（《粹》九四一）“邑執兕七”（《合集》一〇四三七）“……其執鹿……”（《英》八六三）關於“射”的刻辭：“乎射鹿，隻？”（《合集》一〇二七六）“貞：其射鹿，隻？”（《合集》一〇三二〇正）貞：“其令乎射麋？”（《合集》二七二五五）“王其射兕？”（《合集》二八三九一）“崔射畫鹿，罕？射畫鹿。”（《粹》九五三）“王器射又豕，湄日亡戈？”（《粹》一〇〇七）“王叀翌日辛，射斿兕，亡巛？”（《粹》一〇一〇）姚孝遂說：“這裏的‘執’字可能是泛指，相當於‘罕’字，但也有可能富有某種具體狩獵手段之含意。”我認爲姚孝遂“有可能富有某種具體狩獵手段之含意”之說是正確的。石鼓文的“執”字跟甲骨文田獵方面的“執”字的用法應是一樣的。石鼓文這句詩“執”與“射”對舉，“執”字的含意能較甲骨文清楚地反映出來。“射”這種狩獵方式是用弓箭射殺獵物，目的是把被獵取的對象致傷、致死。而“執”這種狩獵方式與“射”相反，是不能把被獵取的對象致死的捕捉方法。石鼓文這句詩對揭示有關田獵的甲骨刻辭中的“執”字的含意，提供了非常可靠的證據。在甲骨文中也有卜問能否捕捉到活的野獸的記錄：“其隻生鹿。”（《粹》九五一）“獲生鹿”，一定與“執”這一狩獵方法有密切的關係。《周禮·天官·獸人》記載：“凡祭祀喪紀賓客，共其死獸生獸。”這說明古代祭祀不但要用死的野獸，而且也要用活的野獸。“執而勿射”這句詩記述了此次田獵活動也要爲祭祀活動提供活的野獸。

《石鼓文整理研究》頁 821—822

△**按** 包山簡 120“敎”，“執”字異體，“敎”又見於清華貳《繫年》簡 49、60、70、98 等（《清華大學藏戰國竹簡》[貳]251 頁，中西書局 2011 年）。

【執帛】集成 10478 中山兆域圖

○**黃盛璋**（1982） “執帛”是官名，《史記·曹相國世家》：“於是乃封參爲執帛。”《集解》：“孤卿也，或曰楚官名。”《漢書·曹參傳》顏師古注引鄭氏曰：“楚爵也。”接着曹參又因軍功“遷爲執珪”，《集解》引如淳曰：“《呂氏春秋》：‘得伍員者位執珪’，古爵名。”執珪又見《戰國策·楚策》，確爲楚官爵名，鄭氏謂執帛爲楚爵名，當是據執珪推斷，圖中內宮垣外四宮並列，“大將宮”爲官名之宮。“執帛”亦爲官名。整奎當即等於執珪，如此三宮皆爲官名，痳宗宮不應例外，看來四宮皆爲大臨宮，方各百尺，皆小於堂，當皆爲大臣陪葬而設，猶如後世帝王陵大臣陪葬之制。姑提此説，以備一解。

○**湯餘惠**（1989）　我們知道，兆域圖銘文下方與"大酒宮、正奎宮、㾀宗宮"並列，有所謂"執🔲宮"，"執"下一個字有學者認爲是"皀"字，銘文中當讀爲"蘇"。我以爲很可能是"白"字的繁文，於銘文當讀爲"帛"。其字是在🔲（白）的下方增添一横畫爲飾筆，戰國文字每有是例。🔲之作🔲，和"狸"之作🔲（中山圓壺）、"相"之作🔲（中山方壺）、"室"之作🔲（鑄客簠）、"向"之作🔲（《季木》六七·七）、"上"之作🔲（《彙編》000 八）可能屬於同類現象。兆域圖"執白"似當讀爲"執帛"。"帛"字從白得聲，二字互爲通假，典籍和古文字資料均不乏其證。《詩·小雅·六月》"白旆央央"，《爾雅·釋天》孫炎注引作"帛旆英英"，"白"亦"帛"之借字。"執帛"屢見於古書，"執帛"的"帛"本來是臣下奉獻於王的贄禮之一，《周禮·夏官·射人》所謂"三公執璧，孤執皮帛，卿執羔，大夫雁"即是。其後，"執帛"又作爲一個複合詞一變而爲孤卿的別名，《史記·曹相國世家》："楚懷王以沛公爲碭郡長，將碭郡兵。於是乃封參爲執帛，號曰建成君。"《集解》："張晏曰：孤卿也。或曰楚官名。"現在由兆域圖看來，稱"孤卿"爲"執帛"，至遲不會晚於戰國。漢代以後，"執帛"又轉化爲一種爵位名稱。《漢書》的《夏侯嬰傳》《灌嬰傳》都有"賜爵執帛"的記載。兆域圖"執白（帛）宮"與"正奎（圭）宮、大酒（將）宮"等並稱，解作"孤卿"似乎是比較合適的。

○**何琳儀**（1998）　兆域圖"執白"，讀"執帛"。《漢書·曹參傳》"封參執帛"，注："鄭氏曰，楚爵也。張晏曰，孤卿也。"

【執事】

○**裘錫圭、李家浩**（1989）　（編按：曾侯 1）"執事人"，即辦事的官吏。《書·盤庚下》："邦伯、師長、百執事之人，尚皆隱哉。"簡文"皐鞈執事人"似是指管理人馬甲胄和車馬器的辦事人員。

○**何琳儀**（1998）　楚系簡"執事"，執行事務之人。《書·金滕》："王乃問諸史與百執事。"

【執命】

○**何琳儀**(1998)　包山簡"執命"。執行命令。《墨子・非命》中："於召公之非執命亦然。"

《戰國古文字典》頁 1381

【執齋】

○**于省吾**(1957)　本書五九九號左軍劍,六零零號十五年劍,銘文末尾都有某執齋之語,又六零二號十七年劍作夲齋。凡晚周兵器,矛戟與劍所刻劃之細道字,銘末往往有執齋二字,而劍類尤爲習見。執作夲是省體字,執齋即執齊,齋、齊典籍同用。《周禮・考工記》:"攻金之工,築氏執下齊,冶氏執上齊……金有六齊,六分其金而錫居一謂之鐘鼎之齊,五分其金而錫居一謂之斧斤之齊,四分其金而錫居一謂之戈戟之齊,參分其金而錫居一謂之大刃之齊,五分其金而錫居二謂之削殺矢之齊,金錫半謂之鑒燧之齊。"鄭注:"多錫爲下齊……少錫爲上齊。"賈疏:"四分已上爲上齊,三分已下爲下齊。"孫詒讓《周禮正義》:"《少儀》注云'齊和也',《享人》注云'齊多少之量',故和金錫亦謂之齊。"《吕氏春秋・別類》:"金柔錫柔,和兩柔則爲剛,燔之則爲淖。"高注:"火熾金流,故爲淖也。"《考工記》的上齊下齊之齊應讀作劑,即今之所謂調劑調和,就冶金時參兑金與錫的成分言之。古兵器銘末每言某執齊者,是説某掌握兑劑之事。《貞松堂集古遺文》於執齋二字釋作敷鉥,或缺(釋見卷十二戟類與劍類)。中國科學院應用化學研究所阮鴻儀研究員説:"純金屬如純銅和純錫的晶格整齊,易於互相滑動,所以顯得柔軟一些,兩種或兩種以上的金屬熔在一起,往往形成化合物或混合體,具有不同的晶格,阻礙滑動,因而硬度也就相應的增高,銅與錫合金的青銅,就是一個顯明的例子。"這與《吕覽》"和兩柔則爲剛"之説相符,可見我國上古時代的勞動人民已具有高度的冶金技術了。

《商周金文録遺・序言》頁 5—6,2009

○**李學勤**(1982)　邢令戈銘尾有"執劑",意爲掌握青銅中銅、錫的比例。此語習見於戰國晚期的趙國兵器,如趙孝成王、悼襄王時的春平侯鈹、建信君鈹等,是有特色的。因此,這件邢令戈也應是趙國的器物。銘尾有"執劑"的戈,是較罕見的。

《文物》1982-9,頁 46

○**黄盛璋**(1985)　"撻齋"于省吾舊釋"執劑","劑"爲青銅器鑄造原料紅銅與錫或鉛配合的比例,即《考工記》六齊之"齊",于釋正確;但"執劑"則講不通,"劑"僅爲青銅器原料之配合,尚非鑄造,更不能代表兵器鑄造之全過程,其實"斀"乃"撻"字古文,見衛宏《古文官書》,"執"字銅器皆从"丮",而此字則从"殳"或"攴",兩字在金文中"涇渭分明",絕不混淆。青銅器鑄造過程中在一定温度下經過一定的次數的錘鍛,可以提高硬度,已經現代冶金實驗證實,兵器鋒要尖鋭,刃要薄,兩者都要以堅硬爲基礎,所以早期青銅兵器與工具加工包括錘鍛,並且鐵器之鍛以及後來發明百煉爲鋼,最早皆由銅兵器與工具之鍛啟示與發展,《詩經》之"取厲取鍛"和《考工記》之段氏都是指鍛銅,舊誤解爲鍛鐵並作爲鐵器出現於西周之證,都是不對的。"撻劑"就是代表兵器鑄造之全過程。關於"撻"字的結構源流沿變,"劑"和銅器中鑄造原料的討論,以及"撻劑"與兵器鑄造之關係,已有另文詳考,此不多贅。

《考古》1985–5,頁 463

○**黄盛璋**(1986)　按于先生引證《考工記》,讀"齋"爲"齊",並采孫詒讓等人之説,"齊"就是調和金(銅)、錫的成分,都是正確的。"齋"字意思基本明確,這是于先生的一個貢獻,但第一字讀爲執持之"執",仍講不通,於字形既有不合,於字義更是桿格難入。

　　首先,此字音義皆與"執"字不同,第一,《説文》㚔部:"執,捕罪人也,从丮、㚔,㚔亦聲。"銅器所見,與《説文》同,如不期段,虢季子盤,兮甲盤,師袁段,叔夷鐘、縛(編按:"縛"爲"鎛"字之誤),叔和鐘,敔段等皆从丮从㚔,無例外,石鼓文亦同。此字在兵器銘刻中寫法雖有變化,但明確从"殳"或"攴",決不从"丮",儘管从"殳"从"丮"有時可以互易,但此兩字在銅器中分明不混,分爲兩字;第二,《説文》解"執"爲捕執意,上溯甲骨文之"執",象手梏鎖執罪人之雙手,《説文》謂捕罪人是有根據的,用之於"齊"顯然不合;既(編按:"既"當爲"即"字之誤)使作爲掌握解,"齊"本意就是調劑,調和,本身已具有"執"或掌握意,讀爲"執齊",也講不通;第三,"斀齊"在兵器銘刻中處於"造"字的地位,作用相當,"執齊"則僅爲掌握兌劑之事,只占鑄造兵器很小一部,根本不能代表鑄造全過程,"斀"不能是"執",這是非常明顯的。(**中略**)

　　此字除釋"執"字外,還有釋爲"斀"與"報",釋"報"是錯誤的,《貞松堂集古遺文》曾釋爲"斀金",所釋未誤,但並未得其解,有時缺而不釋,是其證明。要解決此字究爲何字,必須形、音、義都能落實,並徹底弄清它的沿變,我們考此字就是"撻"字主要是有形、音、義方面的證明:

　　(一)玄應《一切經音義》卷二:"撻,古文敦同,他達反,箠也。"《玉篇》攴部有"敦"字:"他達反,古撻字,或作敠。""敦"就是"斀",从"攴"、从"殳"在戰國文字,並不固定,可以互用。

玄應《一切經音義》引古文多達二百餘條,清人馬國翰以爲與衛宏詔定《古文官書》體例不異,"知皆出自一書,省字稱古文也",因據以輯成《古文官書》一卷,上引之條亦收在輯本中,衛宏所詔定的《古文官書》,主要就是根據戰國書寫的經傳文字,此古文"敕"與兵器中"戟齋"第一字寫法相同,必爲一字無疑。《玉篇》所收之"撻"字古文"敕",《篆隷萬象名義》支部亦收有,足證爲顧野王《玉篇》原有,《集韻》也説"敕同撻",也是來自《玉篇》,看來來源都是根據衛宏《古文官書》。

(二)《説文》:"撻,鄉飲酒,罰不敬,撻其背。从手,達聲。""達"从夆聲,而"夆从羊,大聲,讀若達同",和夆部的"夆,所以驚人也,从大从羊……讀若簫","一曰讀瓠",本非一字,但由於"夆與夆",相差甚微,兵器銘刻中的"敕",多數已簡化寫成"夆",少數作"夆",則與"夆或省"之"夆"亦近。個別也還留有从羊的形迹,如三年陳令劍。戰國文字草率,兵器簡易更甚,而"夆"與"羊"又相差甚微,簡寫爲羊,毫無可異。衛宏詔定《古文官書》所見戰國古文之"撻"字古文"敕",顯然也是从"夆"。明確从"羊",而不是从"羊",與兵器銘刻之"敕"一樣。至於此字不能是"執",右邊从"攴、殳",而絕不从"丮",而"執"在銅器中則从"丮"而不从"攴、殳",也是確證。"攴"爲"小擊","殳"爲"以杖殳人"(均據《説文》),皆爲打擊意,而"丮"爲"持",象手有所持執,"敕"之與"執",含義絕不一樣,最明確的證據就是《説文》:"敕,引擊也,从夆、攴,見血也。"儘管此字與"執"皆从"夆",但因有从"攴"與"丮"不同,含義全不一樣,只有打擊才能見血,如果是執持,就不能見血,"敕"字从"攴"至少此點與"敕"字同含擊意。甲骨文之"執",實象刑具手梏鎖着兩手,初文就象手梏形:

夆 🔣🔣🔣　前五·一三·五,京一二四七,甲二八·〇七,前四·一七·三

執 🔣🔣　金,五二一;四七五,乙四六九三,粹九四一,掇二·四六八

摯 🔣🔣　前六·二九·五,甲四·二七,存一·二二四〇

銅器變爲从夆,刑具之意已漸訛變,小篆變爲从"大、羊",則甲文初文刑具之象完全違失,但从"丮"則始終不變,執持與捕執意亦始終未變。而兵器銘刻之"敕"从"攴"則義含打擊,而非執持意,因而與"執"字意不一樣,不是一字。

(中略)

總起來説,"敕、敕"都是"撻"字,漢代以"敕"爲古文,則"撻"行而"敕、敕"廢,漢代已如此,其實它就是戰國文字,經秦始皇統一六國文字後,廢棄不用,方成爲古文字。至於"撻齋"如何解釋,因和兵器鑄造有關,必須先掌握它

在兵器中應用情況,在這個基礎上就可以進一步論述它的含義與鑄造關係問題。(中略)

如《荀子·富國》所述,銅兵器鑄造分六個工序,歸納主要就是兩個過程:一是冶鑄,二是加工整治,"齊"屬於第一個過程,"敦"屬於第二個過程,"敦齊"合爲一詞,就代表鑄造的全過程,作爲鑄造術語與專門名詞,即具有一個特有的概念,和原來的字義既有聯繫,也有擴展,因而不能完全按照原來字面上的意思來理解,這是古今詞彙發展的一個規律,有些合成詞甚至不能拆開來講,"齊"應指經調劑熔煉銅錫齊和後之混合金屬,而"敦"則指對其加工整治,特別是對兵器鋒、刃部分鑢刮、錘鍛、磨礪,也就是"歐冶悉其伎巧"之部,因爲這是兵器的優劣利銳的關鍵。"敦"與"齊"合成一詞即表兵器製造全部,由於賦有冶鑄上特殊意義,因而較原來的含義爲廣,這是完全可以理解的。

"敦齊"僅見於兵器,其他銅器不見,這是因爲它們沒有兵器的鋒刃部分,不需要這樣的加工,儘管其他類銅器鑄造也可以鍛,但沒有像具有鋒刃和兵器那樣要求複雜,看來"敦"在"敦齊"中並不限於"鍛",還包括其他有關加工。(中略)

結論

(一)"敦齋"綴於戰國兵器銘刻末尾。第一字从"幸"从"攴"或"殳",它就是衛宏《古文官書》所收"撻"古文"敦",左旁所从雖已簡化爲"幸"與"執"字同,但右旁與"執"字所从"丮"不同,在銅器中絶不相混,不是一字,因而不能讀爲"執齊"。

(二)"敦齋"僅見於三晉兵器中,並最多見於趙國兵器,其他銅器不見。

(三)"執(編按:疑爲"敦"之訛)齋"者都是兵器直接鑄造者,最常見的身份爲冶,也閒有冶尹、冶吏。有時也用"造"字,故"敦齋"與"造"相當,但僅爲表兵器鑄造之專門術語,此外皆不用。

(四)"齋"即"齊",即"劑",指青銅器鑄造原料銅與錫、鉛調劑比例。銅器、兵器常自記所擇吉金作爲鑄器原料,皆和齊有關,所見有四種:一是銅與錫調劑,如吳王光鑑"玄銑白銑"。二是鉛或錫與青銅料調劑,如弭仲瑚"鏷銑鏷鐪",鑞鋳戈"鑞鋳(鐪)",其中鑞爲錫,銑爲鉛,而鐪則爲已鑄成青銅料塊。三是已經鑄好之青銅料,如"玄鏐、玄鐪、黃鐪、元吕、黃鎦"。四是兩種或三種不同成分之銅料調劑,最常見的爲"玄鏐鐪鋁、玄鏐鋝鋁、玄鏐錇鋁、惟鐈惟盧",三種僅見"鈇鐈、玄鏐、鋝鋁"。鏐、鐪、吕(盧、鎦)、鐈單用皆爲已鑄好之銅料,配合用時,吕爲煉餅,鏐爲紅銅,其餘則爲不同比例之銅錫鉛混合金屬原料,具體區別今已不能確考。

（五）“撻齊”表兵器鑄造的全過程,包括造範、澆鑄與解範後之加工鍛刮、磨,在一定溫度銅錫（鉛）適當比例條件下,鍛錘可以提高青銅硬度,使結合緊密,組織細化,兵器與工具刃部要求鋒利堅硬,除掌握調劑、火候與澆鑄技術外,加工鍛、錘、刮、磨是關鍵,“齊”屬前者,“撻”屬後者,但“較齊”合表一專門鑄造術語,和原有字義有所括展。

（六）《考工記》“築氏執下齊,冶氏執上齊”,兩“執”字也都是“較”字,與(編按:疑脱“兵”字)器銘刻之“較齊”同表鑄造過程。

《古文字研究》15,頁253—275

○**黄盛璋**（1987）　“撻齊”于省悟(編按:“悟”當爲“吾”之誤)讀爲“執劑”,第一字皆從“攴、殳”而“執”字右皆從“刅”,“較”或“敨”乃撻字古文,見衛宏《古文官書》。“撻劑”表製造兵器的全過程,兵器鋒要銳要尖,刃要薄要韌,凡此皆非憑鑄造範所達到要求,故鑄之後,刃與鋒部仍要錘鍛,使鋒銳、刃薄,同時在一定範圍內,錘鍛可增加銅器的韌度,現代冶金技術已經證明,撻即錘鍛,劑即六劑,爲銅、錫或鉛調劑之比例,因器用途而異,執劑僅爲掌握各種劑的比例,不能代表兵器鑄造全過程,調劑須在鑄造前,鑄造尚未開始,且劑本身已包括調和之意,加“執”也講不通,除用於兵器外,銅器絶不用,故必爲“撻”字無疑。

“齊”他兵器所見作“齋”,“齋、劑”古通,此劍不從邑,明爲齊國之“齊”字,假爲“劑”字。

“撻劑”皆置於兵器銘文之最後,意同於造,韓、魏有用“造”字,“撻劑”則主要見於趙兵器,本劍代爲趙地,銘例名同趙兵器,故定爲趙器。

《文博》1987-2,頁55

○**張德光**（1992）　執齊的“執”字頂端左邊缺一撇,金文書寫不甚嚴格,缺筆短畫屢見不鮮,但總體結構不能變,故戈銘仍應釐定爲執字。“齊”字與一般金文中“齊”字篆法略有不同,一般齊字多爲“𤦖、𤦖”等,而戈“齊”爲“𤕟”者,比較少見,查《古文字類編》408頁録《伏廬鉥印》卷十一録“𤕟”字與戈銘篆法完全一致,故釐定爲戰國齊字至確。“執齊”二字,意爲掌握青銅中銅、錫的比例。

《文物季刊》1992-3,頁68

○**湯餘惠**（1993）　執齋,即執劑,意思是執掌青銅冶煉的金屬配方。劑字古書又作“齊”。《周禮·考工記》:“攻金之工,築氏執下齊,冶氏執上齊……金有六齊：六分其金而錫居一謂之鐘鼎之齊，五分其金而錫居一謂之斧斤之齊，四分其金而錫居一謂之戈戟之齊，參分其金而錫居一謂之大刃之齊，五分其金而錫居二謂之削殺矢之齊，金錫半謂之鑒燧之齊。"鄭注："多錫爲下齊……少錫爲上齊。"執劑一詞多見於趙國兵器銘文。

《戰國銘文選》頁 60

○**黄盛璋**（1994） 三晉趙國兵器銘常見綴以"敊（撻）齊"，于省吾先生最早據《考工記》"執上齊"讀爲"執齊"，十多年前我寫一篇《"敊（撻）齊"及其和青銅器鑄造原料與技術新考》，後發表於《古文字研究》十三卷（編按：當是《古文字研究》十五輯），據衛宏《古文官書》"敊、敱古文撻字"論證敊（敱）是"撻"不是"執"，"敊齊"即"撻劑"，它只用於兵器鑄造，"撻"就是鍛，最近六七年來我又先後在國外國内發現有"段工師"銘文的四件三晉兵器，後皆和"治（編按："治"當爲"冶"之誤） * 撻齊"連讀，又進一步證知"撻齊"實爲段工師與冶分工負責，而"劑"主要是鑄，由冶完成。但"執"與"敊"的區別，還未得到先秦古文字證明，《包山楚墓》出版後，我首先就注視這個問題，《包山楚簡》證實我的論證正確："執"左從象手械所"執"，所以有拘捕、執獲意，所有殷與西周金文的"執"右都從丑（編按："丑"當是"丮"之訛）或奴，而"敊"則右從"殳"表打、擊意，而無捕、執意、（編按：頓號當爲逗號）形、音、義皆截然不同，《包山楚簡》中"執"字多（編按：此處疑脱"達"字。）數十，除一個可能有問題外，全皆右從奴，簡文"執"字的用法如下：

（1）拘捕：

簡 15："執僕之……"簡 15 反："執其佰人。"簡 80："既發笒，執勿將。"簡 135："執僕之兄"，"執僕之父。"簡 135 反："或（又）執僕兄。"簡 102 反："問訽：將須口執。"簡 102 反：" * 既旅於郢，將須執。"（"執"釋文缺，今識出補寫）簡 132 反："其餘執將至時而斷之。"簡 158："以其不得執之居。"簡 122："孔執場貯"，"孔執雇女反"，"孔執兢不割。"

（2）執事人

簡 58、63："執事人 * 暮。"簡 81："郯之兵械執事人兢丁。"簡 131："執事口陰人……"簡 135："命一執事人致命於郢。"簡 136："見日命一執事人致命。"簡 225："仡之執事人 * 舉。"牘 1 反："皆府事人……"唯一可疑之例外，爲簡 120："執事人陽城公。"此"執"字《釋文》隸定爲"敊"，從殳，我仔細查對原簡照片圖版，此字右旁也似從"女"，亦即從奴之省略上部，不管怎樣説："執"字從奴，至少在 20 個以上，戰國文字苟簡，而《包山楚簡》司法又出於獄吏之手,偶將執字右旁"𡙱"苟簡爲殳,並不能影響"執右旁从𡙱从釭之定論"。例不十,法不立,如果"執"右旁也可以从"攴/殳",即使沒有十例,也得有三個以上,只有一個,不能成立。

簡文雖沒有"軶"撻字,但有一個从"擊"的繁文異體字,見簡 103（編按:當爲簡 130）:"恆思少司馬屈擊。"此字上从"軶",下从"矛",因兵器刃、鋒皆要鍛,所以下加矛,此字從古文上旁證兵器要鍛撻,軶即"撻",故此字即軶字的繁文或異體字,"軶齊"是"撻齊"而不是"執齊"至此可定讞。至於"軶齊"與段的關係以及工師與冶之分工,詳拙文《三晉兵器"段工師"之發現及其相關諸問題之解決》將根據新發現資料詳予論證。已獲徹底解決和落實。

《湖南考古輯刊》6,頁 197

○施謝捷（1994） 戰國時趙國兵器銘文末尾常常有"軶（編按:原文以△代替,這裏逕出原字）齋（齊）"二字,過去習慣都釋爲"執劑",把"齋（齊）"讀爲"劑"無疑是正確的。這裏的"軶"字从幸从攴,與我們前面討論的甲骨文、周金文的"軶"字結構全同,實際上也應該釋爲"螯"字。黃盛璋先生把它改釋爲"撻",所依據的是《崔希裕纂古》中古文"撻"字作"軶",這跟釋"執"一樣,都是錯誤的。我們認爲"軶劑",即"螯劑",可以讀爲"調劑"。于省吾先生雖然誤釋爲"執劑",但認爲"即今之調劑、調和",指掌握青銅中銅、錫的比例,則是非常正確的。

《南京師範大學學報》1994-4,頁 116

○陳偉武（1996） 執齋,戰國軍器銘文末尾常有這兩字,于省吾先生首先隸作"軶齋",釋爲"執齊","即今所謂調劑調和,就冶金時參兌金與錫的成分言之"（《商周金文録遺·序言》）。黃盛璋先生隸爲"軶齋",釋作"撻齊（劑）",謂"'撻齊'表兵器鑄造的全過程……"就字形考釋而言,于老可信,且有典籍作依據。而黃先生指出此詞"僅見於三晉兵器中,並最多見於趙國兵器中,其他銅器不見",則值得肯定。前文所舉《集成》11679、11673 兩趙劍即有"執齋（劑）"語,亦見於 11556 元年春平侯矛、11688 相邦春平侯鈹、11695 四年建信君鈹等。

《華學》2,頁 75

○李學勤（1998） 執劑銘文原作"執齋",常見於趙國青銅兵器。于省吾先生《商周金文録遺》序言據《考工記》云指掌握冶金時銅錫的比例。1983 年山西朔縣趙家口發現的四年代相樂遽鈹則作"執事"（見《考古與文物》1989 年 3 期）。十七年春平侯鈹有幾件"執"字省作"夲",與"執"字"夲"亦聲說合,是值得注意的。

《四海尋珍》頁96—97

○**何琳儀**（1998）　趙兵“敕齋”，讀“調劑”。敕（抽）、調音近。卥（迪）爲古由字，見《字彙補》，而《説文》卥讀若調，可資佐證。《淮南子・本經訓》：“煎熬燔炙，調劑和適。”趙兵“調劑”指金屬原料的配伍。

《戰國古文字典》頁189

○**董珊**（1999）　“較齋（劑）”一詞爲三晉兵器銘文常用詞語，于省吾先生隸定爲“敕齋”，釋爲“執齊”，謂“即今所謂調劑調和，就冶金時參兑金與錫的成分言之”（《商周金文録遺・序言》）。于老所言詞義是對的，而“敕”字實乃“盩”字所從之聲符，以音近即可讀爲“調”。

《中國古文字研究》1，頁198

【執疆】包山154

○**湯餘惠**（1993）　今按兩簡的内容都是記載土地四至，與某人至疆，語義欠通。疑“佢”即《集韻》上“偲”的古文，“佢疆、執疆”猶言“際疆、接疆”，都是今語交界的意思。

《考古與文物》1993-2，頁73

○**劉樂賢**（1997）　執疆的執字，應以音近讀爲“至”。執爲緝部章紐字，至爲質部章紐字。執和至的古音雖然有些距離，但從執得聲的墊、摯、贄、鷙等皆質部章紐字，和至的讀音極近。古書中執或從執得聲的字，常可和至或從至得聲的字相通。如《詩・周南・關雎》鄭箋：“執之言至也。”《説文解字》：“墊，讀若至。”《書・西伯勘黎》：“大命不摯。”《史記・殷本紀》引作“大命胡不至”。《周禮・考工記・函人》鄭注：“摯之言致。”《周禮・考工記・弓人》鄭注：“摯之言至也。”這樣，執疆也是至疆的意思。

　　總之，楚簡中的岠疆、執疆應分別讀爲岠（或距）疆、至疆，都是至疆的意思。至疆，即今語到界之意。需要指出的是，簡文“南與郣君岠（或執）疆”云云，並不是説南與郣君其人至疆，而是説南與郣君之田至疆。

《第三屆國際中國古文字學研討會論文集》頁616—617

○**何琳儀**（1998）　包山簡“執疆”，讀“接疆”。《禮記・内則》“接疆以太宰”，注“接讀爲捷”。《史記・衛康叔世家》“子庚伯立”，索隱：“《世本》作摯伯。”又《禮記・曲禮》：“執友稱其仁。”執應讀接。可資旁證。“接疆”，亦作“接境”（疆、境音義均通）。《史記・晉世家》：“秦晉接境。”《論衡・説日》：“鄰國接境。”

《戰國古文字典》頁1381

○**劉信芳**（2003） “距疆”猶言接壤，簡 154 作“執疆”，執、接音近義通，《詩·周頌·執競》毛《傳》：“執，持也。”《廣雅·釋詁》：“接，持也。”從執得聲之“鷙”又作“踫”，知執疆即接疆，今所謂接壤。

《包山楚簡解詁》頁 158

圉 圉

十鐘　詛楚文

○**何琳儀**（1998） 圉，甲骨文作（前七·一九·二）。從卩從㚔從口，會人帶手鐐在牢獄之意。金文作（牆盤），省卝。戰國文字承襲金文。

詛楚文圉，拘禁。《爾雅·釋言》：“圉，禁也。”

《戰國古文字典》頁 512—513

○**湯餘惠等**（2001） 圉。

《戰國文字編》頁 690

盩 盩

石鼓文·作原　秦駰玉版

○**吳大澂**（1884） 盩 盩 或从皿，石鼓。

《説文古籀補》頁 42，1988

○**張政烺**（1934） （編按：石鼓文）盩，即《説文》“盩”字。《廣韻》：“水曲曰盩。”（十八尤）段玉裁曰：“即周旋、折旋字之假借也。”（《説文注》）

《張政烺文史論集》頁 28，2004

○**羅君惕**（1983） （編按：石鼓文）按《説文》：“盩，引擊也。從㚔，攴見血也。扶風有盩厔縣。張流切。”於文不合。《元和志》：“山曲曰盩，水曲曰厔。”當從此解。盩道謂山曲之道也。

《秦刻十碣考釋》頁 205

○**何琳儀**（1998） 盩，金文作（瞉簋），從皿，敦聲。敦之繁文。小篆訛皿爲血，並據其爲釋，非是。

石鼓“盩衛”，讀“抽導”。《晉書·戴邈傳》：“抽導幽滯，啟廣才思。”

《戰國古文字典》頁 189—190

○**李零**(1999)　(編按:秦駰玉版)第四字,疑以音近讀爲“愁”(“愁”是崇母幽部字,“盩”是端母幽部字,讀音相近)。此字當韻腳,但好像没有句讀。

《國學研究》6,頁531

○**曾憲通、楊澤生、蕭毅**(2001)　(編按:秦駰玉版)“憂盩”,指憂愁,與上文的“慼憂”同義。

《考古與文物》2001-1,頁51

○**連劭名**(2001)　(編按:秦駰玉版)“盩”,讀爲“戾”,《説文》云:“盭,弼戾也。从弦省,从盩,讀若戾。”《莊子·天道》云:“韲萬物而不爲戾。”《釋文》云:“戾,暴也。”《詩經·節南山》云:“昊天不傭,降此鞠訩,昊天不惠,降此大戾。”《漢書·食貨志》:“天降災戾。”顔注:“戾,惡氣也。”

《中國歷史博物館館刊》2001-1,頁50

○**王輝**(2001)　(編按:秦駰玉版)盩見於西周金文。史頌簋:“盩于成周。”㝬簋:“再盩先王。”又石鼓文《作原》:“口口盩导(道)。”《説文》:“盩,引擊也……扶風有盩厔縣。”段玉裁注:“説者曰‘山曲曰盩,水曲曰厔。’按周旋、折旋之假借也。”依段説,盩可讀爲周,意爲環繞。

《考古學報》2001-2,頁147

報 

睡虎地·秦律184　睡虎地·封診7

○**睡簡整理小組**(1990)　(編按:睡虎地·秦律184)報,此處疑讀爲赴,速至。

(編按:睡虎地·封診7)報,答覆。雲夢睡虎地四號墓出土木牘甲有:“書到,皆爲報。”

《睡虎地秦墓竹簡》頁61、149

○**何琳儀**(1998)　報,金文作(令簋)。从㚔(刑具)从𠬝,會治服罪人之意。𠬝亦聲。報,幫紐幽部;𠬝,滂紐之部。幫、滂均屬脣音,之、幽旁轉。報爲𠬝之準聲首。戰國文字承襲金文。

睡虎地簡報,合。見《禮記·喪服小記》注。

《戰國古文字典》頁249